Hermann Maier

mit Knut Okresek

DAS RENNEN
MEINES LEBENS

Autobiografie

Ullstein

Besuchen Sie uns im Internet:
www.ullstein-taschenbuch.de

Umwelthinweis:
Dieses Buch wurde auf chlor- und
säurefreiem Papier gedruckt.

Aktualisierte und erweiterte Ausgabe im Ullstein Taschenbuch
1. Auflage Dezember 2005

Redaktion: Daniel Winkler
Umschlaggestaltung: Büro Hamburg
Titelabbildung: Christian Schneider
Gesetzt aus der Guardi bei LVD GmbH, Berlin
Druck und Bindearbeiten: Ebner & Spiegel, Ulm
Printed in Germany
ISBN-13: 978-3-548-36798-9
ISBN-10: 3-548-36798-4

Inhalt

Danksagungen

FÜR

meine Eltern, die ein Leben lang um ihre Kinder zittern mussten (und noch immer müssen)

Alex, der sich immer auf seinen großen Bruder verlassen kann, wie es auch umgekehrt immer der Fall ist

Heini, meinen Trainer-Vater, der mich so gut kennt wie kaum ein anderer, und sein engagiertes Team vom ÖSV-Olympiastützpunkt Obertauern

Petra, meine erste große Liebe

Gudrun, die am Krankenbett ausharrte und mich auch in der schwierigen Zeit danach ertragen musste

Andy, dem ich als Skirennläufer mehr Freude bereite als früher im Fußball-Dress

Edi, der mehr Zeit mit meinen Skiern verbringen muss, als er mit seiner Familie darf

Schipi und Ernst, meine Freunde aus vor-herminatorischen Zeiten, die von Rennen zu Rennen reisen, meinen Merchandising-Laden schupfen und mich täglich stolz auf meine aktuelle Homepage sein lassen

Artur, der nicht nur im Operationssaal für mich da ist

Harald, der sich jede meiner medizinischen Sorgen anhört

Werner Aufmesser, der an der Unfallstelle alles richtig gemacht hat

Johannes, den Arzt, dem nicht nur die Frauen vertrauen

Vinzent, dessen Fingerspitzen oft besser funktionieren als Röntgen und Operation

Schwester Bettina, während meiner Reha-Zeit die gute Fee im Olympiastützpunkt

Peter Schröcksnadel, den verwegenen Tiroler Sturschädel, auf dessen väterlichen Rat ich immer zählen kann

Prim. Dr. Karlbauer und sein Team im UKH Salzburg, wo die Basis für mein Comeback-Wunder gelegt wurde

Prof. Christoph Papp, dessen genialer Beitrag in der siebenstündigen Operation oft viel zu wenig gewürdigt wurde

Volker Müller, meine heilende Anlaufstelle, wenn der Hut brennt

Leodegar Pruschak und meine Sponsoren, die auch in der Zeit, als die Unkenrufe immer lauter wurden, immer hinter mir standen

die Leute von Atomic, die mich für 154 Weltcup-Wertungen bei Olympia und drei Weltmeisterschaften mit Top-Material versorgten
Gerhard Grasser, der mir das richtige Präparieren der Ski beibrachte
Alex Reiner, der – spät aber doch – erkannte, was er an mir hat
Werner Tautermann, der mich in Europacup-Zeiten qigong-energetisch versorgte
meine treuen Fans, die auch in der schwierigsten Zeit zu mir hielten,
alle jene, die mir erst nach dem pünktlichen Start der Druckmaschinen einfallen, und
Puschel, meinen Chinchilla, seit 1988 Fixpunkt bei jedem Elternhaus-Besuch zwischen den Rennen.

Hermann Maier

Mein Dank gilt in erster Linie Hermann Maier, einem außergewöhnlichen Sportler, den ich schon als Journalist für einmaliges Talent, Einstellung und Trainingsdisziplin bewunderte. Für seinen Wortwitz, der sich für so manch gelungene Story eignete, liebte ich ihn. Als sein Pressemann lernte ich völlig neue Aspekte an Hermann kennen: seinen Glauben, seine Geduld, seinen Fokus. Wenige Wochen nach dem Unfall sagte er in einem Interview – und er wiederholte es später immer wieder –, dass er seinem Schicksal dankbar sei. Auf seinem unvergleichlich harten Weg zurück, auf dem ich ihn begleiten durfte, sah ich, dass dies keine hohle Phrase, sondern gelebte Philosophie war. Dass im Windschatten des Herminators oft viel zu wenig Zeit für Vaterpflichten blieb, ließen mich Bianca und Steven nie spüren; im Gegenteil: durch ihre Selbstständigkeit und ihre Inspiration leisteten auch sie ihren Beitrag an einer Biografie, in die nach einem langen Weltcup-Winter auch noch im Sommer viel Herzblut hineingeflossen ist.

Knut Okresek

Die Autoren bedanken sich außerdem bei: Toni Giger, Hans Pum und dem gesamten ÖSV-Betreuerteam, das oft schon am Berg ist, wenn andere erst heimkommen; Werner Margreiter, dem früheren Herren-Chef des weißen Wunderteams; Thomas Rilk, Toné Mathis und Kurt Niederegger, dem Doku-Team, das jeden Schritt auf dem Weg zurück einfing; Franz Pammer, der seine Kamera immer parat hatte; Patrick Lang und Laura Walden, die im internationalen Medien-Dschungel für uns den Überblick behielten; den Sportredakteuren von ORF, Ö3 und APA und Susi von der Krone, die für uns im Archiv kramten; der treuen Journalisten-Kompanie, die bei (fast) jedem Rennen im Zielraum versammelt ist und mit der einen oder anderen Story mitunter auch für Verwirrung sorgt; Walter Lutschinger, der immer an dieses Buch glaubte; Ivie, Uschi Statzinger und Ernst Lackner, die im Finish noch eine Extraschicht einlegten; Dietmar Sternad, Johannes Sachslehner, Bruno Wegscheider und der gesamten Crew des Styria Pichler Verlags in Wien für ihre Kompetenz, ihren Teamgeist, ihre Geduld, und bei Daniel Winkler, der mit seinem unermüdlichen Einsatz, der weit über die „Redaktion" hinausging, die Fertigstellung dieses Projekts sicherstellte.

Vorwort

Das erste Mal, als ich Hermann Maier sah, flog er durchs Bild. Der spanische TV-Kommentator faselte irgendetwas von „Cherminatorrr!“, und ich fragte mich: Wer ist dieser *crazy Austrian*? Und kann er noch etwas außer verrückt durch die Luft fliegen? Ein paar Tage später hatte ich die Antwort. Hermann gewann zweimal Gold und war der Star der Olympischen Winterspiele 1998 in Nagano.

Zu dieser Zeit hatte ich gerade den Krebs besiegt und saß zum ersten Mal wieder als Rennfahrer im Sattel. Ich startete bei der Ruta del Sol, einem Fünf-Tage-Rennen in Spanien, zum Comeback. Bis zu meinem ersten Tour-de-France-Sieg hatte ich noch einen steinigen Weg vor mir. Immer wieder stellte ich mir die Sinnfrage, erlitt Rückschläge und emotionale Einbrüche, die ich erst überstehen musste. Wie? Durch hartes und konsequentes Training.

Als ich Hermann zum ersten Mal begegnete, war ich schockiert, als er mir die Wulst an seinem rechten Unterschenkel präsentierte. „Wahnsinn, damit kannst du Skirennen gewinnen?“, staunte ich. Das war in Paris beim Prolog zur Tour de France 2003, als der Herminator als „Vorläufer“ den 6,5-Kilometer-Kurs in Angriff nahm und uns Radprofis mit seiner Zeit ordentlich beeindruckte.

In den Monaten zuvor hatte ich in den US-Medien von seinem tragischen Motorrad-Unfall gelesen und gehört. Als ich realisierte, wie knapp er an einer Bein-Amputation vorbeigeschrammt war, fühlte ich mit ihm. Ich freute mich, als ich sah, wie gut sein Comeback klappte, und fragte mich: Wie hat er das gemacht? Nachdem ich einige Leseproben dieses Buches studiert hatte, wusste ich es: Es war genauso wie bei mir – harte, konsequente Arbeit und der Glaube an sich selbst. So ein Schicksalsschlag prägt dich für den Rest deines Lebens.

Mit meinen Büchern konnte ich zahlreiche Menschen mit schweren Krebs-Erkrankungen motivieren, nicht aufzugeben. Das bestätigten sie mir mit tausenden Briefen und E-Mails. Ich denke, dass auch Hermann mit seinem Buch vielen Menschen helfen wird. Speziell jenen, die nach einem schweren Unfall Gefahr laufen, die Hoffnung zu verlieren.

LANCE ARMSTRONG FOUNDATION
www.laf.org

Lance Armstrong
7-facher Tour-de-France-Sieger

Warum ich dieses Buch schreibe

Eigentlich wollte ich meine Ruhe haben. Ich wollte den Sommer nach meiner Comeback-Saison neben den Trainingsmühen in vollen Zügen genießen. Aber dann entschied ich mich doch, das Rennen meines Lebens noch einmal aufzuarbeiten. Und Sie dürfen mir glauben: Leicht gefallen ist mir das nicht!

Auf diese Weise wurden die harten Stunden, Tage und Wochen nach dem Motorradunfall auch für mich noch einmal lebendig. Fast täglich wurde ich an den härtesten und langwierigsten Kampf meines Lebens erinnert. An den Schock, mein Bein möglicherweise bereits verloren zu haben. An die Angst, nie wieder gehen zu können. An die Schmerzen, an Schwächeanfälle und an die Ohnmacht, die Kontrolle über meinen Körper verloren zu haben. Ich erschrak, als ich nach langem wieder Bilder von mir in der Intensivstation sah.

An die Narben habe ich mich längst gewöhnt. An die handgroße Wulst, die meinen rechten Unterschenkel ziert, an die gut 30 Zentimeter lange Narbe an meinem linken Oberarm, wo der Hautlappen für die Transplantation herausgeschnitten wurde. Doch die Details meiner Krankengeschichte gehen mir auch jetzt noch so nahe, dass ich oft mehrere Anläufe benötigte, um mich damit noch einmal auseinander zu setzen.

Wenn Sie also eine Heldenlektüre mit typischen Sportphrasen erwartet haben, dann muss ich Sie enttäuschen. Die Story, die ich Ihnen erzähle, ist so echt wie meine Narben. Genau darum geht es mir. Wie viel Schwachsinn musste ich im Zusammenhang mit meinem Comeback lesen? Plötzlich waren meine Siege wieder selbstverständlich. „Eh nur das Bein gebrochen“, hieß es hinter vorgehaltener Hand. Sogar Kollegen versuchten, die Schwere meiner Verletzung herunterzuspielen.

Gegen diese unfairen Aussagen lasse ich am liebsten die Fakten sprechen: Nach dem Unfall hing mein Unterschenkel lediglich an ein paar Hautfetzen, doch das war nicht einmal das größte Problem aus medizinischer Sicht: Meine Körperfunktionen versagten, ich stand vor einem Nierenkollaps, die Leber spielte verrückt und meine Nervenbahnen waren derart in Mitleidenschaft gezogen, dass ich kurzfristig nicht einmal mein „gesundes" linkes Bein bewegen konnte. Und meine Hämoglobinwerte waren so niedrig, dass mich sogar einfachste Tätigkeiten wie Essen oder Reden überanstrengten. Ich betete, dass mein Körper das Transplantat nicht abstoßen würde. Ich lag 137 Stunden in der Intensivstation, und ich musste wieder gehen lernen. Dabei darf ich mich glücklich schätzen, dass ich im Gegensatz zu anderen mit vergleichbaren Verletzungen die Krücken schon nach sechs Wochen wieder abgeben durfte.

Meine Stärke ist es, mir Ziele zu setzen und diese mit letzter Konsequenz zu verfolgen. Sonst würde ich vermutlich nicht dort stehen, wo ich jetzt stehe. Auch wenn sich einige über diese Aussage wundern: Ich bin meinem Schicksal dankbar. Dankbar dafür, dass ich diese wichtige Lebenserfahrung machen durfte. Man lernt die kleinen, scheinbar unwesentlichen Dinge des Lebens zu schätzen. So bin ich jetzt dankbar für jeden Tag, an dem ich auf zwei Beinen eine Piste hinunterfahren darf!

Nach meinem Unfall und nach meinem Comeback erhielt ich zahlreiche sehr persönliche Briefe. Auch jetzt noch schreiben mir Leute aus dem Krankenhaus, dass ihnen mein Beispiel Hoffnung macht. Wenn ich mit diesem Buch einen weiteren Beitrag in diese Richtung leisten kann, dann hat es seinen Zweck erfüllt!

Hermann Maier

Zurück
an den Start

Bei meinem Sturz in Nagano war alles ganz anders. Damals flog ich ewig durch die Luft. Doch diesmal geht alles blitzschnell. Und mir ist sofort klar: eine falsche Reaktion, und ich bin tot! Im Rennen entscheiden Bruchteile von Sekunden über Sieg und Niederlage, aber hier geht es um viel, viel mehr.

Ich sehe noch jedes einzelne Detail vor mir: die Vorrangstraße in Radstadt, die Autoschlange, die sich vor mir auf Schleichtempo zusammenstaut. Mit dem Motorrad ist das normalerweise kein Problem. Ich beschleunige mein nagelneues 114-PS-Gefährt, ziehe an einem Auto nach dem anderen vorbei und reihe mich immer wieder ein. Dann setze ich noch einmal zum Überholen an. Ich befinde mich ja auf einer Vorrangstraße, auf der ein 80er erlaubt ist, und habe soeben dieses Links-Abbiege-Verbotsschild mit dem durchgestrichenen schwarzen Pfeil passiert. Deswegen kann ich nicht fassen, was in diesem Augenblick abgeht.

Da ist auf einmal dieser rote Mercedes mit deutschem Kennzeichen, der für mich völlig unverständlich nach links schwenkt. Das gibt's ja nicht, da darf man ja nicht links abbiegen! Alles Weitere läuft ab wie im Zeitraffer: Links die Verkehrsinsel, rechts das Auto, und die Straße wird immer weniger. Dann noch ein Funken Hoffnung: Ah, vielleicht komm ich da noch rein. Nein, das kann sich nicht mehr ausgehen. Bleibt nur mehr eine Möglichkeit: links ausweichen! Als Skirennläufer wird dein Reaktionsvermögen tagtäglich geschult. Immer wieder bist du auf bevölkerten Pisten unterwegs, nicht selten kommt's vor, dass dich Touristen aus der Reserve locken. Du reagierst instinktiv, um böse

Kollisionen zu verhindern. Von daher bin ich bestens für derartige Situationen trainiert. Ich weiß auch, was zu tun ist, um im schlimmsten Fall den Schaden in Grenzen zu halten. Wie bei der Olympia-Abfahrt von Nagano '98, wo ich mir in der Luft die Sturzstrategie zurechtlegte. Das habe ich als Rennläufer intus. In diesem Punkt sind Motorrad- und Skifahren sehr ähnlich – Geschwindigkeit, Kurvenlage, Reaktionsvermögen ...

Und jetzt? Vollbremsung? Nein, dafür ist der Abstand einfach schon zu kurz – ich würde ihm frontal in die Seite krachen. Ich will nicht auf die Motorhaube, in die Fahrertür oder aufs Dach. Oder mit dem Rücken auf die Tafeln der Verkehrsinsel und mit dem Rollstuhl nach Hause? Nein danke! Das Auto steht schon fast quer, aber dieser Mensch sieht mich einfach nicht! Verdammt! Rechts ein Laternenmast, daneben die blaue metallene 23,4-Kilometertafel und weiter vorn eine Steinwand – wenn ich da dagegenflieg, ist alles aus. In Gedanken bin ich schon vorbei, wie beim Skifahren am Tor, wo du schon an den nächsten Schwung denkst. Ich lege schon wieder nach rechts um, gebe Gas und will noch die Beine hochreißen. Der muss mich doch jetzt sehen! Irrtum. Scheinbar schaute der Fahrer immer nur auf die Gegenverkehr-Seite und nie nach hinten. Das Anschlagen mit 348 Kilogramm Masse – rechter Unterschenkel gegen Karosserie – nehme ich nur im Unterbewusstsein wahr. In diesem Augenblick splittern Schien- und Wadenbein auseinander. Ich spüre nichts und denke völlig verrückt: „Jetzt muss ich vorbei sein!" Ich hab noch immer nicht realisiert, dass es längst getuscht hat. Das kam alles völlig überraschend für mich!

Ich fühle, wie es meine Maschine aushebt, und wehre mich mit jeder Faser meines Körpers dagegen. Irgendwie will ich die Kontrolle über das 250 Kilo schwere Fahrzeug behalten! Mit aller Gewalt presse ich meine Oberschenkel zusammen – so fest, dass dabei sogar der Tank eingedrückt und die Sitzbank aus der Verankerung gerissen wird. Ich muss einem Wahnsinnsdruck standhalten, damit ich nicht links runterfalle und unters Auto komme. Ich hebe ab, wie bei einem Ski-Sturz mobilisiert der Körper unglaubliche Abwehrkräfte. Ich spanne jeden Muskel an – und krache 20 Meter später mit der Sitzbank zwischen meinen Beinen in den Gegenhang. Die Maschine mäht das Unkraut im Straßengraben nieder und bleibt vor der Brückenmauer stehen. Wie eingeparkt. Die Lichter blinken noch. Einen Augenblick sehe ich nichts, höre ich nichts, fühle ich nichts. Einen letzten kurzen Augenblick.

Ich spüre den metallenen Geschmack von Blut im Mund. Immerhin: Ich lebe noch! Was ist passiert? Instinktiv nehme ich meinen rechten Oberschenkel in die Hand und sehe, dass der Fuß nur mehr an ein paar Hautfetzen baumelt. Es ist Freitag, der 24. August 2001, 19.24 Uhr. Das Rennen meines Lebens beginnt.

Alle haben mich gehasst

In Chile war wenige Wochen zuvor das passiert, auf das ich seit fünf Jahren hingearbeitet hatte: Ich war unbesiegbar. Egal, was ich probierte, es gab keinen, der mir das Wasser reichen konnte! Und – was mich selbst irritierte: Mit jedem Tag wurde ich noch besser. Es war wie ein Puzzle, das sich plötzlich zusammenfügte: die Routine von doch schon viereinhalb Jahren an Weltcup-Erfahrung, die Basis, die ich durch das konsequente, monotone, aber doch sehr effektive Bergmüller-Training im Olympiastützpunkt gelegt hatte. Jenes Training, das mir in diesem Sommer beinahe den letzten Nerv gezogen hätte, was bereits so schlimm war, dass ich mich zum ersten Mal in meiner Karriere fragte, warum ich mir das überhaupt noch antat. Und dann, als der Sommer bei uns richtig schön wurde, musste ich in den südamerikanischen Winter. Es war mir geradezu zuwider. Aber immer, wenn es mühsam wird, kann ich mich scheinbar besser als andere damit abfinden. So schaffte ich es in Chile, den Schalter umzulegen. Im Schnee war ich in meinem Element. Plötzlich war alles so leicht. Routine, Kraft, Technik, alles passte. Bis auf die letzten beiden Tage, an denen mich der „Skikurs" in der Anden-Burg, die ohne weiteres eine James-Bond-Kulisse abgeben könnte, derart anödete, dass ich die Sache nicht mehr mit dem notwendigen Ernst anging. Bis dahin war ich bei jedem Trainingslauf eine Sekunde oder mehr voraus – auch wenn ich mit Material oder Technik experimentierte. Wahrscheinlich hätte ich sogar mit den Holzlatten aus dem Skimuseum den Hang herunterwedeln können. Ich war in der Form meines Lebens! Andreas Evers, mein Ski-Trainer, behauptete, die Rennsaison hätte für mich schon im August losgehen können. Wahrscheinlich wäre das auch das Beste gewesen. Jetzt musste ich mich bis zum Winter mit anderen Dingen bei Laune halten.

So hatte ich mir im Sommer 2001, nach meinem dritten Gesamtweltcup-Sieg, den ersten Luxus meines Lebens geleistet: ein „Custom-Bike", das ich von einem Spezialisten in Oberösterreich anfertigen ließ. Billig war sie nicht, die Penz SP 14 Performance mit ihrer wunderschönen Rotmetallic-Spritzlackierung, doch die rund 40 000 Euro war mir der Spaß wert. Ein 114-PS-Motor, der Sattel 1,2 Meter vom Lenker entfernt. Der enorme Radstand, die wuchtige Gabel und die geringe Bodenfreiheit gaben mir dieses unverwechselbare Roadster-Fahrgefühl. In den drei Monaten bis zur Fertigstellung war ich immer wieder nach Altheim gefahren um mich persönlich von den Fortschritten zu überzeugen. Ja, ich hatte sogar die Tage gezählt, bis ich mein Gefährt endlich vom Stapel laufen lassen durfte. Wenige Tage, nachdem mein Metall gewordener Traum endlich daheim bei meinen Eltern in Reitdorf in der Garage stand, musste ich nach Chile zum dreiwöchigen Sommer-Schnee-Camp. Vor meiner Rückkehr freute ich mich wie ein kleines Kind auf meine neue rote Freundin.

Daheim in Österreich empfing mich herrliches Spätsommerwetter. Deswegen entschied ich mich, erstmals mit meiner neuen Maschine zum Konditionstraining zu fahren. Die 33-Kilometer-Strecke von Flachau ins 1750 Meter hoch gelegene Obertauern kenne ich inzwischen im Schlaf. Wahrscheinlich würde ich die steilen Serpentinen auch mit verbundenen Augen schaffen. Fast jeden skifreien Tag fahre ich rauf und verbringe acht bis zehn Stunden im ÖSV-Olympiastützpunkt, ehe mich mein Trainer Heini Bergmüller wieder weglässt.

Das Training an jenem 24. August 2001 war vergleichsweise ein Spaziergang. Weil ich eben erst aus der südamerikanischen Zeitzone gekommen war, ließ mich mein Schinder-Heini ausnahmsweise ausschlafen. Am Tauern angekommen musste ich mich in den Finger stechen lassen. Wie jeden Tag wurden meine Blutwerte untersucht, ehe ich – „aufregend“ wie immer – am Ergometer bei konstantem Puls zwischen 105 und 110 Schlägen pro Minute loslegen musste. Eine halbe Stunde monotones In-die-Pedale-Treten. Das funktioniert bei mir mittlerweile wie bei einem Metronom. Oft komme ich mir dabei vor wie ein Bub, der seinen Spinat immer brav aufisst – wahrscheinlich mag mich mein Coach deswegen so gern. Wenn dann noch der Laktatwert, der exakt Auskunft über den Grad der Anstrengung gibt, stimmt, ist Heini der glücklichste Trainer-Vater der Welt.

Die Krankenschwester stach mir ins Ohr und ließ die Blutprobe sofort im kleinen Gerät am Tisch daneben analysieren. Laktat 1,5 – Heini war begeistert: „Wahnsinn, du bist gut in Form!" Noch einmal 30 Minuten radeln. „Mühsam genug", dachte ich und blätterte in der Zeitung, die stets auf der Plexiglas-Halterung auf dem Ergometer-Display liegt. Da entdeckte ich, dass um acht Uhr abends ein Fußballmatch in Flachau wäre. „Ah, das passt gut!", dachte ich und rief noch während des Radelns meinen Ski-Trainer Andy Evers und Alex, meinen Bruder, an. „Gehen wir zum Match, danach trinken wir eine Willkommens-Halbe." Das hatte ich mir nach meinen Trainingsleistungen schließlich verdient ... Ich freute mich auf den Abend.

Als ich ins Freie trat, verschwand gerade hinter den Bergen die Sonne – fast schon kitschig. Wie schnell sich alles ändern sollte. Vor dem Olympiastützpunkt-Komplex passten mich meine Kumpanen aus Obertauern ab. Sie wollten mich unbedingt zum Grillen überreden. „Leider, ich hab' mir was anderes ausgemacht." Wäre ich doch auf das Grillfest gegangen! Wieso hab' ich mir an diesem Abend unbedingt noch was Sportliches geben wollen?

Ich startete meine Penz, und allen blieb der Mund offen. Dieser Spruch ... So ein Gerät hatte noch keiner von ihnen gesehen. Stolz drehte ich noch eine Runde am Parkplatz und entschwand in den lauen Sommerabend. Ganz gemütlich. Es war ja Genussfahren angesagt. Außerdem wollte ich den vollverchromten S&S-Motor auf den ersten 800 Kilometern auf keinen Fall überdrehen. Mein Outfit war dem Fahrzeug-Typ angepasst. Gott sei Dank hatte ich eine robuste Harley-Lederjacke an. Meine Trainingsutensilien befanden sich in einem Hartschalenrucksack, den man im Winter sogar als Rodel verwenden kann. Der sollte mir wenige Minuten später das Leben retten!

Während ich durch die Kehren der Passstraße tuckerte, sinnierte ich über das Ski-Training in Chile, über meine Topform und darüber, wie leicht mir alles von der Hand ging. Wer oder was sollte mich stoppen?

„Doktor, bitte rette mein Bein!“

Ein paar Augenblicke später war alles anders. Ich lag im Straßengraben und hielt meinen Oberschenkel. Den Leuten, die an der Unfallstelle auftauchten, muss sich ein grauenhaftes Bild geboten haben: Die Knochen standen aus den zerfetzten Jeans, überall Blut und ein Fuß, der nicht mehr dazugehörte. Einen Turnschuh hatte es mir weggerissen, ich sah nur mehr den zerfledderten Socken. Das schaute nicht gut aus! Der Unterschenkel nur mehr an ein paar Fasern! Ich stand unter Schock. Was ich in diesem Moment fühlte? Schwer zu beschreiben. Die Schmerzen hielten sich in Grenzen, aber ich wusste, dass es mich böse erwischt hatte.

Wie konnte ich die fatale Situation unter Kontrolle bekommen? Zuerst versuchte ich, die Zehen zu bewegen. Ich wusste: Wenn das noch funktioniert, dann müssen zumindest ein paar Nerven und ein paar Muskelfasern ganz geblieben sein. Okay, das klappt. Zum ersten Mal war ich erleichtert, denn ich wusste, dass der Rücken nichts abbekommen hatte! Vom angrenzenden Grundstück stolpert der im ganzen Pongau bekannte Engelbert Erlbacher, ein 87-jähriges „Kräutermännlein“, durchs Gebüsch und will mir helfen.

Als Nächstes registrierte ich zwei Motorradfahrer, die sofort stehen geblieben waren. Ich schrie, so laut ich konnte: „Ruft's einen Arzt! Ruft's einen Arzt! Eine Rettung! Einen Hubschrauber! Der Fuß ist ab, aber ich brauch ihn noch zum Arbeiten!“ Dass ich in diesem Moment zum ersten Mal ans Skifahren gedacht hatte, wurde mir erst später bewusst. Ich fluchte: „Da darf man doch nicht abbiegen – warum ist der dort abgebogen?“ Einer der beiden Biker-Kollegen beruhigte mich: „Ich war selbst in der Kolonne hinter dir und hab' alles gesehen, du kannst wirklich nix dafür.“

Mehr Sorgen machte mir zu diesem Zeitpunkt mein Gesicht. Denn im Hintergrund hatte ich einen Lichtmasten registriert, was mich zu einer schrecklichen Vermutung veranlasste: „Ich muss dagegengeschlagen sein und mir dabei die Nase und einen Teil vom Gesicht weggerissen haben!" Dass mir ständig Blut in die Augen rann, so dass ich rechts gar nichts mehr sehen konnte, machte das Ganze noch schlimmer. Mit der Zunge ertastete ich, dass meine oberen Schneidezähne fehlten. Deswegen interessierte mich in diesem Augenblick nur eines: Wie reagieren die Leute auf meinen Anblick?

Da tauchte eine ältere Dame auf. Ich lag unten im Straßengraben, sie beugte sich von oben über mich. Ich blickte ihr ganz genau in die Augen und wartete gespannt, ob sie mein Anblick erschrecken würde. Sie schaute eigentlich ganz normal und ich war zum zweiten Mal erleichtert. „Aha, das Gesicht ist also noch in Ordnung." Dann kam eine weitere Frau angelaufen. Sie war außer sich: „Ich bin Ärztin, ich bin Ärztin! Bleiben Sie liegen!" Die Dame wollte mir helfen und versuchte mich bequemer hinzulegen. Doch als sie mein Bein sah, war sie völlig überfordert und meinte nur: „Können Sie Ihre Zehen bewegen?" Ja, das funktionierte wundersamerweise noch immer. Denn es sah schrecklich aus. Die überkreuzten Knochen, das Fleisch und überall Blut! Alles, was die Ärztin noch herausbrachte, war: „Rühren Sie sich auf keinen Fall!" Offenbar fürchtete sie, dass mein Rücken etwas abbekommen hatte.

Langsam wurde es wirklich mühsam. Da der Hang, auf dem ich mitten in den Brennnesseln lag, relativ steil war, musste ich mich mit den Armen abstützen. Immer wieder versuchte ich zu rekonstruieren, was passiert war. Rechts vorne registrierte ich den roten Mercedes C180 mit dem deutschen Kennzeichen. Er musste weitergefahren sein, ehe er nach der Verkehrsinsel anhielt. Die Schäden im Gesicht muss ich mir selber zugefügt haben. Wahrscheinlich mit der

Hand während des Fluges. Dabei hatte es mir vermutlich die Uhr mit dem Silbergehäuse, auf die ich so stolz war, weggerissen. Aber das kümmerte mich jetzt herzlich wenig.

Eine weitere Person, braunes Kleid, helle Strumpfhose, blond gefärbte Haare, etwas über 60, rang nach Erklärungen: „Es tut uns ja so Leid, es tut uns so Leid", hörte ich in bayrischem Akzent. Die muss zum Unfall-Lenker gehört haben. Ich konnte nicht anders, als sie zu beschimpfen. Mit meinem kaputten Hax'n und meinem verzogenen Mund hatte ich Schwierigkeiten zu sprechen. Aber fluchen konnte ich: „Wahnsinn, da kann man ja nicht links abbiegen, da ist ja ein Abbiegeverbot! Das gibt's doch nicht, dass Sie mich nicht gesehen haben!" Sie stammelte noch einmal: „Entschuldigung, es tut uns ja so Leid!" Ich schimpfte und schimpfte. Das zeigte mir immerhin, dass ich offensichtlich in einer den Umständen entsprechend guten psychischen Verfassung war. Am liebsten wäre ich gleich aufgestanden. Kurz überlegte ich mir verrückterweise sogar, ob ich auf dem linken Fuß runterspringen sollte. Aber dazu war das Gelände zu unwegsam.

Endlich war einer da, der mir wirklich helfen konnte: Werner Aufmesser, der Bruder meines Arztes am Olympiastützpunkt – da kam Hoffnung auf. Der „Doc" hatte es sich gerade nur wenige Meter hinter der Unfallstelle auf seiner Terrasse gemütlich gemacht, als er den Knall hörte. Dass ich damit zu tun hatte, hätte er sich nicht gedacht. Er wurde per Notruf alarmiert und war mit seinem Privatauto sofort an der Unfallstelle. Nun flehte ich ihn an: „Schau, mich hat's schiach erwischt, aber den Zeh kann ich noch bewegen. Bitte, rette mein Bein, mach, dass ich wieder gehen kann, alles andere ist wurscht!" Werner beschwichtigte mich mit seiner ruhigen Art und meinte: „Das wird schon wieder. Keine Angst." Werner war gerade dabei, mir die erste Schockbekämpfungsinfusion anzuhängen, da tauchten zwei Gendarmen auf. Dank Helm und Sonnenbrille war ich weitgehend unerkannt geblieben. Das war mir ganz recht. Und die beiden Ordnungshüter spielten da mit. Sie meldeten nur einen „Verkehrsunfall auf der B 99 bei Streckenkilometer 23,4". Natürlich haben sie mich und mein Motorrad sofort erkannt. Einer befragte mich zum Unfallhergang und leitete über Funk weitere Maßnahmen ein, ohne aber meinen Namen zu erwähnen. Dafür bin ich ihm bis heute dankbar. Nicht auszudenken, was passiert wäre, wenn die Reporter Wind von der Sache bekommen hätten. So konnten sich alle auf das Wesentliche konzentrieren. Vielleicht ist deshalb alles so glatt gelaufen.

Inzwischen standen schon einige Leute um mich herum. Oben auf der Brücke, die der rote Mercedes korrekterweise hätte nehmen müssen, versammelten sich die üblichen Schaulustigen. Immer wieder hörte ich: „Wahnsinn, der Hermann, ... der Maier ..." Reporter war noch immer keiner da. Zum Glück – deswegen gibt's auch keine Fotos von meiner Bergung. Mitten im Gefecht registrierte ich wieder ein Blaulicht – ein Riesen-Notarztwagen. „Praktisch", dachte ich, „da werd' ich reinpassen!"

„Jetzt werden wir ein neues Kapitel meiner Karriere schreiben"

Die Sanitäter – lauter vertraute Gesichter – packten ihre Trage aus und kämpften mit den widrigen Geländebedingungen. Sie mussten ja durch den Straßengraben. Erst versuchten sie, mich auf die Trage zu drehen, sie merkten aber sofort, dass meine 93,7 Kilogramm Kampfgewicht die Sache nicht gerade leichter machten. Jetzt fiel mir auf, dass ich noch immer auf der Sitzbank saß. Die war richtiggehend in die Erde gestampft. Ich krallte mich an der Trage fest, und wenn es mich nicht so schlimm erwischt hätte, dann hätte ich die kuriose Szene nicht unkommentiert gelassen. Die armen Helfer waren sichtlich nervös, weil sie wussten, wen sie da durch den Graben schleppten. Ich hatte Angst runterzufallen. Obwohl ich an der Trage festgezurrt war, klammerte ich mich mit aller Kraft fest. Dann gab's doch Probleme beim Reinschieben ins Rettungsauto: Mit meiner Lederjacke war ich scheinbar zu breit und blieb überall hängen. Schließlich war ich heilfroh, als die Tür zuging – mir kam's vor wie eine Ewigkeit, dabei waren seit dem Unfall vielleicht gerade zehn Minuten vergangen. Mein ganzer Körper lag in einer Vakuum-Matratze, in der ich mich, als die Luft abgesaugt war, wie in einem Gipsbett fühlte. So fuhren wir die 200 Meter rauf zur Aufmesser-Klinik. Da wartete schon Werners Bruder Harald mit sorgenvoller Was-hast-jetzt-schon-wieder-angestellt-Miene. Ich rief ihm noch aus dem Auto entgegen: „Harald, ich kann nix dafür!" Und kurz darauf soll ich noch zu ihm gesagt haben: „Jetzt werden wir eine völlig neue Geschichte meiner Karriere schreiben."

Die Aufmesser-Klinik in Radstadt war seit Jahren eine wichtige Adresse in meinen medizinischen Angelegenheiten: Röntgen, Blutabnahmen und Ähnliches. Im Schockraum, in dem ich schon weiß Gott wie oft gelegen bin, wurde es für mich ernst. Inzwischen begannen die schmerzstillenden Injektionen zu wirken und ich registrierte alles wie durch einen Schleier. Ich bemerkte Alex und Andy Evers, die inzwischen in die Klinik gekommen waren. Alex schoss auf mich zu und regte sich fürchterlich über den Mercedes-Lenker auf: „Wenn ich den zwischen die Finger krieg!"Mein Bruder hatte vergeblich auf dem Fußballplatz gewartet und war nach dem Alarm-Anruf meiner Mutter sofort hierher geeilt. Ich musste ihn beruhigen: „Das bringt jetzt auch nix, schau'n wir lieber nach vorne!"

Der Unfall – was wirklich passierte

Der 73-jährige deutsche Rentner Wolfgang S. war mit seiner Bekannten und zwei Freunden in einem roten Mercedes C 180 auf der Katschberg-Bundesstraße (B 99) unterwegs. Er wollte zu seinem Urlaubsdomizil ins drei Kilometer entfernte Mandling. S. hatte sich zweimal verfahren. Nach einem Wendemanöver auf der B 99 Richtung Obertauern war er abermals Richtung Salzburg (und nicht Richtung Mandling) unterwegs. Er bog rechts Richtung Radstadt Ost ab (was richtig gewesen wäre), ließ sich aber durch die Straßenführung irritieren, wendete sofort nach der Verkehrsinsel – und überfuhr dabei eine Sperrlinie. Er kam zurück auf die B 99, in die er rechts einbog. Laut Unfallgutachten war S. zu diesem Zeitpunkt – 7 Sekunden vor dem Unfall – mit einer Geschwindigkeit von 15 km/h unterwegs (erlaubt sind 80 km/h). 3,6 Sekunden vor der Kollision mussten mehrere Autos hinter S. auf eine Geschwindigkeit von 35 km/h abbremsen.

Hermann Maier, der mit seinem Motorrad Marke Penz Performance ebenfalls Richtung Salzburg unterwegs war, fuhr auf die Kolonne auf, achtete auf den Gegenverkehr, blinkte und überholte nacheinander drei Autos. Gerade, als Maier das dritte Auto überholt hatte – 1,2 Sekunden vor dem Zusammenprall –, bog der rote Mercedes nach links ab, ohne auf den nachkommenden Verkehr, insbesondere Hermann Maier, zu achten. Obwohl Maier schnell rea-

Die Irrfahrt des Wolfgang S. am 24. August 2001; der dunkle Pfeil rechts zeigt Hermann Maiers Überhol- und Ausweichmanöver

gierte und auszuweichen versuchte, war der Zusammenstoß nicht mehr zu verhindern. Das bestätigt auch das Gutachten: Maier hat auf das eigentliche Linksabbiegen von S. gut und rasch reagiert. Er hatte keine Möglichkeit mehr, auf das Linkslenken unfallverhütend zu reagieren, heißt es dort. Hätte S. ab dem Erreichen der Leitlinie bis zur späteren Kollision nur einmal in den linken Außenspiegel geschaut, so hätte er das Motorrad von Maier sehen können. Die Auffälligkeit des Motorrades ist durch den nachweislich eingeschalteten Scheinwerfer sehr hoch gewesen.

Die Unfallstelle im Herbst 2004. Inzwischen wurde eine Sperrlinie eingezogen und die Verbotstafel versetzt.

Laut Gutachten flog das Motorrad acht Meter durch die Luft, schlug auf die Fahrbahn auf und rutschte noch 30 Meter weiter. Hermann Maier blieb schwer verletzt im anliegenden Straßengraben liegen. Zur Durchführung dienstlich notwendiger Maßnahmen wurde die Katschberg-Bundesstraße für 45 Minuten gesperrt.

Stellungnahme

von Dr. Karl Heinz Klee
Rechtsvertreter von Hermann Maier

Nachdem die Vorerhebungen beim Bezirksgericht Radstadt keinerlei Anhaltspunkte für ein Mitverschulden von Maier ergaben, ebenso wenig die auf Grund der vorliegenden Beweisergebnisse eingeholten Gutachten, wurde seitens der Staatsanwaltschaft Salzburg der Akt an das für den Unfalllenker S. zuständige Amtsgericht in München zur weiteren Strafverfolgung abgetreten.

In der Folge versuchte der Verteidiger des Wolfgang S. immer wieder, das Verfahren gegen seinen Mandanten wegen angeblichen Alleinverschuldens oder überwiegenden Verschuldens von Maier zur Einstellung zu bringen. Dagegen konnten wir uns entsprechend zur Wehr setzen. Das Verfahren endete mit dem Urteil vom 5. 2. 2004 des Amtsgerichtes München, mit dem Wolfgang S. wegen fahrlässiger Körperverletzung zu einer Geldstrafe von Euro 750,– verurteilt wurde. Die Fahrlässigkeit des Wolfgang S. wurde im Urteil darin gesehen, dass er bei seinem Linksabbiegemanöver am 24. 8. 2001 in Radstadt nicht nach hinten geschaut hatte, sodass er Maier nicht gesehen hatte. Das löste den Unfall aus. Dieses Urteil ist dann in Rechtskraft erwachsen.

In der Zwischenzeit haben Wolfgang S. und dessen Versicherung, die HUK-Coburg, wegen der von ihnen zu leistenden Schadenersatzansprüche an Hermann Maier Klage gegen das Land Salzburg eingebracht, weil dieses ihrer Meinung nach durch eine falsche Aufstellung der Beschilderung an der Unfallkreuzung seiner Verkehrssicherungspflicht nicht nachgekommen ist und so erhebliches Mitverschulden am Unfallgeschehen trägt.

Dr. Karl Heinz Klee
Rechtsanwalt

Als Erstes wurden an beiden Unterarmen Venen-Zugänge für die Infusionen zur Schockbekämpfung gelegt. Während Harald Aufmesser die organisatorischen Dinge übernahm, meinen Vertrauens-Chirurgen Artur Trost im 75 Kilometer entfernten Unfallkrankenhaus Salzburg alarmierte und den Helikopter anforderte, schnitt sein Bruder Werner das Hosenbein auf. Es ist ein eigenartiges Gefühl, wenn dir jemand mit der Schere die Jeans zerschneidet und die Reste vorsichtig zur Seite schiebt. Ich wusste: Jetzt kommt die Wahrheit ans Licht! Ich beobachtete Werners Mienenspiel, und dann fiel mein Blick sofort auf das, was von meinem Bein übrig geblieben war. Haut und Gewebeteile der Wade dürfte es beim Aufprall auf der Straße weggerissen haben. Wie ich später erfuhr, muss ein kleines Stück von meinem Schienbeinknochen an der Unfallstelle verloren gegangen sein. Nachdem die Wunde steril verbunden worden war, begannen sie, mein Bein zu schienen. Meine bange Frage: „Werner, kannst noch was machen, dass der Fuß dranbleibt?"

„Ja, schon!"

„Und ... wann werd' ich wieder Ski fahren können?" Die ehrliche Antwort warf mich wieder zurück: „Daran brauchst jetzt lange Zeit nicht denken!"

In diesem Augenblick wurde mir die Dimension meiner Verletzung bewusst. Der Sport, mein bisheriger Lebensinhalt, war plötzlich Nebensache. Jetzt ging's um andere Dinge. „Und werd' ich wenigstens wieder gehen können?" „Ja, das wird werden, aber es wird eine Zeit lang dauern." Bei dieser niederschmetternden Diagnose war mir klar: Der Olympia-Winter ist gestrichen! Aber das war zu diesem Zeitpunkt, wie gesagt, nebensächlich. Harald hielt mir sein Handy ans Ohr. „Hallo, da ist der Artur, ich weiß schon, was passiert ist. Wir haben alles vorbereitet." Ich beschwor ihn eindringlich: „Jetzt musst dein Bestes geben!" Gudrun, meine damalige Freundin, war bereits auf dem Weg nach Radstadt. Sie hatte das Abendessen, das sie gerade daheim in Flachau vorbereitet hatte, stehen und liegen gelassen, um zu mir zu eilen. Ich versuchte am Telefon, den Ernst der Lage herunterzuspielen. Ich wollte sie vorwarnen, sie beruhigen: „Ich hab' mir nur den Hax' gebrochen, eh nicht so schlimm!"

Mit einem wollte ich noch unbedingt telefonieren: mit Heini, von dem ich mich erst wenige Minuten zuvor verabschiedet hatte. Ich hielt mich kurz und sachlich: „Mich hat einer abgeschossen, und der Fuß ist kaputt!"

Egal, ob es an den Medikamenten lag oder an der Umgebung: Ich war mit einem Mal nicht mehr aufgebracht, ich wurde ganz ruhig, ja, fast schon apathisch. Ich wusste: Jetzt ist eh schon alles zu spät, und geholfen wird mir sowieso. Trainieren muss ich jetzt eine Zeit lang auch nicht mehr – hat irgendwo auch seinen Vorteil. Endlich eine Ausrede, die zählt. Keine Erwartungen, kein Leistungsdruck. Jetzt brauche ich mich keiner Prüfung mehr zu stellen! Es ging nun ausschließlich um meine Gesundheit.

So rasch wie möglich musste ich auf den Operationstisch. Bin ich froh, dass Harald den Helikopter organisiert hatte. Während sie mich zurück ins Rettungsauto schoben, registrierte ich unter den Leuten draußen meine Eltern und Gudrun. Sie lagen sich in den Armen und taten mir wahnsinnig Leid. Ich habe ihnen nur gewinkt und zugerufen: „Es wird schon wieder, macht euch keine Sorgen!" Langsam stiegen die Schmerzen in mir hoch, und Werner verpasste mir eine Spritze mit Tipidolor, einem starken Morphium-Präparat, das unter anderem bei der Entwöhnung von Drogenabhängigen eingesetzt wird. In den folgenden Wochen sollte ich dieses Schmerzbekämpfungsmittel noch besser kennen lernen. Während die Rotorblätter des gelben „Christophorus 6" in der Abenddämmerung meine Decke aufwirbelten, schoben sie mich ins Innere des Helikopters. Artig

APA-Online-Manager

APA0644 3 SI 0104 CI *Fr, 24.Aug 2001*

*Ski alpin/Verkehr/Unfälle/Salzburg/**Maier***

** E I L T

Ski alpin: Hermann Maier erlitt offenen Unterschenkelbruch =

Radstadt/Wien (APA) - Schock für das österreichische alpine Skiteam. Superstar Hermann **Maier** - erlitt am Freitagabend in Radstadt bei einem Motorradunfall einen offenen Unterschenkelbruch im rechten Bein. Ein deutscher Autofahrer war unvorschriftsmäßig nach links abgebogen, **Maier** bei seinem Ausweichmanöver im Graben gelandet. Der regierende Weltcupsieger wurde ins Salzburger Unfallkrankenhaus geflogen und dort operiert.

Maier, der vor zwei Tagen vom Trainingsaufenthalt in Chile nach Österreich zurückgekehrt ist, wird zumindest für einige Monate ausfallen. Ob damit die Olympiasaison für den zweifachen Olympiasieger und Weltmeister praktisch schon gelaufen ist, lässt sich derzeit noch nicht sagen.

(Schluss/folgt Zus.) mm/mgä

APA0644 2001-08-24/21:12

242112 Aug 01

Die Unfallmeldung, die am 24.8.2001 über die Austria Presse Agentur (APA) lief

begrüßte ich den Notarzt, die Helfer und versuchte abzuschalten. Durch die Schmerzmittel und den Kopfhörer, den du im Hubschrauber aufhast, fühlte ich mich wie ferngesteuert. Ich sagte nur: „So ein Superpilot, ich spür' nicht einmal das Abheben." Dann waren wir dahin. Das Display zeigte die Uhrzeit: 20.27. Ich war total ruhig.

Als wir wenige Minuten später in Salzburg auf dem Dach des Unfall-Krankenhauses landeten, war es bereits stockfinster. Was um mich herum passierte, bekam ich erstaunlich klar mit. Da war er, mein Freund Artur in seinem weißen Kittel, den er immer dann anhat, wenn's offiziell wird. „Nein, was hast du denn getan?", fragte er mich wie einen kleinen Buben, der sich die Knie beim Spielen blutig geschlagen hat. Mir ging es nur darum, dass mir die Ärzte nichts vorenthielten. „Artur, ich weiß, es schaut nicht gut aus. Aber sag' mir bitte immer ganz ehrlich, was wirklich los ist!" Ich war so erleichtert, Artur an meiner Seite zu wissen – ich mag seine angenehme Art, von seinen fachlichen Qualitäten bin ich sowieso überzeugt. Im Jänner 1997, bevor meine Karriere

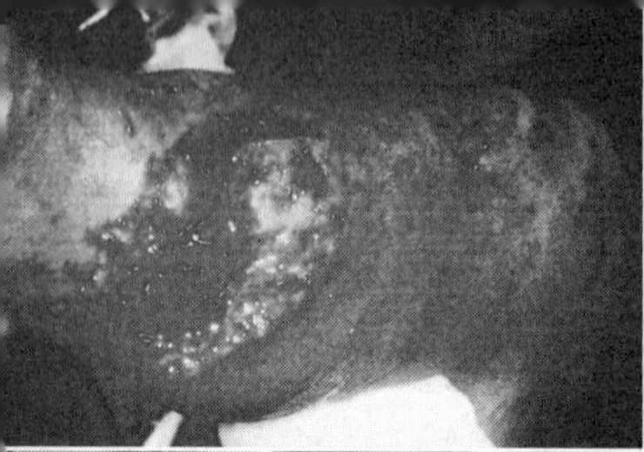

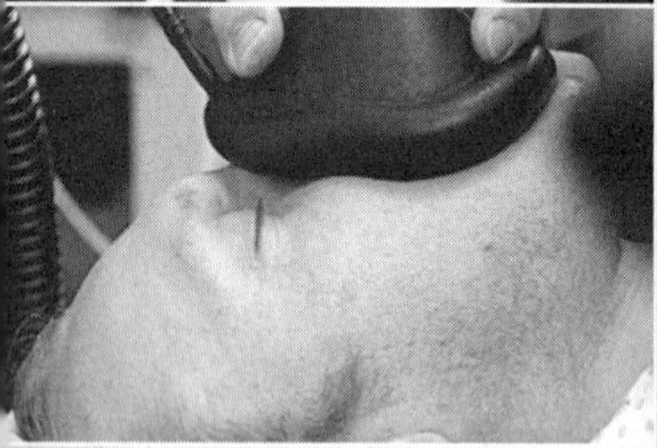

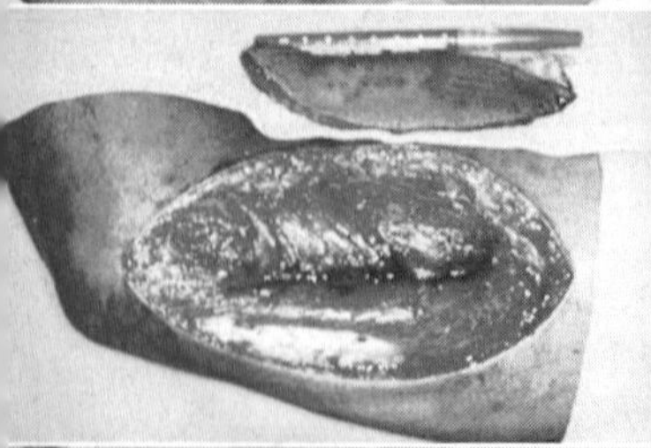

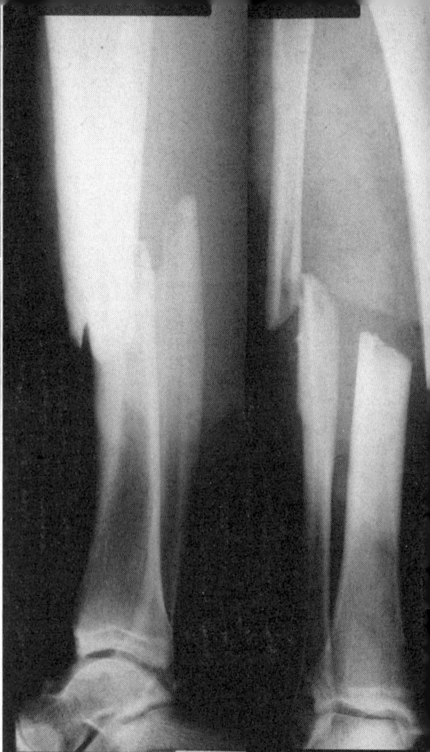

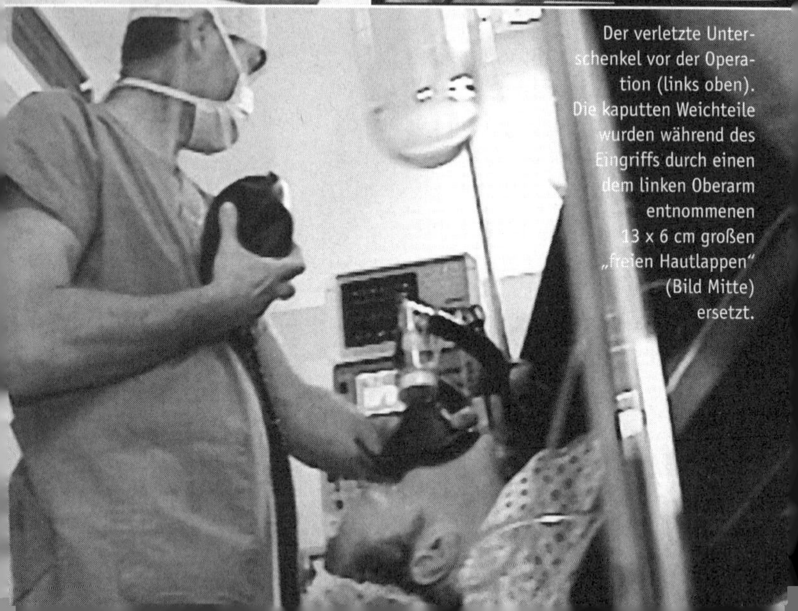

Der verletzte Unterschenkel vor der Operation (links oben). Die kaputten Weichteile wurden während des Eingriffs durch einen dem linken Oberarm entnommenen 13 x 6 cm großen „freien Hautlappen" (Bild Mitte) ersetzt.

Die Operation – sieben Stunden Kampf um das Bein

Ein hochkarätiges Ärzte-Team rettete Hermann Maiers rechtes Bein in einer mehr als siebenstündigen Operation. Alois Karlbauer, Leiter des UKH Salzburg, sorgte für die Infrastruktur. Erst mussten die Wunde gereinigt und Lacksplitter vom Knochen entfernt werden. Chirurg Artur Trost war für den Querbruch, bei dem die Knochen drei Zentimeter verschoben waren, zuständig. Dabei fügte er das gebrochene Schienbein mit einem 37 Zentimeter langen Titan-Verriegelungsnagel, der vom Schienbeinkopf bis zum Fuß durchs Mark gehämmert wurde, zusammen. Der Nagel wurde mit vier Querbolzen fixiert. Das zertrümmerte Wadenbein ließ man „wild" zusammenwachsen. Der plastische Chirurg Christoph Papp riskierte die Hautlappen-Verpflanzung bei der Erst-Operation. Dabei wurde ein 6 x 13 Zentimeter großer Hautlappen vom linken Oberarm entnommen und im Unterschenkel dort, wo Haut und Gewebe fehlten, eingesetzt. In mikrochirurgischer Feinarbeit wurden dabei auch kleine Blutgefäße angenäht. Normalerweise geschieht dieser Eingriff erst Wochen nach dem Unfall. Da die Zeit bei einem Profisportler ein wesentlicher Faktor ist, ging man dieses Risiko ein.

Die Verletzungen unmittelbar nach dem Unfall

- Offener Unterschenkelbruch dritten Grades
- Beckenprellung mit ausgeprägtem Hämatom im Bereich des Gesäßes
- Rissquetschwunde über Schienbeinkopf rechts
- Rissquetschwunde über Fersenbein rechts
- Rissquetschwunde über Schienbein links
- Oberschenkelprellung
- Abschürfungen im Bereich des Beckens rechts
- Schädelprellung
- Rissquetschwunde an der Oberlippe und am Nasenrücken
- Verletzung der Schneidezähne oben links und rechts

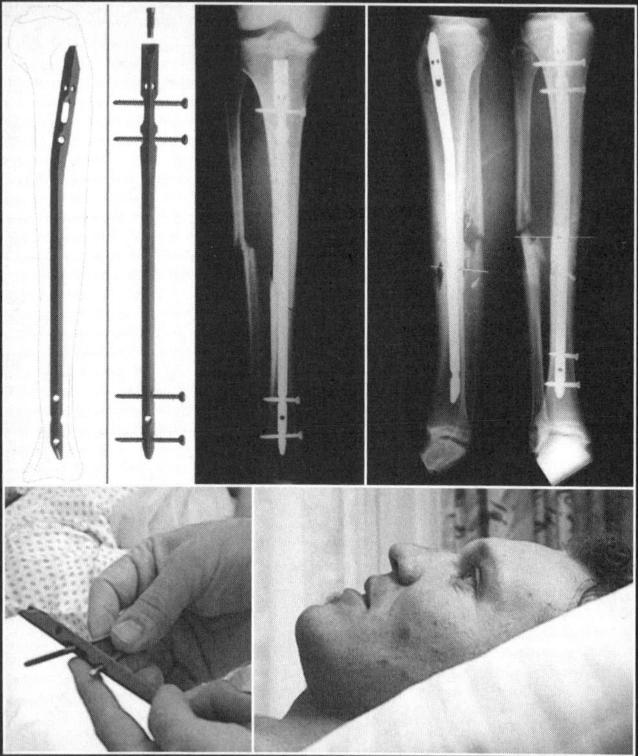

Komplikationen nach der Operation

- 13 Stunden nach dem Unfall: Anzeichen für Nierenversagen.
- 19 Stunden nach dem Unfall: Kompartment-Syndrom im Bereich des Beckens. Dabei wurden Venen abgedrückt, so dass der Blut-Rückfluss nicht funktionierte. Durch die Einblutungen wurden die für die Versorgung der Beinmuskulatur verantwortlichen Nervenstränge gequetscht, was sogar Lähmungserscheinungen verursachte. Davon war das linke, nicht operierte Bein mehr betroffen als das rechte.

so richtig losging, hatte er nach meinem Abfahrts-Sturz in Chamonix die Hand operiert, als ÖSV-Arzt war er immer wieder bei Rennen dabei. Und auch bei so mancher Siegesfeier.

Im Operationssaal hatte Artur das Mediziner-Team auf den bevorstehenden Eingriff eingestellt. Nach der Röntgen-Prozedur galt es, alle Eventualitäten abzuklären. Sind versteckte Verletzungen zu befürchten? Ist der Rücken okay? Ist in der Folge mit weiteren Komplikationen zu rechnen? Dann hörte ich, wie ein Arzt zur Krankenschwester sagte: „Schaut's nach Fetzen, nach den größten, die wir haben!" Die größten – klingt schlimm! Nicht gerade das, was du vor der Narkose brauchst. Eine Krankenschwester sah mich mitleidig an und ich zeigte auf den zertrümmerten Unterschenkel: „Der bleibt aber schon dran!???" So sicher war ich mir da nicht. Immer wieder bat ich die Ärzte: „Ihr müsst mir die Wahrheit sagen, auch wenn es noch so schlimm ist!" Ich wollte wissen, wo ich wirklich stand. Artur stellte mir Primarius Karlbauer vor. Der Chef der Klinik, ein Reserveoffizier, sprach mit kräftiger Stimme: „Keine Sorge, junger Mann, das werden wir schon hinbekommen!" Er schien mir einer zu sein, bei dem jeder Handgriff sitzt. Ich blickte ihn an und meinte: „Ich hab' eine Sau-Angst um mein Bein." Der Primar, mit einem Anflug von Heiterkeit in der Stimme: „Hätte ich auch, wenn ich oben auf der Streif stehen tät'."

Wenn einmal der Hax'n fast auf der Straße liegen bleibt, plagen dich die schlimmsten Befürchtungen. Ich habe ganz im Stillen gebetet, dass mein Fuß nach dem Aufwachen noch dran sein möge. Es war zwar erst neun Uhr am Abend, doch mir kam es vor wie Mitternacht. Die starken Mittel, die man mir verabreicht hatte, setzten mir gewaltig zu, und der Anästhesist tat den Rest. Alle meine Gedanken drehten sich um mein Bein. „Hoffentlich werde ich es wieder sehen!" Mit einem Gefühl der Ungewissheit, wie es schlimmer nicht sein kann, dämmerte ich weg.

Mein Jahrhundert-Sturz

Was in Nagano ’98 wirklich passierte

Meine erste Olympia-Abfahrt dauerte nicht einmal 20 Sekunden. Genau genommen 17,7 plus 1,7 Sekunden in der Luft, die mich auf der ganzen Welt berühmt machen sollten!

Freitag, 13. Februar 1998, Hakuba, Japan. Unterm Helm wird es leise. Das kann nur eines bedeuten: Rückenwind! Dabei bin ich ohnehin verdammt schnell unterwegs. Weitaus schneller als in den drei Trainingsläufen, in denen ich immer vorne mit dabei war. Unter meinen Füßen jene Raketen, mit denen schon Markus Wasmaier in Lillehammer ’94 zweimal triumphiert hatte. In meinem Kopf unbändiger Siegeswille. Ja, ich bin auf dem Weg zu Gold! Der extra für die Blumenschützer aufgebaute Alpen-Jump – super! So gut bin ich noch nie gesprungen. Alles funktioniert – bis zu dieser lang gezogenen Rechtskurve, die ich mit einem Affenzahn ansteuere.

Die Spiele in Nagano hatten für mich wie in einem Albtraum begonnen. Erst war ich unfähig, die Bedienungsanleitung des japanischen Ergometers, das mein Betreuer Heini Bergmüller ins Hotel bestellt hatte, zu entziffern. Das Zimmerfahrrad muss aus der Pearl-Harbour-Zeit gestammt haben. Als ich endlich auf einem Ersatzrad loslegen konnte, war ich plötzlich taub – Gehörsturz! Ich musste mir mein rechtes Ohr ausspülen, bis ich mich wieder halbwegs wohl fühlte. Ruhig schlafen konnte ich aber noch immer nicht. Unser Hotel Weißer Hof mitten im Ortszentrum von Hakuba war nämlich alles andere als leistungsfördernd. Vor dem Zimmer, das ich mit meinem Teamkollegen Andreas Schifferer teilte, donnerte Nacht für Nacht ein Schneepflug auf und ab. Wir zogen um und hausten japanisch. Quasi am Boden einer Schuhschachtel. Und das mit Schiffi, der es schafft, selbst eine Riesen-Suite in kürzester

asics
ATOMIC
4

Zeit in eine unüberwindbare Müllhalle zu verwandeln. Aber der Gipfel war das Wetter. Nach drei geglückten Trainingstagen ging plötzlich nichts mehr. Sechs Tage lang sahen wir zu, wie das japanische Wetter verrückt spielte. Wir erlebten alles: von Wärmeeinbruch über Nebel und Regen bis zu eisiger Polarkälte und Schneechaos. Und alles änderte sich stets innerhalb nur weniger Minuten. Als wir wieder einmal unverrichteter Dinge vom Berg kamen, zog ein irrer Schneesturm auf, wie ich ihn noch nie erlebt habe. Aber das sollte dort noch öfters vorkommen. Einmal stand sogar der Allrad-BMW unseres Presse-Betreuers auf der Piste. Er hatte sich völlig verirrt und keine Straße mehr gefunden ...

Am Freitag, dem 13., wurde die Abfahrt, die eigentlich für den Sonntag, den 8. Februar, geplant war, endlich gestartet. Bei völlig neuen Bedingungen. Die Sonne schien wieder, und die Verhältnisse waren viel schneller als im letzten Training, das sechs Tage zurücklag. Und ein Richtungstor war ganz offensichtlich versetzt. Kein Wunder, dass es dort neben mir elf andere Läufer erwischte. Ich ging mit Startnummer 4 ins Rennen. Obwohl inzwischen Jahre vergangen sind, kann ich mich noch immer an jedes klitzekleine Detail meines Sturzes erinnern.

Diese lang gezogene Rechtskurve. Ich bleibe bei meiner engen, superschnellen Linie. Konzentration auf die Kante. Vorher will ich noch die Kurve zumachen. Ich gebe Druck, doch dann streife ich mit dem Schuh den Schnee, der Außenski rutscht unten weg, ich drücke dagegen. Das löst eine Trampolin-Wirkung aus. Genau jetzt kommt die Kante. Da werden Kräfte frei, die kann keiner durchdrücken! Wie ein Hupfball hebe ich ab. Und jetzt? Gewicht nach vorne verlagern! Ich beschleunige und kämpfe, meinen Körperschwerpunkt nach vorne zu bekommen. Das sieht man auf den berühmten Fotos, auf denen ich wie die Skispringer der 50er-Jahre mit den Händen rudere! Ich liege schräg in der Luft, da sehe ich unter mir das Richtungstor. Umlegen! Noch ist nix passiert. Ich bin schon öfter so schräg in der Luft gelegen und wieder auf den Füßen aufgekommen. Okay, das Tor krieg' ich nicht mehr. Dafür lande ich ordentlich. Ich lass' also dem Körper in der Luft Zeit. Mit Gewalt geht da nichts. Ich beobachte alles von oben und will meine Landung dem Gelände anpassen. Ich glaube noch immer an ein Happy End und denk' mir: „Wenn ich weiterflieg', fallen die Ski durch die Schwerkraft wieder nach unten, und dann fahr' ich wieder." Das war typisch für mein Selbstvertrauen: Ich konnte doch in dieser Saison alles machen, was ich wollte. Für einen Sturz war in meiner Gedankenwelt einfach kein Platz. Und die hohe Geschwindigkeit war auch okay – um zu gewinnen muss ich ja schneller sein als alle anderen! Aber diesmal bin ich zu schnell. Ich habe das Tempo einfach unterschätzt – wahrscheinlich wegen des Rückenwindes.

Die Latten gehen weiter und weiter nach oben. Da wird mir auf einmal bewusst: „Wahnsinn, jetzt schau' ich schon senkrecht nach unten. Ich seh' ja alles verkehrt!" Der Flug kommt mir schon ewig vor. Jetzt ist mir klar: Das wird ein Sturz! Es geht nur mehr um Schadensbegrenzung. Nur nicht mit dem Kopf aufschlagen! Wie ein Skispringer in Turbulenzen breche ich den Flug ab, um früher zu landen. Ich drehe den Kopf, so gut es geht, zur Seite und detoniere mit Schlüsselbein und Schulter in den japanischen Schnee. Ein Gedankenblitz: „Mir hat's jetzt das Genick abgerissen!" Doch ich muss mich sofort wieder konzentrieren, den Sturz unter Kontrolle behalten. Ich richte mich auf und rase mit den Füßen voran weiter. Ich sehe das Fangzaun-Orange. Bitte nicht so wie im Jahr zuvor in Chamonix, denn da hab' ich mir wegen der harten Plastikstangen die Hand gebrochen! Je höher du den Zaun nimmst, desto mehr geben die Stangen nach. Die erste Barriere spüre ich nicht einmal. Überschlag. Rein in den zweiten Zaun. Den dritten lass' ich links vorbei. Elegant! Ein Purzelbaum über eine dunkle Allwetterjacke. Was macht die eigentlich da? Ich werde so lange durch den Tiefschnee gerollt, bis es mir reicht. Ich strecke die Hände aus und bleibe kopfüber im Schnee stecken. Jetzt heißt es abwarten, was von hinten nachkommt. Meist schlägt ja noch mindestens ein Ski neben dir ein. Das war's.

Und jetzt? Ich trau' mich nicht, nach links zu blicken. Da muss das Schlüsselbein rausragen und ich mit dem Kinn dagegenstoßen! Aber zum Glück ist noch alles dran! Oben sehe ich den so genannten Feldherrenhügel mit den Trainern. Unten im Zielraum warten meine Leute. Und meine Eltern bangen daheim vorm Fernseher. Für die ist so etwas natürlich ein Horror. Um alle zu beruhigen, winke ich in die TV-Kamera.

Inzwischen meldet sich mein Knie. Weil ich nie einen Bänderriss oder Ähnliches hatte, befürchte ich das Schlimmste. Da kommt auch schon unser Teamarzt Toni Wicker durch den Tiefschnee gestolpert; mit seinem Rucksack hat es ihn immer wieder überschlagen. Er muss schon losgelaufen sein, als ich noch in der Luft war. Er keucht unzusammenhängende Sätze. Ich immer wieder: „Wahnsinn, Wahnsinn, das gibt's ja nicht!" Plötzlich ist ein Fotograf da – schlaksige Gestalt, pockennarbiges Gesicht und Lockenkopf. Er erkundigt sich artig nach meinem Befinden: „Are you okay?" Ich nicke und er grinst: „Great Shot!" Klar! Nicht nur ich wurde mit diesem Sturz weltberühmt. Carl Yarbrough vom US-Magazin *Sports Illustrated* verdiente mit seinem Jahrhundert-Schuss so viel, dass er sich sein Haus in Boulder, Colorado, ausbauen lassen konnte! Verbotenerweise hatte er eine Alu-Leiter auf den Berg geschleppt, sich durch alle Absperrungen geschwindelt. Sein Podest hatte er instinktiv an der Stelle mit der besten Sicht auf die S-Kurve errichtet – dort, wo ursprünglich der Fernseh-Turm geplant gewesen war. Doch aus Sicherheitsgründen mussten die TV-Vorrichtungen wieder weg – mein Glück, nicht auszudenken, wenn anstatt Carls Jacke ein sperriges Metallgestell dort gestanden wäre!

Nachdem klar war, dass mir nichts Gröberes fehlte, stapften wir los. Ich mit nur einem Skistock in der Hand, Wicker vor mir. Wir sammelten meine verlorenen Trümmer Stück für Stück zusammen – die Skier, den anderen Stock. Neben mir her stolperte der Foto-Reporter, der, während er sich rückwärts durch den tiefen Schnee kämpfte, sein Objektiv nicht von mir ließ. Da vernahm ich aus dem Funkgerät von Doc Wicker die Stimme von Cheftrainer Werner Margreiter: „Tut's weiter! Oben wartet der Schiffi!" Ich konnte es nicht fassen und schimpfte vor mich hin: „Der soll a Ruh' geben und froh sein, dass ich nach so einem Crash noch leb'!"

Ich dachte mir nur: „Ein schöner Auftakt! Oder war's das vielleicht schon für mich und Olympia?" Wir marschierten zurück zur Liftstation, an der ich gerade erst vorbeigefahren war. Drinnen warteten die deutschen Ski-Damen auf ihr Training. Ich zog mich bis zur Unterhose aus und breitete mich auf drei zusammengeschobenen Tischen aus. Wicker dokterte an meinem Knie herum. Es wirkte noch halbwegs stabil. Wir kühlten es mit einer Wasserflasche. Dann ging's ab Richtung Hotel. Ich bestand darauf, auf Skiern ins Tal zu rutschen. Irgendjemand fragte mich, ob ich bei der anschließenden Kombi-Abfahrt dabei wäre. Ich schüttelte nur den Kopf. Endlich im Weißen Hof angekommen, rief ich sofort daheim bei meinen Eltern an. „Alles in Ordnung, mir fehlt nix!"

Ich konnte ihre Erleichterung förmlich spüren.

In meinem Zimmer fand ich kaum Ruhe. Erst tauchte Petra auf und konnte es nicht fassen: „Geht's dir wirklich gut, hast du keine Schmerzen?" Ich nickte nur. Kurz später steckten mein Bruder und Ernst und Schipi vom Fanklub ihre Köpfe bei der Tür herein. „Hermann, der Abflug hat gut ausg'schaut!", grinsten sie. „Habt ihr vielleicht noch Haltungsnoten dafür vergeben?" Ich erinnere mich noch, dass der Carrera-Servicemann meinen roten Rennhelm austauschen wollte. „Nix da!", widersprach ich, „das ist mein Siegerhelm, den brauch' ich für das nächste Rennen."

Wie in Trance taumelte ich zur improvisierten Pressekonferenz. Die Hotel-Lobby war gerammelt voll. Ein Wirrwarr von Kameras, Scheinwerfern, Blitzlichtern und eine Riesen-Meute aufgebrachter Journalisten, die in verschiedenen Sprachen wissen wollten, wie ich das so überstehen konnte. Ich war noch blass im Gesicht und wackelig auf den Beinen. Langsam wurde mir die Dimension meines Abflugs bewusst. Irgendwann fiel der Spruch, der immer und immer wieder zitiert werden sollte: „Wenn ich jetzt noch eine Goldmedaille gewinne, dann bin ich unsterblich!"

In meinem Innersten fürchtete ich allerdings, dass mein Olympiatraum schon zu Ende sein könnte. Ich verschwand in meinem Zimmer. Wollte keinen hören und sehen. Mein Knie schwoll an wie ein Handball, die Schmerzen krochen langsam in mir hoch. Ich versuchte, meinen Blick nach vorne zu richten – ein einfacher Psychotrick, der bei mir noch immer funktioniert hat ...

Als sich Heini bei mir meldete, wusste ich, was mir jetzt blühte. Ergometer-Radeln! Dreimal zehn Minuten. „Du musst dein Knie bewegen, das ist deine einzige Chance!“, beschwor mich mein Trainer. Tatsächlich ging es rasch bergauf. Die körperliche Aktivität unterstützte die Wirkung der entzündungshemmenden Mittel. Da tauchte Alpindirektor Hans Pum in meinem Zimmer auf und begann, über die Super-G-Aufstellung zu verhandeln. Für den Fall, dass ich am nächsten Tag nicht fahren könnte, stand Pepi Strobl als Ersatzmann bereit. Nach den Leistungen, die ich in dieser Saison geboten hatte – vier Siege in vier Rennen –, verstand ich die ganze Diskussion nicht und meinte: „Ich glaub' schon, dass ich's verdient hätte, dass ihr mich auf der Liste lasst!“ Nach all den taktischen Niederlagen, die ich in meiner Karriere schon einstecken musste, wollte ich mein Schicksal mit aller Gewalt jetzt selbst in die Hand nehmen, egoistisch sein und um meine Chance kämpfen. Notfalls würde ich das der Öffentlichkeit gegenüber schon auf meine Kappe nehmen!

Ab sofort wohnte Petra bei mir

Noch am selben Abend zog Petra zu mir ins Zimmer. Glücklicherweise teilte sie ihr Quartier in Hakuba mit Schiffis damaliger Freundin Marit, und so hatte mein Zimmerkollege nichts dagegen, dass wir ihn ausquartierten. Ich hatte ihn mit meinen Ergometer-Einheiten ohnehin ständig bei seinen Mittagsschläfchen gestört. Außerdem war es in meinem Zimmer alles andere als gemütlich. Ich wurde rund um die Uhr behandelt. Meine Betreuer taten alles Menschenmögliche, um mich wieder fit zu bekommen. Im Neben-

US-Starfotograf Carl Yarbrough *(Sports Illustrated)* über die Sekunden, die ihm zu Weltruhm und Reichtum verhalfen: „Ich saß auf meiner Leiter und lauerte auf die Läufer. Immer wenn ich ein Kratzen in der Kurve davor hörte, brachte ich meine Kamera in Position und hielt drauf. Nur bei Maier gab es kein Kratzen – er war ja schon in der Luft und schoss auf mich mit einer irren Geschwindigkeit zu. Ich wusste: ‚Von der Leiter komm' ich nie mehr runter, also drück' ich ab. Die Fotos werden irre – ob ich's überlebe oder nicht!' Meine Nikon macht 12 Schuss pro Sekunde. Ich spürte einen Luftzug – Maier schoss knapp an mir vorbei, schlug auf, purzelte noch über meine Jacke, überschlug sich mehrmals und blieb liegen. ‚Das kann er nicht überlebt haben!' dachte ich mir. Aber plötzlich bewegte sich der Junge. Ich konnte es nicht fassen. Wenige Sekunden später klingelte mein Handy. Am anderen Ende mein Chef: ‚Na, hast du das Foto?' Ich: ‚Jeden Zucker. Wenn der Film unten heil ankommt, haben wir ein Titelbild!'"

NAGANO. Beide wurden mit einem Bild berühmt.

Erinnerungen an Nagano: Maier & sein Fotograf

HIGHLIGHT. Wiedersehen in St. Anton.

Ein Bild ging um die Welt. Als der Herminator in Nagano so überaus spektakulär stürzte, hatte Carl Yar-

SCHNAPPSCHUSS. Maier in Nagano – eine Sternstunde der Sportfotografie.

schuss – wohl das Sportfoto des Jahrhunderts –

Erst bei der WM in St. Anton 2001 kam es zu einem Wiedersehen mit Carl, das NEWS organisiert hatte.

zimmer tobte ein Ärztestreit. „Er fährt", meinte einer. „Sicher nicht", der andere. Schließlich erschien Andreas Lotz und saugte das Blut mit einer langen Nadel aus dem Knie. Danach konnte ich es abbiegen. Und jetzt lief alles für mich.

Beim Essen traf ich Olympia-Pfarrer Bernhard Maier und entschuldigte mich, dass ich wegen meiner Verletzung den Sonntags-Gottesdienst ausgelassen hatte. Er ließ diese Ausrede aber nicht gelten: „Wenn du willst, dann können wir das ganz privat in deinem Zimmer nachholen." Nach dem Dienst, den mir meine Schutzengel erwiesen hatten, konnte ich dieses Angebot nicht abschlagen. Petra hielt die Lesung, wir empfingen beide die Kommunion. Ein Gottesdienst in einem so kleinen Rahmen, das war schon eine eigenartige Stimmung. Da ich doch wusste, dass es bei einer Messe gewisse Richtlinien gab, an die man sich halten sollte, war ich nervös wie vor einem Skirennen. Ich wollte nichts falsch machen – in der Kirche orientiert man sich doch an den routinierten Messgehern.

Immer wieder schauten meine Freunde vom Fanklub und Alex im Hotel vorbei, um mich aufzuheitern. Sie ließen sich ständig was Neues einfallen, um mich bei Laune zu halten. Mal schleppten sie mich zu einem Eishockey-Match in die eineinhalb Autostunden entfernte Olympia-Hauptstadt Nagano, ein anderes Mal beschrieben sie mir die Olympia-Goldmedaille in allen Einzelheiten. Sie hatten Abfahrts-Olympiasieger Jean-Luc Cretier im Hotel besucht und durften seine Goldene angreifen – zwei Tage, bevor sie dann meine bewundern durften.

Das Wetter spielte weiter verrückt und machte den Super-G am nächsten Tag unmöglich. Mit jeder Verschiebung stiegen meine Chancen. Als der Super-G am dritten Tag nach meinem Abfahrts-Abflug gestartet wurde, fühlte ich mich tatsächlich schon wieder fit. Im oberen Teil der Strecke hing zwar noch Nebel, doch das Rennen konnte gestartet werden.

Ich konnte es kaum glauben, dass ich doch noch meine Olympia-Chance bekommen würde. In meiner Lieblingsdisziplin! Ich wusste: Wenn ich mit beiden Skiern an meinen Füßen ins Ziel kommen würde, konnte nichts und niemand meinen Sieg verhindern. Ich legte einen Sicherheitslauf hin und sah mal vorsichtig auf die Anzeigetafel. Mein Name stand ganz oben und daneben „– 0,61". Über eine halbe Sekunde vorne. Geschafft! Ich blickte zum Himmel und bedankte mich beim Herrgott, dass ich das erleben durfte. „Unglaublich", schoss es mir durch den Kopf. „Jetzt hab' ich tatsächlich auch das wichtigste Rennen meiner Karriere gewonnen. Und das nach all dem, was hier passiert ist!"

Als mir Heinz Prüller zum Sieger-Interview die Hand schüttelte, hatte ich wässrige Augen. Wenn ich heute die Bilder von damals sehe, kommen mir wieder Tränen – aber vor Lachen. Um Himmels Willen! Meine abenteuerliche Frisur und die schreckliche Filzkappe. Kaum zu glauben, was damals in war. Na ja, das war halt noch im vorigen Jahrhundert. Das Aussehen war mir völlig egal: Es ging mir nur um den Sport und um die Siege.

Nicht einmal Arnie wurde zu mir durchgestellt

Die Medien hatten mich zum weltweiten Superstar gemacht. Der Dimension war ich mir allerdings damals noch nicht bewusst. Die Fernsehbilder vom Jahrhundert-Sturz waren um die Welt gegangen und wurden im Stunden-Takt in jeden zweiten US-Haushalt geliefert. Sogar Arnold Schwarzenegger, den ich bisher nur aus den Filmen kannte, meldete sich per Telefon. Doch nicht einmal der Terminator drang zu mir durch – so gut wurde ich damals abgeschirmt. Arnie ließ mir ganz in Hollywood-Manier nur ausrichten, ich möge bitte zurückkommen und meine Konkurrenz zerstören. Den Rest kennt inzwischen fast jeder: drei Tage nach dem Super-G-Gold ein Sieg im Riesentorlauf als Draufgabe. Werbe-Experten schätzten meinen Marktwert auf astronomische 10 Millionen Dollar im Jahr. Die Saga „Vom Maurer zum Millionär" gefiel den Amis. Bereits während der Olympischen Spiele erhielt ich Angebote für große US-TV-Talkshows.

Jetzt bin ich unsterblich!

Das legendäre Super-G-Gold-Interview mit Heinz Prüller im Wortlaut

HEINZ PRÜLLER: *Lange schon hat mir ein Siegerinterview nicht mehr so viel Freude gemacht. Herzlichen Glückwunsch! Ein unfassbares Rennen! Gratuliere!*
HERMANN MAIER: Ich weiß gar nicht, was ich sagen soll. Ich bin fast ein wenig gerührt. Ich hätte mir nie gedacht, dass ich das noch schaffen kann. Nach all dem hätte meine Karriere genauso gut vorbei sein können. Wahnsinn!

PRÜLLER: *Was ist Ihnen in den drei Tagen nach dem Sturz alles durch den Kopf gegangen?*
MAIER: Ich habe mir den Sturz nicht angesehen, ich hab' ihn aber im Kopf analysiert. Ich hab' versucht herauszufinden, warum das passiert ist. Dann hab' ich mich nur mehr auf das Rennen konzentriert.

PRÜLLER: *Millionen Österreicher haben auf Sie gehofft. Haben Sie selber daran geglaubt, dass es heute geht?*
MAIER: Ich habe irgendwie daran geglaubt, aber wollte mir nicht zu viel Druck machen. Ich wollte Gold, ich wusste, ich war der Riesen-Favorit. Scheinbar genügt bei Olympia ein normales Rennen. Es war kein Super-Rennen von mir. Nach so einem Sturz dachte ich mir: „Wenn ich jetzt Gold gewinne, dann bin ich unsterblich!"

PRÜLLER: *Noch ein bissel unsterblicher auf alle Fälle. Hermann Maier, der Unzerstörbare, der Unverwundbare. Und jetzt hat sich ein Märchen, ein Kindertraum erfüllt. Sie haben ja schon als Kind gesagt: „Ich werd' Olympiasieger!"*
MAIER: Ja, als ich acht Jahre alt war, hab' ich mir gedacht: „Ich

werd's probieren!" Dass es dann so gegangen ist, war ein Wahnsinn. Ich muss mich bei meinen Doktoren und bei meinem Schutzengel bedanken! So viel Glück!

PRÜLLER: *Das Rennen war sensationell – haben Sie es hinterher schon analysiert, hatten Sie noch Angst, als die anderen wie Cuche oder Stemmle noch herunterkamen?*
MAIER: Ja, ich hatte schon Angst. Bei uns war noch ein bissel Nebel, aber dann hat es auf einmal aufgerissen. Ich bin mir so langsam vorgekommen und habe mir gedacht, es geht überhaupt nix weiter im Gegensatz zur Abfahrt, wo ich mit der dreifachen Geschwindigkeit abgeflogen bin.

PRÜLLER: *Das Timing war aber doch das richtige …*
MAIER: Ja, aber als ich im Ziel war, hätte ich mir nicht gedacht, dass sich das ausgeht.

PRÜLLER: *Jetzt kommt noch der Riesenslalom …*
MAIER : Eine Goldene hab' ich schon, alles, was jetzt noch kommt, ist nur mehr Zugabe. Mehr kann ich nicht mehr erreichen.

PRÜLLER: *Was wird Arnold Schwarzenegger bei der nächsten Live-Schaltung nach Amerika sagen?*
MAIER: Weiß nicht. Vielleicht dreht er einen Herminator-Film und schmeißt den Terminator ins Eck!

„Schwester,
ist mein Bein
noch dran?"

Ich hatte jegliches Zeitgefühl verloren. Als ich aufwachte, dachte ich, ich wäre eben erst eingeschlafen. Dabei war es schon nach sechs Uhr in der Früh, und das Mediziner-Team wusste noch nicht, wie mein Körper die Strapazen der siebenstündigen Operation überstanden hatte. Sieben Stunden! Ich verstand nicht, was da so lange gedauert hatte. Ich fühlte nichts. Keinen Schmerz, zwischen Gehirn und Gliedmaßen schien es keine Verbindung zu geben. Dann dieser völlig absurde Gedanke: „Bin ich etwa schon geheilt?“ Langsam holte mich die Umgebung zurück aus meiner Traumwelt.

Ich lag im Aufwachraum, das Neonlicht flackerte. Im Hintergrund piepten die Maschinen. Überall Infusionsschläuche. Zwei Krankenschwestern hantierten mit Infusionsbeuteln und Tüchern. Mich interessierte zu diesem Zeitpunkt nur eines: mein Bein. Ich deutete auf den eingebundenen dicken braunen Klumpen und fragte: „Und – ist er noch dran?“ Das mag vielleicht nach einem „typischen Maier“ klingen, doch da war bitterer Ernst dahinter. Denn so richtig traute ich dem Ganzen noch immer nicht. Ich hatte Angst, dass sie das Bein amputiert und – nur um mich zu beruhigen – etwas dazugelegt hatten.

Mein Mund war ausgetrocknet, ich hatte einen richtigen „Brand“. Deswegen bettelte ich die Schwester an: „Ein Cola wär' jetzt super!“ Tatsächlich bekam ich zwei Dosen, die ich gierig in mich hineinleerte. Die haben wohl gedacht: „Den Maier kann nix umbringen! Nach dem, was der bis jetzt alles ausgehalten hat, wird ihm Cola auch nicht schaden.“ Doch da lagen sie falsch. Es dauerte nicht lange, da kam der

Doseninhalt 1:1 wieder rauf. Ich entschuldigte mich tausendmal. Nach diesem anstrengend-peinlichen Zwischenfall ließ ich mich total erschöpft in den Polster zurückfallen.

Ich war voll gestopft mit Medikamenten. Anders als bei meiner letzten Operation, als ich mich nach dem Aufwachen in einem rauschähnlichen Hoch befunden hatte, war ich diesmal gerädert wie nie zuvor in meinem Leben. Ich fühlte mich blutleer und ließ alles mit mir geschehen.

Ich wollte keinen Menschen sehen

Als ich in der Intensivstation neben den Schwerstverletzten lag, war mir klar, wie ernst es um mich stand. In jede Körperöffnung hatten sie mir Schläuche gesteckt. Meine Körperfunktionen spielten verrückt. Mir dämmerte, dass mein Bein plötzlich zur Nebensache geworden war. Ich hatte völlig die Orientierung verloren und keine Ahnung, in welchem Trakt des Krankenhauses ich mich gerade befand.

Das Unfallkrankenhaus war eine einzige Baustelle, die Intensivstation befand sich in einem ans Gebäude angedockten Container. Draußen war es brütend heiß, in unserer Blechdose stand die Luft. Dazu kam dieser typische Krankenhaus-Geruch. Ich hatte nur eines im Sinn: möglichst schnell gesund werden, damit ich hier rauskann!

In der Intensivstation gab es kein Einzelzimmer. Die sechs Betten waren durch grüne Vorhänge getrennt. Die Patienten unmittelbar neben mir lagen im künstlichen Tiefschlaf, der alte Mann schräg gegenüber war bei vollem Bewusstsein. Er bat die Schwester ständig, sie möge doch den Vorhang kurz zur Seite ziehen, weil er „unbedingt den Hermann Maier sehen“ wollte. Meinen Fan hatte es noch viel schlimmer als mich erwischt: Nach einem Sturz mit dem Rad war er querschnittgelähmt.

Die Situation hatte etwas Beklemmendes: Mit einem Mal blickst du dem Tod ins Auge, als wär's das Normalste auf der Welt. Wenn einer stirbt, dann stirbt er halt. Man denkt nicht weiter darüber nach, und trotzdem herrscht eine eigenartige Verbindung zwischen den Leidensgenossen. Es ist fast familiär. Jeder hatte Mitleid mit dem anderen, der mit all den Kabeln und Schläuchen ebenfalls keinen schönen Anblick abgab. Du denkst dir: „Wahnsinn, geht's dem schlecht!" Oder: „Im Vergleich dazu steht's gar nicht so übel um mich." Natürlich will man das Beste für jeden. Doch da unten muss jeder für sich kämpfen, um so schnell wie möglich wieder hinaus zu kommen. Leider schaffen das nicht alle. Ich war jedenfalls keine Sekunde bereit, aufzugeben. Schon gar nicht hier.

Ich wollte keinen Menschen sehen und mit keinem reden. Zumindest nicht jetzt, am Tag nach der Operation. Ich war einfach zu schwach, alles war mir zu anstrengend. Schon allein aus Selbstschutz musste ich egoistisch sein. Ich weiß, für meine Familie und Freunde, die draußen warteten und sich persönlich davon überzeugen wollten, wie's mir ging, war das ein Horror. Aber daran dachte ich erst nachher. Natürlich wusste ich ganz genau, dass es alle gut meinten, dass mir jeder nur helfen und mich trösten wollte. Aber genau das brauchte ich in dieser Situation nicht. Ich wollte mich nicht anlügen lassen, erst recht nicht von Leuten, die fachlich keine Ahnung hatten. Ich wusste ohnehin selbst, dass es mir dreckig ging, und wollte diesen mühsamen Unterhaltungen aus dem Weg gehen. Für meine Ärzte war das nichts Außergewöhnliches. Sie sprachen von einer „postoperativen Depression".

Zusätzlich vernebelten mir die Medikamente die Sinne. Ich stand unter schwerstem Drogeneinfluss. Als Sportler hast du ein ausgeprägtes Körperbewusstsein. Du spürst kleinste Anzeichen von Krankheiten manchmal lange, bevor sie von Ärzten entdeckt werden. Doch durch die Hammer-Medikamente wird die Verbindung zum eigenen Körper abgeschnitten. Das lähmt auch den Geist. Ich wusste: Da muss ich durch, und zwar ganz allein! Im Prinzip funktioniert es wie im Sport – auch da erleidest du schwere Niederlagen und musst trotzdem am nächsten Tag wieder aufstehen. Das Entscheidende dabei: Du darfst den Fokus, dein Ziel vor Augen, nie verlieren. Genau das macht einen Sieger aus. Und in der Intensivstation war mein Ziel schnell formuliert: Raus hier!

Plötzlich schwebte ich in Lebensgefahr

Gerade als ich dabei war, in Depressionen zu verfallen, kam ein auffallend gut durchtrainierter Arzt, und ich versuchte, eine Konversation zu beginnen. Auch in dieser Situation hatte ich meinen Galgenhumor nicht verloren: „So schlecht bin ich eigentlich eh nimmer beinand, oder?" Der Mediziner ehrlich: „So gut schaut's leider nicht aus." Was war jetzt schon wieder los? Der Arzt erklärte mir, dass Leber und die Nieren Probleme bereiten würden. Diese lebenswichtigen Organe schienen mit der gigantischen Menge an Schadstoffen, die es wegen der massiven Prellungen im Becken abzutransportieren galt, nicht mehr fertig zu werden. Da fiel mein Blick auf den transparenten Urinsack, der an meinem Bett hing. „Was ist denn das?", fragte ich verwundert. „Das hast du ausgeschieden", erklärte der Arzt. „Aber warum ist das so schwarz?" Es handelte sich um das Myoglobin, einen Indikator für zerstörte Muskelzellen, den der Körper ausgeschwemmt hatte. Und der Wert, den sie bei mir maßen, war geradezu alarmierend. Ab 20 000 Mikrogramm Myoglobin pro Liter schicken sie das Blut durch ein Dialyse-Gerät. Mein Wert lautete 128 000! Die Niere, die als Filter fungiert,

Faksimiles von oben nach unten:
L'Équipe, 26. 8. 2001
Salzburger Nachrichten, 27. 8. 2001
USA Today, 28. 8. 2001
Bild, 27. 8. 2001
Kurier, 27. 8. 2001
Kleine Zeitung, 26. 8. 2001

AUTOMOBILE LA MORT DE KEN TYRRELL
L'ÉQUIPE Dimanche
SON RANG
SKI ALPIN
MAIER GRAVEMENT BLESSÉ

Salzburger Nachrichten
UNABHÄNGIGE ZEITUNG FÜR ÖSTERREICH
Die Ärzte retten Maiers rechtes Bein
NATO beginnt Entwaffnung
Diskussion um Euro-Preise
Führungsdebatte im ÖGB

Maier expected to miss Games
Skier worried only about being able to walk again
Hermann Maier on the mend

SPORT
Ski-Star Hermann Maier
Ärzte kämpfen um sein Bein
Die Röntgen-Bilder vor und nach der Operation
Seine Freundin Gudrun ist bei ihm in der Klinik

SPORT
KURIER
Vorsichtiger Optimismus am Krankenbett
Amputation ist auszuschließen, Maier ist nach dem Motorradunfall auf dem Weg der Besserung

KLEINE ZEITUNG
Maier bat: „Mach, dass ich wieder gehen kann"
SPORT
Das Euro
ARENA

Faksimiles von oben nach unten:
News, 30. 8. 2001
Bild, 28. 8. 2001
News, 30. 8. 2001
Kronen Zeitung, 27. 8. 2001
Kronen Zeitung, 28. 8. 2001

war schlichtweg überfordert. Artur versuchte mir das klarzumachen. Er meinte: „Wenn wir das nicht mit Trinken in den Griff bekommen, wird dir die Dialyse nicht erspart bleiben." Eine künstliche Niere! Dieser Gedanke jagte mir kalte Schauer über den Rücken: „Servas, jetzt geht's mir aber an den Kragen!" Immer deutlicher wurde mir bewusst, dass es schon lange nicht mehr nur um mein Bein ging. Ich befand mich in Lebensgefahr!

Lebensgefahr! Wie das klingt. Medizinisch gesehen stand es wirklich schlimm um mich. Doch ich selbst hatte keine Sekunde daran gedacht, dass ich es nicht schaffen würde. Ich war immer davon überzeugt, selbst genug Willen und Energie mitzubringen, dagegen anzukämpfen: „Gibt's irgendetwas, das ich tun kann?" Artur war begeistert über meine Kampfansage: „Trink, so viel du kannst!" Trinken, trinken, trinken! Wenn's weiter nichts ist? Das war ich ohnehin gewohnt. Wenn ich in Chile wegen der Höhenlage sieben Liter am Tag in meinen Körper hineinschüttete, sollten jetzt elf Liter und mehr auch kein Problem sein. Mit den Infusionen, die sie in mich hineinpumpten, kam ich an diesem Tag auf 22,8 Liter! Das war die Rettung für meine Nieren. Es schwemmte mich dabei unheimlich auf, doch das war in dieser Situation noch das geringere Übel.

Ich lag wie ein Sack in meinem Bett. Der rechte Fuß in der Höhe, der Kopf unten – das Blut durfte sich ja nicht stauen. Das Schienbein kaputt, an der Innenseite das heikle Transplantat, das ich auf keinen Fall berühren durfte. Es war fürchterlich, in dieser Position ausharren zu müssen. Und das mehrere Wochen! Ich trank und trank, nebenbei tropften rund um die Uhr Infusionsflüssigkeiten durch die Kanülen. Kaum war ein Beutel leer, wurde er auch schon wieder durch einen vollen ersetzt. Irgendwie musste die Flüssigkeit wieder raus. Und da reichte mein Katheter nicht. Ich lag in einer Lacke, kam mir vor wie ein nasser Fetzen.

Als würde ich zu lange in der Badewanne sitzen und langsam aufweichen. Wie ein Kipferl im Frühstückskaffee. Und alles schmerzte fürchterlich. An meinem Körper schien nichts mehr zusammenzupassen.

Eben vom Nierenschock erholt, erwartete mich der nächste Hammer: Ein Arzt forderte mich routinemäßig auf, meine Füße zu bewegen. Ich – einigermaßen geschockt: „Geht nicht, ich kann überhaupt nichts rühren!"

„Versuchen Sie es noch einmal!" Ich strengte mich maximal an.

„Es geht einfach nicht, keine Chance!" Nichts! Weder die Füße noch die Zehen bewegten sich einen Millimeter. Was ist jetzt los? Bin ich jetzt etwa gelähmt?

Da schnappte ich Wortfetzen auf, bei denen mir ganz anders wurde: „Wir haben einen Querschnitt übersehen!" Ich war fix und fertig und begann zum ersten Mal mit meinem Schicksal zu hadern: „Querschnittlähmung? Nein, das gibt's nicht! Vorher hat doch noch alles funktioniert." Aufgeben? Nein! Ich begann mich im Leistenbereich intensiv zu massieren. Dort verläuft der Nervus Femuralis, jener Nervenstrang, der den vorderen Beinbereich versorgt. Und tatsächlich: Mein Fuß bewegte sich! Nur etwa einen halben Zentimeter – aber das entlockte mir fast einen Jubelschrei: „Schaut's, es geht doch noch!" Den Ärzten reichte das nicht. Sie waren verunsichert. Alle – von Artur bis zum Chefarzt – waren inzwischen zusammengelaufen. Ein paar Augenblicke später rollten sie mich aus dem Container. Artur alarmierte die neurologische Abteilung im einige Kilometer entfernten Landeskrankenhaus. Dort bereiteten sie alles für eine Magnetresonanz-Untersuchung (MRI) vor.

Ich registrierte nicht, dass ich umständlich über einen Umweg durch den Heizungskeller aus dem UKH geschleust wurde, bemerkte nicht einmal, dass ich plötzlich im Rettungswagen lag, der sich langsam seinen Weg durch die nichts ahnende Reporter-Meute bahnte. Die durfte auf keinen Fall etwas von dieser dramatischen Aktion mitbekommen!

Wovon ich zu diesem Zeitpunkt nichts gewusst hatte: Seit die erste Nachricht über meinen Unfall durch die Agentur-Schreiber gelaufen war, tobte ein medialer Orkan um dieses Ereignis. Alle Schlagzeilen drehten sich scheinbar nur um dieses eine Thema: Maiers Unfall.

Dutzende Journalisten aus aller Welt waren nach Salzburg gereist, um „exklusiv" die einen oder anderen Fakten oder Zitate zu erheischen. Täglich um die Mittagszeit informierten die Ärzte die Medien im Rahmen einer Pressekonferenz im Hörsaal über meinen Gesundheitszustand. Glücklicherweise bekam ich davon ebenso wenig mit wie von dem täglichen Gesundheitsbulletin in Form einer Presseaussendung. Die Berichterstatter verhielten sich bis auf wenige Ausnahmen fair. Einmal, erzählte mir Artur, hätten zwei Reporter versucht, verkleidet mit weißen Sanitäter-Kitteln in die Intensivstation einzudringen. Doch man passte gut auf mich auf und schirmte mich von der Außenwelt ab.

Wie gut das funktionierte, zeigt eben dieses Ablenkungsmanöver, als ich wegen der Lähmungserscheinungen zur MRI-Untersuchung in die neurologische Spezialabteilung im LKH transportiert wurde: Während Artur Trost mit den Journalisten, die vor der Intensivstation lauerten, plauderte, startete das Rettungsauto mit mir im Fond und schlich ohne Blaulicht an Fotografen und ORF-Übertragungswagen vorbei. Ein paar Minuten später kam Artur in seinem Privat-Auto ins Landeskrankenhaus nach und grinste: „Mit dem billigsten Schmäh haben wir sie ausgetrickst!"

Mir war allerdings alles andere als zum Lachen zumute. Die 20 Minuten in der MRI-Röhre – es gibt keine Worte, die beschreiben können, was ich damals durchstehen musste. Mein Gesäß schmerzte derart, dass ich nicht mehr liegen konnte. Als hätten sie mich an ein Nagelbett gefesselt. Für mich war eine MRI-Untersuchung nichts Neues. Sie hat normalerweise etwas Beruhigendes, ein paar mal bin ich dabei sogar eingeschlafen. Doch diesmal fühlte ich mich, als hätte man mich bei 100 Grad in einen Mikrowellenherd gesperrt. Die beklemmende Enge trieb mir den Angstschweiß auf die Stirn. Das Ohren betäubende Piepen raubte mir den Verstand. Instinktiv griff ich zum Notknopf. Ich wollte hier raus, wusste aber, dass die Untersuchung ungemein wichtig war. Immerhin mussten sich die Ärzte die Gewissheit darüber verschaffen, ob es sich nun bei meinen Symptomen um eine mögliche Querschnittlähmung handelte oder nicht. Den Daumen am Alarmknopf, versuchte ich Zeit zu schinden. Wie beim Tauchen, wenn du die Luft anhältst und versuchst, noch ein paar zerquetschte Sekunden unter Wasser zu bleiben. Schließlich ergriff mich doch die blanke Panik. Während ich die Augen zukniff, drückte ich den roten Knopf. Sie kannten aber kein Pardon und zogen mich nicht aus der Röhre! Ich kam mir vor wie bei einem Verhör, bei dem sie dem Verdächtigen das gleißende Licht ins Gesicht halten. Da erschien die Ärtzteschar im MRI-Raum. Alle schauten mich todernst an, ich befürchtete schon das Schlimmste. Was haben sie entdeckt? Doch sie wollten mich nur in aller Eindringlichkeit von der Wichtigkeit der Aktion überzeugen. Die Untersuchung war nämlich noch lange nicht vorbei, wenn ich jetzt aufgab, wäre die bisherige Prozedur umsonst gewesen. Ich schrie: „Ich halte das nicht mehr aus, beeilt euch!" Natürlich wollten meine Peiniger nicht aufhören, ehe sie Gewissheit hatten. Das war ja auch in meinem Interesse. Artur war scheinbar der Einzige, der erkannte, wie dreckig es mir wirklich ging. Er legte mir ein nasskaltes Tuch auf die Stirn und ich begann mich zu beruhigen. Unglaublich, was so ein einfacher Handgriff bewirken kann. Mein Puls sank, ich fühlte mich zumindest ein bisschen wohler in dieser elendigen Situation. Ich bedankte mich tausendmal und kämpfte weiter.

Als Artur wenige Minuten später die MRI-Bilder in den Händen hielt, fühlte ich, wie ihm ein Felsbrocken vom Herzen gefallen war. Meine Wirbelsäule war okay! Die kurzfristigen Lähmungserscheinungen hatten eine andere, auch nicht gerade erfreuliche Ursache. Immerhin klang das jetzt bei weitem weniger bedrohlich: Die starken Einblutungen im Gesäßbereich hatten den Hauptnervenstrang, der die Beine versorgt, abgedrückt – und zwar so massiv, dass ich das hundertprozentige Gefühl in beiden Beinen wohl nie wieder bekommen werde! Das sollte mir in Zukunft vor allem bei meinem linken – eigentlich gesunden – Bein schlimme Probleme bereiten.

Für die Mediziner war es ein Phänomen, dass bei der Wucht, mit der es mich in den Gegenhang geschleudert hatte, mein Becken ganz geblieben war. „Jeder andere hätte eine Beckenzertrümmerung erlitten“, versicherten sie immer.

Entweder ich habe mich an die Schmerzmittel gewöhnt, oder sie ließen einfach nach. Jedenfalls bekam ich die gigantischen Prellungen immer deutlicher zu spüren. Mir fehlte nach wie vor jegliche Orientierung. Kein Wunder: In diesem Container gab es keine Fenster, nur diese grell leuchtenden Neonröhren. So starrte ich ständig die „Bahnhofsuhr“, die an der Wand hing, an. Es strengte mich schon an, die Uhrzeit zu entziffern. Ich wusste nicht, war es jetzt vier Uhr nachmittags oder vier Uhr morgens? Ich schloss die Augen für ein paar Augenblicke – so kam es mir jedenfalls vor. Als ich sie öffnete, war es schon wieder ein paar Stunden später. Ich war unendlich müde und erlebte alles wie in Trance. Richtiges Schlafen war wegen der starken Schmerzen nahezu unmöglich. Der enorme Blutverlust durch den Unfall und die Einblutungen ins Becken ließen meinen Hämatokritwert, der die Sauerstoff-Transportfähigkeit im Blut angibt, von knapp 50 auf kritische 19,4 abstürzen. Das konnten auch zehn Blutkonserven zu je 0,33 Liter nicht verhindern. Zusätzlich bekam ich EPO (Erythropoietin), jenes Hormon-Präparat, das bei Ausdauer-Sportlern als beliebtes Blutdopingmittel gilt. EPO fördert die Bildung der roten Blutkörperchen und wird in der Medizin bei großem Blutverlust und bei Dialyse-Patienten eingesetzt. Ich dachte: „Wahnsinn, jetzt krieg' ich einmal das, mit dem Ausdauersportler immer wieder aufgeklopft wurden. Ich bin neugierig, ob das wirklich so was Gewaltiges bewirkt." In meinem Zustand war mir dieses Aha-Erlebnis leider nicht vergönnt. Wir hörten auch relativ schnell auf damit, da meine Ärzte Angst hatten, dass der Körper das Hämoglobin sonst schwerer eigenständig produzieren würde.

Überall piepten Geräte, das Krankenhaus-Personal schwirrte um mich herum, und immer wieder hantierten sie neben mir mit Sauerstoff-Masken. Darauf konnte ich aber gern verzichten. Es erinnerte mich zu sehr ans Training. Wenn ich in hoch gelegenen Weltcup-Orten am Ergometer sitze, atme ich auch hin und wieder Sauerstoff aus der Flasche.

Mir genügten schon die Kabel und Schläuche an den Unterarmen, am Finger und am Oberkörper, ohne die mein Körper nicht mehr zu funktionieren schien. Am markantesten war der Port in meiner Brust. Ein Plastikröhrchen unterhalb des Schlüsselbeins, durch das mein Körper mit lebenswichtigen Substanzen versorgt wurde. Ich bekam flüssige Nahrung, Schmerzmittel-Infusionen, Antibiotika zur Infektionsverhinderung, Dyoretika zur Harn-Ausscheidung, Elektrolyte und Spurenelemente. Eine seltsame Maschine drückte Medikamententuben in exakt berechneten Dosen aus. Insgesamt hingen da sicher 10, 15 Infusionsflaschen auf einem Metallgestänge.

Alles wurde gemessen und strengstens kontrolliert.

Sackte ein Wert – zum Beispiel die Sauerstoffaufnahme – ab, blinkten sofort die Alarm-Lämpchen. Abgesehen davon, dass ich mich kaum umdrehen konnte, musste ich bei jeder Bewegung den ganzen Schlauchsalat vorsichtig mitnehmen, denn ich hatte panische Angst davor, den Venenkatheter aus der Verankerung zu reißen.

Mein Oberarm, aus dem sie das riesige Transplantat entnommen und die Haut zusammengezogen hatten, kam mir wie eine Wiesbauer-Salami vor. Der operierte Unterschenkel war dick eingebunden. An der Operationsstelle hatten die Chirurgen ein Fenster freigelassen, das sie immer aufklappten, um nachzusehen, ob mit dem verpflanzten Hautlappen alles okay war.

Sonntag, 26. August 2001. In unregelmäßigem Wach-Schlaf-Rhythmus überstand ich auch die zweite Nacht nach dem Unfall. Inzwischen fühlte ich mich psychisch imstande, Besuch zu empfangen. Obwohl es mir dreckig ging, hatte ich irgendwie ein schlechtes Gewissen. Ich wusste, dass Gudrun und meine Mutter eine Nacht, einen ganzen Tag und noch eine Nacht vor der Intensivstation in der Ungewissheit ausharrten. Es war sicher nicht angenehm für sie, als sie bei dieser Sommerhitze in das grausig-stickige Intensiv-Kammerl mit den Schwerstverletzten mussten.

Aber ich war erleichtert. Endlich bekannte Gesichter – und fast musste ich lachen. Die Intensivstation darf ausschließlich in der sterilen, grünen Krankenhaus-Kleidung betreten werden. Es hatte schon etwas Komisches, wie sie da mit ihren Plastik-Patscherln hereinspazierten. Der grüne Kittel stand Gudrun gut, mit der Atemschutzmaske sah sie aus wie eine orientalische Prinzessin. Ich war einfach froh, dass sie da war, schließlich waren wir uns doch sehr vertraut. Dieser erste Besuch tat auch meiner Psyche gut. Wenn es einem so schlecht geht, lässt man sich normalerweise total in die Hände der Ärzte fallen. Ich war aber bemüht, mit

ARNOLD SCHWARZENEGGER

August 27, 2001

Dear Herman,

I was very saddened to hear the news of your accident, and I wish you a speedy recovery. No one knows why these things happen. You must overcome this accident and focus on the positive things and the blessings you have in your life.

Please know my thoughts and prayers are with you. Let me know if there is anything I can do.

Warmest regards,

Arnold Schwarzenegger

3110 MAIN STREET, SUITE 300 • SANTA MONICA, CA 90405 •

Hermann Maier
Reitdorf 106
5542 Flachau

Flachau, 30. November 2001

Lieber Arnold,

sorry, dass ich mich erst jetzt für Deine aufmunternden Schreiben, für die Blumen und für Deinen „Zaubertrank" bedanke. Ehrlich, ich habe mich sehr darüber gefreut, und es hat mir vor allem während der schwierigen Zeit im Krankenhaus viel Kraft gegeben.

Vom ersten Tag nach der Operation an habe ich versucht, nach vorne zu blicken – mir war immer bewusst, dass ich bei all dem Pech noch Glück hatte – es hätte noch viel schlimmer kommen können. Als ich die Terror-Attacke vom 11. September vor dem Fernseher im Spitalsbett live miterlebt habe war ich geschockt. Gerade in dieser Zeit habe ich oft an Dich und Deine Freunde und Verwandten in den USA gedacht.

Du weißt, ich habe meine Ziele immer konsequent verfolgt, und das tu' ich auch jetzt. Nur hat sich eben meine Ausgangsposition geändert. War ich in den vergangenen Jahren immer der, der nicht zuletzt durch konsequentes Training der Konkurrenz voraus war, muss ich jetzt zum erstenmal einen Rückstand aufholen. Natürlich ist mein großes Ziel ein Comeback als Rennläufer, aber bis ich dorthin angelangt bin, galt und gilt es viele kleine „Zwischenziele" zu erreichen. Mit diesen Zielen vor Augen fällt mir das langwierige Reha-Training im Olympiastützpunkt Obertauern leichter. Mein erstes großes Erfolgserlebnis hatte ich, als ich wieder richtig gehen konnte, inzwischen kann ich schon wieder langsam laufen. Und – so Gott will – darf ich in ein paar Wochen mit dem Schifahren beginnen. An Olympia will ich bis dahin noch nicht ernsthaft denken.

Ich wünsche Dir eine nicht zu hektische Adventzeit und würde mich freuen, wenn Du Dich bei einem deiner Österreich-Besuche einmal bei mir melden würdest.

Liebe Grüße,
auch an Deine Familie,

Hermann

anzupacken. Ich wusste: Jetzt, wo ich bei vollem Bewusstsein bin, muss ich weiterkämpfen und das Beste aus mir herausholen. Es war wichtig, meine Selbstheilungskräfte so schnell wie möglich zu mobilisieren und eine gute Figur zu machen. Ich versuchte sogar lustig zu sein und ein paar Witze zu reißen. Wir unterhielten uns über belangloses Zeug. Lang hielt ich ohnehin nicht durch, weil ich gleich wieder einschlief. Aber ich hatte die Gewissheit, dass es vor allem meiner besorgten Mutter viel, viel besser ging. Sie wusste, woran sie war. Sie hatte die Gewissheit, wie es ihrem Buben wirklich ging. Nun konnte ihr keiner was vormachen. Nach wenigen Minuten warf ich meinen ersten Besuch freundlich, aber bestimmt hinaus: „Jetzt tät' ich ganz gern wieder schlafen." Schließlich warteten draußen noch ein paar Leute, die mich unbedingt sehen wollten.

Am Nachmittag ließ man auch mein Betreuer-Team vom Olympiastützpunkt zu mir. Heini, der Tag für Tag mein Konditionsprogramm zusammenstellte, sprach schon bei seinem ersten Besuch von Möglichkeiten, im Krankenhaus zu trainieren. Johannes Zeibig, unser Sportarzt, machte mir mit seinem Optimismus Mut. Außerdem arrangierte er sich sofort mit den UKH-Ärzten – er ging in der Intensiv-Station ein und aus und begann mit mir zu arbeiten, als wäre er hier fix angestellt. Gemeinsam mit Intensivmediziner Sylvester Klaunzer hatte er es durchgesetzt, dass ich großteils mit konservativen Methoden behandelt wurde. Und ich versuchte, so gut ich konnte, selbst mitzureden. Wir mussten sowieso fast täglich improvisieren.

Das größte Problem war das Liegen. Wir probierten alles aus. Der Bettenwechsel war völlig umsonst! In der aufblasbaren Matratze wurde ich seekrank. Weiche Unterlagen, dann wieder ganz harte. Schließlich fanden wir eine einfache Lösung, mit der ich zumindest halbwegs leben konnte: eine dicke Schaumstoffmatte, in die an der Stelle, an der mein Hintern liegen sollte, ein Loch geschnitten wurde. Da haben sie mich reingehängt. Die Schmerzen wurden dennoch nicht weniger. Ich muss schlimm ausgesehen haben – mein Hintern war so breit wie das Hinterteil eines Fiaker-Gauls. Doch in dieser Zeit trug ich ohnehin nur diesen feschen Spitalsumhang.

Den nächsten Schock erlitt ich, als das erste Mal der Verband gewechselt wurde. Mein Unterschenkel oder das, was davon übrig geblieben war, war dicker als mein Oberschenkel. „Damit soll ich wieder in einen Skischuh? Das wird nie, nie wieder was!"

Ich befand mich in einem permanenten Dämmerzustand. Vernebelte Wachphasen und kurzer, bleierner Schlaf wechselten unregelmäßig. Immerhin: Die Lebensgefahr schien gebannt. Für alles waren Schläuche zuständig. Ich wurde künstlich ernährt, musste mit Katheter-Hilfe ausscheiden. Ans Aufstehen war nicht einmal zu denken. Davon hatten sie draußen aber scheinbar keinen blassen Schimmer. Anders ist es nicht zu erklären, dass ein Chefredakteur nicht wahrhaben wollte, dass ich kein Interview aus der Intensivstation gab. Dafür druckten sie einen „Turbo-Plan" ab, bei dem ich schon im Dezember wieder am Start wäre. Eine „Stimme aus Maiers Betreuerteam" wurde sogar mit folgenden Worten zitiert: „Ich trau' dem Hermann zu, dass er nur die Übersee-Rennen (Ende November, Anfang Dezember – Anm.) auslassen muss und schon am 8. Dezember dieses Jahres wieder dabei ist." Ich bin ehrlich gesagt froh, dass ich diesen Schwachsinn erst viel später lesen musste.

Ich machte eine grausige Entdeckung

Ich war ohnehin viel zu sehr mit mir selbst beschäftigt. Und mit den Furcht erregenden Veränderungen in meinem Körper. Wie diese: Wenn ich in der Hüftgegend mit dem Finger in das aufgeschwemmte Gewebe drückte, entstand ein Loch. Den Abdruck konnte man minutenlang sehen. Und es klang dumpf – wie wenn du in den Schnee drückst oder in Styropor. Als ich Heini meine Entdeckung zeigte, wurde er stutzig. Das Ganze war noch dazu unglaublich schmerzhaft. Das musste so rasch wie möglich behandelt werden! Deswegen hab' ich darauf bestanden, dass wir so schnell wie möglich mit der Physiotherapie beginnen – noch in der Intensivstation. Ich flehte die Ärzte an: „Das muss weg! Wir müssen das Gewebe wieder beleben und die Hämatome weich kriegen!" Da war er wieder, dieser sportliche Gedanke, dieser sehnliche Wunsch, so schnell wie möglich – unabhängig vom kaputten Bein – fit zu werden: „Sonst zieht sich alles über Wochen hinaus." Daraufhin probierten sie neue Varianten aus: Ultraschall- und Laserbehandlungen und die so genannte „heiße Rolle". Dabei wurde meine Gesäßmuskulatur erhitzt, durch die Wärme sollten die Schadstoffe leichter über die Lymph-Kanäle abtransportiert werden. Inzwischen ging das Olympiastützpunkt-Team in der Intensivstation ein und aus: Vinzent, mein Physiotherapeut, arbeitete gemeinsam mit Barbara Neureiter, der UKH-Physiotherapeutin, hauptsächlich daran, die Hämatome in meinem Gesäß wegzubekommen. „Doc" Zeibig verbrachte halbe Nächte an meinem Bett, und Heini war sowieso mehr bei mir als bei seiner Familie. Jeder Tag, den ich weniger in der starren Liegeposition verbrachte, sollte meinen Heilungsprozess enorm beschleunigen. Mit den Physiotherapie-Übungen mutierte mein Krankenhaus-Aufenthalt endgültig zum Fulltime-Job. Mir war keine Sekunde langweilig. Das war ja kein Nachteil. So blieb mir auch keine Zeit, depressive Gedanken zu wälzen. Aber auch das war mir zu wenig. Ab dem vierten Tag begann ich Artur ständig zu nerven: „Können wir bitte endlich mit richtigem Training beginnen?"

Je klarer meine Gedanken wurden, desto mehr Fragen begann ich zu stellen. Mich interessierte einfach alles. Der Tagesablauf im Krankenhaus, die Dauer von Operationen, mit denen Artur beschäftigt war, und natürlich jeder einzelne meiner Blutwerte. Durch das jahrelange gesteuerte Training im Olympiastützpunkt kenne ich mich inzwischen wahrscheinlich besser aus als mancher Sportmediziner. Und dieselbe Professionalität, mit der ich mein Training anging, erwartete ich auch von den Ärzten, die mich jetzt gesund machen sollten. Immer wenn ich ein Problem hatte, war Artur zur Stelle – es sei denn, er war gerade im Operationssaal. So rief ich wieder einmal nach meinem „Doc". „Geht nicht", hieß es. „Dann holt's mir den Zeibig!"

„Der ist auch bei der Pressekonferenz!" Ich zuckte völlig aus und schrie: „Die sollen sich lieber um mein Bein kümmern, als großartig Interviews zu geben!"

Kein Tag verging ohne böse Überraschungen. Eine wäre mir vielleicht erspart geblieben, wenn sie meinen Wunsch nach einem McDonald's-Menü erhört hätten. So musste ich künstlich ernährt werden, und da war das nächste Fiasko nur vorprogrammiert. Ich bekam einen Einlauf – der wird schon für einen gesunden Menschen zum Albtraum, doch in meinem miserablen Zustand war es nicht mehr auszuhalten. Da pressen sie dir die Flüssigkeit hinein, und irgendwann kannst du's nicht mehr halten. Da schoss alles auf einmal raus. Etwa so muss sich eine Rakete vor der Start-Explosion fühlen. Mir kam's vor, als schwebte ich fünf Meter über dem Bett. Dazu drückte es mir literweise den Schweiß aus den Poren, und von den Maschinen hörte ich nur mehr ein einziges Piep-Piep-Piep. Einfach grausig!

Doch es sollte noch schlimmer kommen. Der massive Schmerz setzte sich mehr und mehr fest, ich brachte ihn nicht mehr aus meinem Kopf. Das tägliche Wasch-Szenario war das Einzige, was mir ein Alltagsgefühl gab. Ein paar

Sekunden die Zähne putzen oder das, was davon übrig geblieben war. Abtupfen mit dem Waschlappen. Die Schwester hielt mir einen kleinen Spiegel hin, und ich kämmte mich notdürftig. Für wen eigentlich? Ich schreckte mich selbst, wenn ich mein Spiegelbild sah: Meine Gesichtszüge hatten sich verändert – wie bei einem ausgemergelten Extremradfahrer, der tage- und nächtelang im Sattel sitzt. Die Medikamente hatten mir auch optisch zugesetzt. Ich war grausig gelb im Gesicht. Ein Zeichen dafür, dass die Leber schlimm in Mitleidenschaft gezogen war.

Wenn es nicht mehr auszuhalten war, half nur eines: ein Schuss Morphium. Mein Körper war offensichtlich total vergiftet. Kein Wunder bei der Menge an Pharmaka, die sie mir hineingeschossen hatten. Überall kamen Pickel heraus – richtig kleine Vulkane. Aber ich wusste, das musste sein. So blieb mir das schlimmste Szenario erspart: ein infiziertes Bein oder ein entzündetes Implantat, und alles wäre von vorne losgegangen. Obwohl der Heilungsprozess voranschritt, nahmen die Schmerzen weiter zu. Da ich in dieser Situation nicht annähernd normal schlafen konnte, musste ich ständig die Medikamenten-Dosis erhöhen – das war nämlich mir überlassen. Per Handregler bekam ich alle zehn Minuten drei Milligramm frei. In der schlimmsten Phase zählte ich die Sekunden, bis ich wieder nachschießen durfte.

Mein Vater, der Held

Ein stickig heißer Frühsommertag 1988. Der Maschinenlärm übertönte die Hilferufe meines Vaters. Nur 300 Meter von unserem Haus entfernt krallte er sich verzweifelt an einem Balken fest. Das Gerüst war weggekippt, die Leiter, auf der Vater gestanden war, umgefallen. Da hing er, acht Meter über dem Beton-Grund, und keiner hörte ihn. Er hatte als Dachspengler an der Glaskuppel einer Holzverarbeitungsfirma in Reitdorf gearbeitet, als es passierte. Dann nahte doch Hilfe. Ein Kollege tauchte mit einer Leiter auf. Doch die war zu kurz. „Geh weg", schrie Vater, „ich derhalt's nicht mehr!" Augenblicke später schlug er auf. Beide Fersen zertrümmert, Sprunggelenke, Wadenbein, Becken kompliziert gebrochen. Sogar Wirbel waren angeknackst und durch das Aufschlagen am Hinterkopf wurde eine leichte Schädelfraktur diagnostiziert. Ein tragisches Ereignis, das mich nachhaltig beeinflussen sollte.

Während mein Vater im Krankenhaus lag und meine Mutter, mit den Nerven total am Ende, wieder mit dem Rauchen begann, zog es mich an die Unfallstelle. Ich wollte unbedingt wissen, warum das passieren musste, und erhoffte mir, am Ort des Geschehens Antworten zu finden. So kletterte ich auf das Brettergerüst der Baustelle. Ich sah in die Tiefe und fühlte, wie verdammt hoch acht Meter sind. Jeder, der schon einmal im Schwimmbad auf dem 10-Meter-Turm stand, weiß, wovon ich rede. Ich war gerade 15 Jahre alt und am ersten Wendepunkt meines Lebens. In der Ski-Handelsschule in Schladming fühlte ich mich überhaupt nicht wohl. Es lief miserabel. Während meine Kollegen auf den Pisten Pokale sammelten, verbrachte ich viel Zeit in Wartezimmern. Die höllischen Knieschmerzen, die mich von meiner Lieblingsbeschäftigung abhielten, waren wachstumsbedingt. Osgood-Schlattersche Erkrankung nannten es die Ärzte und versuchten mich zu beruhigen: Es sei nur eine vorübergehende Störung der Wachstumsfuge am Schienbein.

Das alles jagte mir durch den Kopf, als ich da oben am wackligen Gerüst stand. Da fällte ich diese Entscheidung, die mein weiteres Leben prägen sollte: „Ich pfeif' auf die Ski-Handelsschule und werde Maurer!“ Meine Familie benötigte zu diesem Zeitpunkt sowieso jeden Schilling. Wir wussten nicht, ob und wann mein Vater je wieder arbeiten könnte. Schon gar nicht, was aus unserer erst vergangenen Winter eröffneten Skischule werden würde. So brach ich nach dem ersten von drei Jahren Handelsschule ab und begann die Maurer-Lehre. Eine Entscheidung, die mir vor allem zu Beginn meiner Lehrzeit zu schaffen machte. Übrigens kam mein Vater damals mit großer Willenskraft wieder recht schnell auf die Beine und machte zusammen mit meiner Mutter die Skischule zu dem, was sie heute ist. Als ich schwer verletzt im Krankenhaus lag, dachte ich oft an ihn. Mein Vater der Held.

Das erste prägende Erlebnis als Maurer-Lehrling hatte ich gleich am ersten Tag, am 16. August 1988. Beim Gondelbau der Achterjet Talstation in Flachau knallte mir eine riesige Alu-Schalungstafel auf den Schädel. An die Maße kann ich mich bis heute erinnern: 3 Meter lang, 35 Zentimeter breit. An den folgenden Dialog ebenfalls: „Is' was passiert?“, wollte der

Kollege wissen. Ich, benommen: „Alles zermatschgert!“ Eine Riesen-Beule zog auf, eine Falte in der Stirn erinnert mich bis heute an diesen Zwischenfall.

Das noch einschneidendere Erlebnis hatte ich am Ende meiner ersten Woche, als ich dem Polier half, ein Gerüst abzureißen. Während er mir von oben die gelben Schaltafeln reichte, dachte ich noch: „Ganz schön wack'lig, die G'schicht'!“ Da sackte das Gerüst in sich zusammen. Ich drängte mich ins Eck, um von den langen Stehern mit den aufgesteckten Eisenkronen nicht getroffen zu werden. Zuletzt kam der Polier nach und blieb mit einem komplizierten Unterarmbruch liegen. „Na servas“, dachte ich, während sie den Arbeiter ins Rettungsauto schoben. „Vielleicht sollt' ich lieber doch in die Schule gehen.“ Außerdem war ich die harte körperliche Arbeit überhaupt nicht gewohnt. Den rauen Umgangston ebenso wenig. Als ich mich zum Ausrasten hinsetzen wollte, fuhr mich der Vorarbeiter an: „Hinsetzen gibt's nicht!“ Jedenfalls war ich jedes Mal froh, wenn ich am Nachmittag mit meinem Puch-Rad und mit dem Rucksack mit der rausstehenden Wasserwaage heimradeln durfte.

Als ich merkte, wie gefährlich das Maurerdasein war, verlegte ich mich kurzfristig aufs Wirtschaftliche. Mit einem Schubkarren machte ich mich jeden Vormittag auf den Weg in den 800 Meter entfernten Selbstbedienungsladen. Dort fasste ich eine Kiste Bier aus, Mineralwasser, Wurstsemmeln mit oder ohne Essiggurkerln, Zigaretten etc. Da ich von jedem meiner gut 20 Maurerkollegen im Vorhinein einen 100-Schilling-Schein kassierte, war ich immer mit zwei- bis dreitausend Schilling unterwegs. Beim Herausgeben des Wechselgeldes rundete ich immer zu meinen Gunsten auf, und so schaute für mich immer mindestens eine gute Jause heraus. Je mehr mir dieses Nebengeschäft einbrachte, desto intensiver kümmerte ich mich um meine Kunden.

So wusste ich auch bestens Bescheid, was die Dinge, die du zum Leben brauchst, im Geschäft kosten. Und während die anderen Lehrlinge, die „auf eigene Kasse“ einkaufen gingen, draufzahlten und ihre Aufträge schlampig ausführten, war ich der beliebteste Einkäufer.

Die Arbeit begann mir zu gefallen. Ich verdiente mein erstes Geld und lernte, mich durchzubeißen. Am Bau war ich beliebt, weil ich nicht auf die Uhr schaute, und daheim machte ich mich nützlich, weil ich selbstständig anpacken konnte. Ich war dabei, erwachsen zu werden. Und mit mir auch mein eineinhalb Jahre jüngerer Bruder Alex.

Wir waren beide auf Selbstständigkeit bedacht, alle größeren Anschaffungen zahlten wir aus der eigenen Tasche: das erste Motorrad, den Führerschein, das erste Auto, einen rotbraunen 78er-Star-Kadett. Trotz der engen Familienbande entstand eine Unabhängigkeit, auf die wir bis heute stolz sind.

Der wahre Motor meines Tuns war noch immer der Traum von der Skirennläufer-Karriere. So ging ich die Ausbildung zum staatlich geprüften Skilehrer an. Das war für mich die ideale Kombination: im Sommer maurern, im Winter skilehrern. Da stand ich den ganzen Tag auf Skiern und ging nach Dienstschluss Tiefschnee fahren, oder ich schleppte schon in aller Früh die Torstangen zur Bergstation und flaggte mir einen Trainingskurs aus. Irgendwie ist der Rhythmus heute fast derselbe: Im Winter steh' ich bei jeder Witterung am Ski, in der schneefreien Zeit schinde ich Kondition ... Nur dass die Schauplätze heute nicht Flachauwinkl und Kaprun heißen, sondern Kitzbühel, St. Moritz, Vail oder Bormio.

Ich nahm die Skilehrer-Ausbildung verdammt ernst. Während sich meine Kollegen auf den Kursen die Nächte um die Ohren schlugen, hockte ich in meinem Zimmer und büffelte Theorie. Ich verschlang alles, was mir zum Thema Skilauf in die Hände fiel. Alle Theorieprüfungen schloss ich mit „Sehr gut" ab, oft kam mir vor, ich wüsste sogar mehr als meine Lehrer. Einige Male kam ich mir sogar als „Streberschwein" vor – das galt auch für die Praxis. Natürlich ist vieles von meinem Ski-Können Talent. Doch für einen großen Teil meiner ausgefeilten Technik hatte ich genau zu dieser Zeit die Basis gelegt.

Später, als ich längst in den Europacup gehört hätte, während ich um ein Leiberl im Landeskader kämpfte, musste ich mir meine komplette Infrastruktur alleine organisieren. Ein typischer Sonntag sah folgendermaßen aus: Im Finstern fuhr ich alleine mit unserem Skischul-VW-Bus aufs Kitzsteinhorn. Bohrte die Torstangen in den harten Untergrund und legte los. Oder ich fuhr einfach nur frei. In letzter Sekunde packte ich am Ende des Skitages zusammen und raste talwärts, um rechtzeitig vor dem Ankick das Trikot des FC Flachau überzustreifen.

Mein Fußballtrainer hatte allerdings wenig Verständnis für meinen engen Zeitplan. Als ich einmal zehn Minuten zu spät zum vereinbarten Treffpunkt kam, musste ich auf der Ersatzbank schmoren. Und das ist nicht die Position, die einem torhungrigen Mittelstürmer schmeckt.

Das Skilehrer-Dasein war sehr praktisch, da ich die Zeit, die mir davor und danach blieb, ideal nützte. Den Lift in Flauchauwinkl haben sie frühmorgens extra für mich aufgesperrt und die Zeitmessung durfte ich auch verwenden.

Das Training war das Wichtigste für mich. Ich war der Erste auf der Piste, arbeitete dazwischen und trainierte dann wieder. Eine Zeit, die mir sowohl vom Skifahrerischen her als auch für meine Persönlichkeitsentwicklung viel gebracht hat. Das Training selbst war konfus und oft auch gefährlich. Ich setzte mir selbst die Tore. Die Kurse führten über Weg-Übergänge, die ich nicht einsehen konnte. Klar, dass es da mitunter brenzlige Situationen gab, wenn jemand in meinen Kurs fuhr. Immer wieder musste ich mit den Leuten schimpfen – vor allem, wenn sie meine Stangen umfuhren. Ich fuhr einen Lauf, danach stellte ich die umgeworfenen Tore auf und fuhr den nächsten. Und wenn ich keine Zeit zum Kurssetzen hatte, fuhr ich im Gelände bei schwerem Schnee, im Tiefschnee oder über Buckelpisten. Das machte nicht nur viel Spaß, es half mir auch enorm bei meinen ersten FIS-Rennen. Die Trainingselemente stellte ich mir alleine zusammen. Ich saß oft am Rad, und wenn es sein musste, bis es finster wurde. Denn ich konnte ja erst nach der Arbeit loslegen. Mein Krafttraining hatte ich am Bau, den Rest holte ich mir mit Radfahren, Laufen und mit Koordinationseinheiten, wobei ich schon damals sehr einfallsreich war. So erschwerte ich mir den 3-Kilometer-Heimweg nach dem Fußballtraining in Flachau mit einem zusätzlichen Handicap: Ich befestigte 5-Kilo-Säckchen an den Unterschenkeln und verbrachte die gesamte Distanz mit Anfersen. Oder ich spannte daheim im Garten ein Seil und spielte Zirkus.

Ich begann, soweit es mein Beruf zuließ, alles dem Skisport unterzuordnen. Sogar das Essen. Drei Jahre lang versuchte ich es mit fast ausschließlich vegetarischer Ernährung, was sich aber eher negativ auf meine Leistungen auswirkte.

Den Abend verbrachte ich mit dem Video-Studium der Weltcup-Läufer, wobei Doppelweltmeister Rudi Nierlich mein einziges echtes Vorbild war, der leider 1991 tödlich verunglückte. Als meine Mutter ins Zimmer kam, ermutigte sie mich immer: „Hermann, das, was die können, kannst du auch!" Schließlich war sie es auch, die mir das Skifahren beigebracht hatte. Mein Vater hatte sich das nämlich viel einfacher vorgestellt. Die Szene, die sich zu Weihnachten 1975, also wenige Tage nach meinem dritten Geburtstag in Flachau zugetragen hat, erzählt meine Mutter nämlich immer wieder gerne.

Unterm Christbaum liegen meine ersten Atomic-Ski, nächsten Morgen marschiert mein ehrgeiziger Vater zum Grießenkar-Lift. Meine Mutter protestiert heftig, doch Vati ist der gleiche Sturschädel wie ich: „Du Skilehrerin, ich Skilehrer – wieso soll unser Bub nicht fahren können?" Drei Stunden später sind wir zurück, und Vater wirft mich wie einen jungen ungezogenen Hund vor die Füße meiner Mutter: „Da, probier's du!" Sie hatte dann mehr Geduld gehabt, und nach wenigen Tagen war ich bereits allein die Pisten runtergefahren. Nur auf den Sessellift musste mich der Liftwart noch hinaufheben. Das tat er zumeist ziemlich grob.

Damals war ich zu klein, jetzt war ich zu alt. Mich schien keiner mehr ernst zu nehmen: Für einen 21-Jährigen war in keinem

Kader Platz. Um meinen Traum vom Skirennläufer leben zu können, musste ich weiter als Maurer und Skilehrer arbeiten und bei den meisten Rennen brav mein Nenngeld zahlen. Einige wichtige Stationen auf meinem steinigen Weg an die Spitze werden mir dabei immer in Erinnerung bleiben.

■ Die erste Tuchfühlung mit den Stars: Rudi-Nierlich-Gedächtnislauf, ein Riesentorlauf auf der Postalm beim Wolfgangsee, Ende Dezember '93. Platz sechs hinter den Weltcup-Läufern Sigi Voglreiter, Heli Mayer, Thomas Sykora, Conny Walk und Mike Tritscher. Erstmals wurden die lokalen Medien auf Hermann Maier aufmerksam. Ich stand im Ziel und ärgerte mich: „Wenn ich mit diesen Leuten mithalten kann, warum bekomm' ich keine Chance im Europa-Cup?"

■ Der Ausflug in die Profiliga: Am Tag nach dem Nierlich-Rennen zahlte ich 500 Schilling Nenngeld für das Pro-Rennen in Schladming und bekam 17 000 Schilling Preisgeld heraus. Und das nach Platz 11 in der Qualifikation. Ich dachte sofort: „Ich werd' Profi." Allerdings hätte ich schon in den nächsten Tagen mit der Profi-Tour nach Amerika aufbrechen müssen, und das ging mir dann doch zu schnell. Jedenfalls bekam ich nach dieser Aktion eine zweimonatige Alibi-Sperre aufgebrummt.

■ Die Landesmeisterschaften 1994/95: Ich fuhr gleich in drei Bundesländern Titel ein: Kärntner Landesmeister im Slalom, Tiroler RTL-Meister und dreifacher Salzburger Meister, wobei ich im Slalom gleich neun Sekunden Vorsprung hatte. Nicht nur der Vorarlberger Ski-Verband begann sich für mich zu interessieren. Die Liechtensteiner wollten mir sogar eine Einbürgerung schmackhaft machen. Das war für den Salzburger Verbandspräsidenten Alex Reiner schließlich ein deutlicher Wink.

■ Meine ersten österreichischen Meisterschaften am 25. März 1995 am Semmering. Im Riesentorlauf hatte ich Startnummer 130, die Löcher waren so tief, dass mich die Torrichter teilweise fast nicht mehr gesehen haben. Ich nützte dennoch meine Chance und belegte Platz 18.

■ Der Knackpunkt: Ich durfte zum FIS-Riesentorlauf nach Chateau-d'Oex in die Westschweiz fahren. Weil ich keine Ahnung hatte, wo der Ort lag, kam ich erst um ein Uhr nachts dort an und musste noch meine Ski präparieren. Nächsten Morgen stand ich mit meinem orangefarbenen Tecnica-Schuh aus dem Geschäft am Start und beneidete den Senegalesen mit der Super-Rennausrüstung neben mir. Dennoch wurde ich Siebenter und im zweiten Rennen tags darauf ausgeschlafener Sechster. Dabei gewann ich so viele FIS-Punkte, dass ich in der folgenden Saison endlich eine halbwegs gute Startnummer bekommen sollte.

■ Meine ersten drei FIS-Abfahrten. In Altenmarkt-Zauchensee schnallte ich zum ersten Mal die 2,14 Meter langen Latten mit den flachen Spitzen an. In drei Rennen verbesserte ich mich kontinuierlich: von Rang 24 auf 19 und schließlich auf 6. Jetzt durfte ich mich auch Abfahrer nennen!

■ Der letzte Tag als Maurer. 25. Oktober 1995. Ich, der junge Polier, verabschiedete mich am Abend vor dem Nationalfeiertag von meinen Arbeitskollegen mit den Worten: „Einmal probier' ich's noch mit dem Skifahren. Wenn's nix wird, sehen wir uns im Frühjahr wieder." Ich kam nach Hause, knallte meinen Rucksack mit der Kelle und der Wasserwaage in der Garage in eine Ecke. Dort sollte er bis Weihnachten 2002 liegen bleiben. Dann wurde der Inhalt um eine stattliche Summe für einen karitativen Zweck versteigert. Von meiner Maurerpartie, einer Truppe lustiger Engländer, sollte ich 1998 wieder was hören: Noch vor den Olympischen Spielen hatten sie meinen Weltcupsieg in Wengen mitbekommen und mir eine Glückwunschkarte geschickt: Congratulations to the fastest bricklayer on earth!

Ich muss verrückt sein

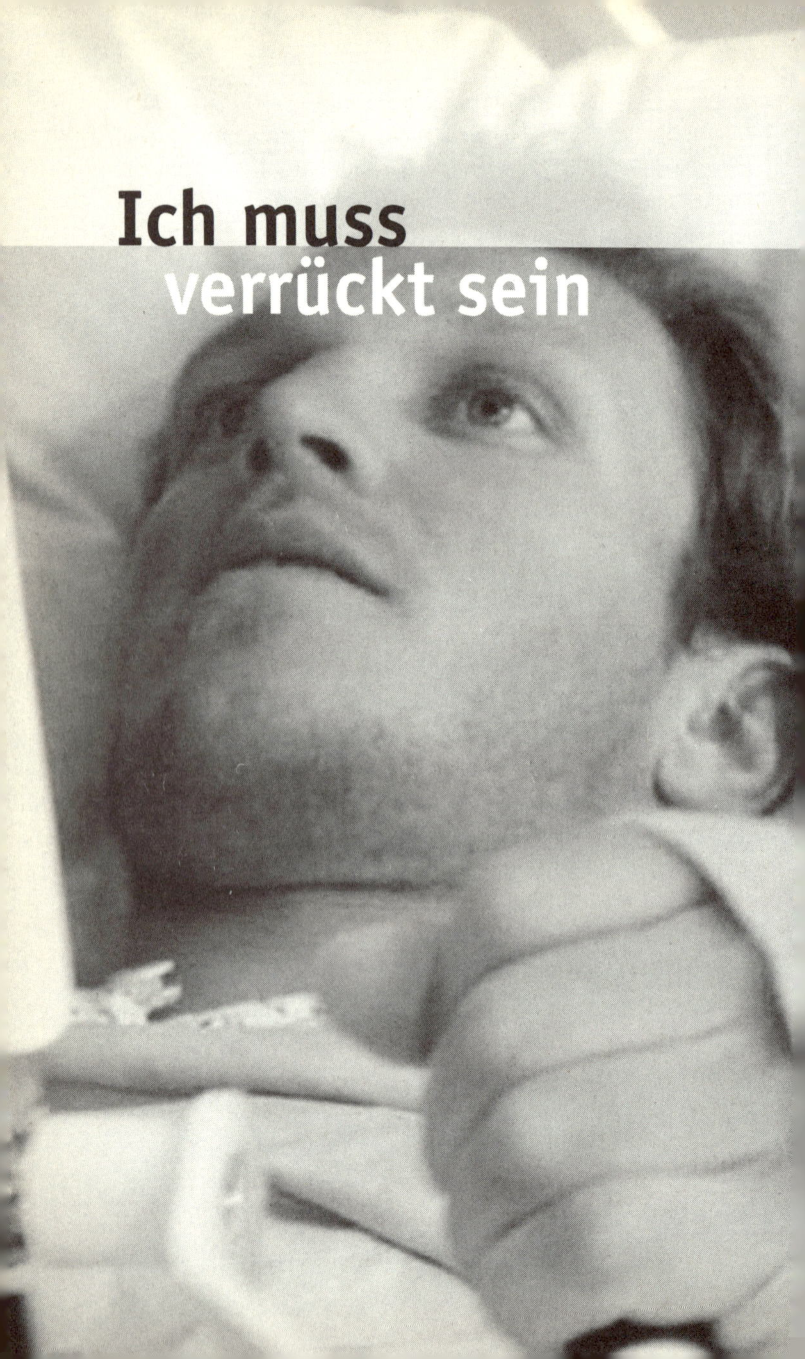

Donnerstag, 30. August 2001. Am Tag sechs nach dem Unfall bekam ich unerwarteten Besuch. Zwei Gendarmerie-Beamte dachten, dass ich schon bereit wäre, über die Details zum Unfall-Hergang zu sprechen. Die Gesichter kannte ich von der Unfallstelle, nur ihr Outfit war diesmal anders: Auch sie mussten sich die sterile Intensivstation-Kluft überstreifen. Ich sah, wie unangenehm ihnen die Sache war, aber schließlich und endlich mussten auch sie ihren Job machen. Mehr als zehn bis fünfzehn Minuten, so stellte UKH-Chef Karlbauer klar, wären mir in meinem Zustand nicht zuzumuten. Ich stand derart unter Medikamenten-Einfluss, dass die beiden Gendarmen schnell aufbrachen und beschlossen, es ein paar Wochen später noch einmal zu versuchen.

Andere waren da hartnäckiger. Obwohl ich schon fast eine Woche im Unfallkrankenhaus lag, gab es immer noch kein Foto geschweige denn ein Interview von mir. Der Österreichische Rundfunk (ORF) hatte inzwischen resigniert und seinen silbernen Übertragungswagen samt Reporterteam aus der UKH-Einfahrt abgezogen. Die Printmedien waren da hartnäckiger. Ihre Berichterstatter streunten von früh bis spät durchs Krankenhaus, in der Hoffnung, neben den offiziellen Mittagsbulletins Exklusives zu erheischen. Vor der Intensivstation herrschte eine eigenartige Stimmung. Unmittelbar hinter der Glastür, die uns vom normalen Krankenhaus-Block trennte, saßen meine Leute fast rund um die Uhr. Weiter hinten warteten die Besucher anderer Verletzter sowie Ambulanz-Patienten. Noch weiter hinten, mit einigem Respektabstand, lauerten die Reporter, die immer wieder Annäherungsversuche machten. „Bitte, habt doch Verständnis!", versuchte meine Mutter jede Konversation im Keim zu ersticken. Weil den Medien allerdings der Stoff auszugehen schien, zoomten sie Mutter und Gudrun, beide mit verheultem Gesicht, mit ihren Teleobjektiven heran. War es wirklich notwendig, diese Fotos zu bringen? Jedenfalls ließ sich meine Mutter nach Tagen des Schweigens erweichen und gab ein einziges TV-Interview, das in den folgenden Tagen auf- und abgespielt wurde. Als Nächstes wollten sie mich vor die Linse bekommen.

Denn zum Leidwesen der Paparazzi gab's im Intensivstation-Container kein Fenster. Durch die elektronisch gesicherte Tür kamen wirklich nur die engsten Verwandten und Freunde. Ich registrierte alle wie durch eine Nebelwand. Ich kann mich ehrlich gesagt nur an ein paar außenstehende Besucher erinnern. So erschien Peter Schröcksnadel, der Präsident des Österreichischen Ski-Verbandes und mein wichtigster Berater in Geschäftsfragen. Er hatte seinen Angelurlaub in Kanada abgebrochen. „Du hast auch schon besser ausg'schaut", flachste er in seinem Tiroler Akzent und versuchte mich mit dem für ihn typischen Optimismus mitzureißen. „Schau, du hast ja wirklich schon alles gewonnen. Du musst nicht noch einmal Olympiasieger werden. Jetzt geht's um deine Gesundheit – aber bei deiner Konstitution wirst du das schaffen!" Der Präsident war felsenfest davon überzeugt. Was ich zu diesem Zeitpunkt nicht wusste: „Schröcksi" hatte bereits mit Regisseuren und Agenturen über die Rechte für eine Film-Dokumentation verhandelt. Sogar der Titel stand schon fest: *Hermann Maier – Der Weg zurück*. Ein Beweis mehr, dass er an mein Comeback wirklich von Beginn an geglaubt hat. Wie unser Herrenchef Toni Giger, der inzwischen auch aus Chile eingetroffen war und direkt vom Flughafen an mein Krankenbett kam.

Ablenkungsmanöver bei der Übersiedlung

Meine Blutwerte hatten sich stabilisiert, und die Betreuer zerbrachen sich den Kopf, wie man mich später im Einzelzimmer abschirmen könnte. Für die Übersiedlung war wieder ein Ablenkungsmanöver notwendig. So stellten meine Betreuer am Donnerstagabend eine Presseaussendung auf meine Homepage, in der das UKH wissen ließ: „Einen weiteren Aufwärtstrend seiner Genesung vorausgesetzt, wird Hermann Maier am Wochenende von der Intensivstation in die Normalstation verlegt." Wenige Minuten später lief diese Meldung in den Radio-Weltnachrichten und in der ORF-Hauptinformationssendung *Zeit im Bild*. Bei meinen Betreuern liefen die Telefone heiß. Während sich die Fotografen Umzugsfoto-Varianten überlegten, war die Aktion längst in aller Stille über die Bühne gegangen. Zuvor hatte ein Krankenpfleger noch hektisch das Pflegepersonal der Intensivstation für ein Abschiedsfoto zusammengetrommelt. Ein richtig sentimentaler Augenblick. Unglaublich, wie sehr wir in den vergangenen sechs Tagen zusammengewachsen waren. Immerhin habe ich meine schlimmen Tage zwischen Leben und Tod mit diesen hilfsbereiten Menschen geteilt.

Dem bedrückenden, stickigen Intensivstation-Container entronnen, kam ich mir vor wie auf einem wunderschönen Ausflug. In meinem Bett rollte ich vorbei an gesunden Menschen, vor dem Krankenhaus-Kiosk lagen Zeitungen und Zeitschriften. Ich saugte alles um mich herum auf wie ein trockener Schwamm. Aus dem Aufzug ging's einen endlosen Gang entlang, an dessen Ende mich ein stattlicher Herr in Blau mit umgeschnallter Pistole empfing: „Ich werde hier für Ihre Sicherheit sorgen." Der ÖSV hatte also tatsächlich einen eigenen Bodyguard für mich organisiert. Mein aus zwei zusammengelegten Räumen bestehendes

Zimmer kam mir vor wie eine Suite. Es war neu und mit viel Holz geschmackvoll eingerichtet. Ich hatte einen Balkon mit – allerdings durch ein Gerüst verstelltem – Blick ins Grüne, Fernseher am Bett, ein Badezimmer und nette Krankenschwestern, die mir das Gefühl gaben, sie wären ausschließlich für mich da. Ich fühlte mich so wohl, dass ich für ein paar Augenblicke vergaß, wie schlecht es mir eigentlich ging. Ich schloss die Augen und genoss zum ersten Mal seit dem Unfall absolute Ruhe. Durch die offene Balkontür hörte ich das Prasseln des Spätsommerregens und ich atmete frische Luft. Kein nerviges Piepen, keine roten Alarm-Lichter, keine Sauerstoffmaske – ja, ich begann, wieder zu leben, ich hatte das Gefühl: Jetzt geht was weiter!

Und ich durfte schlafen, solang ich wollte! Die Schmerzmittel ermöglichten mir meine erste halbwegs ruhige Nacht. Als ich aufwachte, sah ich zum ersten Mal Tageslicht. Mir kam es vor, als hätte ich ewig geschlafen. Gudrun und meine Mutter hatten körbeweise Fanpost, persönliche Gegenstände und „Gesundmacher“ von zu Hause mitgebracht und am Nachtkästchen aufgebaut: mein kleines „Good-Luck-Hermann-Maier“-Glücksschwein, das mir schon beim Sturz in Nagano Glück gebracht hatte, DVDs, die mich ablenken sollten (z. B. *Gladiator*), den Lance-Armstrong-Bestseller *Tour des Lebens*, den meine Mutter bereits siebenmal in der Fanpost gefunden hatte, sowie Kräutertees und selbst gemachte Fruchtsäfte von keinem Geringeren als Arnold Schwarzenegger. Neben einem handgeschriebenen Motivationsbrief auf Englisch ließ mir mein Freund aus Kalifornien tatsächlich Heilsäfte aus seinem Zaubertrank-Fundus zukommen.

Zum ersten Mal verspürte ich so etwas wie Hunger. Schon die Frühstückssemmeln schmeckten feudal. Das Mittagessen: ein Lachs-Filet mit gedünsteten Kartoffeln! Und ganz im Gegensatz zur Intensivstation, wo ich ohnehin fast nur intravenös ernährt worden war, konnte ich in

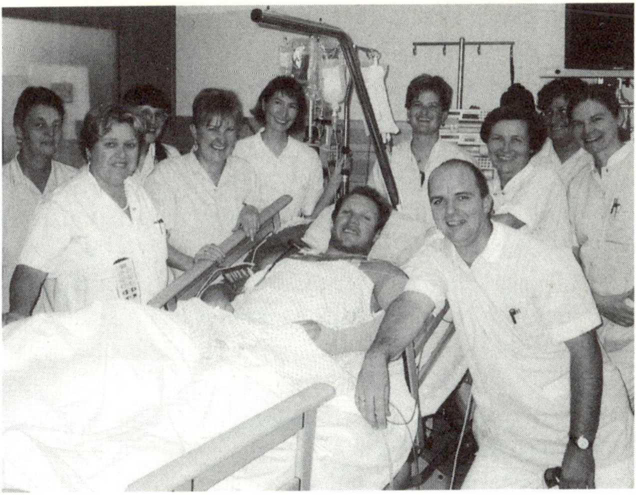

30. August 2001. Ich darf die Intensivstation verlassen – es geht bergauf.

Ruhe essen – herrlich! Von Genießen war aber weiterhin keine Rede. Mein Hämoglobinwert, der den Sauerstofftransport im Blut und damit die Ausdauerleistungsfähigkeit angibt, war im Keller. Oder noch weiter unten. Bei einem gesunden Menschen liegt der „HB"-Wert zwischen 14 und 18. Rad-Star Lance Armstrong beklagt sich in *Tour des Lebens*, dass sein Wert, bedingt durch die Chemotherapie, auf sieben abgesackt war. Meiner lag unter sechs! Das saugt dir sämtliche Energie aus dem Körper. Du fühlst dich richtiggehend blutleer. In der Fachsprache heißt das „anämisch". Ich war so kaputt, dass mich sogar das Suppeessen körperlich mitnahm. Auch Lesen und Reden waren mir zu anstrengend. Ich lag im Bett wie ein nasser Fetzen.

Immerhin funktionierte mein Daumen, und die Sportart, die ich aktiv ausüben konnte, hieß „Channel hopping". Während Gudrun neben mir für ihre Studien-Abschlussprüfung paukte, zappte ich mich durch die Fernseh-Programme meines kleinen Bett-Monitors.

Viel Ruhe in trauter Zweisamkeit blieb uns sowieso nicht. Der mediale Druck war für meine Umgebung, die mich erfolgreich abgeschirmt hatte, unerträglich groß geworden. Neben allen wichtigen heimischen Medien standen die großen deutschen TV-Stationen und ein Dutzend internationale Sender vor der Tür. Sogar der US-TV-Gigant CNN, der gerade einen Olympia-Promotions-Spot mit meinem Nagano-Sturz *(Celebrate Humanity)* mehrmals täglich spielte, wollte unbedingt ein Original-Herminator-Statement auf Sendung bringen. Außerdem geisterten mangels neuer Informationen immer mehr Falschmeldungen durch die Presse. Deshalb musste ich mit meinem Medienbetreuer das erste Presse- und TV-Statement vorbereiten. Die ganze Welt schien auf diesen Auftritt zu warten. Egal, wie schlecht du beisammen bist: Wenn du im Rampenlicht der Öffentlichkeit stehst, gibt es keine Gnade!

Vor meinem Zimmer stritten ORF und Printmedien, wer das allererste Interview mit mir bekommen sollte. Eine heikle Sache. Wir wollten niemanden bevorzugen, aber trotzdem musste es einen Ersten geben. Es ging darum, in der kürzestmöglichen Zeit möglichst viele Interessierte zu erreichen, ohne dass ich dabei zu sehr leiden musste. Schließlich sprach Präsident Schröcksnadel ein Machtwort und gab folgende Version bekannt: ORF-Sportchef Elmar Oberhauser darf für *Sport am Sonntag* zehn Minuten mit mir sprechen. Das Interview wird in den zwei Etagen tiefer gelegenen Hörsaal des Krankenhauses, wo die restlichen Reporter warten, übertragen. Sie dürfen ihre Fragen im Anschluss via Standleitung an mich richten.

Sonntag, 2. September 2001. Nach einem ruhigen Samstag mit meiner Familie brach eine Interview-Hysterie aus. Der ORF rückte mit Star-Regisseur Lucky Schmidtleitner, zwei Kameraleuten und einer Hand voll Techniker an und wollte mein schönes ruhiges Krankenzimmer in ein TV-Studio verwandeln. Sie begannen schon die riesigen Beleuchtungsstative auszupacken und über Kamera-Positionen zu diskutieren, als die Ärzte in die Regiearbeit eingriffen. So musste der Gang vor meinem Raum als „Krankenzimmer“ herhalten – was aber bei der Übertragung keiner merken sollte. Lediglich Elmar Oberhauser kam eine Stunde vor dem Showdown an mein Bett und schaute sich mit mir das Ende des Formel-1-Laufes in Spa-Francorchamps im TV an. Wir diskutierten über den Horrorcrash des italienischen Prost-Piloten Luciano Burti, der rechts ausbrach, mit 300 km/h in eine Reifenmauer krachte und wie durch ein Wunder nahezu unverletzt blieb. Aber dann wurde es für mich ernst. Damit ich TV-tauglich wurde, bat ich die Ärzte, die Infusionsschläuche von meiner Brust zu entfernen. Das Kunststoff-Röhrchen unterhalb meines rechten Schlüsselbeins, durch das Medikamente und Elektrolyte in meinen Körper flossen, wurde kurzfristig verklebt. Ebenso der Venen-Eingang am Unterarm. Notdürftig frisiert. Ungeschminkt, blass und mit nacktem Oberkörper wurde ich in das „Interview-Zimmer“ geschoben. Ich hatte ja keinen Grund, irgendjemandem etwas vorzuspielen. Meine Zahnlücke, die durch die beiden ausgeschlagenen Schneidezähne entstanden war, war bereits durch ein Provisorium repariert.

Die folgenden Minuten waren mühsamer als ein Acht-Stunden-Training in der Konditions-Folterkammer. Kalle Törnström aus Schweden, der ehemalige Haus- und Hoffotograf des großen Ingemar Stenmark, durfte als Einziger noch schnell ein paar Aufnahmen schießen. Die sollten wenige Minuten später in die Welt gefunkt werden und tags darauf Titelseiten zahlreicher Tageszeitungen zieren.

Als ich die Sportjournalisten in dem kleinen Monitor neben meinem Bett sah, war mir zum Heulen zumute. Einige hatte ich zuletzt bei meinem Weltcup-Sieg in Aare gesehen – als strahlender Sieger. Da wurde mir so richtig bewusst, in welch elendem Zustand ich mich befand.

Die Scheinwerfer gingen an, Lucky gab das Zeichen für Kamera 1, das rote Lämpchen ging an und mich durchfuhr ein Adrenalin-Stoß wie sonst nur im Starthaus. Ich wusste, ich sah scheiße aus, aber es gab kein Zurück. Der Techniker schob das Mikro in meine Richtung, und Oberhauser begann für seine Verhältnisse fast zögerlich. Er wollte mich sichtlich schonen. Dennoch war die Fragerei mühsam, doch ich riss mich zusammen, so gut ich konnte. Ich sagte mir: „Los, hol dich selber raus aus dem Sumpf und zeig, dass es kein Aufgeben gibt!" So kam mir dieser Satz, der später immer wieder zitiert werden sollte, über die Lippen: „Ich werde zurückkommen – sicher nicht schwächer, ich tipp' gleich stark oder sogar stärker!" Gerade mal 10 Minuten dauerte das Gespräch, und ich war fix und fertig. Das Sprechen fiel mir schwer wie nie zuvor. Mir war zum Weinen zumute. 800 000 erlebten vor den TV-Geräten, wie ich mit den Tränen kämpfte. Aus den Gesichtern der Reporter unten im Hörsaal konnte ich die Betroffenheit lesen. Bin ich wirklich so kaputt? Zaghaft, artig und zurückhaltend stellten sie Fragen, die nach dem Oberhauser-Interview offen geblieben waren. Alle fühlten offenbar mit mir. Bis auf einen, der sich nicht entblödete, eine provokante Frage zum Unfall zu stellen: „Herr Maier, waren Sie nicht zu schnell unterwegs?" Da brach ÖSV-Pressechef Josef Schmid die Pressekonferenz sofort ab und ich durfte in mein Zimmer zurück. Ich war unglaublich erleichtert.

Ich schloss die Augen und ließ mir die vergangene halbe Stunde noch einmal durch den Kopf gehen. So schlimm war es gar nicht gewesen. Und dennoch: Zum ersten Mal – abgesehen von der kurzen Einvernahme durch die Gendarmerie – war ich mit dem Unfall konfrontiert worden. Ob ich Schuld hatte? Gab es wirklich jemanden, der meinte, ich wäre nur irgendwie zumindest teilschuldig? Für mich war es immer sonnenklar, dass ich nicht den Funken einer Schuld hatte. Wie wenn du in einem Flugzeug sitzt und es stürzt ab. Natürlich hättest du daheim bleiben und nicht mitfliegen können ... Und was ist eigentlich aus meinem Unfallgegner geworden? Warum hat er sich nie bei mir gemeldet? Soll ich ihm böse sein? Nein, auch wenn offensichtlich er mit der Situation überfordert gewesen war: Es ist ihm passiert – tragisch für mich, dass es derart schlimme Folgen hatte. Ich denke, dass das Schicksal etwas mit mir vorhatte. Was, das wusste ich zu diesem Zeitpunkt noch nicht. Jedenfalls wurde ich das erste Mal mit der Zukunft konfrontiert. Über die Gegenwart zu sprechen war kein Problem, aber die Zukunft – in meinem Zustand?

Um 18.30 Uhr hatte ich dann ein eigenartiges Erlebnis. Ich sah einen Mann im Fernsehen, den man bisher nur als Sieger auf dem Podest gesehen hat. Jetzt lag er einfach so da. In *Sport am Sonntag* lief die zeitversetzte Aufzeichnung des Interviews und ich versuchte mich in die Fernsehzuschauer hineinzudenken. Ich denke, sie haben gemerkt, wie's mir wirklich ging.

Das Interview löste weltweite Reaktionen aus. Bis spät in die Nacht liefen die Bilder auf diversen TV-Kanälen. Sogar im CNN-Sport fand ich mich wieder. Für mich war es unverständlich, dass den Medien mein Unglück offensichtlich mehr wert war als meine größten Ski-Erfolge. Natürlich waren auch die Zeitungen am nächsten Tag voll mit Zitaten. Obwohl ich an den Reaktionen merkte, dass viele meinen Zustand unterschätzt hatten und nach den Fernseh-Bildern fast geschockt wirkten, glaubte die Öffentlichkeit weiter an mich. Das zeigte nicht zuletzt eine Umfrage unter heimischen Sport-Fans.

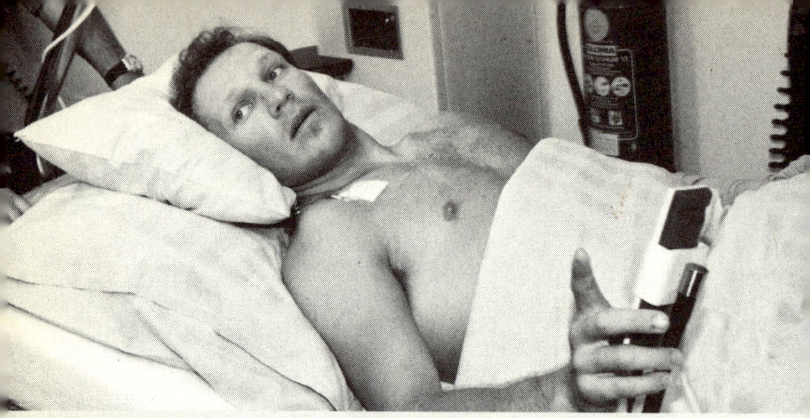

Das bewegende erste Interview im Wortlaut:

„Ich tipp', dass ich gleich stark oder noch stärker zurückkommen werde!"

ELMAR OBERHAUSER: *Eine Frage, die sich zehntausende Menschen stellen: Wie geht's Ihnen?*
HERMANN MAIER: Tja, ich glaub', heute ist der erste Tag, wo es mir ein bissel besser geht. Die letzten Tage waren sehr, sehr anstrengend und ich war sehr, sehr müde. Jetzt hab' ich einfach g'schaut, dass ich mehr schlafen kann. Vorher hab' ich vor Schmerzen nicht schlafen können. Jetzt geht's schon wieder halbwegs.

OBERHAUSER: *Haben Sie das Gefühl, auf dem Weg der Besserung zu sein?*
MAIER: Ja, auf alle Fälle. Ich war eigentlich gleich, nachdem ich nach dem Unfall bei Dr. Aufmesser in Radstadt gelegen bin, auf dem Weg der Besserung. Ich hab' gewusst, dass Leute da sind, die mir helfen. Nachdem ich ins Unfallkrankenhaus rausgeflogen worden bin, hab' ich den Dr. Trost gesehen und gewusst, dass gleich was gemacht wird. Einen Tag später kamen die ganzen Genesungsschreiben und die Telegramme – das unterstützt einen natürlich schon.

OBERHAUSER: *Das wollte ich gerade ansprechen. Altgediente Hasen haben so etwas noch nie erlebt: Zehntausende Menschen im In- und Ausland nehmen über Internet, über Leserbriefe, Telegramme und Anrufe Anteil an Ihrem Schicksal und fragen, wie's Ihnen geht. Bekommen Sie das eigentlich alles mit?*
MAIER: Ja, ich hab's schon mitgekriegt. Einige Telegramme und Faxe liegen zu Hause, viele sind da. Ich hab' sie, wenn ich ehrlich bin, noch nicht durchgelesen, weil ich jetzt noch nicht in der Lage war. Ich hab' mir noch keine Gedanken darüber gemacht, wie's weitergehen sollte. Oder was da drin steht übers Skifahren oder sonst was. Für mich war's einfach wichtig, dass es mir gut geht und dass ich das Ganze einfach überlebt hab'.

OBERHAUSER: *Hilft Ihnen das, zu wissen, dass so viele Menschen hinter Ihnen stehen?*
MAIER: Ja, es hilft auf alle Fälle! Das macht sehr viel aus, weil ich glaub', das gibt einem viel mehr Motivation.

OBERHAUSER: *Was beschäftigt Sie eigentlich derzeit? Denken Sie an den Skisport, denken Sie an Sport überhaupt? Denken Sie an Skirennsport?*
MAIER: Ich hab' mir heute das erste Mal wieder ein Formel-1-Rennen angeschaut und gestern zwei Fußballspiele. Was ich da ge-

sehen hab' vom Sport, war wahnsinnig anstrengend. Sicherlich schwebt's in meinem Kopf herum, der Ehrgeiz ist da, ich werd's probieren.

OBERHAUSER: *Sie sind mitten aus Ihrer Wettkampfvorbereitung herausgerissen worden. So ein Unfall, der Sie so ans Krankenbett fesselt, verschiebt der ein bisschen die Werteskala?*
MAIER: Die sportliche Werteskala auf alle Fälle. Meine Leistungen sind nicht mehr so gut wahrscheinlich, wie sie vorher gewesen sind. Und ich kann nicht alles machen. Natürlich! Aber die Werteskala vom Menschlichen her auf alle Fälle. Das spürt man dann. Da zählen dann andere Sachen als Siege oder sonst was. Es zählt der Sieg über sich selber, und dass man halt einfach nicht aufgibt.

OBERHAUSER: *Gibt's Gedanken an die Zukunft?*
MAIER: Ja, auf alle Fälle. Wir werden sofort wieder anfangen, so gut es geht. Das Team haut sich wahnsinnig hinein, ist sehr, sehr motiviert und man muss natürlich auch ein biss'l zurückstecken. Aber wir werden auf alle Fälle jetzt einmal schau'n, dass wir gleich wieder was machen können. Es geht nicht nur um den Sport, sondern um das ganze körperliche Befinden, dass einige Hämatome usw. vielleicht schneller vergehen.

OBERHAUSER: *Niki Lauda und Thomas Muster haben auch schwere Unfälle gehabt und sind dann eigentlich noch größer geworden, als sie's vorher waren. Motiviert sie so etwas? Denken Sie da dran?*
MAIER: Ja, ich glaub', wenn's möglich ist, dass ich wieder Ski fahren kann, glaub' ich nicht, dass ich schwächer zurückkomm'. Ich tipp' schon eher entweder gleich oder noch stärker!

OBERHAUSER: *Herr Maier, ich bedanke mich noch einmal sehr für dieses Gespräch und wünsche Ihnen alles Gute auch im Namen unserer Zuschauer. Ich hab' noch zwei persönliche Grüße: Bernie Ecclestone und Niki Lauda schicken Ihnen Grüße – Niki hat auf seine Si-*

tuation verwiesen, hat gesagt: Sag' ihm, er soll die Ohren steif halten und an mich denken, dann weiß er, dass es weitergeht. Bernie Ecclestone hat gemeint, er möchte Sie bald wieder auf der Piste sehen.
MAIER: Ich werd' mich bemühen. Jede Anteilnahme ist großartig – egal, ob das berühmte Leute sind oder keine berühmten Leute. Ich freu' mich natürlich, wenn das aus dem Sportzirkus daherkommt. Nachdem's heute in der Formel 1 wieder so einen Unfall gegeben hat, müssen die selber ihre Ohren steif halten!

Sport am Sonntag, 2. September 2001, ORF1, 18.30 Uhr.
Das Gespräch führte Sportchef Elmar Oberhauser.

Nach dem Interview bat Oberhauser Artur Trost vors Mikrofon:

Herr Doktor Trost, als behandelnder Arzt haben Sie mich zu Beginn des Gesprächs mit Hermann Maier gebeten, ihm keine Fragen nach der Rückkehr in den Skizirkus und nach dem Verlauf des Unfalls zu stellen. Warum?
TROST: Sie haben ja selbst während des Interviews bemerkt, dass diese Fragen ihn sehr belasten. Von der psychischen Seite her wär's nicht günstig gewesen, hier tiefer hineinzubohren.

Für einen Laien wie mich schaut er perfekt aus. Täuscht dieser Eindruck ein bisschen?
TROST: Ich glaub', am Anfang hat er auch einen guten Eindruck gemacht. Aber man hat dann während des Interviews schon gemerkt, dass er verfällt. Ich glaube, das ist ja Ihnen auch aufgefallen, und Sie haben dann netterweise das Interview beendet.

Ist das normal vom Krankheitsverlauf her?

TROST: Ja. Man unterschätzt immer die Schwere dieser Verletzung. Es wird immer nur vom Beinbruch gesprochen und niemand spricht mehr von den schweren Becken- und Oberschenkel-Prellungen, die ja letztlich zu diesem Muskelzerfall und zu der Nierenfunktionsstörung geführt haben. Und auch die Leber war mit betroffen. Es war also ein wirklich schwerer Unfall. Zum offenen Unterschenkelbruch kommt noch die schwere Weichteilverletzung im Bereich des Unterschenkels, die ja mit Weichteilen vom Oberarm gedeckt worden ist.

Warum nicht die Frage nach der Rückkehr in den Skizirkus? Aus psychologischen Gründen? Wollen Sie ihm nicht wehtun, weil Sie annehmen müssen, dass er das Interview sieht?

TROST: Rein beim freien Lappen, der eingesetzten Haut, darf man erst in vier Monaten frühestens belasten. Das heißt, Hermann kann frühestens nach vier Monaten in einen Skischuh. Ich glaub', das kann man ihm nicht einfach an den Kopf werfen. Das muss schon Punkt für Punkt gehen. Er merkt selbst, dass es ein weiter, steiniger Weg wird.

Wenn jetzt jemand sagt, der Hermann kann dann oder dann wieder Ski fahren oder nicht mehr Ski fahren – das ist alles dilettantisch, oder?

TROST: Ich glaub', das hängt jetzt vom nächsten Verlauf ab. Es sind noch so viele Komplikationen möglich. Nachdem das doch sehr stark verschmutzt war, haben wir immer noch Angst vor einer Infektion. Wir haben Angst vor einem Nichteinheilen des Lappens. Es kommt dann auch die Frage, wie weit die Bruchheilung zeitgemäß voranschreitet. Es sind noch viele Punkte, die offen bleiben …

„Wird Hermann Maier je wieder Skirennen bestreiten", lautete die Fragestellung. Das für mich verblüffende Resultat: 93 % glaubten zu diesem frühen Zeitpunkt an mein Renn-Comeback. Dafür gibt's aus meiner Sicht zwei Erklärungen: Entweder mein medizinisches Team hatte es nicht geschafft oder gewollt, die wahre Dimension meiner schweren Verletzung nach außen zu transportieren, oder die Leute draußen trauten mir scheinbar Unmögliches zu. Und sogar mich begann diese Euphorie zu erfassen. In meinem durch Medikamenten-Einfluss vernebelten Gehirn tauchten erste Olympia-Gespinste auf. Meine Betreuer begannen schon konkrete Trainingspläne für mein Comeback zu erstellen – und ich hatte noch immer einen Katheter in mir und war ans Bett gefesselt.

Mein Tag war mit Terminen und Therapien voll gestopft. Ein gut gemeinter Besuch löste den anderen ab, wobei meine Leute ohnehin die meisten im Vorhinein abgewimmelt hatten. Meine Kräfte brauchte ich für wichtigere Aufgaben: Neben den drei täglichen Physiotherapie-Einheiten brannte Heini darauf, endlich mit richtigem Training zu beginnen. Ich konnte gar nicht so schnell schauen, da war neben meinem Bett ein weißes Gerüst mit einem Handkurbel-Ergometer errichtet. Heinis Augen leuchteten, als er mir seine Errungenschaft vorführte. Das Handkurbel-Ergometer, in einer Nacht- und Nebel-Aktion aus Deutschland importiert, funktionierte im Prinzip wie mein Radergometer in Obertauern. Statt meiner verletzten Beine mussten meine Arme herhalten. Aber nicht einmal das ging anfangs schmerzfrei. Die 30 Zentimeter lange Narbe am linken Oberarm vom transplantierten Hautlappen war längst nicht verheilt. Aber auf solche Wehwehchen brauch' ich mich bei Heini gar nicht erst auszureden. Und als Technik-Freak interessierte mich mein neuer Zimmergefährte. Ich konnte alles elektronisch steuern: Watt-Widerstand, Umdrehungen pro Minute, Belastungsprogramme, konstante Pulskontrolle, Countdown usw. Allerdings wusste ich nicht genau, was ich davon halten sollte. „Okay, wenigstens eine Abwechslung", dachte ich und legte los. Anfangs haute ich richtig rein. 2-mal 10 Minuten mit ganzen 10 Watt. Heini packte sein Laktat-Analysegerät aus, stach mir ins Ohr und bestimmte anhand der Blutwerte den Grad meiner Anstrengung. Immerhin lag ich mit Laktat 1,5 im moderaten Bereich. Und weil die Reporter sich andernfalls irgendwelche Spekulationen aus den Fingern gesaugt hätten, ließen wir Kalle Törnström wieder für ein Foto, das er an die Medien verteilen sollte, ins Zimmer. „Hermann Maier radelt schon wieder", wurde daraufhin euphorisch in großen Lettern verkündet.

Genau genommen war das, was wir da taten, ein Irrsinn. Mein Puls schnellte in die Höhe wie bei einem Bergzeitfahren. Schon nach wenigen Minuten schoss der Schweiß aus den Poren. Mein Körper war total kaputt und wehrte sich gegen die Anstrengung, doch ich setzte das Alibi-Training fort. Ich redete mir ein: „Da musst du durch, wenn du wieder zurückwillst!" Jedes kleine Kind macht die Erfahrung: Die ersten Schritte sind die schwersten! Heini stand jedenfalls voll hinter seiner unkonventionellen Methode. „Wir müssen deinen Stoffwechsel anregen", meinte er. „Außerdem wird dein Herzkreislauf-System angekurbelt." Dabei wurden Schadstoffe abtransportiert und ich kam auf andere Gedanken. Nichtsdestotrotz reichte es mir sehr schnell. Ich muss verrückt gewesen sein, dass ich mir diese Qualen antat. Ich schwitzte das Bettzeug nass, und dann ging die mühsame Prozedur mit Waschen und Überziehen los. Immer war ich auf die Hilfe der anderen angewiesen. Meine Betreuer mussten mich jeden Tag aufs Neue motivieren. Irgendwie war ich ihnen sowieso ausgeliefert. Was hätte ich auch tun sollen, wenn sie mein Bett nahmen und es samt mir unters Handergometer schoben. So kurbelte ich halt wieder los. Wie ferngesteuert. Natürlich interessierten mich meine Laktatwerte und die Leistung am Ergometer, und meine Werte verbesserten sich tatsächlich – nach wenigen Tagen kurbelte ich immerhin mit 30 Watt Widerstand und das eine halbe Stunde lang. Dennoch: Je besser die Werte wurden, desto mieser fühlte ich mich!

Muskelberge aus Styropor

Ich denke, damals haben alle unterschätzt, wie sehr mein Körper durch den Unfall, die Operation, die Medikamente und die intensiven Behandlungen ausgehöhlt war. Das Irreführende dabei war, dass ich noch fast alles von meinem Kampfgewicht von 94 Kilogramm auf die Waage brachte. Als ich mir nach zehn Tagen zum ersten Mal auf die Waage helfen ließ, hatte ich noch immer 90 Kilo und war positiv überrascht. Die Oberschenkel waren so riesig wie noch nie. Ich dachte mir: „Ma, bin ich super beinand!" Aber in Wahrheit war ich nur von oben bis unten aufgeschwemmt. Wasser und kaputte Zellen statt Muskelmasse – das war mir allerdings zu diesem Zeitpunkt nicht bewusst. Es wirkte alles seltsam, angespannt und straff. Mein linkes Knie funktionierte wie das einer Gummipuppe: Wenn es abgebogen wurde, sprang es von selbst wieder in die gestreckte Position zurück. Ich hatte ja schon in der Intensivstation das schreckliche Erlebnis mit den Löchern gehabt, die nach dem Drücken mit dem Finger in meinen Muskeln geblieben waren. Selbst durch die intensive Physiotherapie hatte sich an dieser Situation noch nicht wirklich was zum Positiven gewendet. Heini war der Erste, der das Problem nüchtern beim Namen nannte. „Ich hab' noch nie solche Muskelberge aus Styropor gesehen", meinte er wenig aufbauend.

„Kräftemäßig sind wir am Tiefpunkt angelangt. Das ist nach dem, was du durchgemacht hast, auch logisch.“ Aber das ist es, was ich an Heini so liebe: Er lässt nichts unversucht. So brachte er beim nächsten Besuch sein Gerät zur Elektromyostimulation mit. Dabei werden Elektroden auf die Haut geklebt und die Muskeln mit Elektroschocks stimuliert – das war die einzige Krafttrainingsmöglichkeit, die mir blieb. Leider nützte auch das nichts! Also klammerte ich mich an die Physiotherapie und flehte Vinzent an: „Bitte hilf mir, egal, wie mühsam es wird.“ Ich ließ alles geschehen: Mobilisierung, Ultraschall, Lymphdrainagen und die brennend heiße „Rolle“.

Draußen regnete es noch immer ohne Ende und mir kam vor, als ging überhaupt nichts weiter. Ich durchlebte ein Wellental der Gefühle. Obwohl ich rein medizinisch gute Forschritte machte, lief für mich alles nach dem Motto: „Ein Schritt vor, zwei zurück.“ Kaum hatte ich ein messbares Erfolgserlebnis, da wurde ich schon wieder zurückgeworfen.

Schließlich war es an der Zeit, mit Gehen zu beginnen. Ich konnte es kaum erwarten. Professor Papp, der plastische Chirurg, hatte mich immer und immer wieder davor gewarnt, den eingepflanzten Hautlappen zu früh zu belasten. So musste ich länger, als mir lieb war, in meiner Zwangslage ausharren. Endlich gab er grünes Licht für den ersten Gehversuch. Die Operationsstelle wurde mit einem festeren Verband versehen, dann kam der Augenblick, an dem ich aufstehen durfte. Durch das ewige Liegen war mein Kreislauf im Keller. Schon durch das Aufrichten schoss das Blut aus meinem Kopf und ich wurde kreidebleich. Das erste Auftreten war die Hölle. Wie ein Blitz zuckte der Schmerz bis in die letzte Haarwurzel. Doch das Transplantat hielt. Mit aller Kraft stemmte ich mich in die Krücken, um mein verletztes Bein so gut es ging zu entlasten. Die Anstrengung trieb mir den Schweiß aus allen Poren, und nach wenigen

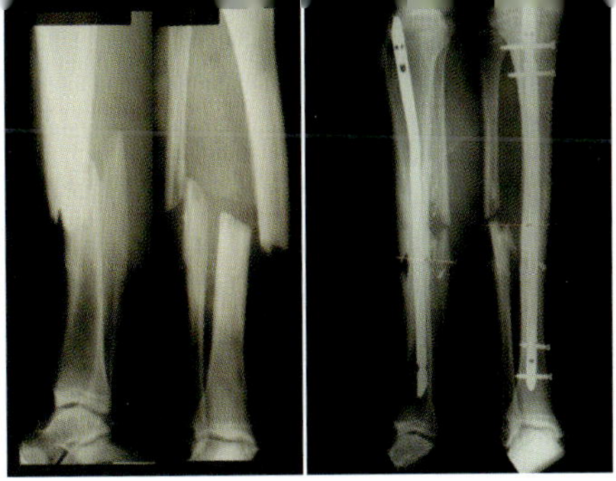

■ 24. August 2001. Vorher & nachher. Das gebrochene Schienbein wurde mit einem 37 Zentimeter langen Titannagel und mit vier Querbolzen fixiert. Das Wadenbein ließ Artur Trost wild zusammenwachsen.

■ Ich muss verrückt sein. Mit dem Handergometer geht das Training los.

■ Training in der Olympiastützpunkt-Physiotherapie-Abteilung. Dabei werden Koordination und Muskeln trainiert. Es ist unglaublich anstrengend.

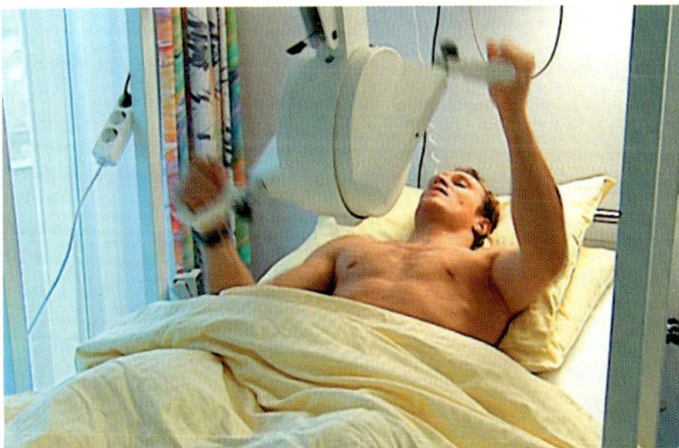

■ 21. Dezember 2001. Medien-Skitag in Flachau. Weil mir Dutzende Reporter am Hang gefährlich nahe kommen, brause ich der Meute davon und rette mich vorerst einmal bis zur Mittelstation. Dort rattert mir prompt ein Kameramann über die Ski.

■ Reha-Training in Obertauern. Das Gehen in der Herbstsonne funktioniert schon wieder – allerdings muss ich immer einen Stützstrumpf tragen.

■ Olympia unter Palmen. Auf dem Bahamas sitze ich nur für Film- und Foto-Aufnahmen am Ergometer.

■ Auf den Spuren von James Bond: Beim Wrack-Tauchen vor Paradise Island begegnen wir immer Haien, die zum Glück harmlos sind.
Den Touristinnen, die meine Narbe am Fuß bestaunen, erkläre ich augenzwinkernd: „Das war ein Hai."

■ Rückblende: August 2002. Schrecksekunde beim Schneetraining in Chile. Dabei müssen Narben in meiner operierten rechten Wade gerissen sein. Den Zwischenfall hatte nicht nur mein Arzt Artur Trost („Ein Härtetest!") gewaltig unterschätzt.

■ 27. Jänner 2003, Super-G in Kitzbühel. 13 Tage nach dem Comeback der für viele unglaubliche Triumph im Schneegestöber.

■ Ski-WM, St. Moritz 2003: Gold verschenkt! Immerhin geht sich im Super-G Silber aus. Je länger ich darüber nachdenke, desto mehr glänzt diese Medaille.

Exklusiv: das Video der Fast-Sturzfahrt

SPORT

EIN JAHR DANACH. Am 24. August 2001 landete der Herminator in Radstadt schwerstverletzt im Straßengraben.

COMEBACKVERSUCH. In Portillo fuhr der Skistar erstmals im Renntempo. Nach Bestzeiten erwischte es ihn wieder.

Hermanns Härtetest

-Effekt: Sein Bein hat die Belast

Jetzt ist er unsterblich

WUNDER HERMANN MAIER. Geschichte einer Auferstehung

HERMANN MAIER. 13 Tage nach dem Sensationscomeback im Skizirkus feierte der Herminator seinen größten Sieg. Und fährt nach zwei Jahren Rennpause als Topfavorit zur WM.

■ Sestriere, 11. März 2004. Im Super-G revanchiere ich mich mit einer starken Vorstellung für die unglückliche Abfahrts-Pleite.

■ Kristallkugeln Nr. 13 und Nr. 14.

Augenblicken gab ich auf, und ich ließ mich total erschöpft ins Bett fallen.

Den nächsten Sieg feierte ich in der dritten Woche nach dem Unfall. Ich konnte allein auf den Topf! Eine unglaubliche Quälerei, aber mit meinen kräftigen Oberarmen hob ich mich in den Rollstuhl und schaffte die paar Meter bis zum Badezimmer und dann zum Klo. Ohne fremde Hilfe! Mein operiertes Bein stand weg und Gudrun schob den Infusionsständer daneben. Die Szene war eigentlich filmreif. Als ich mich auf die Klomuschel setzte, dachte ich: „Mir reißt's den Hintern weg und ich fahr an die Decke!" Durch die Hämatome waren die Backen dermaßen angespannt, dass ich mich nicht einmal mit dem Klopapier ordentlich sauber machen konnte. Ich wollte aufschreien, biss aber die Zähne zusammen. „Geht's?", rief die Krankenschwester herein. „Ja, eh super", log ich. Die Blöße wollte ich mir nicht geben! Total durchnässt rollte ich wieder heraus und hielt völlig geschafft inne. Eine Wahnsinnsleistung!

Es war aber alles andere als lustig. Die Schmerzen ließen mich nicht einmal klar denken. So gesehen ist es kein Wunder, dass ich die Leute in meiner Umgebung meist angrantelte, was mir im Nachhinein natürlich Leid tut. Artur war der Einzige, der mich richtig zu nehmen wusste. Er sah an meiner Körpersprache, wann er mich besser nicht anreden sollte. Die wenigen Momente, in denen ich gut drauf war, nützte er für belanglose Plaudereien, die mir gut taten. So erzählte er mir über seine Wochenend-Spaziergänge am Salzburger Untersberg oder über seine Segeltörns, die er wegen mir zu Halbtagsausflügen umfunktionieren musste.

Ständig führte ich mir vor Augen: Ich komme hier raus, ich werde wieder alles tun können, was normale Menschen tun, auch wenn's vorerst nur einbeinig ist! Ich kam mir schon meisterlich vor, wie ich mit den Krücken auf einem Bein durchs Zimmer humpelte. Wie aus heiterem Himmel gab's auch hier eine böse Überraschung: Plötzlich versagte das linke, scheinbar gesunde Bein. Ein Riesenglück, dass Heini gerade im Raum war. Er reagierte blitzschnell, um meinen Sturz zumindest zu bremsen. Ich schrie vor Schmerz: „Wahnsinn, jetzt hab' ich mir auch noch das Kreuzband abgerissen!“ Auch Heini brüllte auf: „Meine Achillessehne!“ Die war nämlich erst wenige Wochen davor operiert worden. Die Nerven-Aussetzter im linken Oberschenkel sollten mich noch lange belasten!

Sonntag, 9. September 2001. Nach 10 Tagen Normalstation war ich knapp davor durchzudrehen. Mich quälten schlimmste Albträume. Immer wieder schreckte ich in der Nacht auf. Um vier Uhr früh war's dann endgültig vorbei mit dem Schlaf. Schweißgebadet kramte ich mein Handy unterm Bett hervor und wählte die Nummer meines Trainers.

„Heini, ich halt's nicht mehr aus, ich pack' es nimmer!“

Heini, völlig verschlafen: „Was ist denn los?“

„Die Schmerzen! Ich kann nicht mehr liegen. Meine Kraft – alles ist weg. Das wird nie wieder!“

„Hermann, beruhig' dich und versuch', dich zu entspannen. Ich bin sofort bei dir!“

45 Minuten später saß mein väterlicher Betreuer an meinem Bett und sprach mir Mut zu. „Ab jetzt muss jemand bei dir übernachten. Gudrun, deine Mutter oder ich.“ Die Entscheidung fiel mir nicht schwer.

Kurz, nachdem es hell geworden war, tauchte Gudrun mit Sack und Pack auf und zog in meiner Krankenhaus-Suite ein. Tagelang setzte sie keinen Fuß ins Freie. Für diese selbstlose Tat bin ich ihr heute noch dankbar. Von nun an ging es bergauf. Wenn ich Gefahr lief, wieder in tiefe Depressionen zu verfallen, war jemand da, der mich auffing. Auch meine Mutter war bemüht, mir die Krankenhaus-Zeit so angenehm wie möglich zu gestalten – sie brachte an diesem Sonntagnachmittag frische Blumen, einen Gugelhupf und Kaffee in der Thermoskanne. Mit dem Kaffeeduft, den gewohnten Stimmen meiner Familie und Pongauer Musi' aus dem CD-Player fühlte ich mich tatsächlich fast wie daheim. Am Abend, als ich wieder mit Gudrun allein war, wurde mir allerdings bewusst, wie schlecht ich in Wahrheit beisammen war.

Mein Körper schien sich einfach gegen alles zu wehren. Beim Schwitzen biss es überall, das Abtrocknen schmerzte. Durch die Medikamente war mein Rücken mit Pickeln übersät. Und jede Nacht wurde weiterhin zu einem kleinen Horror-Trip, ja, ich fürchtete mich schon jedes Mal, wenn es dunkel wurde. Nur die Tipidolor-Spritze, die mir Abend für Abend eine korpulente Krankenschwester in den Bauch jagte, versprach einige ruhige Stunden.

Wenn es das Vormittagsprogramm zuließ, begann ich, immer größere Runden zu drehen. Oder ich verlegte meine Gehübungen auf Mitternacht, wenn mich keiner sehen konnte. Da humpelte ich mit meinen Krücken so weit ich konnte den Gang entlang. Nach jedem dieser Ausflüge kam ich völlig am Ende bei meinem Bett an. Ich kann mich nicht erinnern, dass mir jemals ein Training so viel abverlangt hätte. Aber ich machte weiter – bis zur totalen Erschöpfung. Jedes Mal, wenn ich mein verletztes Bein belastete, durchfuhr mich der Schmerz, dazu kam die enorme Belastung für meinen Körper. Mein Hämatokritwert war ja noch immer im Keller. Ich teilte mir den Weg in Etappen ein. Die erste war vom Bett zur Zimmertür, wo ich mich an der Türschnalle festhielt und ausrastete. Dann ging's den Gang entlang bis zu einer Sitzgruppe nach etwa 20 Metern. Dort setzte ich mich und schnaufte durch. Es kam mir vor wie bei einer Serienpause während intensiver Trainingseinheiten. Schweißgebadet saß ich da und alles tat verdammt weh, das Transplantat dick angeschwollen. Wieder fragte ich mich lange Zeit später, was mich zu derart verrückten Aktionen getrieben hatte. Es war der Ehrgeiz, die Besessenheit, wieder normal gehen zu können. Das war mir damals wichtiger als alles andere.

Allerdings wollte ich einfach zu viel. Ich ging immer wieder an mein absolutes Schmerzlimit. Unglaublich, welche Belastung mein genageltes Schienbein und mein noch nicht annähernd zusammengewachsenes Wadenbein so kurz nach der Operation aushalten mussten. Jetzt, als klar denkender Mensch, wird mir erst bewusst, welch enormes Risiko ich eigentlich auf mich genommen hatte. Erschwerend kam dazu, dass die nervale Versorgung meines linken Beines noch immer nicht funktionierte. So war der nächste Zwischenfall bei einem meiner Ausflüge praktisch programmiert: Wieder gab das vermeintlich gesunde Bein nach, eine Krücke rutschte weg und ich lag abermals am Boden.

Von da an bestand Physiotherapeut Vinzent darauf, mich bei meinen längeren Gehversuchen zu begleiten. Das funktionierte bald so gut, dass ich übermütig wurde und damit begann, eine Krücke beim Bett zu lassen. Ich reizte jedes Limit aus. Heini war selbst das zu wenig. Er wollte mich unbedingt auf das Radergometer setzen. Weil er aber bei der ersten Andeutung bei den Ärzten nur böse und entsetzte Blicke erntete, ließ er ein „Kompromiss-Ergometer" ins UKH transportieren: Eines, auf dem man auf einem breiten Sitz mit Lehne halb liegend in die Pedale tritt. Heini sah irgendwann doch ein, dass das keine gute Idee war, und ließ das Sitzergometer abtransportieren.

11. September 2001. Inzwischen nervte mich so gut wie alles im Krankenhaus. Ich begann die Stunden bis zu meiner möglichen Entlassung zu zählen. Obwohl ich eigentlich keinen Grund hatte, mich übers Essen zu beklagen, war jede Mahlzeit eine Tortur für mich. Bis zu den Nachmittags-Trainingseinheiten blieben mir zwei Stunden zum Ausrasten. Da ich nicht schlafen konnte, lenkte ich mich meist mit

Fernsehen ab. Beim Durch-die-Programme-Zappen blieb ich bei den CNN-Bildern aus New York hängen. Es rauchte aus einem der beiden Twin Towers und ich dachte: „Aha, ein Flugzeug-Unglück." Inzwischen war Vinzent eingetroffen und wollte mit der Physiotherapie beginnen. Gemeinsam versuchten wir abzuchecken, was da im TV abging, als ein weiteres Flugzeug über den Wolkenkratzern auftauchte. Ich war schon öfters über New York geflogen, deshalb wunderte ich mich und sagte zu Vinzent: „Komisch, dass die so tief fliegen." Da schwenkte die Maschine nach links und krachte in den zweiten Turm. Fürchterlich!

Wir konnten es beide nicht fassen. Das Training wurde an diesem Tag Nebensache. Ich war wie paralysiert und schaltete von einem Kanal auf den nächsten. Die schrecklichen Bilder mit den verzweifelten Leuten, die aus den Gebäuden in den Tod sprangen, verfolgten mich bis in den Schlaf. Ich sah, dass es viele Menschen gab, die viel mehr Hilfe benötigten als ich, und dachte: „Wie muss es wohl den Angehörigen gehen?" In diesem Moment kamen mir meine Probleme fast lächerlich vor, wie unwichtig war doch mein Motorrad-Unfall dagegen?

Mittwoch, 12. September 2001. Noch vor dem Frühstück tauchte Artur in seinem weißen Kittel in meinem Zimmer auf und machte mir Hoffnung: „Hermann, hättest du was dagegen, das nächste Wochenende daheim zu verbringen?" Als ich das hörte, fühlte ich mich einen Augenblick lang fast gesund. Am selben Abend ging die Pressemeldung hinaus: „Bei anhaltenden Genesungsfortschritten wird Hermann Maier am Wochenende entlassen." Ich wurde fast übermütig. Zu später Stunde erschien eine Freundin und kramte „heiße Ware" aus ihrer Tasche: 2 Flaschen Bier, die wir uns während des Champions-League-Matches Feyenoord Rotterdam gegen Bayern München reinzogen. Alkohol im Krankenhaus ist zwar streng verboten. Aber ich dachte: Bei all dem Gift, das sie in den vergangenen Wochen in meinen Körper gepumpt haben, wird's mir schon nicht schaden ...

Donnerstag, 13. September 2001. Der Countdown für meine Entlassung lief. Abschluss-Untersuchungen, Röntgen, Ultraschall, Blutbilder, Bewegungstests von Sprunggelenk, Knie und Hüfte. Zum Schluss ließen mich die Ärzte noch einmal mit den Krücken gehen und kontrollierten, ob mein Gang zumindest halbwegs sauber war. Ich bekam Anweisungen für zu Hause und für meine weiteren Reha-Schritte. Da mein Hämoglobin-Wert noch immer unter zehn und damit weit unter der Norm lag, kam es nicht in Frage, dass ich meine Rehabilitation wie zuerst geplant im ÖSV-Olympiastützpunkt Obertauern fortsetzte. Die Höhenlage von knapp 1800 Metern hätte mir meine letzten Reserven geraubt. Außerdem benötigte ich nach wie vor das medizinische Umfeld einer bestens ausgerüsteten Klinik. So war auch ich davon überzeugt, dass es das Beste wäre, mich noch zumindest für zwei Wochen in der Aufmesser-Klinik in Radstadt zu stationieren. Allerdings mit der Option, an den Wochenenden daheim im nur wenige Kilometer entfernten Flachau zu übernachten.

Ich musste also vom UKH nach Radstadt gebracht werden. Jeder der folgenden Schritte wurde generalstabsmäßig geplant. Abschlussfoto. Presse-Konferenz oder Smalltalk mit den Journalisten? Rollstuhl oder Krücken? Rettung oder Privat-Auto? Wenn eines für mich feststand, dann das: Ich werde dieses Gebäude auf zwei Beinen verlassen und ganz sicher nicht in einem Krankenwagen!

Zum Abschluss spazierte ich mit UKH-Chef Karlbauer und der Physiotherapeutin auf die neue Terrasse des Krankenhauses – der Primar drückte den Aufzug-Rufknopf, aber ich bestand darauf, über die Stiege zu gehen. Damit wollte ich allen demonstrieren, wie gesund ich bereits war. Oben angekommen war ich überwältigt von dem sensationellen Ausblick. Mein erster Blick fiel aber auf den Hubschrauber-Landeplatz, auf dem ich vor 19 Tagen gelandet war. „Mein Fuß ist dran", dachte ich zufrieden. „In der kurzen Zeit ist eigentlich ordentlich was weitergegangen."

Nach wochenlangem Regen hatten sich die Wolken endlich verzogen, die Salzburger Festung schien zum Greifen nahe. Die Sonne ließ sie in hellem Licht erstrahlen. Dann bewunderte ich den neu gestalteten Krankenhauskomplex und ließ mir alles erklären. „Da kommt die Intensivstation rein", meinte Karlbauer, und ich dachte: „Gott sei Dank hab' ich das jetzt schon überstanden. Das wird mir ja hoffentlich nicht wieder so schnell blühen." Ich atmete tief ein. Die Frischluft ließ mich aufleben. Ich hatte sogar Visionen: „Ja, jetzt geht's dann raus! Wenn die Tage weiterhin so schön sind, dann wird bei mir was weitergehen!" Nur, dass dann alles ganz anders kommen würde, hätte ich mir damals wirklich nicht träumen lassen. Die schlimmsten Tage seit dem Unfall sollten erst kommen …

Zwischen Hoffnung und Depression

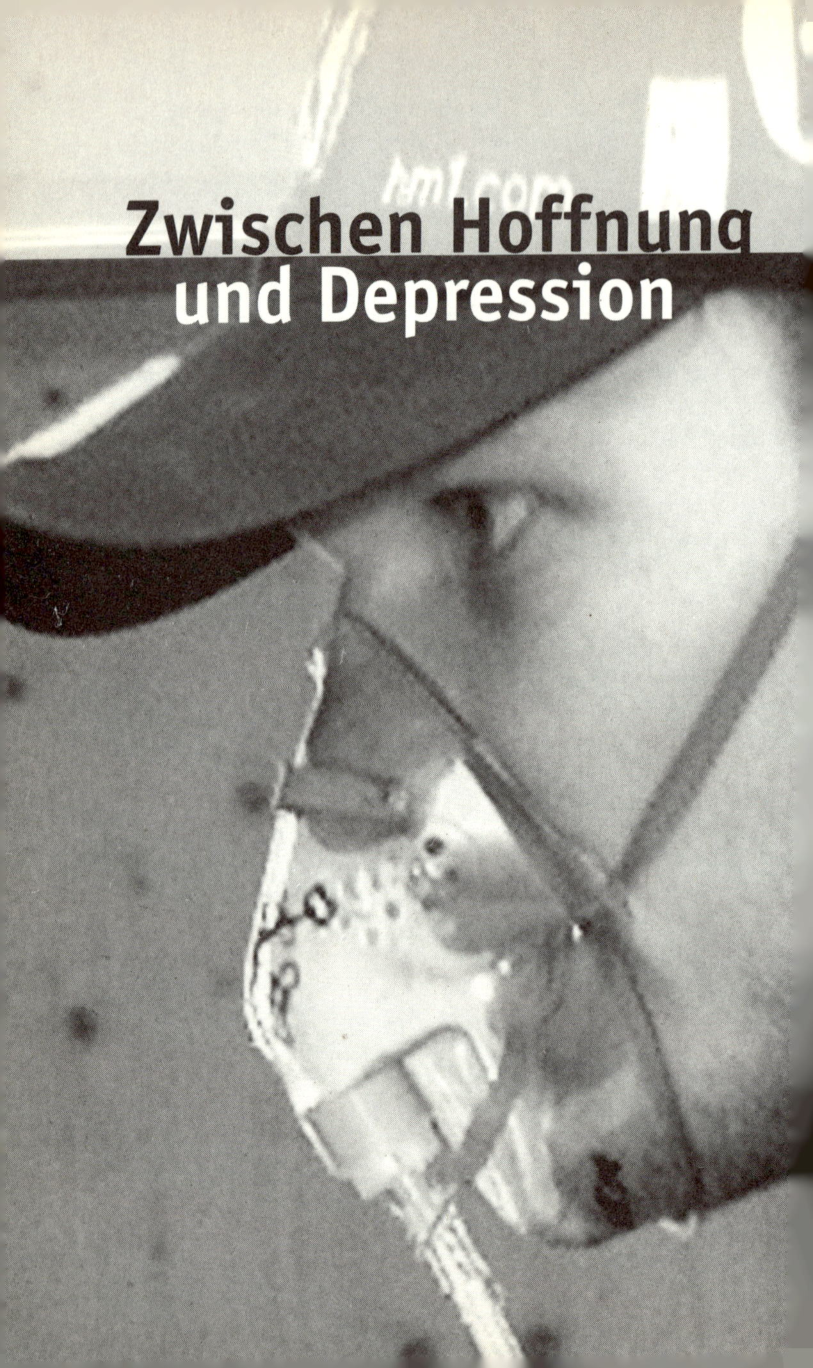

Freitag, 14. September 2001. Ich bereitete mich vor wie auf ein Rennen. Schon am Vorabend legte ich mir die Ausrüstung zurecht: meine graue, ausgelatschte Lieblingsjogginghose, den graugrünen Sweater mit den ÖSV-Sponsor-Aufnähern, die dunkelblaue Kappe mit dem Raiffeisen-Logo und meine silbernen, extra großen Adidas-Turnschuhe. Das restliche Zeug hatten Gudrun und meine Mutter bereits abtransportiert, Heini hatte das Handkurbel-Ergometer abmontieren und nach Radstadt verfrachten lassen. Das bescherte mir immerhin einen trainingsfreien Abend.

Die letzte Nacht im Unfallkrankenhaus war kurz. Ich war aufgeregt wie ein Häftling vor der Entlassung. Ich freute mich, konnte mir allerdings die Freiheit, die mir bevorstand, gar nicht richtig vorstellen. Dazu waren zu viele Fragen offen. Werde ich je wieder in mein altes Leben zurückfinden? Wird mein Fuß irgendwann einmal wieder in einen Skischuh passen? Werde ich mein Geld jemals wieder mit Skifahren verdienen? Und: Die Olympischen Spiele, die in viereinhalb Monaten in Salt Lake City über die Bühne gingen, schienen für meine medizinischen Betreuer ein ernsthaftes Thema zu sein. Sollte dieses Wunder wirklich zumindest theoretisch möglich sein?

Bei meiner Abschiedstour war ich richtig gerührt. Unglaublich, wie ich mich an den Krankenhaus-Alltag gewöhnt hatte. Mit einem seltsamen Gefühl in der Magengegend erledigte ich den letzten Papierkram, posierte mit jedem, der wollte, für Erinnerungsfotos, schrieb jede Menge Autogramme mit persönlichen Widmungen fürs Pflegepersonal, deren Enkelkinder, Nichten und Neffen. Dann humpelte ich noch schnell auf einen Abschiedskaffee und für die Schlussbesprechung ins Chefzimmer. Alles ging überraschend reibungsfrei über die Bühne. So schnell, dass ich, wie sonst nur ganz selten in meinem Leben, zu früh dran war.

Draußen goss es wieder einmal in Strömen. Vor dem UKH hatte sich eine Reporter-Traube gebildet und wartete unterm Vordach beim Portier. Nur die ORF-Leute fehlten noch. Die hatte ich mit meiner Überpünktlichkeit überrumpelt, zu allem Überdruss steckten sie im Salzburger Freitag-Mittag-Verkehr. Per Telefon flehten sie uns an, noch ein paar Minuten zu warten, damit sie den Augenblick der Entlassung auch wirklich authentisch in den Kasten bekämen. Ich kenne ja selbst das Gefühl, zu spät zu sein, und so machte ich ihnen die Freude.

Als dann endlich die Aufzugstür aufging, wurde ich von einem Blitzlicht-Gewitter überrascht. Ich biss die Zähne zusammen und spazierte mit meinen Krücken ins Freie, als wär's das Normalste auf der Welt. Statt der üblichen Pressekonferenz gab es ein Frage-Antwort-Spiel im Stehen. Drei Wochen hatten wir die Reporter auf Informationsdiät gesetzt und mit Ausnahme des TV-Interviews am Krankenbett mit offiziellen Pressemeldungen abgespeist. Endlich durften sie mir persönlich Fragen stellen. Noch nie habe ich eine derart hungrige Journalisten-Meute erlebt. Der ORF-Reporter hielt mir das Mikro unter die Nase und legte los: *Hermann, man hört und liest so viel. Wie geht es Ihnen wirklich?*

Ich nahm mich zusammen und versuchte völlig entspannt zu wirken: „Mir geht's eigentlich sehr, sehr gut, wenn ich an das erste Interview zurückdenke. Eigentlich optimal." Keiner ahnte, welche Höllenschmerzen ich in diesen Minuten wirklich durchstehen musste. Aber damit wollte ich keinen belästigen. Jammern, nein, das kam nicht in Frage! Mein Blick war nach vorne gerichtet. Ich versuchte Optimismus

SAMSTAG, 15. SEPTEMBER 2001 SPORT KURIER 27

„Das Wichtigste ist jetzt die Lebensqualität“

Hermann Maier wurde drei Wochen nach seinem schweren Unfall aus dem Krankenhaus entlassen

VON BERNHARD HANISCH

Die von Kamera-Linsen ins Visier genommene Aufzugstür öffnete sich und heraustrat Hermann Maier. Auf Krücken, zuversichtlich grinsend, viel gesünder die Gesichtsfarbe. Die positive Verwandlung seit seinem ersten TV-Interview vor ein paar Tagen. Drei Wochen nachdem er sich bei einem Motorrad-Unfall einen offenen Bruch des rechten Unterschenkels zugezogen hatte, verließ der Skistar gestern um 13.30 Uhr das Unfallkrankenhaus Salzburg.

„Das ist wie Freiheit. Das Krankenhaus war eine sehr gute Herberge, aber ein Tapetenwechsel wird gut tun“, sagte er und bedankte sich noch einmal artig bei Rettern, Pfleger, Krankenschwestern und Ärzten.

NACHDENKLICH Ja, es hätte sich alles relativiert in diesen Tagen. „Die schrecklichen Dinge in den USA machen nachdenklich, da vergisst' den Fuß“, so Maier. Er denke noch gar nicht an den Sport, „wichtig ist, in der Lebensqualität Fortschritte zu machen“. Die Situation vor ein paar Tagen sei eine ganz andere gewesen. „Die veränderte Situation hat mir fürs ganze Leben viel gebracht. Jetzt weiß ich, dass mein Körper ...

Maier will sich nun behutsam zuerst der Rehabilitation, dann dem Aufbautraining widmen. „Das Problem ist der neue Hautlappen auf dem rechten Bein. Das darf ich nicht überbelasten, sonst fängt die ganze Prozedur wieder von vorne an.“ Sprachs, winkte noch einmal freundlich und zwängte sich ins wartende Auto.

REHABILITATION Maiers direkter Weg von der Pforte des UKH Salzburg führte ihn direkt in die Phase der klassischen Rehabilitation in das Sanatorium des Dr. Aufmesser nach Radstadt. In der 20 Betten-Klinik wurden bereits zwei Zimmer für ihn vorbereitet: Eines als Ruheraum mit Blick auf das Bergpanorama, ein weiteres eingerichtet mit Ergometern, Massagetisch und Turngeräten für die Trainingstherapie.

Diese liegt ab jetzt in der Hauptverantwortung von Dr. Johannes Zeibig vom Olympiastützpunkt Obertauern. „Die wildesten Wochen sind vorbei. Jetzt ist die richtige Dosis gefragt, eine Entzündung muss vermieden werden“, so der Mediziner. Alles würde darum in genauer Absprache mit Dr. Christoph Papp geschehen. Der plastische Chirurg hatte noch am Tag des Unfalls die komplizierte Verpflanzung des Hautlappens vom Oberarm ... rechten Unterschen...

...len sorgt weiterhin im Trockenen oder im Wasser für regelmäßige Bewegung der Gelenke, Heini Bergmüller gibt den Takt für das langsame Aufbautraining auf dem Ergometer an, und Herminators Masseurin kümmert sich um Fußzonenreflexe und Lymphdrainagen. Die Wundheilung soll durch die „Wundersalbe“ aus dem Beinwell-Kraut vorangetrieben werden. Schon Willi Dungl verzeichnete gute Erfolge bei der Behandlung des Ohrs von Niki Lauda.

Langsam aber sicher werden die durch schwere Prellungen verursachten Schmerzen im Beckenbereich weniger. Zeibig: „Er findet wieder erholsamen Schlaf. Wichtig, denn der Übungsumfang ist von einem stabilen Kreislauf abhängig.“

ÜBERSIEDLUNG Nach dem Aufenthalt in Radstadt folgt die Übersiedlung nach Obertauern. Mit einer viermonatigen Rehaphase ab dem Unfalltag sei aber insgesamt zu rechnen. „Wenn alles gut geht, kann der Hermann noch in diesem Winter das Skifahren ins Auge fassen“, meint Zeibig, der Leistungsdiagnostiker und Mentalbetreuer. Wie weit dies in rennmäßiger Form geschehe, sei aber noch offen.

Faksimile: *Kurier*, 15. 9. 2001

auszustrahlen. Schließlich sollten sich meine Konkurrenten nicht zu früh die Hände reiben. In den vergangenen drei Wochen hatten sie sich sowieso mit Kommentaren und Besuchen vornehm zurückgehalten. Jetzt war ich wieder auf den Beinen und wollte mit meinen rasanten Schritten Richtung Comeback zeigen, dass ich auf Mitleidsbesuche ohnehin gut verzichten konnte.

Mit einem letzten sentimentalen Blick zurück bedankte ich mich bei meinen Rettern: „Es hat alles sehr, sehr gut funktioniert. Die Heilung ging so schnell voran, dass wir im Zeitplan sogar um einiges voraus sind.“ Und dann log ich: „An den Sport denke ich im Moment überhaupt nicht, das wär' zu weit entfernt.“ Okay, in den nächsten Wochen gab's ja wirklich noch andere Prioritäten: „Hauptsache ist jetzt, dass ich wieder normal gehen kann, dass meine Schmerzen endlich nachlassen und dass ich bald überhaupt keine Schmerzmittel mehr brauche.“

Was ist das jetzt für ein Gefühl, wieder ins Freie zu dürfen?, wollte der Reporter wissen.

„Ja, ich muss sagen, ich hatte hier eine gute Herberge, alle haben sich sehr, sehr bemüht. Aber ein Tapetenwechsel ist jetzt das Beste, was mir passieren kann. Sogar der Regen macht mir nix aus, ich kann ihn richtig genießen."

Ein paar Worte zum Bein? Wie groß sind die Schmerzen noch?

Ich biss mir auf die Lippen – so stark, dass es mir, als ich später mein Interview im Fernsehen sah, richtig auffiel: „Sie halten sich eigentlich in Grenzen. Die Achillessehne schmerzt noch ein wenig, da sie im Moment nicht so gut durchblutet ist. Aber die Physiotherapeuten an Ort und Stelle und vom Olympiastützpunkt Obertauern haben sehr gut weitergearbeitet, und es ist wirklich viel weitergegangen – allein von gestern auf heute. Wenn es so dahingeht, dann kann ich vielleicht sogar die Krücken bald wegtun."

Man hört, der Hermann ist motivationsmäßig schon wieder der Alte. Wie weit ist er noch davon entfernt?

„Ja, jetzt geht's einmal darum, dass ich Fortschritte in der Lebensqualität mach'."

Was hat sich seit dem ersten TV-Interview vor zwei Wochen verändert?

„Sehr viel. Das Selbstbewusstsein, das auch damals schon da war, ist noch viel mehr zurückgekommen."

Wem haben Sie außer sich selbst Ihre Heilung zu verdanken?

Das war die Chance, mich noch einmal in aller Form bei allen zu bedanken. Ich versuchte alle zu erwähnen: die Aufmessers und die Retter, die mich aus dem Straßengraben geholt hatten, das Helikopter-Team, Artur Trost, UKH-Primar Karlbauer, Prof. Papp, den plastischen Chirurgen, Barbara Neureiter, die Physiotherapeutin, und natürlich meine täglichen Begleiter vom Olympiastützpunkt. „Das Wichtigste war, dass alle so super zusammengearbeitet haben und dass keiner egoistisch war und alle auf den Patienten geschaut haben. Dem Herrn Primar und seinem Team gebührt großer Respekt!" Damit war das Thema Krankenhaus für mich abgeschlossen. Dann wollten sie noch wissen, wie ich den Unfall verarbeitet hätte. Da konnte ich mir ein verschmitztes Lächeln nicht verkneifen: „Ich werde sicher wieder so schnell wie möglich auf das Motorradl steigen, das lass' ich mir nicht entgehen!"

Geduldig ließ ich noch einige Fragen der restlichen Reporter über mich ergehen. Bis Andy Evers, der mich und meine Körpersprache sehr gut kennt, merkte, dass es mir langsam zu viel wurde. Er bahnte sich mit dem ÖSV-BMW den Weg durch die Menge und ich hob mich etwas umständlich, aber mit aller Vorsicht auf den Beifahrersitz. Abgeschirmt von drei weiteren Autos verschwanden wir in der Regengischt.

Ich kann nicht sagen, dass ich die wieder gewonnene Freiheit auf vier Rädern genoss. Vor den Journalisten hatte ich geblufft, um so überzeugend wie möglich zu wirken. Doch im Auto musste ich keinem etwas vorspielen. Die Schmerzen waren so arg, dass ich auf die Zähne biss und jede Konversation im Keim erstickte. Das Sitzen war ein Horror und ich wusste nicht, wohin mit meinem rechten Bein. Schon nach wenigen Kilometern mussten wir einen Zwischenstopp einlegen. Auf dem Parkplatz des Point-Hotels in Anif stieg ich in einen Minivan um. Wenigstens konnte ich mich nach dem Autotausch auf der Hinterbank ausstrecken und den demolierten Unterschenkel entlasten. Dafür fing mein Hintern an zu schmerzen.

So schön es war, Richtung Heimat zu rollen, so unerträglich wurden die körperlichen Qualen. Ich veränderte ständig meine Sitzposition, fand aber keine befriedigende Lage. Da ich den rechten Fuß immer hoch lagern musste, rann mein Blut nach unten und ich hatte das Gefühl, mein Hintern würde platzen. Ich wusste nicht mehr, wohin ich mich legen sollte, und bekam Schweißausbrüche. Es war mir, als hätte ich Platzangst. Ich fühlte mich wie ein im Auto vergessener, von der Sonne gegrillter Hund.

Nach 40 Minuten kamen wir an der Unfallstelle in Radstadt vorbei. Dort waren die Spuren der tragischen Ereignisse vor drei Wochen nicht zu übersehen. Die vielen orangefarbenen Striche auf der Straße, dazu die Bilder in meinem Kopf – es war schon ein eigenes Gefühl. Mir fiel auf, dass sich um meine Unfallstelle ein regelrechter Trampelpfad gebildet hatte. Wie bei einer Pilgerstätte. Nicht nur österreichische Fans sollen gekommen sein. Meine Mutter erzählte mir von einem Franzosen-Pärchen, das sein Auto am Straßenrand abstellte, in den Graben kam und weinte. Ja, und der alte Mann, der gleich hinter dem Graben wohnt und nach dem Unfall als Erster bei mir war, wurde auch immer wieder gesehen, wie er mit dem Kopf nach unten gebeugt in der Wiese herumstapfte. Wahrscheinlich suchte er den Knochensplitter, der bis heute in meinem Schienbein fehlt. Ein Bekannter aus Flachau fand meine Uhr – zurückbekommen habe ich sie bis heute nicht.

An ein Reha-Training im ÖSV-Olympiastützpunkt Obertauern war in meinem Zustand nicht zu denken. Mein Hämoglobin-Wert war auch drei Wochen nach dem Unfall noch immer im Keller. Da halfen die Ausdauer-Einheiten, die ich seit mittlerweile zwei Wochen in meinen Tagesablauf eingebaut hatte, scheinbar herzlich wenig. Obwohl mich Heini ständig vom Gegenteil zu überzeugen versuchte, hatte ich das Gefühl, dass mir das Training die letzte Energie aus dem Körper saugen würde. Unglaublich, wie anstrengend das Gehen auf Krücken war. Jeder kurze Weg, jeder Gang zur Toilette, löste Schweißausbrüche aus. Und das unten in Radstadt. In der Höhenlage von Obertauern, in der die körperliche Leistungsfähigkeit aufgrund des geringeren Sauerstoffgehalts in der Luft um 15 bis 20 Prozent sinkt, wäre ich vermutlich bereits im Leerlauf vom Ergometer gekippt. Als mir Alex, der vom Training aus Obertauern herunterkam, erzählte, dass die ersten Autos am Tauernpass im Schnee stecken geblieben waren, hatte ich ein Gefühl der Wehmut. Ich freue mich noch immer wie ein kleiner Junge, wenn daheim der erste Schnee fällt. Wenn ich sehe, dass die Bergspitzen angezuckert sind, marschiere ich in die höheren Regionen, um einen Waldspaziergang im Schnee zu genießen. Davon war ich jetzt allerdings so weit entfernt wie Neuseeland von Österreich.

Den ersten Schritt ins normale Leben tat ich in der Klinik in Radstadt. Das Privatkrankenhaus, das der mit mir befreundeten Familie Aufmesser gehört, wurde für zwei Wochen in ein Hermann-Maier-Trainings- und Reha-Zentrum umfunktioniert. Ich besetzte fast ein komplettes Stockwerk. Drei Zimmer wurden aufwändig eingerichtet und ausgestattet: eines zum Wohnen, eines mit Matten, Medizin- und Gymnastikbällen fürs Physio-Training; der größte Raum wurde in eine kleine Folterkammer verwandelt. Mein Technogym-Zimmerfahrrad aus Obertauern, das von mir so gehasste Sitzergometer, das inzwischen berühmt gewordene gelbe Handkurbelergometer-Gerüst und einige leichte Gewichte ließen mich dennoch nie vergessen, dass ich mich eigentlich in einem Krankenhaus befand.

Am ersten Tag in Radstadt wurde ich noch geschont und verwöhnt. Barbara Aufmesser versuchte mich mit kulinarischen Genüssen bei Laune zu halten: Zur Begrüßung servierte sie einen Zwetschkenfleck, auf meinem Nachtkästchen standen frische Weintrauben und ich durfte zwischen zwei Menüvorschlägen gustieren. So gut das Essen auch war, der richtige Appetit kam noch immer nicht.

Die erste Nacht nach der Entlassung wollte ich unbedingt in Freiheit verbringen. Nach 21 unfreiwilligen Nächten auswärts bekam ich ein Wochenende „Heimaturlaub".

Als mich Andreas nach Hause führte, hatte ich dann noch diese unglaubliche, ja fast schicksalhafte Begegnung. Wir passierten gerade die Unfallstelle, da bog unmittelbar vor uns ein Auto vorschriftswidrig nach links ab – an der Stelle, an der mich der rote Mercedes abgeschossen hatte. Ein bizarres Déjà-vu-Erlebnis, als wollte mir das Schicksal etwas sagen. Wir sahen uns beide an, stammelten so etwas wie „Wahnsinn!" und „Das gibt's ja nicht!" und schwiegen. Jeder dachte sich seinen Teil. Obwohl ich an dieser Kreuzung mindestens zweimal täglich vorbeikomme, konnte ich so etwas bis heute nie wieder beobachten.

Daheim blühte mir der nächste Horror. Eigentlich hatte ich mich seit Tagen nach nichts mehr gesehnt, als mich in meine eigene Daunentuchent zu kuscheln und halbwegs schmerzfrei einzuschlafen. In meinem neuen Bett, das ich nach meiner Ankunft aus Chile gegen das Wasserbett getauscht hatte. Wenn ich von Oktober bis März im Weltcup unterwegs bin, schlafe ich auf normalen Hotel-Matratzen, und das nicht so schlecht. Also beschloss ich, auch daheim wieder auf Altbewährtes zurückzugreifen. Oft funktionieren die einfachsten Dinge am besten. Und am Tag, nachdem ich mein neues Bett eingeweiht hatte, passierte der Unfall. Ich freute mich also, endlich wieder darin schlafen zu dürfen. Gudrun hatte alles liebevoll hergerichtet um mir meine Heimkehr so angenehm wie möglich zu gestalten.

Kaum war ich im Schlafzimmer, fing es an. Dieser seltsame Geruch nach neuen Matratzen – ich fühlte mich überhaupt nicht wohl. Da war's im Krankenhaus ja fast noch gemütlicher. Und die Luft, so kam es mir jedenfalls vor, war voll von diesen Textilfasern. Plötzlich biss es mich am ganzen Körper. Ich kratzte mich, rieb mit dem Handtuch hin und her, peitschte mich fast aus, nur um dieses Juckgefühl loszuwerden. Gut zwanzig Minuten unterzog ich mich dieser Prozedur. Es war zum Aus-der-Haut-Fahren, und das im wahrsten Sinne des Wortes. Ich plärrte Gudrun an: „Was ist da los, was hast du mit der Bettwäsche gemacht? Was sollen die Fusseln überall in der Luft?“ Erst später wurde mir bewusst, was los war: Die aggressiven Chemikalien, mit denen mein Körper voll gepumpt war, hatten eine Überreaktion ausgelöst. Ich schwitzte das pure Gift aus meinem Körper, der Schweiß klebte als aggressive Schicht an meiner Haut. Ich kannte diesen unangenehmen Juckreiz von früher, vom Bau, als wir mit Glaswolle hantiert hatten. Ich war verzweifelt. Waschen funktionierte nicht richtig, weil ich aufpassen musste, dass kein Wasser in die Wunde kam. Und alles war höchst aufwändig, denn ich konnte mich nicht einfach so unter die Dusche stellen. Auch Gudrun war ratlos. Sie hatte es damals wirklich nicht leicht mit mir. Ich fühlte mich hilflos und war ständig grantig und auf Konfrontationskurs. Dabei konnte meine Freundin am allerwenigsten dafür, dass ich mir vom Nachhausekommen mehr erwartet hatte.

Ja, ich hatte in der Illusion gelebt, dass ich nur aus dem Unfallkrankenhaus hinausspazieren müsse und alles würde gut werden. Dabei war das Gegenteil der Fall. Die Probleme gingen erst richtig los. Am schlimmsten waren diese Nächte. Wenn es dunkel wurde, kroch Panik in mir hoch. Ich schwitzte einen Bettbezug nach dem anderen durch. Immer, wenn ich völlig durchnässt aufwachte, riss ich den nassen Überzug runter und schrie in meiner Verzweiflung. Kaum war mein Bett wieder frisch bezogen, folgte die nächste Schweiß-Attacke. Dann das mühsame Liegen. Weil ich noch immer panische Angst davor hatte, dass das Transplantat abgestoßen werden könnte, wollte ich es vermeiden, den rechten Fuß zu bewegen. Ein aussichtsloser Kampf! Doch irgendwann war's mir dann egal: Ich legte mir den Polster notdürftig zurecht und wollte nur noch schlafen! Dann fielen mir auch die Augen zu. Aber nur für kurze Zeit – bis mich die Schmerzen wieder einholten.

So wurde ich zum Junkie: Ich hielt es nicht mehr aus und schoss mir selbst die Tipidolor-Spritze durch die Bauchdecke! Weil ich mir vor Langstrecken-Flügen Trombose-Spritzen selbst setze, hatte ich da Erfahrung. Nur die Nadel war diesmal länger. Ohne Scherzmittel hielt ich es nachts keine drei Stunden aus. Im Krankenhaus bettelte ich öfters danach, doch mehr als zwei pro Nacht waren nicht erlaubt. Irgendwie überstand ich diese Stunden und auch den Samstag. Nachts folgte das grausame Wechselbad aus Schweißausbrüchen, Tipidolor-Spritzen und Verzweiflung.

Am Sonntag half mir der strahlende Sonnenschein, meine Schmerzen für kurze Zeit zu verdrängen. Gudrun führte mich zum Rossbrand, einem wunderschönen Spazierweg oberhalb von Radstadt, und obwohl ich mit meinen Krücken durch das Gelände humpelte, fühlte ich in der freien Natur ein Glücksgefühl aufkommen. Ich kämpfte mich Meter für Meter vorwärts, jeder Schritt war ein kleiner Sieg – auch wenn mich die Sonntagsspaziergänger überholten und Gudrun scherzte: „Wenigstens kannst mir jetzt nicht davonlaufen." Jedenfalls war ich völlig geschafft, als ich nach diesem Wochenende wieder in der Aufmesser-Klinik eincheckte. Für die nächsten beiden Wochen war mein Wunsch nach Heimurlaub damit gestillt.

Meine Betreuer hatten für die Zeit in Radstadt ein Rund-um-die-Uhr-Rehabilitations- und Trainingsprogramm zusammengestellt. Doch es lief nicht ganz so, wie sie sich's vorgestellt hatten. Das Sitz-Ergometer – ein Reinfall: Bei der ersten Pedal-Umdrehung schrie ich vor Schmerz auf. Mein Kniegelenk sperrte noch, so war es mir unmöglich, rund durchzutreten. Außerdem verursachten die Prellungen noch immer höllische Schmerzen im Sitzen. Also versuchte Heini auf sein Lieblingsgerät, das Handkurbel-Ergometer, auszuweichen. Doch das wurde mir langsam langweilig. Ich brannte darauf, endlich auf jenem Hochleistungsergometer, auf dem ich in Obertauern schon hunderte Stunden verbracht hatte, loszuradeln. Aber wieder nichts. Länger als zehn Minuten am Stück hielt ich mich mit meinem lädierten Hintern nicht im Sattel.

Das Einzige, das wirklich funktionierte, waren die freien Gehversuche mit Vinzent. Unter seinen Anleitungen und mit der Hilfe von Heini und „Doc" Zeibig hatte ich 25 Tage, nachdem ich fast mein Bein verloren hätte, die ersten Schritte ohne jede Hilfe geschafft! Damit war ich am Ziel meiner ersten Etappe: Ich konnte gehen. Zumindest irgendwie. Und sofort peilte ich das nächste Ziel an: Ja, ich dachte erstmals ganz konkret ans Skifahren. Und in meiner Euphorie hatte ich sogar das Unmögliche noch nicht ganz abgeschrieben: die Olympischen Spiele, die im Februar 2002 in den USA über die Bühne gingen.

Mittwoch, 19. September 2001. Im Kopf war ich also schon bereit, mit ernsthaftem Training zu beginnen. Doch mein Körper war noch weit davon entfernt. Und die Ärzte sorgten sich nach wie vor um mein Transplantat. Schon die nüchternen Zahlen holten mich schnell auf den Boden der Realität zurück. Auf jenem Hochleistungsheimtrainer, auf dem ich oben im Olympiastützpunkt normalerweise in der unteren Puls-Zone, dem so genannten KB-Bereich, mit 330 Watt Widerstand radelte, schaffte ich jetzt gerade mal 70 Watt – eine Katastrophe! Ich hatte das Gefühl, am Stand zu treten. Meine täglichen Übungen kamen mir vor wie das reinste Alibi-Training. Auf einmal ging mir alles viel zu langsam. Ich versuchte mir zwar immer wieder einzureden: „Du musst Schritt für Schritt weiterkommen: Erst einmal musst du gehen lernen, dann halbwegs normal Rad fahren, dann vielleicht irgendwann einmal laufen." Doch das Problem war die Zeit. Denn in Wahrheit dachte ich schon immer öfter an Olympia. Nur war das Thema für mich tabu. Da erwischte ein ORF-Mann genau diesen heiklen Punkt und sprach erstmals offen an, worüber ganz Österreich seit vier Wochen diskutierte: „Denken Sie heimlich an ein Wunder, bei Olympia teilnehmen zu können?" Ich geriet ins Stottern, suchte nach passenden Worten. „Man hört ja oft von medizinischen Wundern. Schau'n wir einmal ...", antwortete ich diplomatisch und versuchte Realist zu bleiben: „Meinen Rückstand in kürzester Zeit aufzuholen, ist ein biss'l unwahrscheinlich."

Nach dem schon fast unwirklichen Sommer-Höhenflug in Chile, wo alles spielerisch leicht funktioniert hatte, stand ich jetzt vor der größten Herausforderung meines Lebens. Beim Durchblättern der Kronen Zeitung war ich an einem Bericht hängen geblieben, der mich völlig fertig gemacht hatte. Er zeigte unseren Alpin-Direktor Hans Pum beim Inspizieren der Olympia-Quartiere in Salt Lake City. Vor dem Einschlafen zählte ich die Wochen, die mir bis zu diesem Großereignis blieben. Und damit war's ja nicht einmal getan. Denn qualifizieren hätte ich mich ja auch noch müssen. Obwohl in der Öffentlichkeit immer wieder der Ruf nach einer „Wild Card für Hermann Maier" laut wurde, war nicht daran zu denken, dass sie im stärksten Ski-Team der Welt ohne Top-Resultat einen Startplatz offen lassen würden. So tagte im ÖSV-Olympiastützpunkt Obertauern die Trainer-Elite Woche für Woche mit meinen Betreuern. Heini und Andreas informierten mich dann über die Ergebnisse und weihten mich in die Pläne ein. Meine einzige realistische Chance war ein Start beim Super-G in Garmisch. Auf jener Strecke, auf der ich 1997 meinen ersten Weltcup-Sieg gefeiert hatte, fanden am 26. und am 27. Jänner zwei Super-G-Rennen statt. Bis dahin blieben mir gerade mal vier Monate ...

Mit der Zeit begann ich mich bei den Aufmessers richtig wohl zu fühlen. Ich hatte schon fast das Gefühl, dass ich zur Familie gehörte. Und am Abend zog ich mir mit Harald bei einem gemütlichen Bier die Champions-League-Spiele rein. Manchmal gesellten sich „Doc“ Johnny Zeibig und Heini zu uns und packten Anekdoten aus ihren bewegten Leben aus. Das half mir, die Tiefs, die ich jeden Tag vor dem Einschlafen hatte, zumindest hinauszuzögern.

Das Training fiel trotzdem nicht leichter. Johnny, Vinzent und Heini setzten alles daran, mich das Gehen ohne Krücken wieder richtig zu lehren. Ich musste quasi in die „Gehschule“. Mit Gleichgewichtsübungen und behutsamen, langsamen Schritten, bei denen es Vinzent darum ging, dass ich sie besonders schön ausführte. Weil ich mir das Hinken so rasch wie möglich abgewöhnen wollte, ging ich bei den Gehübungen ständig bis an die Schmerzgrenze. Ich hatte das Gefühl, ich müsste mein Fußgelenk so lange belasten, bis es wehtat. Eine einzige Marterei.

Natürlich gab's auch da alarmierende Rückschläge. So wollte ich beim Stretching zwischen zwei Geh-Strecken meinen rechten Fuß aufs Geländer legen – zack, mein linkes Bein versagte und ich lag am Boden. Wieder hatte ich die Nerven-Aussetzer unterschätzt. Mich durchfuhr dasselbe grausige Gefühl wie im Krankenhaus: „Ist mein Kreuzband jetzt ab?“ Aber auch diesmal kam ich glimpflich davon.

Inzwischen stapelten sich Interview-Anfragen und Besuchsankündigungen. Einerseits hatte ich jede Minute Erholung nötig wie einen Bissen Brot, andererseits war mir klar, dass ich mich der Öffentlichkeit stellen musste. Schließlich war ich nach wie vor Profi-Sportler und diese Dinge gehören nun mal zu meinem Job. So veranstaltete mein PR-Mann an meinem ersten trainingsfreien Mittwoch eine Pressestunde für fünf wichtige Medien: ORF, *Kronen Zeitung*, *Bunte* und ein *Standard*-Reporter, der auch die *Frankfurter Allgemeine* bediente, bekamen jeweils knapp 30 Minuten. Außerdem durften sie während meiner Trainings- und Physiotherapie-Einheiten filmen und fotografieren. Nach diesem Schaulaufen war ich völlig gerädert – nicht ahnend, dass mir diese Prozedur ab nun fast jeden Mittwochnachmittag blühen würde. Und es blieb nicht einmal bei diesem einen wöchentlichen Termin.

Samstag, 22. September 2001. Auf dem Programm stand Unterwassertraining im Sporthotel Radstadt. Schon als ich dieses Wort auf meinem Tagesprogramm las, bekam ich einen Schüttelfrost. „Aber wenigstens was Neues", dachte ich. Meine beiden Freunde, das Handkurbel-Ergometer und das Zimmerfahrrad, hatte ich inzwischen gehörig satt. Andererseits war mir auch so schon kalt genug. Als ich auf der Leiter aus dem Wasser stieg, war plötzlich der Auftrieb weg und bei der vollen Belastung durchfuhr mich ein schlimmes Gefühl: „Nur nicht mit dem Hautlappen über die Leiterkante rutschen. Sonst schwimmt er womöglich im Wasser!" Natürlich wollte mir die Physiotherapeutin helfen, doch ich wollte alles alleine machen.

Ich hatte meinen Körper nicht annähernd unter Kontrolle. Er war unfähig, seine Betriebstemperatur selbst zu regulieren. Und je größer die Kälte, desto elender fühlte ich mich. Dieses Gefühl kannte ich von meinen schlaflosen Nächten: Erst schwitzte ich wie wahnsinnig, dann fror ich in der durchnässten Bettwäsche. Schrecklich!

Am Nachmittag überrumpelte mich DJ Ötzi alias Gerry Friedle mit seiner Sonja. Im Schlepptau hatten sie eine *News*-Reporterin, die das Treffen arrangiert hatte, und einen Fotografen. Zu dieser Zeit spielten sie Ötzis Gassenhauer in ganz Europa auf und ab. *Hey Baby* war in 60 Ländern top, sogar in der englischen Hitparade hatte der raustimmige Barde U2 an der Spitze abgelöst. Als er mein Ergometer auf der Aufmesser-Terrasse sah, bestand er darauf, fotogen neben mir zu radeln, und kündigte an: „Ich komm' zu euch und lass' mich am Olympiastützpunkt fit machen." Dabei machte mir ein Gedanke Angst: Hat dieser qualmende Chartstürmer im Moment etwa bessere Ergometerwerte als ich?

Als die Show vorbei war, quälte ich mich allein am Rad weiter. Der Besuch hatte mich nachdenklich gemacht. Ich zog Bilanz über die vier Wochen, die seit meinem Motorrad-Unfall vergangen waren. Von „gesund“ oder gar „fit“ konnte keine Rede sein. Das Schlafen funktionierte noch immer ganz schlecht und ich wachte mehrmals pro Nacht schweißgebadet auf. Weil ich Gefahr lief, medikamentenabhängig zu werden, bestand ich darauf, die Schmerzmittel abzusetzen. Es war schrecklich. Die massiven Schmerzen waren noch lange nicht weg. Da ich aber inzwischen klar denken konnte, wurde mir alles viel bewusster: der Unfall, mein schlimmer Zustand, die schwindenden Olympiachancen. Was die Alarmglocken in mir schrillen ließ, war der Gewichtsverlust. Ich blickte in den Spiegel und erschrak: „Da ist nichts mehr da!“ Ich war von 94 auf 78 Kilo abgemagert und am Tiefpunkt angelangt. Wochenlang hatten sie Flüssigkeit in mich hineingepumpt. Ich war aufgeschwemmt gewesen wie ein Michelin-Männchen und hatte nicht bemerkt, wie meine Muskelmasse dahingeschwunden war. Jetzt war das Wasser aus meinem Körper draußen. 16 Kilo fehlten plötzlich. 16 Kilo jahrelang antrainierter Muskelmasse! Mir war zum Heulen. Und mein Hämoglobinwert kletterte mühsam zu einem Wert um 11. Zum Normalwert, der bei 14 beginnt, fehlte noch immer einiges. Kein Wunder, dass alles so ermüdend war.

Während der letzten Woche in Radstadt werkte hauptsächlich Barbara, eine vom Olympiastützpunkt für mich abgestellte Physiotherapeutin, mit mir. Neben der „heißen Rolle“, die ich schon vom Krankenhaus kannte, musste ich langwierige Laserbehandlungen über mich ergehen lassen. Und was mein operiertes Bein betraf, konnte ich mich über die Fortschritte nicht beklagen: Die Wundheilung funktionierte sensationell, der Hautlappen wuchs schneller als erwartet ein. Und das war schließlich das Wichtigste, denn damit war die Infektionsgefahr so gut wie gebannt. Die Arbeit von Professor Papp, dem plastischen Chirurgen, und seinem Team, war perfekt gewesen.

Montag, 24. September 2001. Exakt einen Monat nach dem Unfall wollten mich Johnny und Vinzent an einem der letzten schönen Herbsttage im Garten der Aufmesser-Klinik in der Wiese „laufen" lassen. Laufen konnte man das aber nicht nennen. Ich versuchte, die Füße rasch vom Boden loszulösen. Tatsächlich gelangen mir ein paar kürzere Schritte. In der Leichtathletik-Fachsprache nennt man das „Skipping" – man sieht es im Fernsehen immer, wenn sich Sprint-Stars auf ein Rennen vorbereiten. Dass man mich in diesem Zustand diese Übung machen ließ, ist im Nachhinein betrachtet der reinste Wahnsinn gewesen! Ich kauerte mich hin und wartete, bis der Schmerz nachließ.

Natürlich kam auch Heini ständig auf neue Ideen. So kam er mit einem kleinen Ball und wollte mit mir Fußball spielen. Das funktionierte überhaupt nicht. Mit dem linken Fuß schaffte ich es nicht einmal, über den Ball zu steigen. Das Bein war total gehemmt. Da war eine Spannung, wie wenn es von unsichtbarer Hand zurückgehalten würde. In dem Zustand, in dem ich mich befand, konnte mich nichts mehr erschüttern. Doch bei Heini schrillten die Alarmglocken. Endlich realisierte auch er das Unglaubliche: Der rechte Fuß, den ich vor einem Monat um ein Haar verloren hätte, war mehr zu gebrauchen als der linke! Je besser rechts alles funktionierte, desto größer wurden die muskulären Probleme links. Der Oberschenkel war so dünn wie zu meiner Jugendzeit, als Wachstumsstörungen einen Strich durch meine Rennläufer-Pläne zu machen schienen. Zeitweise hatte ich sogar Lähmungserscheinungen. Immer wieder zuckten die Erinnerungen an den Unfall durch meinen

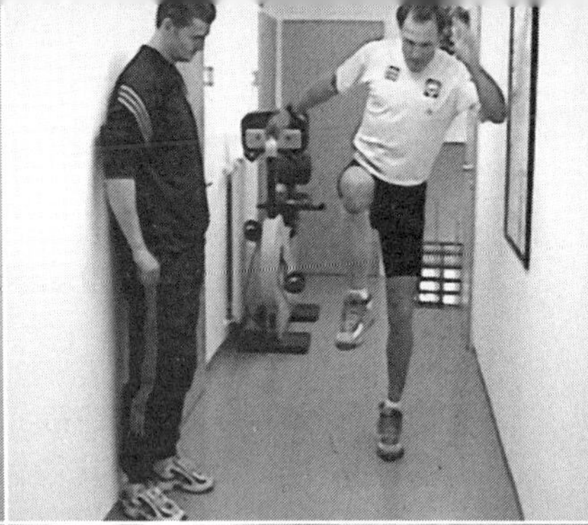
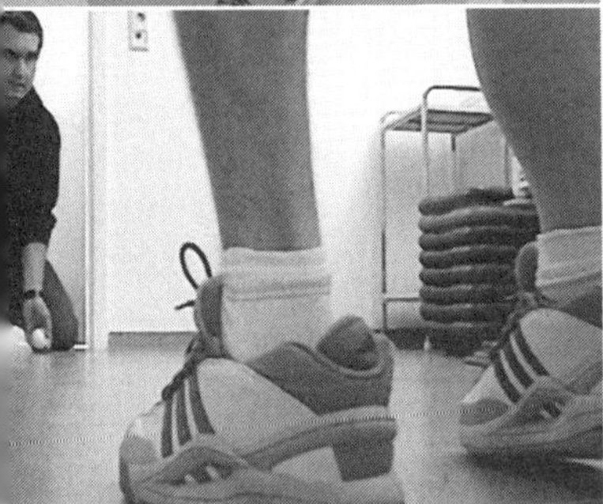
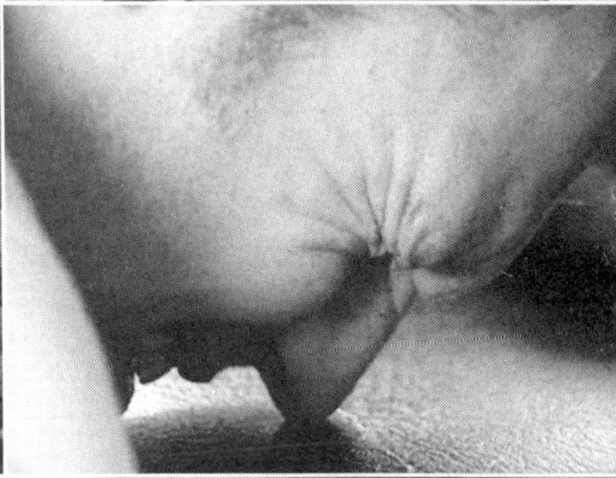

Erste Gehversuche in der Aufmesser-Klinik mit Andy (oben). Heini versucht die Koordination mit einem Tennisball zu verbessern. Die Schmerzen sind enorm. Nur das Oberkörpertraining macht Spaß.

Kopf: wie ich die Oberschenkel so stark zusammenpresste, dass ich sogar den Tank eindrückte. „Das sind jetzt die Folgen“, dachte ich. Außerdem schmerzten meine Adduktoren, jene Muskeln an der Oberschenkel-Innenseite, die ich durch dieses Zusammenpressen überdehnt hatte, noch immer.

Heini versuchte, die Ergometer-Einheiten langsam zu steigern. Das war aber nur in erschreckend kleinen Schritten möglich: Aus 3 mal 10 Minuten am Ergometer wurden 3 mal 15, und selbst das schien mir noch zu anstrengend. Am meisten hasste ich dieses Handkurbel-Ergometer. Ich begann zu verhandeln: „Was kann ich tun, damit ich mich da nicht mehr drunterlegen muss?“ Mich widerte eigentlich alles an: das Humpeln mit den Krücken, das Aufsteigen aufs Rad, das Lostreten, die Physiotherapie. Nur die Geh-Übungen am Gang waren eine Herausforderung. Aber auch dabei verfolgte mich dieser typische Krankenhaus-Geruch.

Endlich durfte ich mit dem Rumpf-Training beginnen. Alarmiert durch meinen Anblick im Spiegel hatte ich selbst darauf bestanden. Durch das ständige Ziehen, Heben und Stemmen, das bei jedem Gang auf die Toilette gefragt war, hatte ich mich „oben“ fit gehalten. Jetzt konnte das richtige Training losgehen. Ich war richtig heiß darauf. Wir begannen mit so genannten dynamischen Kraftübungen: Die Physiotherapeutin warf mir den Medizinball zu und ich musste ihn zurückschleudern, während ich mich mit dem Oberkörper aufrichtete. Oder ich lag mit dem Bauch auf einem großen Gymnastikball und balancierte zwei Medizinbälle auf den ausgestreckten Armen. Probleme gab's mit dem Knien und immer dann, wenn ich das linke Bein benötigte. Denn das war völlig taub. Mit jeder Einheit kamen meine Körperkonturen besser zum Vorschein. Dadurch, dass ich so viel an Gewicht verloren hatte, konnte man jede einzelne Muskelfaser sehen. Trotz der Schmerzen, die mich bei jeder Übung begleiteten, hat mir diese Art von Training richtig Spaß gemacht.

Vom Radfahren, meiner monotonen Hauptbeschäftigung, kann ich das nicht behaupten. Es war mühsam. Die Hämatome am Gesäß ließen das simple Sitzen am Ergometersattel zur Tortur werden. Mein rechtes Fußgelenk blockierte, der Unterschenkel war außen gefühllos und die Bruchstelle tat höllisch weh. Aber es machte keinen Sinn, mich zu beklagen. Heini und „Doc" Johnny hatten für alles eine medizinische Erklärung. Und mir war sowieso klar: Wenn ich noch in diesem Winter ein Comeback schaffen wollte, dann musste ich hier durch. Missmutig hämmerte ich in die Pedale.

Die Schmerzen raubten mir fast den Verstand. In diesem Zustand war nicht daran zu denken, dass ich mich beim Radeln mit Lesen oder Fernsehen ablenkte. Ich starrte auf das unregelmäßige, pastellfarbene Muster der langen Vorhänge im Krankenzimmer. Aus meinen Poren drang dieser grausige, schmierige Saft. Wenn ich gut drauf bin, schwitze ich gern beim Training. Doch hier war das Gegenteil der Fall. Diese klebrige Soße, die herauskam und sofort einen Juckreiz am ganzen Körper auslöste, konnte mir gestohlen bleiben! Außerdem war es ein Training wie auf einem Minenfeld. Ich radelte und plötzlich durchfuhr mich ein zuckender, brutaler Schmerz. Als ob ich einen Elektroschlag erhalten hätte. Ich schrie auf. Heini fragte: „Was ist jetzt los?" Ich sah meine Betreuer vorwurfsvoll an: „Wollt ihr mich umbringen?" Heini war ratlos und wir brachen die Trainingssession ab. Was genau los war, weiß ich bis heute nicht. Wahrscheinlich hat sich eine Neven-Blockade im linken Bein gelöst. Jedenfalls hatte ich einige Tage das Gefühl, beide Beine würden sich gegen das Training sträuben.

Mein Hintern schmerzte so arg, dass ich das Radeln immer wieder unterbrechen und die Sitzposition verändern musste. Dennoch setzte ich mein Training fort. Wie ein

Vollidiot, der mit geplatzten Reifen unbedingt auf den Felgen weiterfahren muss.

Der Anfang oder die nackte Wahrheit

Wie oft musste ich die Story vom Vorläufer Hermann Maier lesen? Vom Maurer, der am 6. Jänner 1996 durch Zufall beim Weltcuprennen vor seiner Haustür in Flachau entdeckt wurde, weil er laut heimlich mitgelaufener Zeitnehmung als Zwölfter mitten in die Weltklasse fuhr. Der dank dieser glücklichen Schicksalsfügung in letzter Sekunde auf den Europacup-Zug aufsprang. Zugegeben, irgendwann spielte ich dann auch mit. Die Geschichte war ja auch zu verlockend. Jetzt wird's aber Zeit, die Geschichte zu entmythisieren. Da ich wusste, dass viele wichtige ÖSV-Trainer an diesem Tag am Pistenrand standen, war ich motiviert und legte mich ordentlich ins Zeug. Schon damals lief ich unter Druck zu Höchstform auf und legte zwei gute Läufe hin. Allerdings hatte ich eine super Startnummer und eine dementsprechend gute Piste gehabt – hätte ich am Ende des Feldes angreifen müssen, hätte die Sache vermutlich doch ein bisschen anders ausgesehen. Aber immerhin: Man sprach über meinen Auftritt.

Das allerdings nicht zuletzt deshalb, weil ich in dieser Saison schon in den Rennen davor aufgefallen war – zum Beispiel mit einem dritten Platz beim FIS-Riesentorlauf im Stubaital oder mit Platz vier in Predazzo. Am 26. Dezember war ich in Abtenau gegen einige Weltcup-Läufer gestartet – und ich war drauf und dran gewesen, sie zu besiegen – bis zu meinem Out im zweiten Durchgang. Unmittelbar danach war der Anruf von ÖSV-Europacup-Trainer Reini Eberl gekommen: „Hermann, du fährst nach Frankreich zum Europacup." Sie haben also begonnen, mich ernst zu nehmen!

Als Vorbereitung auf meinen ersten Europacup-Einsatz passte mir der Vorläufer-Auftritt zwei Tage davor in Flachau ideal. „Du fährst mit der Helmkamera", meinte ein Funktionär vom USC Fla-

DER ANKER
DIE VERSICHERUNG
F I S
EUROPA CUP
Sankt Johann
Alpendorf

chau. „Das interessiert mich wirklich nicht", sagte ich keck zurück. „Wenn, dann fahr' ich g'scheit!"

Ich schaffte es gerade noch vor Alberto Tomba, der Startnummer 1 hatte, ins Starthaus. Ich wusste natürlich, dass auch für mich inoffiziell die Zeitnehmung lief, und registrierte mit Genugtuung, dass ich im Rennen Platz zwölf belegt hätte.

Am Tag danach setzte ich mich mit dem damaligen Europacup-Trainer Andreas Evers ins Auto und fuhr Richtung Frankreich. Andy war früher selbst Skirennläufer gewesen. Ich kannte ihn als Nachbar aus Flachau. Außerdem war er mein Fußball-Trainer, als ich mich beim USC Flachau als Mittelstürmer versucht hatte, später hatten wir uns bei Skilehrer-Kursen immer wieder getroffen. Im Auto erzählte mir Andy, dass er meinen Auftritt als Vorläufer gesehen hatte: „Du bist stark gefahren, wirklich! Die ÖSV-Leute waren auch begeistert."

Voll Selbstvertrauen nahm ich mir für die beiden Riesentorläufe in Les Arcs vor, mit einem passablen Resultat durchzukommen. Dass ich auf Anhieb Zweiter wurde – hinter Steve Locher, dem Vierten von Flachau –, gab mir neuerlich Auftrieb. Tags darauf siegte ich vor dem starken Schweizer!

Endlich durfte ich das machen, was ich immer wollte: Rennen fahren, und das fast jeden zweiten Tag. Zwei Tage später startete ich in Serre Chevalier und gewann abermals. In diesem Rennen war ein gewisser Stephan Eberharter knapp vor dem Ziel am Tor vorbeigefahren. Die nächste Saison sollte Steff im Europacup bleiben, während ich meinen Fixplatz im Weltcup hatte. Ich absolvierte ein Monsterprogramm. Vom 8. Jänner bis zum 9. März 1996 war ich in zwei Monaten 21-mal am Start! Das war damals doppelt anstrengend: Da ich für meine komplette Ausrüstung allein verantwortlich war, verbrachte ich die meiste Zeit abseits der Piste im Skistall. So ist es kaum verwunderlich, dass ich bei meinem ersten Weltcup-Riesentorlauf in Hinterstoder nur 26. wurde. Ich war komplett leer, aber das war fast logisch. Irgendwann musst du deinem Körper Zeit zum Erholen geben.

In der Saison 1996/97 blies mir der raue Weltcup-Wind ins Gesicht. Immerhin ging sich Ende November beim Übersee-Auftakt in Park City Platz 6 aus. Als Einzelkämpfer musste ich mich erst einmal an das Teamgefüge gewöhnen. Hans Knauß war der Erste, mit dem ich am Abend auf ein Bier ging. Eher unangenehm aufgefallen bin ich den Leuten in der Turnhalle, als ich mich bei den Trainingskickerln derart ins Zeug legte, dass alle um ihre Knochen fürchten mussten.

Nach sieben Riesentorläufen und einem Super-G im Weltcup bekam ich in Chamonix meine Chance in der Abfahrt. Ich war unglaublich motiviert. Im Training war ich oben Bestzeit gefahren und hatte die Plätze drei bzw. vier belegt. Als ich mit Startnummer 56 ins Rennen ging, war die Neuschnee-Piste schon löchrig. Trotzdem fuhr ich ständig am Limit, und es war nur eine Frage der Zeit, bis mich die Piste abwarf. Ich segelte durch die Luft und schlug in den Fangzaun ein. Dabei muss ich mir das Handgelenk abgedreht haben. Zwei Tage später lag ich im Unfallkrankenhaus Salzburg am Operationstisch und lernte Dr. Artur Trost kennen.

Während meine Teamkollegen um die Plätze für die WM in Sestriere kämpften, saß ich mit meiner Gipshand daheim und machte mir ernsthafte Gedanken über meine Karriere. „Wenn der Sturz für was gut war, dann dafür, dass ich Zeit hab', g'scheit zu trainieren", sagte ich mir. Im Dezember war ich ohnehin ständig verkühlt gewesen und hatte mich matt und ausgelaugt gefühlt. Also fuhr ich ins nächstgelegene Trainingszentrum, in den Olympiastützpunkt nach Obertauern. Mir war allerdings schon vorher aufgefallen, dass die Athleten, die von Heini Bergmüller, dem Chef dort oben, betreut wurden, anders trainierten. Während ich in der Kraftkammer wie ein Bodybuilder Gewichte stemmte, saßen Mario Reiter, Heinz Schilchegger oder Christian Mayer am Rad-Ergometer und lasen Zeitung. Alle 30 Minuten wurden sie ins Ohr gestochen. „So funktioniert gesteuertes Training", erklärte mir Heini, der gemeinsam mit seinem medizinischen Leiter Bernd Pansold ein kongeniales

Duo im Olympiastützpunkt abgab. „Du solltest das auch versuchen."

„Okay", sagte ich, schwang mich auf das Ergometer und musste mir 30 Minuten später von Heini erklären lassen, wie schlecht es eigentlich um meine Kondition stand. Ab sofort war das Zimmerfahrrad mein täglicher Begleiter und Heini registrierte begeistert, wie sich meine Werte von Woche zu Woche verbesserten. Während ich monoton in die Pedale trat, bildete sich unter mir jedes Mal ein kleiner See, und von oben brannte mir ein Leuchtspot so aufs Hirn, dass ich mir ernsthafte Sorgen um meine Haarpracht zu machen begann.

Doch das neue Training im Olympiastützpunkt wirkte! Schon nach einigen Wochen waren meine Batterien wieder aufgeladen und mir ging es rundum deutlich besser. Erstmals nach langer Zeit fühlte ich mich komplett gesund. Nach fünf Europacup-Rennen kehrte ich in Garmisch in den Weltcup zurück. Und wie: Im ersten von zwei Super-G-Rennen wurde ich Zweiter hinter dem angehenden Gesamtweltcup-Sieger Luc Alphand. Im Zielraum hatte zum ersten Mal meine inzwischen legendäre „Good-Luck-Hermann"-Fansau gewartet. Das war der letzte Kick, den ich gebraucht hatte. Tags darauf gewann ich vor Kristian Ghedina. Ich wurde als Sensation gefeiert.

Ich wusste, das war nicht mein letzter Sieg, und ich nahm mir vor, härter als jeder andere zu trainieren. So fuhr ich auch nach Saisonschluss Tag für Tag nach Obertauern und radelte und radelte und radelte. In meinem Trainingsraum unter Heinis Büro kenne ich inzwischen jede einzelne Fliese an der Wand. Bei diesem monotonen Alltag musst du ja hie und da auf den Putz hau'n.

So traf ich mich nach einem harten Training an einem lauen Sommerabend mit meinen Freunden in Flachau zum Beach-Volleyball. Nach der ersten Einheit tranken wir das eine oder andere Seidel Bier. Dann war uns kurz nach Mitternacht danach, noch einmal aufzuschlagen. Bei unserem Spiel wurde uns so heiß, dass einer nach dem anderen die Hüllen fallen ließ. Nackt-Volleyball mitten in Flachau, das gab's noch nie! Die gschamigen Gäste-Mädels aus der Stadt trauten ihren Augen nicht, als sie diese durchwegs gut gebauten Körper sahen, und ergriffen sofort die Flucht. Lange spielten wir nicht, da schreckte uns Blaulicht auf. „Lauft's, die Schantinger!", schrie ein Freund, und schon waren acht Flitzer durch Flachau unterwegs. Wir keuchten über Wiesen, sprangen in elegantem Hürdensprung über Stacheldrähte, was nackt gar nicht so ungefährlich ist. Blaulicht flackerte durch die laue Nacht. Die Gendarmen hatten die Verfolgung aufgenommen! Schließlich stellte uns ein Beamter mit gezückter Waffe: „Halt, stehen bleiben! Hände hoch!" Ich wusste nicht, soll ich jetzt beide Hände in die Höhe nehmen oder nur eine und mich mit der anderen notdürftig bedecken? Schließlich lachte der pflichtbewusste Mann, als er erkannte, wer hier öffentliches Ärgernis erregte, und sagte: „Was ist, wenn wir jetzt ein Foto machen und es an die Zeitung schicken?"

„Muss das wirklich sein?", fragte ich zögernd. Schließlich notierten sie die Namen der Flitzer. Am nächsten Tag trafen wir uns – allerdings wieder bekleidet – am heimischen Posten, um die Strafe zu bezahlen!

Blind vor Ehrgeiz

Ich wollte einfach wieder gesund werden, und das so schnell wie möglich. Dafür war ich bereit, alles zu geben. Mein Körper rebellierte, doch es war der Geist, der mich trieb. Und da waren ja auch noch die Olympischen Spiele, an denen ich unter allen Umständen teilnehmen wollte. Ich dachte, das kann ich noch schaffen. Im Nachhinein war das natürlich die reinste Illusion. Vielleicht wollte ich mir damals auch nicht eingestehen, wie schlecht es tatsächlich um mich stand. Olympia war meine Triebfeder, wieder gesund zu werden, wieder richtig gehen zu lernen.

26. September 2001. So schön es auch bei der Familie Aufmesser war, langsam wurde es Zeit, wieder in mein gewohntes Trainingsumfeld zu übersiedeln. Mein Hämoglobinwert war inzwischen auf 12,4 gestiegen, er lag also nur mehr knapp unter dem niedrigsten Normalwert von 14. Mein Hämatokritwert lag mit 35,2 zwar noch immer weit unter meinem Standardbereich (47 bis 49), dennoch hatten sich meine Blutwerte so weit erholt, dass Höhentraining zumindest vorsichtig anzudenken war. Ich wurde also aus der Aufmesser-Klinik entlassen. Die Frage, die sich nach der Teambesprechung als Erstes stellte: Wer besorgt den Shuttle-Dienst zwischen Flachau und Obertauern? „Ich!", hörte ich mich sagen. Als sei's das Normalste auf der Welt. Ja, ich wollte unbedingt wieder selber fahren. Dieses Stück mehr Unabhängigkeit war mir unglaublich wichtig. Ich wollte meinen Betreuern diese mühsamen Taxi-Dienste ersparen.

34 Tage nach der Operation saß ich also wieder am Steuer meines 5er-BMW. Glücklicherweise hatte mein Auto ein Automatik-Getriebe und einen Tempomaten, mit dem

ich händisch Gas geben konnte. Das war ein entscheidender Vorteil, denn im rechten Fuß hatte ich null Gefühl. Die 33 Kilometer auf den Tauern kosteten mich dennoch enorme Überwindung. Auf dieser kurvenreichen Strecke kannst du dich keine Sekunde ausrasten. Das längst nicht verheilte Wadenbein meldete sich in jeder Kurve. Es mag seltsam klingen, wenn einer, der mit über 100 Sachen mit Skiern an den Beinen in die Kurve brettert, über Probleme mit Fliehkräften beim Autofahren spricht. Tatsächlich reagierte mein verletztes Bein auch auf das kurvenbedingte Hin und Her im Auto überaus empfindlich. Das größte Problem war aber das Gasgeben aus dem Fußgelenk, das trotz Tempomat immer wieder notwendig war. Es erinnerte mich irgendwie an meine Zeit als Skilehrer oder an meine Karriere im Europacup. Wenn ich spät dran war, war ich kurze Distanzen mit Skischuhen an den Füßen gefahren. Reine Übungssache.

Als ich um 13 Uhr vor dem Olympiastützpunkt-Komplex ankam, hätte mich eigentlich ein TV-Team empfangen sollen. „Gott sei Dank sind noch keine Reporter da", dachte ich mir. Es reichte, dass wir meine „Heimkehr-Szene", die Begrüßung mit ÖSV-Olympiastützpunkt-Direktor Heini Bergmüller, Stunden später nach meiner ersten Eingewöhnungseinheit nachstellten. Ich marschierte selbstbewusst ohne Krücken auf den Eingang zu. „Schon lange nicht mehr gesehen", feixte ich, während die Kamera lief, und musste grinsen. Dabei war mir gar nicht danach. Ich fühlte mich da oben als Außenseiter. Unter den fitten Kollegen, die sich auf den Weltcup-Auftakt vorbereiteten, hatte ich eigentlich nichts verloren. Ich durfte auch nicht in meiner gewohnten Umgebung loslegen – mein Rad-Ergometer hatten sie zwei Stockwerke tiefer in der Physiotherapie-Abteilung aufgebaut und den Raum für mich umgemodelt. Dort, wo normalerweise Athleten massiert oder Reha-Patienten behandelt wurden, war jetzt das Hermann-Maier-Trainingszentrum. Neben dem Ergometer stand eine schwere metallene Sauerstoff-Flasche, dahinter lagen Medizinball, Matten, leichte Gewichte und Hilfsmittel für das Gleichgewichtstraining.

Abgeschottet von den anderen Sportlern radelte ich hinter einem Vorhang los. Heini, der meinen jeweiligen Trainingszustand besser als jeder andere kennt, ließ mich 15 Minuten lang mit 70 Watt Widerstand bei nur 65 Umdrehungen pro Minute beginnen. War das lahm! Diese Vorgabe war fast eine Beleidigung für mich. Am Unfall-Tag war ich ganz locker eine Stunde lang bei 75 Umdrehungen mit 250 Watt geradelt. Das Rad-Ergometer, auf dem ich mehrere Stunden am Tag verbringe, ist ein wichtiger Parameter. In Verbindung mit dem Laktatwert, der nach jeder Trainingseinheit per Stich ins Ohr festgestellt wird, weißt du exakt Bescheid. 70 Watt! Mein Training kam mir direkt lächerlich vor. 3 mal 30 Minuten bei 80 Watt stand auf dem Zettel, der auf Heinis Schreibtisch lag. Leider war das nicht mein Tagesprogramm, sondern das eines Hotel-Gasts in Obertauern. Ich durfte nur einmal 15 Minuten radeln, und das bei geringerem Widerstand!

Mit nacktem Oberkörper kämpfte ich gegen den Watt-Widerstand. Die Sauerstoffmaske drückte eine Furche um Nase und Mund. Ich wollte wie früher mit Bettina, der Krankenschwester, die mich bei jeder dieser monotonen Einheiten betreut hatte, Schmäh führen, doch das ging jetzt nicht. Die Bläschen tanzten im durchsichtigen Behälter. Ich beobachtete die Anzeige auf der Sauerstoff-Flasche. Es ging darum, die Hypoxie, eine Folge des um fünf Prozent niedrigeren Sauerstoffgehalts der Luft in der Höhenlage, auszugleichen. Vor mir hingen diese typischen Schautafeln, denen du in keiner Physiotherapie- und Arzt-Praxis entkommst: Skelett- und Muskelkörper mit Erklärungen zu jedem einzelnen anatomischen Detail. Diese namenlosen Kreaturen starrte ich an und zählte die Minuten und Sekunden, bis die Trainingsuhr endlich abgelaufen war. Mir war kalt. Durch die undichten Fenster blies die Bergluft. Der Schweiß, die Kälte und der Luftzug – eine Kombination, die mich noch kranker machte. Bettina sah, wie ich litt. Sie verhängte die Fenster fürsorglich mit Handtüchern, aber das half natürlich auch nichts.

Schon vor dem Unfall war das Training im Olympiastützpunkt oft monoton und langweilig gewesen. Aber das war kein Vergleich zu dem, was mir jetzt blühte. Dabei zeigte sich der Herbst von seiner strahlendsten Seite. Ich motzte ständig, soweit das mit meiner Sauerstoffmaske möglich war. Nach einigen Tagen kamen Bettina und einer der Fitnesstrainer auf die glorreiche Idee, das Rad-Ergometer ins Freie zu stellen. Ich weiß nicht, wie sie es schafften, Heini zu überzeugen. Er war strikt dagegen, weil ein Ergometer im Freien ganz und gar nicht zu seinen Vorstellungen von sterilen Laborbedingungen passte. Schließlich stand mein Rad dann doch neben dem Olympiastützpunkt-Komplex und ich atmete frische Luft. Ich blickte auf die wunderschöne Berglandschaft und war endlich wieder in der Natur. Für ein paar Trainingseinheiten war die Welt für mich in Ordnung. Doch dann setzte das graue Herbstwetter ein und ich musste in meine Folterkammer zurück. *Und täglich grüßt das Murmeltier.* Ich kam mir vor wie im gleichnamigen Filmklassiker mit Bill Murray, der ein und denselben Tag immer und immer wieder erlebt. Mein Murmeltier-Tag sah so aus:

Aufstehen um **7.30 Uhr**. Frühstück.

32,8 Kilometer Fahrt nach Obertauern.

9.30 Uhr. Labor-Check im ÖSV-Olympiastützpunkt. Die Krankenschwester sticht in meinen Finger, das Blut kriecht von selbst in die dünnen Glasröhrchen. Es wird auf Teststreifen aufgetragen, die kommen in die Analysegeräte. Ich warte gespannt auf meine Werte. CK, Harnstoff, Blutgas, die Aufschluss über meine körperliche Verfassung und die

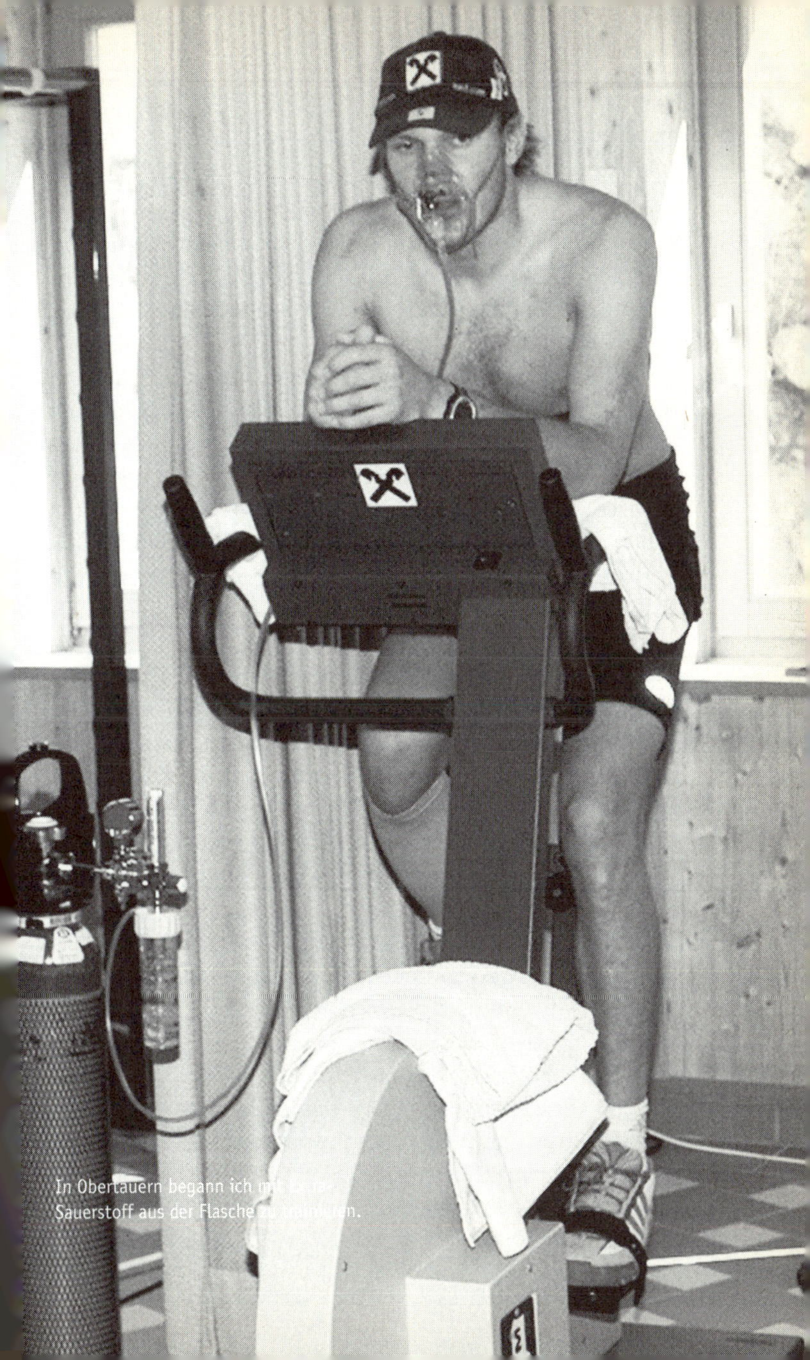

In Obertauern begann ich mit [illegible] Sauerstoff aus der Flasche zu trainieren.

Wirkung des Trainings geben. Inzwischen kann ich jeden Wert selbst interpretieren wie ein Sportmediziner. Wenn du diese Prozedur täglich mitmachst, lernst du einiges über deinen Körper und wie er funktioniert. Am Tag nach einem Krafttraining steigt mein CK-Wert, wenn ich zu lange im unteren Ausdauerbereich radle, sinkt er. CK ist ein Muskel-Enzym, das im Nachhinein anzeigt, wie sehr die Muskulatur beansprucht wurde. Der Harnstoffwert hilft festzustellen, wie intensiv das Training der vergangenen Tage war und ob meine Kohlenhydratspeicher gefüllt sind. Aus dem Blutgas werden Hämatokrit- und Hämoglobinwert und der Säurebasen-Haushalt festgestellt. Obwohl ich meinen Körper inzwischen sehr gut kenne, ist es doch immer wieder interessant zu beobachten, inwiefern diese Werte mit meinem subjektiven Gefühl übereinstimmen. Sie bestimmen meinen Trainingsalltag und helfen mir, Infekte zu erkennen, noch bevor ich mich krank fühle. Wenn ich daheim allein trainiere, zapfe ich mir mitunter selber das Blut ab. Für Heini sind die Zahlen das Um und Auf. Erst wenn er sie auf seinem Schreibtisch hat, stellt er das Tagesprogramm zusammen.

10 Uhr. Physiotherapie. Die Therapeutin mobilisiert mein stumpfes rechtes Fußgelenk. Seit dem Unfall ist das jeden Tag vor dem eigentlichen Training notwendig.

10.30 Uhr. Ich sitze auf meinem Rad. 3 mal 20 Minuten. Nach jeder Einheit sticht ein Betreuer in mein fast schon perforiertes Ohrläppchen, um das Blut für den Laktat-Check abzuzapfen. Der Laktat-Wert gibt Auskunft über den Grad der Anstrengung. Je niedriger, desto weniger intensiv ist die subjektive Belastung für den Körper. Ist er zu hoch, reduziere ich den Watt-Widerstand und umgekehrt.

12.30 Uhr. Gangschule. Das Laufband surrt unter meinen Schritten, und Heini achtet akribisch auf Bewegungsabläufe, die ich mir eigentlich vor 28 Jahren angeeignet hatte. Ich lerne wieder gehen. „Du musst wieder einen runden Tritt bekommen", warnt Heini. „Wenn du dir das Humpeln angewöhnt hast, bekommst du es nie wieder los!" Ich versuche die mühsame Session mit Humor zu nehmen: „Ich komm' mir vor wie ein alter Gaul." Heini beruhigt mich: „Bald wird auch das Laufen wieder funktionieren." Ich, ironisch: „Ja, spätestens bis zum Wien-Marathon 2010 ..."

13.15 Uhr. Dehn- und Lockerungsübungen. Am Ende jeder Trainingseinheit wird die Muskulatur mit aktiven und passiven Übungen gedehnt.

14.00 Uhr. Mittagessen im Olympiastützpunkt-Restaurant. Danach ruhe ich mich in Heinis Appartement aus.

16.30 Uhr. Wieder am Ergometer. 2 mal 30 Minuten.

18 Uhr. Gleichgewichtsübungen. Ich sitze auf einem Luftkissen und balanciere Medizinbälle oder übe mit dem Kippbrett, auf Holzklötzen, einer umgekippten Langbank oder ähnlichen Hilfsmitteln. Zur Alternative stehen Tapping-Serien auf einem Test-Equipment, mit dem Kontakt- und Hubzeiten auf Tausendstelsekunden gemessen werden. Ein Sportwissenschaftler überwacht jeden Schritt.

19 Uhr. Physiotherapie. Das letzte, oft schmerzhafte Highlight des Tages. Noch einmal werden meine Sprunggelenke mobilisiert. Lymphdrainagen, Magnetfeld- und Laser-Narbenbehandlungen.

19.45 Uhr. Massage. Endlich ist Entspannung angesagt. Blockaden werden gelöst. Alternativ werde ich mit Akupunktur und Methoden der Traditionellen Chinesischen Medizin (TCM) behandelt.

20.45 Uhr. Endlich Schichtschluss! Nach einem 12-Stunden-Tag steht die Heimfahrt im Dunklen bevor. Meist schaue ich noch bei meiner Mutter vorbei, die mich mit einem kräftigen Nachtmahl versorgt.

Bis auf leichte Abweichungen blühte mir dieses Schema von Montag bis Freitag. Mittwochs hatte ich zwar nachmittags frei, doch an diesen Tagen standen die anstrengenden

Presse- und PR-Termine auf dem Programm. Am Samstag musste ich halbtags hinhalten, sonntags war frei. Allerdings nur dann, wenn ich für keinen Werbeauftritt gebucht war. Gudrun, die in Linz studierte, besuchte mich am Wochenende.

Ich wollte kein Trauma bekommen. Deswegen musste ich so schnell wie möglich wieder auf ein Motorrad. Wer einmal mit dem Motorrad-Virus infiziert ist, der bleibt es. Undenkbar, dass ich auf dieses Gefühl verzichten würde – nicht wegen eines Unfalls. Auch nach einem schweren Sturz auf der Piste bin ich immer wieder aufgestanden, hab' meine Ski wieder angeschnallt – mich der Herausforderung wieder gestellt. Also schlich ich in die Garage meiner Eltern. Dort standen sie, meine Spielzeuge: die Ducati Monster, die Trial Gasgas und die BMW GS. Meine Unfallmaschine war nicht dabei. Die wurde beim Erzeuger in Oberösterreich zwischengelagert. Und keines meiner Gefährte war angemeldet. Was tun? Ich griff zum Hörer und rief einen meiner Motorrad-Kumpel an: „Borgst mir deine Maschin'?"

Ein paar Minuten später drehte ich am Gas und frohlockte: „Ja, jetzt geht's dahin!" Da war kein Funken Angst. Ich wollte einfach nur losfahren, den Fahrtwind spüren, die Freiheit, wie man sie nur auf einem Motorrad erleben kann. Viele Gelegenheiten dazu blieben mir so kurz vor dem Wintereinbruch ohnehin nicht mehr. Also warf ich den ersten Gang hinein, ließ die Kupplung aus und zog davon. Mein erster Weg führte mich direkt an die Unfallstelle. Doch die ließ ich bald hinter mir. Denn ich wollte die Serpentinen nach Obertauern nehmen. Allerdings kam ich nur bis Untertauern. Die peinigenden Schmerzen beim Sitzen zwangen mich zum Umkehren. Eine wichtige Erkenntnis nahm ich dennoch von meinem Kurztrip mit: Ich hatte mein Fahrgefühl nicht verloren – im Gegenteil. Die Kurvenlage, das Beschleunigen: Alles funktionierte wie früher. Nur beim Absteigen musste ich mir helfen lassen, allein wär' ich nicht mehr von der Maschine gekommen. Jedenfalls war ein wichtiger Schritt zurück ins normale Leben getan. Die *Bild*-Zeitung, die Wind von meinem Motorrad-Versuch bekommen hatte, titelte euphorisch: „Monster Maier – Ich saß schon wieder heimlich auf dem Motorrad."

Egal, ob Motorrad oder Ergometer: Das Problem mit dem Sitzen verfolgte mich immer und überall. So fand ich nach einem anstrengenden Trainingstag daheim oft keine Position, in der ich schmerzfrei essen konnte. Sogar auf der gut gepolsterten Eckbank in der Küche meiner Eltern konnte ich nicht sitzen. Die Schmerzen waren der reinste Wahnsinn! Alles schien viel zu hart! Ich legte mich quer über die Bank und war nahe daran durchzudrehen. Das saugte die letzte Energie aus meinem Körper. Ich versuchte die Zeit bis zum Einschlafen irgendwie totzuschlagen. Und da nur im Zustand der völligen Erschöpfung an Schlaf zu denken war, blieb ich meistens bis lange nach Mitternacht wach, manchmal sogar bis vier in der Früh! Im Bett ging das Zu-warm-zu-kalt-Problem los. Meistens war mir viel zu kalt. Bei hinaufgedrehter Heizung war mir wieder zu heiß. Ich begann zu schwitzen und in der nassen Bettwäsche begann ich wieder zu frieren. In der Früh war ich ein Wrack und versuchte noch die eine oder andere Stunde Schlaf rauszuschinden. An diesen Tagen kam ich zu spät zum Training.

Es war eigentlich ein Irrsinn, dass man mir in diesem Zustand ein Training zumutete. Nicht nur ich, auch meine Betreuer schienen mit der Situation überfordert. Ich konnte es nicht glauben, aber ich verlor noch immer an Muskelmasse. Bis ich schließlich den Tiefpunkt erreichte: Mein Gewicht war auf 76 Kilo heruntergerauscht. Es war nichts mehr von mir da. Ich hätte mir nie gedacht, dass das so schnell gehen würde. „Doc" Zeibig versuchte es mit Averna als Appetitanreger. „Jedes Mal vorm Essen ein Viertel", gab er vor. Dagegen hatte ich meine Bedenken: „Wenn ich das wirklich

Corriere della Sera SPORT

LE FRASI DI HERMANN

IL VOLO DI NAGANO

L'AIUTO DI GHEDINA

DI NUOVO IN SELLA

IL DIFFICILE RECUPERO

Maier dice addio per sempre a Herminator

«Dopo l'incidente ho ringraziato Dio di aver salvato la gamba. Non tornerò quello di prima»

L'AQUILA DELLE NEVI

Bild SPORT

Ab heute Rad-WM! „Ullrich in Superform"

Jan Ullrich

Nachrichten

Spielabsage?

Titelkurs

Zwei Rekorde

Zuschauer-Boom

Ergebnisse

FOOTBALL

FUSSBALL

TENNIS

BILD besuchte den Ski-Star 5 Wochen nach dem Horror-Unfall

Monster Maier

Ich saß schon wieder heimlich auf dem Motorrad

Faksimiles:
Corriere della Sera, 27.9.2001
Bild, 28.9.2001

befolge, lauf' ich ständig mit einem Rausch herum." Heinz Schilchegger, mein Trainingskollege, bot sich als Vorkoster an. Wenig später konnte ich vom Fenster aus beobachten, wie er in Schlangenlinien zu seiner Wohnung wankte. Also beschloss ich, vorsichtiger zu dosieren. Als das nichts half, griff Heini zu drastischeren Maßnahmen. Er beschloss, mich mit Infusionsbomben aufzupäppeln. So hing ich zwei Stunden lang am Tropf, während 10 000 Kalorien in meine Venen tropften. Das entspricht zehn Wiener Schnitzel mit Pommes! Ich hatte diese Methode von den Erzählungen der Rad-Profis gekannt – nach besonders harten Tour-de-France-Etappen füllen sie ihre Speicher auf diese Art.

Samstag, 6. Oktober 2001. Mein innerer Kampf wurde immer dramatischer. Der malträtierte Körper verlangte nach den Schmerzmitteln, doch der Sportler in mir schrie: „Hör auf damit!" Drogen und Training, das kann auf Dauer nicht gut gehen. Also entschied ich mich, die Medikamente von einem Tag auf den anderen abzusetzen. Ein Versuch, den ich verzweifelt abbrechen musste. Die Schmerzen wurden so unerträglich, dass ich mich wie ein Junkie benahm. Verzweifelt suchte ich daheim nach der erlösenden Spritze, um sie mir zitternd reinzujagen. So sicherte ich mir wenigstens ein paar Stunden Schlaf. Tagsüber griff ich weiterhin zu den Painkillern. Die begannen mir richtig zu schmecken. Zu diesem Zeitpunkt war mir allerdings noch nicht gänzlich bewusst, dass ich abhängig geworden war. Denn als das Zeug nicht mehr wirkte, musste ich die Dosis erhöhen. Ansonsten wäre ich einfach nicht über die Runden gekommen.

Ich sehe die Nummerntafeln der Autos vor mir doppelt

Wahrscheinlich wäre ich noch Monate später auf Tabletten gewesen, hätte ich nicht dieses schockierende Erlebnis gehabt, das mich endgültig wachrüttelte. Auf dem Heimweg nach dem Training sah ich plötzlich die Kennzeichen der Autos vor mir doppelt. Verzweifelt dachte ich: „So, jetzt ist es so weit. Ich kann also nicht einmal mehr alleine Auto fahren!" Bis dahin war ich der Meinung, dass ich in meinem Zustand noch immer besser fahren würde als die meisten anderen. Aber was blieb mir jetzt übrig?

Ich rief Heini an und stellte ihn vor die Alternative: „Entweder ich trainier' zu Hause weiter oder ich hör' überhaupt auf!" Ich war nur mehr ein Schatten meiner selbst und hatte panische Angst, durch das Ausdauertraining weiter an Gewicht zu verlieren. Psychisch war ich jedenfalls am absoluten Tiefpunkt angelangt!

Hätte ich mich zu diesem Zeitpunkt über meine Betreuer hinwegsetzen und einfach eine Auszeit nehmen sollen? Aus heutiger Sicht wäre das wahrscheinlich die sinnvollste Variante gewesen. Andererseits hatte ich im Oktober noch immer eine realistische Chance auf ein Ski-Comeback bis zu den Olympischen Spielen gesehen. Und, so glaubte ich jedenfalls, das konnte ich nur schaffen, indem ich konsequent weitertrainierte. Für Heini und das Olympiastützpunkt-Team war die Situation wahnsinnig schwierig. Keiner konnte sich in meine Lage versetzen. Alle gingen scheinbar immer davon aus, dass ich fähig war, Wunderdinge zu vollbringen. Frei nach dem Motto: „Wenn einem Maier so was passiert, dann kommt er sofort wieder zurück!"

Auch die Ärzte schienen überfordert. Ein offener Bruch mit Transplantat ist schon bei einem Nichtsportler nicht ohne. Doch bei einem, der mit 140 Kilometern pro Stunde eine Eispiste hinunterjagt, treten ganz andere Probleme auf: Wie hält das Transplantat den Druck im viel zu engen Skischuh aus? Wie verheilt der Bruch? Wie reagiert der operierte Knochen auf die gigantischen Kräfte, die bei einem Skirennen frei werden? Über die Bruchheilung machte ich mir die wenigsten Sorgen. Wenn ich mit den Händen über die Ausbuchtung an meinem rechten Unterschenkel strich, konnte ich den Kallus, die Knochen-Neubildung an der Bruchstelle, fühlen. Die anderen Verletzungen bereiteten mir da wesentlich mehr Kopfzerbrechen. Dadurch, dass die Nervenbahnen links kaputt waren, wurden meine Oberschenkel immer dünner und schwächer. Ich konnte mich nicht mehr richtig bewegen und musste mich vor allem beim Stiegensteigen bei jedem Schritt konzentrieren, um nicht nach rückwärts wieder runterzukugeln. Ich war verzweifelt: „Wieso funktioniert mein linkes Bein nicht? Wie könnt ihr das wegbekommen?“ Doch die Ärzte dürften sich der vollen Tragweite des Problems noch immer nicht bewusst gewesen sein. Jedenfalls konnte mir keiner sagen, ob und wann die abgedrückte Nervenbahn aufgehen würde.

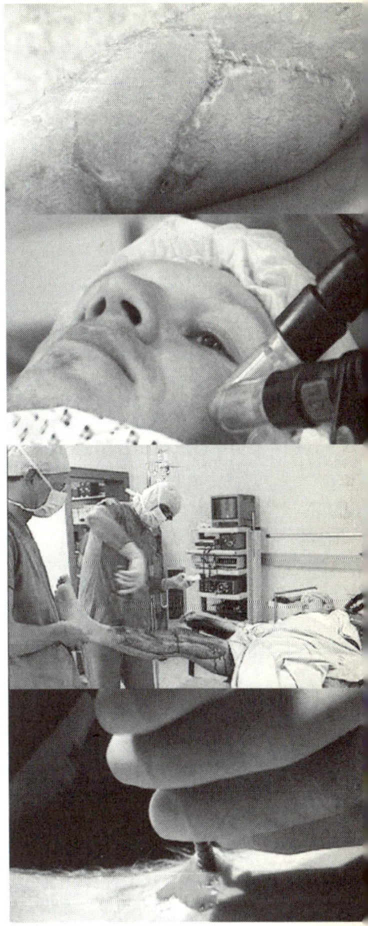

10. Oktober 2001:
eine „schöne“ Operation!

Kein Wunder, dass unter all den Komplikationen auch das Training litt. Ich musste immer wieder die Notbremse ziehen. Für Heini entstand dann jedes Mal ein Interessenskonflikt: Einerseits wollte er mich noch in diesem Winter fit bekommen, andererseits kannte er mich besser als jeder andere und wusste, dass er mich nicht überfordern durfte.

Heute weiß ich, dass ich mich in etwas reindrängen ließ, für das mein Körper bei weitem noch nicht bereit war. Oft hätte ich in meinen Körper hören und einfach Ruhe geben sollen.

10. Oktober 2001. Sieben Wochen nach der Operation musste ich wieder unters Messer. Aber diesmal war es nichts Besorgnis Erregendes. Der 37 Zentimeter lange Titannagel in meinem rechten Unterschenkel war mit vier Querbolzen befestigt. Um die Bruchheilung zu beschleunigen, den Fuß zu dynamisieren, musste der Druck auf die Bruchstelle erhöht werden. Das geschah, indem jene zwei Schrauben, die Titannagel und Knochen fixierten, entfernt wurden. So dumm es klingt: Diese Operation war das mit Abstand schönste Erlebnis zu dieser Zeit. Ich kann mich noch genau an die Gefühle erinnern, als die Narkose eingeleitet wurde. Zum ersten Mal verspürte ich überhaupt keine Schmerzen. „Schlaf ja nicht ein! Schlaf ja nicht ein!", dachte ich mir. Ich hatte ein unbeschreibliches Glücksgefühl und wehrte mich richtig gegen das Einnicken. Doch es dauerte nicht lange und ich war weg.

Als ich die Augen aufschlug, hatte ich ein Mikrofon vor der Nase. Ich war völlig verwirrt. Doch dann fiel es mir ein: „Ah ja, die drehen ja meine Doku." Ich hatte der Aktion ausdrücklich zugestimmt, weil ich „Meinen Weg zurück" ehrlich und lückenlos dokumentiert haben wollte.

Benebelt durch die Narkose versuchte ich, den Fragen zu folgen. „Hermann, wie geht's dir?", wollte Artur wissen. Ich stammelte wirres Zeug: „Wie nach einer Feier am nächsten Morgen. Wie in Nagano ... mit den weißen Samthandschuhen ..." Während Artur vor der Kamera mit einem Muster-Nagel herumfuchtelte und den Eingriff erklärte, versuchte ich den Ausführungen des Chirurgen zu lauschen. Krampfhaft kämpfte ich mit meinen bleiernen Augenlidern und wollte schließlich wissen: „Bin ich jetzt geheilt?"

„Zumindest einen Schritt weiter", kam die Antwort. Allerdings hatten wir uns von diesem Eingriff mehr erwartet. Obwohl sich bereits Kallus um die Bruchstelle gebildet hatte und der Knochen teilweise schon zusammengewachsen war, rutschte er auch nach dem Entfernen der Querschraube nicht so richtig zusammen. Das sollte mir noch Monate später größere Sorgen bereiten.

20. Oktober 2001. Einmal wöchentlich setzten sich meine medizinischen Betreuer, die ÖSV-Chefs und mein Ski-Trainer im Olympiastützpunkt Obertauern zusammen, um meine theoretischen Chancen auf eine Olympia-Teilnahme und die dafür notwendigen Maßnahmen in allen möglichen Varianten durchzusprechen. Diese Meetings fanden natürlich hinter verschlossenen Türen und unter strengster Geheimhaltung statt. Doch immer wieder sickerten Informationen zumindest gerüchteweise an die Öffentlichkeit. Mit derselben Regelmäßigkeit spekulierten die Medien über meinen Comeback-Termin. Eines war auffallend: Jeder Journalist, der mich während dieser Zeit in Obertauern besuchte und sah, wie schlecht ich tatsächlich beisammen war, kam mit einer „Eher Nein"-Story. Aber keiner traute sich noch, sich konkret festzulegen.

Bis auf die *Salzburger Nachrichten*, die am 20. Oktober mit einem „Geheimplan" vorpreschten. „So soll Maier noch zu Olympia", stand da in dicken Lettern. In der Story war zu lesen, dass „bei wöchentlichen Sitzungen unter Führung von ÖSV-Cheftrainer Toni Giger an einem Geheimplan für Maiers Olympia-Comeback gearbeitet" werde. Sie glaubten alles zu wissen: dass meine damalige Skischuhfirma Lange an einem Spezialschuh arbeitete und dass Atomic einen extraweichen Ski für ein mögliches Herminator-Comeback bereithielt. Als mögliches Comeback-Szenario stellten sie ÖSV-interne Qualifikationsläufe im Jänner oder als letzte mögliche Variante meine Teilnahme an den beiden Super-G-Läufen in Garmisch dar. Ich war sprachlos.

Zurück im Rampenlicht

Es war Zeit, dass ich mich endlich in der Öffentlichkeit zeigte. Das fanden zumindest meine Betreuer. Schließlich waren seit meinem Unfall schon über zwei Monate vergangen, außerdem wollte ich in drei Monaten zum Comeback starten. Die Nacht des Sports, jene Gala, bei der Österreichs Top-Sportler geehrt werden, schien meinen Beratern der ideale Rahmen dafür. Offiziell wurde das Ergebnis der Wahl bis zum Festabend zurückgehalten, doch ich war bereits informiert worden, dass mich die Sportjournalisten des Landes wie in den vergangenen drei Jahren zum „Sportler des Jahres" gewählt hatten. Es war mir ein Anliegen, die Trophäe selbst in Empfang zu nehmen. Ich wollte ein Signal setzen: „Ja, ich bin wieder da!" So hatte ich mich sorgfältig auf diese Veranstaltung vorbereitet. Meine Gedanken drehten sich weniger um die Rede als darüber, wann ich welches Mittel einwerfen würde. Eine Tramal-Tablette, bevor's losging, eine während der Veranstaltung, eine danach. Kein Mensch – schon gar nicht meine Konkurrenten – sollten wissen, in welch elendem Zustand ich mich befand.

25. Oktober 2001. Natürlich waren die 352 Kilometer Autofahrt von Obertauern nach Wien meinem verletzten Bein nicht zuzumuten, also schickte Sporthilfe-Chef Toni Schutti, der Cheforganisator der Gala, einen Helikopter, der mich abholen sollte. Und wie fast immer, wenn ich auf diese Zeit sparende Transportvariante ausweiche, war halb Österreich in Nebel gehüllt. An Fliegen war nicht zu denken. Also fuhren wir los: Knut, mein Pressebetreuer, am Lenkrad, daneben Heini. Ich lag quer über die Rückbank und krümmte mich vor Schmerzen. Da Toni Schuttis Nervenkostüm an diesem Tag ohnehin schon strapaziert genug war, wollten wir ihm die Änderung im Anreiseplan so lange wie möglich verheimlichen. Eines stand aber fest: Die für 18.30 Uhr angesetzte Pressekonferenz konnten wir über die stark befahrenen Landstraßen durch den Lungau Richtung Semmering unmöglich erreichen. Da hörten wir schon kurz nach der Abfahrt aus Obertauern im Radio-Verkehrsdienst von einem Unfall vor Judenburg. Wenige Minuten später standen wir auch schon im Stau. Jetzt war's endgültig Zeit, Schutti anzurufen. Der dachte zuerst, wir hielten ihn zum Narren. Als er den Ernst der Lage erkannte, schlug er vor, die Gendarmerie anzurufen und um eine Eskorte zu bitten. Doch die Freunde von der Exekutive dachten, jemand hätte sich einen Scherz erlaubt, und ließen uns in der Blechlawine stecken. Schon lange, bevor's losging, war ich bereits so fertig, dass ich wieder umdrehen wollte. Erst nach 20 Uhr, als das Abendprogramm bereits begonnen hatte, trafen wir in der Wiener Hofburg ein. Eh klar, der Maier kommt auch hier zu spät! Wieder einmal war ich völlig unschuldig zum Handkuss gekommen ...

Nach den monotonen Monaten im Spital und in Obertauern erlebte ich das Gala-Getümmel wie einen Kulturschock. Ich fühlte mich unwohl. Überall Sportler, die gut drauf waren, alles Kollegen von mir. Aber diesmal gehörte ich nicht dazu. Im großen Umkleideraum traf ich meinen Bruder. Alex hatte seine Haare knallrot gefärbt und bereitete sich auf die Modeschau vor. Da ich die Pressekonferenz versäumt hatte, blieben mir ein paar Minuten zum Verschnaufen. Da tauchte ÖSV-Pressemann Robert Brunner auf und mixte mir einen Muntermacher, von dem ich gar nicht wissen wollte, was drin war. Ja, das konnte ich brauchen! Die Schmerzen! Diese nervige, anstrengende Anreise! Dabei ahnte ich nicht, was mir an diesem Abend noch bevorstehen würde: ein Spießrutenlauf, wie ich ihn nicht ein-

Mit Präsident Schröcksnadel bei der „Nacht des Sports" in Wien

mal bei Olympia erlebt hatte. Die Veranstalter hatten mir zwei Bodyguards zur Seite gestellt, was mir normalerweise sehr unangenehm ist. Aber diesmal war ich echt froh, dass ich von der Reporter-Meute, die mich auf Schritt und Tritt verfolgte, professionell abgeschirmt wurde. Österreichs Hugo-Boss-Chef Herbert Garr kümmerte sich persönlich um mein Outfit, das ich zum Glück nur an diesem Abend tragen sollte. Ich war unglaublich abgemagert – meine Konfektionsgröße war von 54 über 52 auf 48 geschrumpft. Und die Schuhe: Allein beim Gedanken daran durchfährt mich jetzt noch ein schauriger Schmerz. Der Fuß unterhalb dieses Kompressionsstrumpfes war sowieso immer geschwollen, doch die viereinhalbstündige Autofahrt hatte ihn noch dicker werden lassen. Da wären Moonboots gefragt gewesen, nicht diese superengen, steifen Designerschuhe, in die ich mich hineinquetschen musste. Während ich mit schmerzverzerrtem Gesicht mit dem Schuhwerk kämpfte, tauchte endlich Gudrun auf. Mit einem Blick sah sie, wie mies es mir ging. Meine Freundin war von Linz über die Westautobahn mit ihrem Auto angereist und hatte am falschen Eingang gewartet – das passte herrlich zu diesem gelungenen Abend. Als ich dann endlich in der Gala-Kluft steckte, wurde ich im

Blitzlicht-Gewitter durch die endlosen Hofburg-Gänge zum TV-Interview in einen dieser feudalen Prunksäle gezerrt. Immer wenn die Kameras surrten, nahm ich mich zusammen und machte buchstäblich gute Miene zum bösen Spiel. Eine Schauspielerin merkte aber gleich, dass auch ich meine Rolle nur spielte. Doris Schretzmayer, bekannt durch die TV-Serie *Die Neue*, nahm mich beiseite und erzählte von ihrem Geisterfahrer-Unfall, der sie ein halbes Jahr ans Krankenbett gefesselt hatte. „Für dich muss die Anreise im Auto ein Horror gewesen sein. Seit meinem Unfall halt ich's am Beifahrersitz nicht mehr aus." Mit dieser Vermutung lag sie nicht schlecht, doch Trauma hatte ich zum Glück keines. Sonst hätte ich die Odyssee von Obertauern nach Wien, meine erste längere Autofahrt seit dem Unfall, nie überstanden.

Es war eine gelungene Veranstaltung, doch ich sollte nicht viel davon mitbekommen. Zeit, mich einzustimmen, hatte ich schon gar nicht. Ich wurde hinter die Bühne gedrängt und wartete gemeinsam mit Skispringer Andreas Goldberger auf meinen Auftritt. Auf der Bühne spielte ich wieder den strahlenden Sieger. Als ich die gläserne Trophäe in der Hand hatte und der Saal von minutenlangen Standing Ovations erfüllt wurde, durchströmte mich ein Glücksgefühl. Einen Augenblick lang fühlte ich mich wieder als Champion und ich dachte an Olympia. Wenige Sekunden später, als ich von der Bühne humpelte, riss mich der Schmerz schon wieder aus meinen Träumen. Ich kämpfte mich an meinen Tisch und wollte einfach nur Ruhe haben. Doch daran war nicht annähernd zu denken. Ich konnte nicht einmal essen. Ständig wurden mir Zettel, Servietten, Handys, Speisekarten und ähnliche Dinge zum Unterschreiben unter die Nase geschoben. Foto hier, Foto da. Und jeder redete auf mich ein und wollte unmögliche Zusagen:

„Kommst du auf unser Fest?"
„Gehen wir gemeinsam trainieren?"
„Haben Sie Zeit für die nächste Sportgala?"
„Treten Sie für Knochenmark-Spenden ein?"

Und ständig drängten Reporter an meinen Tisch. Mir drehte sich der Kopf und ich wollte nichts wie weg von dort. Es war schon Mitternacht, da kam der Gala-Pressechef auf die glorreiche Idee, die für 18.30 Uhr angesetzte Pressekonferenz, die ich ja versäumt hatte, nachzuholen. Wieder ging's in einen dieser feudalen Säle. Es warf mich fast um, als ich sah, was sich dort abspielte, und in dieser Beziehung bin ich wirklich einiges gewohnt: Der Raum war gerammelt voll mit Reportern und Kamera-Teams. Weil ich – abgesehen von einigen ausgewählten Interview-Terminen an Mittwoch-Nachmittagen – zwei Monate praktisch nicht vorhanden gewesen war, hatte sich ihr Wissensdurst aufgestaut wie Wassermassen hinter einem Damm. Als endlich die Schleusen geöffnet wurden, prasselte eine Flut an kuriosen und bizarren Fragen auf mich ein:

„Was machen Sie am Wochenende?"
„Ist das Ihr neuer Gala-Look?"
„Wie wichtig ist dir Aussehen?"
„Denkst du an Familiengründung?"
„Glaubst du an Wunder?"
„Wer wird Ihr Nachfolger?"

Völlig leer in der Birne kam ich an meinen Tisch zurück, kippte das mittlerweile schon warm gewordene Bier runter und bestellte gleich noch eines. „Oben rein, unten raus", dachte ich mir. Mit dem Medikamenten-Mix intus ist man sowieso in einer eigenen Welt, und das machte das Ganze auch erträglich. Auch wenn es eine Art Zwangsbeglückung war, fing es an, mir zu gefallen. Als nur mehr wenige Gäste durch die Hofburg geisterten, spazierte ich mit Gudrun ins Freie. Am Heldenplatz waren schon die Panzer für die Nationalfeiertags-Parade geparkt. Wir suchten uns den direktesten Weg in den Volksgarten-Pavillon, wo sich einige Freunde aufhielten wie Artur, seine hübsche Tochter Julia, Heini oder Raika-Marketingchef Leo Pruschak, der auch in meiner schlimmsten Zeit nicht nur als Sponsor zu mir stand. Wir hatten es richtig lustig. Als wir ins Hotel kamen, zwitscherten schon die Vögel. Erstmals seit dem 24. August hatte ich das Gefühl, wieder zu leben. Vielleicht hätte ich mit diesem Cocktail aus Medikamenten und Alkohol auch tagelang herumhängen können. Jedenfalls redete ich mir zumindest ein, wieder einen kleinen Schritt nach vorne gemacht zu haben.

Ob der Ausflug nach Wien meiner körperlichen Regeneration gut tat, war eine andere Frage. Heute sehe ich das völlig anders. Ich würde mich wahrscheinlich verstecken, alles von mir fern halten, alle Energie in meine Gesundheit investieren und eine Video-Botschaft schicken. So, wie's Schumi bei jeder Ehrung tut.

28. Oktober 2001. Ich lungerte in Gudruns Linzer Wohnung auf dem Sofa herum. Über den Fernsehschirm flimmerten die Bilder vom Weltcup-Auftakt in Sölden. Ich sah wie Frederic Covili sein Bestes gab und dachte mir: „Verdammt, das kann ich doch besser!" Die vorhergegangenen Riesentorläufe in Sölden hatte ich nach Belieben dominiert. Jetzt litt ich wie ein Hund. Bei jeder Passage wusste ich, wie Zeit zu holen gewesen wäre. Ich hatte alles im Kopf abgespeichert, aber ich konnte es ja nicht umsetzen. Dasselbe Gefühl der Hilflosigkeit sollte ich wenige Tage später in Dubai mit einem Fußball erfahren. Es tat verdammt weh, aber ich konnte es nicht ändern. Ich musste lernen, damit umzugehen. Schließlich musste ich in diesem Winter noch einige Male zusehen, wie sie meine Rennen untereinander aufteilten. Immerhin hatte ich in der Saison davor 13 Weltcup-Rennen für mich entschieden ...

7. November 2001. In Obertauern fielen die ersten Schneeflocken dieses Vorwinters. Mich jagten sie im Pullover raus. Die idyllische Alpenlandschaft um den Grünschnabel-See, wo sonst völlige Ruhe herrscht, war in ein Werbefilm-Set verwandelt. Ich musste für Überstunden herhalten. Die aufwändige Kampagne, in der ich einen Pensionisten mit Bauch und Elvis-Glitzerhemd in der Eden-Bar mimte und *Volare* trällerte, kam in die Schublade. Nach meinem Unfall war ein nachdenklicher Spot gefragt. So ließen sich die Kreativen von Sabotage Filmproductions einen schlichten Comeback-Spot einfallen.

Untermalt vom tragenden Musikthema des Oskar-gekrönten Hollywood-Opus *Platoon* tauchen zuerst Bilder von meinen Triumphen bei den Olympischen Spielen in Nagano '98, den Weltmeisterschaften in Vail '99 und vom Weltcup-Gesamtsieg in Bormio 2000 auf. Schnitt. Dann das Insert „Obertauern 2001. Rehabilitation." Ich ziehe das Hosenbein hoch und streiche nachdenklich über meine Narben am rechten Unterschenkel. Im Hintergrund die „angezuckerten" Tauern-Spitzen. Ein kleiner Bergsee. Der Himmel schwermütig bedeckt. Ich stehe auf und laufe Richtung Wasser den Gipfeln entgegen. Dann der Slogan: „Die wahren Siege sind die stillen." Kein Spot hätte meine damaligen Gefühle besser ausdrücken können: die Dankbarkeit darüber, dass ich überlebt habe, dass ich wieder gehen, ja fast sogar laufen konnte.

Der Drehtag schien nie aufzuhören. Im Olympiastützpunkt wartete Radio-Lady Claudia Stöckl, um ihre Sonntag-Morgen-Sendung aufzuzeichnen. So „frühstückten" wir kalte Palatschinken und Kaffee aus der Thermoskanne, als es draußen längst schon wieder dunkel war. Als ich die Aufzeichnung drei Tage später im Radio hörte, war ich überrascht, wie viel Persönliches ich schon damals von mir preisgegeben hatte.

19. November 2001. Draußen türmte sich der Schnee, in der Zeitung las ich täglich Berichte über meine Ski-Kollegen, die sich in Colorado auf die Übersee-Rennen vorbereiteten. Und ich war in Obertauern an mein Ergometer gefesselt.

Ich trat am Stand. Schlimmer noch: Ich fragte mich zum ersten Mal, weshalb ich mir das alles antat. Zum Glück kannte mich Heini so gut, dass er schnell merkte, wie schlimm es um mich stand. Er schaute mir in die Augen und meinte: „Du musst so schnell wie möglich in die Wärme!" Das war aber nicht so einfach zu realisieren: Ein langer Flug war Gift für mein Transplantat, Zeitzonen-Umstellungen waren meinem Kreislauf nicht zumutbar. Heini surfte im Internet und legte mir stapelweise Informationen auf den Lesehalter am Ergometer. Auf das Reiseziel hatten wir uns schnell geeinigt: Dubai. Trockene Wärme, Sandstrände, und das bei nur dreieinhalb Stunden Flug und praktisch keiner Zeitumstellung. ÖSV-Alpindirektor Hans Pum ließ seine Beziehungen zum feudalen Jumeirah Beach Hotel spielen. Bevor ich der November-Depression entfliehen durfte, musste ich noch eine mediale Extra-Tour auf mich nehmen.

Mit Anastasia, Jennifer Lopez & Co in München

23. November 2001. Mein erster Auftritt außerhalb Österreichs nach dem Unfall. Der deutsche TV-Sender ARD hatte mich als Stargast zur *Victoria-Gala* nach München geladen. Die verfolgten 5 Millionen live vor den TV-Geräten. Ein Abend, in dem es von Superstars nur so wimmelte. Jennifer Lopez, Anastasia und Mariah Carey waren da. Die Lighthouse Family. Sasha. Und, und, und ... Die prämierten Sportgrößen wie Michael Schumacher oder Lance Armstrong fehlten allerdings wie so oft bei solchen Anlässen.

Unsereins muss schließlich trainieren. Wir leben nicht vom Starrummel, sondern von unseren Leistungen auf der Piste, auf der Laufbahn, am Fußballplatz oder auf der Rennstrecke. Aber ich war da, wenn auch mit oder vielleicht sogar wegen meiner Schmerzen. Denn sonst wäre ich bei den Übersee-Rennen gewesen. Außerdem ließ sich der Termin gut verbinden: Gemeinsam mit Gudrun wurde ich mit dem ARD-Herzblatt-Hubschrauber vom Training in Obertauern abgeholt, wir machten im ober-österreichischen Ried im Innkreis eine Zwischenlandung, um meine Skischuhe mit der neuen Speziallasche anzupassen. Der Zwischenstopp war ein voller Erfolg. Ich stand zum ersten Mal richtig im aufwändig umgebauten rechten Spezial-Skischuh und ich fühlte mich richtig wohl. Erstmals seit dem Unfall konnte ich mir vorstellen, Ski zu fahren. Leider hatte ich keine Zeit, dieses Glücksgefühl auszukosten. Draußen drehten sich schon wieder die Rotorblätter und wenige Minuten später hoben wir ab.

In der Münchner Messehalle herrschte eine angespannte Stimmung. Mariah Carey, Jennifer Lopez und Anastasia trugen gerade eine dieser Zicken-Streitereien, von denen man immer in der Zeitung liest, aus. Es ging um die Reihenfolge ihrer Auftritte, und die Live-Show drohte zu kippen. Mich interessierte das wenig, auch Gudrun war schon ziemlich genervt. Wir hatten uns hoffnungslos im Gewirr von Gängen, Helfern und Galagästen verirrt. Zum Glück war der ehemalige Skirennläufer Tobias Barnerssoi – an ihm hatte ich mich bei meinen Europacup-Anfängen orientiert – zur Stelle. Er zeigte uns den Weg durch die Katakomben. Tobi arbeitete inzwischen als ARD-Sportreporter und wollte mich den Abend hindurch backstage begleiten. Als ich unter tosendem Applaus auf die Bühne gebeten wurde, biss ich die Zähne zusammen und bluffte. Locker beschwingt, halb im Laufschritt, flog ich auf die Bühne und hielt meine

Dankesrede. Die Bild-Zeitung begann schon am Tag danach mit Comeback-Spekulationen ...

Klinik unter Palmen

In Wahrheit war ich vom Comeback weit entfernt. Der Substanzverlust, das monotone, erzwungene Training und die Schmerzmittel hatten mich ausgehöhlt. Das Einzige, was mich jetzt retten konnte, war Tapetenwechsel. Ich sehnte mich nach einem ruhigen Ort weit weg, nach Meeresrauschen und nach Wärme. Dubai, das ich von einer Einladung nach der WM '99 kannte, schien mir der ideale Ort.

Am Morgen nach der *Victoria-Gala* traf ich Heini am Münchner Flughafen, von dort ging's direkt in die Vereinigten Arabischen Emirate. Die Reise fing schon gut an: Eine Stunde nach dem Abflug setzte ein Triebwerk aus und wir mussten umkehren. Noch eine Nacht in München. Im zweiten Anlauf kamen wir aber weg und wenige Stunden später atmete ich heiße Meeresluft.

Die Hotelanlage ließ keinen Wunsch offen: Fitness-Studio, saftige gepflegte Rasenflächen mitten in der Wüste, ein wunderschöner Sandstrand, eine sensationelle Pool-Landschaft, und im Hintergrund rauschte das Meer.

Von Erholung konnte aber keine Rede sein. Meine zusammengeflickte Transplantat-Ausbuchtung am rechten Unterschenkel war ständig in diesen engen, „omabraunen" Stützstrumpf gepresst. Das und die „dezente" 30-Zentimeter-Narbe am linken Oberarm machten mir zwischen den Pool-Schönen keinen schlanken Fuß. Ich war behindert, gerädert, erledigt. Werde ich mich jemals wieder als Spitzensportler fühlen dürfen? Mit meinem klebrigen Schweißfilm, der meinen ganzen Körper bedeckte, hatte ich ständig das Gefühl, als würde ich in einem kratzenden Pullover stecken.

Ende November in Dubai – ein Urlaub, der kein Urlaub ist

Es fällt noch immer schwer, meinen damaligen Gemütszustand in Worte zu fassen. Ich verspürte ständig eine Sehnsucht, aus meinem Körper auszutreten und dem Schmerz davonzulaufen.

Einmal setzte ich mich auf einen Felsblock, der ins Wasser ragte, blickte über den endlosen Horizont und wollte diesen einmaligen, kitschig schönen Sonnenuntergang am Meer genießen. Da wurde ich von einer tiefen Depression erfasst. Die Schmerzen, die mich überallhin begleiteten, taten ihr Übriges. Ich sehnte mich nach Zufriedenheit, danach, wieder einmal hemmungslos glücklich zu sein. Doch davon schien ich mit jedem Tag ein Stück weiter entfernt.

Ein Erlebnis am zweiten Tag hat mich so brutal schockiert, dass es mir die nächsten Wochen und Monate nicht aus dem Kopf gehen sollte: Ich wollte mit dem Fußball auf der Wiese der Hotelanlage gaberln. Darin war ich eigentlich echt gut: das Leder von einem Fuß auf den anderen, aufs Knie, die Schulter, den Kopf – das ging ewig. 200, 300 Mal hab' ich das früher locker zusammengebracht. Doch in Dubai funktionierte es nie mehr als zwei- bis dreimal. Das Jonglieren war nicht das Problem. Meine Füße waren einfach zu langsam. Ich schaffte es nicht rechtzeitig, von rechts auf links zu wechseln. Ich sah den Ball in Brusthöhe, doch ich brachte den Fuß nicht hoch. Das Gehirn gab den Befehl, aber mein Bein reagierte erst dann, als der Ball schon wieder ins Gras rollte. Ich war fertig. Völlig verzweifelt, den Tränen nahe. Vielleicht weinte ich wirklich. Ich weiß nur, dass ich mich in diesem Moment völlig hilflos fühlte. Wenn du spielen willst und es funktioniert nicht, wenn nicht einmal die einfachsten Dinge funktionieren, dann fragst du dich, ob du jemals wirklich gesund wirst. Das ist tragisch!

„Heini, das wird nix mehr!"

Den nächsten Rückschlag hatte ich beim Versuch, am Strand zu laufen. Dafür hatte ich mir von Artur die Erlaubnis geholt. Zweieinhalb Monate nach der Operation befand Artur den Knochen als „stark genug durchbaut" für diese leichte Belastung. Was sollte mich also daran hindern, diesen wunderschönen weißen Sandstrand für die ersten richtigen Läufe seit dem Unfall zu nützen? Nach wenigen Schritten wusste ich es. Mich durchfuhr ein brennender Schmerz, der mich zwang, den Laufversuch sofort wieder abzubrechen. Heini machte mir Mut: „Geh ein, zwei Minuten, und dann versuch's noch einmal!" Okay. Ich lief wieder los. Nach 30, 40 Sekunden musste ich es wieder bleiben lassen und ein paar Minuten gehen. Ich war verzweifelt. Werde ich je wieder laufen können? Ich konnte mich nicht abstoßen. Der rechte Fuß schmerzte und das Blut staute sich an der transplantierten Stelle. Der linke schien gar nicht dazuzugehören, er stand ständig unter Spannung. Ich konnte ihn nicht einmal richtig abbiegen. Bei jedem einzelnen Schritt musste ich mich verdammt konzentrieren. Außerdem tat die Achillessehne höllisch weh. So stolperte ich mit Heini im Schlepptau schwerfällig am Strand dahin. Bis mir die Geduld riss. „Heini, das wird nix mehr!"

„Unsinn! Das ist der Kallus, der sich an der Bruchstelle gebildet hat." Tatsächlich konnte ich, wenn ich meine Bruchstelle abtastete, diese Verknöcherungen fühlen. Ich startete einen weiteren Laufversuch, hielt es aber längstens zwei Minuten lang aus. Immer wieder begegneten mir Touristen. Dicke Leute, die nur im Urlaub joggen. Aber die liefen schön dahin. Ich dachte mir nur: „Wahnsinn, haben's die gut! Wie gern tät' ich jetzt auch laufen, egal, wie anstrengend, egal, ob mein Bauch hin und her wackelt!"

Die einfachsten Bewegungsabläufe wurden zu ernsthaften Herausforderungen. So wollte ich an einem kleinen Hafen über einen Damm aus losen Felsbrocken gehen. Doch ich musste bei jedem Schritt nachdenken und ganz genau schauen: Wo steig' ich hin? Schaff' ich das überhaupt? Bleibe ich eh nirgends hängen? So musste ich es bei langen, ausgedehnten Spaziergängen morgens und abends belassen. Das hatte mit dem gewohnten Training eines Hermann Maier nichts mehr zu tun!

Am dritten Tag am Persischen Golf kreuzte Franz Pammer von der Grazer Sportfoto-Agentur Gepa Pictures auf. Seit meiner Entlassung aus dem Krankenhaus versuchte er fast jede Woche die Fortschritte meiner Genesung zu dokumentieren. Sein Auftrag lautete, Genussfotos zu schießen. Machte ich ihm also die Freude, weil er von so weit angereist war. Aber von Genuss konnte keine Rede sein. Ich bin heute noch entsetzt, wenn ich mir die an sich schönen Motive von damals genau ansehe: mein Gesicht eingefallen wie bei einem Radprofi nach einer 200-Kilometer-Etappe, die Oberschenkel dünn wie Soletti. Kaum zu glauben, dass der Mann, der da in der kurzen, flatternden Hose am Strand saß, einmal der stärkste Skirennläufer der Welt war.

Obwohl es 30 Grad im Schatten hatte, fror ich ständig. In den klimatisierten Gebäuden fühlte ich mich wie im Eisschrank. In meinem Zimmer schaltete ich die Klimaanlage aus und trotzdem wurde mir nie warm.

Zumindest im Meer fühlte ich mich annähernd wohl. Das entspannende Im-Wasser-Treiben tat mir gut, das hatte etwas Spielerisches. Allerdings fürchtete ich mich jedes Mal vor dem Rausgehen. Es war mir richtiggehend peinlich. Ich, der Sportler, stolperte über jede Unebenheit am Meeresgrund. Musste ständig Zwischenschritte einlegen, kämpfte mit den Wellen. Das Schlimmste stand mir aber kurz vor den Liegeflächen bevor: Dort, wo die Brandung einen 50 Zentimeter hohen Absatz in den Sand gegraben hatte, war für mich ein fast unüberwindbares Hindernis. Ich suchte jedes Mal nach der niedrigsten Stelle und kletterte schwerfällig drüber. Beim Hineingehen fühlte ich mich wie ein Pinguin. Ich konnte die paar Zentimeter nicht hinunterspringen, tollpatschig rutschte ich ins Wasser.

Am vorletzten Tag unseres Dubai-Abenteuers ging dann aber richtig die Post ab. Wir entdeckten einen Fun-Park mit riesigen Wasserrutschen. Ich beobachtete, wie die Badegäste auf aufgeblasenen Reifen Richtung Pool zischten. Ob ich das auch riskieren sollte? Wenig später stand ich am Turm. Der Bademeister oben blickte noch kritisch auf meinen Transplantat-Buckel, da stieß ich mich auch schon ab. Unglaublich, wie schnell man da beschleunigte. Dann die Schrecksekunde: Es ging durch einen dunklen Tunnel und ich hatte panische Angst, dass ich mit meinem Unterschenkel irgendwo anschlagen könnte. Plötzlich war der Unfall wieder gegenwärtig. Ein unbeschreibliches Gefühl. Jedenfalls war ich froh, als ich ins Becken zischte – und stellte mich gleich zur nächsten Fahrt an.

Eineinhalb Jahre später sollte ich noch einmal nach Dubai kommen, und zwar als Gesunder. Ich genoss das angenehme Klima, dinierte in den Strand-Restaurants, schaute mir die Umgebung an. Alles war wunderschön ...

Nach der Rückkehr aus Dubai konnte ich noch immer nicht richtig gehen. Fast jeden Tag übten meine Physiotherapeuten und Sportwissenschaftler mit mir. Ob mir die „Gehschule" oder die stundenlangen Ergometer-Einheiten mehr zum Hals heraushingen, kann ich nicht sagen. Draußen schneite es und ich wurde mit jedem Tag meiner Umgebung gegenüber aggressiver. Vielleicht stachelte das meine Trainer zusätzlich an. Sie hatten nur eines im Sinn: Hermann Maier noch rechtzeitig zur Olympia-Qualifikation auf die Piste zurückzubringen.

Wie habe ich mir zu diesem Zeitpunkt mein Comeback vorgestellt? Ich weiß es nicht. Immer wieder rechnete ich nach und fragte mich: „Wie kann das noch funktionieren?" Ich schaffte es nicht einmal, aufrecht die Stiege hinaufzugehen. Wie sollte ich da Ende Jänner rennmäßig Ski fahren? Ein Ding der Unmöglichkeit. Aber ich wollte es nicht wahrhaben und jagte weiterhin einer Illusion nach. Aufgeben war ein Fremdwort.

5. Dezember 2001. Wieder einer dieser Mittwochnachmittage, an denen mir das monotonste Training weitaus lieber gewesen wäre. Aber ich musste für Journalisten und Sponsor-Partner herhalten. Obwohl bis zu 50 Interview-Anfragen wöchentlich bei meinem Management eintrudelten, konnte ich nur einen Bruchteil wahrnehmen. An jenem Medien-Nachmittag nahm ich mir für drei Zeit: Eine dunkelhaarige Asiatin interviewte mich für Japans *Asahi Shimbun*, das Massenblatt mit den meisten Lesern weltweit. Danach folgte ein Frage-Antwort-Spiel für die Moskauer Tageszeitung *Iswestja*, und nebenbei drehte ein deutscher TV-Sender einen Trainingstag mit Hermann Maier. Als das Presse-Theater vorbei war, ging es erst richtig los. Die Foto-Shootings für meine Ausrüster begannen bereits mit einer endlosen Verspätung. Nach der ersten Blitzlicht-Session wollte ich nur mehr weg. Ich flüchtete in die Olympiastützpunkt-Garage und schlug die Autotür hinter mir zu. Nach langem Hin und Her ließ ich mich überreden, doch weiterzumachen. Es zog sich bis in die Nacht: umziehen, schminken, lächeln. Immer wieder. Gab's eigentlich irgendwen, der an diesem Tag an meine Schmerzen dachte?

Es verging kaum ein Tag, an dem nicht neue Spekulationen über mein Comeback durch die Medien geisterten. Mal ging es um meine Spezialstiefel („Noch drückt Maier der Schuh"), dann wieder um einen Shaolin-Mönch, der mich angeblich mit wöchentlichen Qi-Gong-Einheiten mental auf die Rückkehr ins Renngeschehen vorbereitete. Und immer wieder tauchten neue „Geheimpläne" für Olympia auf. Um meinen Fans zu zeigen, wie es wirklich um mich stand, flog ich am 9. Dezember nach Wien und erschien neben Niki Lauda und Hans Krankl als Gast im Sportam-Sonntag-TV-Studio. Live, das ist mir am liebsten. Da kann keiner meine Aussagen aus dem Zusammenhang schneiden, manipulieren oder bewusst eine vorgeformte Geschichte drüberstülpen.

Das erste Mal auf Schnee

11. Dezember 2001. In der idyllischen, tief verschneiten Landschaft auf der Gnadenalm bei Obertauern packte ich meine Langlauflatten aus. Meine ersten Gehversuche auf Schnee! Ich war richtig glücklich, wieder in der Natur zu sein. Doch die vertraute Verbindung zum Schnee war da-

Erster Schneekontakt in Obertauern

hin. Früher, in Jugendzeiten, war ich kein schlechter Langläufer gewesen. Doch meine kurzen Diagonalschritte jetzt hatten eigentlich nichts mit sportlichem Skilanglauf zu tun. Wieder einmal kämpfte ich mit mir selbst. Mein rechter Unterschenkel war geschwollen und fast schon dicker als meine nicht mehr vorhandenen Oberschenkel. Während ich mich mit einem Puls von 160 Schlägen pro Minute plagte, zogen Touristen locker an mir vorbei. Bei diesem Schneckentempo tat mir Andy Evers, der brav hinter mir nachzockelte, richtig Leid. Ich fragte mich: „Was hab' ich eigentlich hier verloren?“ Immerhin: Ich war endlich wieder an der frischen Luft! Aber dieses Glücksgefühl hielt nur wenige Momente an. Dann wurde auch das zur Qual und ich beendete die Session nach 35 Minuten.

Bei meinen weiteren Loipen-Ausflügen waren Fotograf Pammer und das Kamera-Team vor Ort. Also mussten die obligaten Werbesticker auf die Haube und den engen Langlauf-Overall. Die fielen bei klirrenden minus 21 Grad immer in den Schnee. Es war bereits dunkel und ich amüsierte mich innerlich, wie meine Betreuer die Aufkleber in der gefrorenen Spur suchten.

Jeden Vormittag saß ich auf dem Ergometer – und keinem war bewusst, wie monoton das für mich war. Klar, mit dem konsequenten Radtraining hatte ich die körperliche

Basis für meine starke Ski-Karriere gelegt. Doch früher war das immer eine ideale Mischung zwischen Ergometer- und Ski-Wochen. Außerdem war ich im Frühling und im Sommer oft im Freien geradelt. Ich bin ein Typ, der Abwechslung und Geschwindigkeit braucht. Doch Ergometer-Radeln ist so zirka das Langweiligste, das du dir vorstellen kannst. Aber es hilft, und deswegen schleppe ich das Zimmerfahrrad auch während meiner Weltcuprennen überallhin mit. Nun zog es mir aber langsam den Nerv. Seit Mitte September trat ich Tag für Tag in die Pedale. Ohne Unterbrechung! Wie sehnte ich mich nach dem Leben im Weltcup, das meine Kollegen zur Zeit leben durften: nach diesem Gefühl der Schwerelosigkeit, wenn man in einen jungfräulichen Tiefschneehang eintaucht, nach dem Kampf mit den Elementen, nach den Herausforderungen einer vereisten Rennpiste, wenn du dir deine Linie konstruierst und immer engere Radien probierst. Ja, das war meine Welt, und das Ergometer-Radeln dazwischen ein Mittel zum Zweck. Jetzt schien es mein Lebensmittelpunkt.

Zu dieser Zeit klammerte ich mich an meine Werte, und die hatten sich Woche für Woche verbessert. Mein Training ist so angelegt, dass sich ein Großteil im „aeroben" Bereich, also unter Laktat 2. abspielt. Dabei radle ich ewig im moderaten Pulsbereich. In Heinis Fachjargon heißt das KB (Kompensierungsbereich). Mehr darüber im Anhang (s.: Das Hermann-Maier-Trainingsprogramm, S. 276). Intensivere Einheiten werden gezielt ins Training eingebaut. Am 5. November setzten wir erste Reize, ich radelte 4-mal 6 Minuten bei 240 bis 250 Watt und Laktatwerten zwischen 2 und 3.

Als ich mit Krafttraining begann, fühlte ich mich endgültig reif für die Piste. Edi Unterberger, mein Sevicemann bei Atomic, harrte in den Startlöchern. Er hatte seit Wochen Modelle für mich getestet und für alle denkbaren Schneebedingungen präpariert. Das größere Problem waren allerdings die Schuhe. Die mussten in wochenlanger Gemeinschaftsarbeit zwischen meiner Ausrüsterfirma und dem Schuster in Oberösterreich umgebaut werden. Dabei war ich von Beginn an skeptisch. Ich ging ja davon aus, dass mir meine alten, bewährten Schuhe bald wieder passen würden. Aber da hatte ich mich gewaltig getäuscht. So sehr sich Gerhard, mein Schuhservicemann, auch bemühte, mein Fuß passte in kein herkömmliches Rennmodell. Und das, obwohl ich unterhalb des Wadenbeins unverletzt geblieben war. Gerhard drückte, schliff, dehnte, doch all das nützte nichts. In der Wade fehlte mir jedes Gefühl. Jedes Mal, wenn ich mich in den Schuh zwängen musste, war das mit Höllenschmerzen verbunden. Aber ich wollte nicht jammern: „Da muss ich durch, ich muss weiterkommen. Ich will ja wieder fahren!" So werkten wir weiter.

19. Dezember 2001. Es war so weit. Der erste – heimliche – Skitag. Ich hatte zwar noch Arturs Worte („Vorsichtiges Rutschen!") im Ohr, doch ich hatte mir fest vorgenommen: Wenn schon Ski fahren, dann richtig! So holte ich meinen Rennanzug und die kurze Überhose, die wir Rennläufer im Training überstreifen, aus dem Kasten und tauchte kurz nach acht Uhr im Olympiastützpunkt auf. Dort wartete Gerhard mit den Schuhen. Mir stellt es heute noch die Haare auf, wenn ich daran denke. Nicht nur das Transplantat war angeschwollen, auch der Fuß war viel zu dick. Ich quetschte mich in den Skischuh. Er kam mir mindestens zwei Nummern zu klein vor. Ich verstellte die Schnallen und versuchte, sie zu schließen. Die Metallteile flogen in hohem Bogen durch die Luft. Alles schmerzte. „Nein, das können wir sofort wieder lassen", fluchte ich. „Pfeif drauf!" Ich bin es ja gewohnt, dass der Skischuh an allen möglichen Stellen drückt. Doch diese Schmerzen übertrafen meine schlimmsten Befürchtungen. Alles in mir wehrte sich.

Andy redete auf mich ein wie auf ein krankes Pferd und startete seinen Minivan. Wortlos parkte er das Auto hinter dem Seekarhaus und holte die Ski aus dem Gepäckraum. „Was soll's", dachte ich mir: „Fahren wir halt!" Mir war natürlich klar, dass ich mich nicht spielen durfte. Der Fuß war ja noch gebrochen, die Kallusbildung viel zu gering.

Ich hätte mich langsam herantasten sollen, aber das widerspricht meiner Natur. Nach drei, vier Schwüngen carvte ich schon dahin. Zwar nicht schön, aber in einem Tempo, dass die wenigen Touristen, die an diesem Mittwochmorgen schon unterwegs waren, die Ohren anlegten. Es funktionierte nicht einmal so schlecht. Allerdings musste ich ziemlich aufrecht fahren. Denn immer, wenn ich zu tief in die Knie ging, ließ das linke Bein nach. Diese extreme Muskelschwäche kannte ich schon aus dem Krankenhaus und vom Trockentraining, als ich ein paarmal unverhofft zusammengebrochen war. Der rechte Unterschenkel war zwar gefühllos und völlig kaputt, doch er war mit dem Bruch, dem Nagel drin und dem heiklen Transplantat mehr zu gebrauchen als der linke. Mit dem war es mir unmöglich, in die Knie zu gehen und Druck zu machen. Aber unterm Strich war es ein überaus positives Erlebnis. Endlich durfte ich wieder das unternehmen, was mir Spaß machte. Mehr noch: Ich war eigentlich positiv überrascht und dachte mir: „Gewaltig! Schau dir das an, wie ich fahre!"

Natürlich dachte jeder in meinem Umfeld zu diesem Zeitpunkt unweigerlich an Olympia. Alle wollten mich möglichst schnell für eine Rennsituation hinbekommen, und ich spielte dabei mit. Im Nachhinein betrachtet war allein der Gedanke an eine schnelle Rückkehr hirnrissig. Man muss sich das vorstellen: eine Rennpiste aus blankem Eis, mit Schlägen und vielen Übergängen, wie sie mir in Garmisch beim heimlich angepeilten Comeback bevorgestanden wäre! Unmöglich! Mich hätte es geschmissen, mir

Bei meinem ersten offiziellen Ski-Versuch flüchte ich vor den Journalisten.

hätte die Kondition gefehlt. Ich hätte mich in höchste Lebensgefahr begeben! Das hätte nie geklappt! Doch in dem Moment, als ich die Ski abschnallte, war ich zuversichtlich und dachte: „Vielleicht könnte bis Olympia wirklich noch was gehen." Mit diesem Selbstvertrauen im Hinterkopf wagten wir einen offiziellen Ski-Versuch für die Presse. Ein Skitag, den ich nie vergessen werde! Schon bei der ersten Andeutung, die ich in einem Interview machte, kündigten sich sofort die ersten Fotoreporter an. Also traten wir die Flucht nach vorne an und boten allen an, mit mir gemeinsam ins Tal zu rutschen. Die Bergbahnen Flachau stellten sogar gratis Lifttickets zur Verfügung. Was sich dann allerdings an diesem bitterkalten Freitagmorgen abspielte, war unglaublich. Als ich mit Andreas Evers vor der Talstation vorfuhr, traute ich meinen Augen nicht. Foto-Objektive, TV-Kameras, Mikrofone, und überall wimmelte es von

Reportern – bei keinem Weltcuprennen in meinem Heimatort war medial so viel los! Kurioses Detail am Rande: Alle hatten Ski dabei! „Was, die sollen alle Ski fahren können?", staunte ich und war gespannt, was mich auf der Piste erwarten würde. Mir schwante schon zu diesem Zeitpunkt Übles. Vor uns das Grießenkar, jener Berg, auf dem ich fast auf den Tag genau 26 Jahre davor meine ersten Skiversuche unternommen hatte. Die 50 Lifttickets, die Bergbahnen-Chef Ernst Brandstätter an der Kasse hinterlegt hatte, waren blitzschnell vergriffen. Jeder wollte mit mir fahren. In die Gondel, die für acht Skifahrer zugelassen ist, hatten sich neben unserem Kamera-Team zehn Schreiberlinge hineingequetscht.

Was folgte, war der reinste Sauhaufen. Eine Gemeingefährdung – für mich und für alle, die sich um mich herumtummelten. Ich wollte mit ein paar leichten Schwüngen beginnen und mich dann kurz mit Andy beraten. Doch die Meute klebte förmlich an mir. „Okay, dann gebe ich die Regeln vor", dachte ich und zischte so schnell davon, dass mir keiner folgen konnte. In meinen Augenwinkeln sah ich, wie sich alle weit über ihre Verhältnisse waghalsig Richtung Tal stürzten. Bei der Mittelstation bremste ich ab. Ein paar Augenblicke später ratterte schon ein Kameramann über meinen Ski. Dabei verfehlte er den verletzten Unterschenkel nur um wenige Zentimeter. Um ein Haar wäre da schon alles zu Ende gewesen. „Seid ihr schon komplett verrückt geworden?", fluchte Andy, der die Funktion eines Bodyguards übernommen hatte. Viel hätte nicht gefehlt, und er wäre handgreiflich geworden.

Die Schmerzen im rechten Bein waren inzwischen so schlimm, dass ich die oberen zwei Schnallen meines Schuhs öffnen musste, und ich ergriff die Initiative: „Ich fahr' jetzt in einem Zug hinunter." Mit zwei, drei kräftigen Stockeinsätzen stieß ich mich ab und fuhr in lang gezogenen Schwüngen flott weg. Enge Radien waren in meinem Zustand sowieso nicht möglich. Das Risiko, das ich damals einging, war eigentlich ein Irrsinn. Wenn ich da zu Sturz gekommen wäre, wäre der Fuß wieder ab gewesen! Nach dieser einen Fahrt ließ ich's bleiben. Nie wieder wollte ich so einen schrecklichen Skitag erleben!

Die 200 Meter zu unserer Skischul-Hütte musste ich zu Fuß zurücklegen. Ich humpelte mit den Skischuhen los, und die Schmerzen wurden von Schritt zu Schritt schlimmer. Ich fühlte, wie die Knochenteile des operierten Schienbeines aneinander rieben, und wusste: Die konnten unmöglich zusammengewachsen sein. Diese Qualen! Da Dutzende Objektive auf mich gerichtet waren, nahm ich mich zusammen, doch es funktionierte nicht mehr. Ich stand ja ständig unter Beobachtung. Doch mein Körper spielte nicht mehr mit. Das ist das Schlimmste, was einem Sportler, der wieder zurückwill, passieren kann.

Ich wollte einfach nur weg, keinen sehen. Doch in Luft auflösen konnte ich mich nicht. Immerhin konnte ich in die Skischul-Hütte meiner Eltern flüchten. Hinter mir schlug ich die Tür zu und fluchte nur mehr. Das war der Augenblick, in dem ich mit dem Skifahren abgeschlossen hatte. „Aus, Freunde! Es interessiert mich nicht mehr. Ein für alle mal! Raus aus diesem scheißengen Skischuh." Ich schleuderte ihn in ein Eck und schlüpfte in den Turnschuh. Wenigstens das tat gut. Mein Vater kennt mich so gut, dass es keiner Erklärungen bedurft hätte. Ich jammerte: „Es tut so weh, es hat keinen Sinn mehr. Jetzt kann mir das Skifahren gestohlen bleiben!"

Aber was mach' ich jetzt mit der Reportermeute, die vor der Holztür lauerte und auf Erklärungen wartete? Ich versuchte, ein paar Minuten Zeit zu gewinnen. Inzwischen beruhigte ich mich etwas, trat vor die Tür und war in der Sekunde der Medienprofi, den sie kannten. Und beantwortete artig jede einzelne Frage.

„Fürs Renntempo reicht's noch nicht. Mein Körper muss noch einiges dazu beitragen, dass es wieder so wird, wie's einmal war. Ich bin mir schon halbwegs sicher vorgekommen – wenn ich das Tempo in Grenzen halte, dann geht's schon!"

Einen Satz schienen sie allerdings nicht wirklich ernst zu nehmen: „Die Olympischen Spiele kommen ein biss'l zu früh. Aber vielleicht machen's das ja ein Jahr später."

Feststellung eines ORF-Reporters: „Es war in erster Linie eine Geschichte für die Psyche ..."

Ich, frech: „Ja – und eine Geschichte für die Medien. Ich wollte den Druck hinter mich bekommen. In den nächsten Wochen werde ich dann richtig loslegen!"

Doch in Wahrheit hatte ich in meinem Innersten mit dem Skifahren abgeschlossen. Zumindest für einige Zeit.

Weihnachten war anders als sonst. Irgendwie besinnlicher. In den Jahren zuvor war ich kurz vor dem Heiligen Abend ausgebrannt heimgekommen und drei, vier Tage später wieder Richtung Bormio abgereist. Diesmal hatte ich trotz meines schlimmen Zustandes innere Ruhe gefunden. Ich merkte, wie sich meine Familie freute, als ich genau vier Monate nach dem Unfall zumindest halbwegs gesund vor dem Christbaum saß.

28./29. Dezember 2001. Während sie in Bormio auf „meiner" Strecke siegten, spulte ich im Olympiastützpunkt mein Programm herunter. Heini baute den Fernseher vor meinem Ergometer auf, so dass ich die Rennen mitverfolgen konnte. Ich fuhr in Gedanken mit und drehte fast durch, weil ich genau wusste, wie einige Passagen besser zu fahren wären. Ich sah auf die elektronische Pulsanzeige auf dem Ergometer und beobachtete, wie mein Puls immer wieder in die Höhe schnellte, ohne dass ich Frequenz oder Widerstand erhöhte.

Am **4. Jänner 2002** startete ich noch einen Ski-Versuch.

In Flachau, ohne jemandem etwas zu sagen. Ich sah aber nach wenigen Schwüngen ein, dass es keinen Sinn machte. Ich fuhr einbeinig ins Tal und schnallte die Latten ab. Und zwar bis Mai. Ich hatte endgültig resigniert.

Regeln sind da, um gebrochen zu werden!

Maurer sein, das ist ein feines Leben. Aber Skirennläufer zu sein, das ist ein Traum! Diesem Traum begann ich alles unterzuordnen. 1997, im Sommer nach meinem ersten Weltcup-Sieg, trainierte ich härter als je zuvor in meinem Leben. Während meine Freunde am Badeteich lagen, fuhr ich Tag für Tag die 32 Kilometer von Flachau rauf zum Olympiastützpunkt nach Obertauern. Mein Ergometer stand im Keller, wo es kein Tageslicht gab. Ich kam mir vor wie in einem Verlies. Doch ich trat in die Pedale. Stunde für Stunde, Tag für Tag. Ich saugte das Wissen von Heini und seinem Lehrmeister Bernd Pansold auf. Wegen seiner Vorgeschichte als ehemaliger DDR-Mediziner war Pansold nicht unumstritten. Doch in Obertauern überzeugte er mich mit seiner geradlinigen, ehrlichen Arbeit. Heini hatte ihm die Chance gegeben, ein neues Leben zu beginnen. Er brachte uns seine Philosophie im Berliner Akzent nahe, ich gab ihm auf Pongauerisch kontra. Weil er merkte, wie viel ich bereit war, in mein Training zu investieren, und dass ich ihm mit Respekt begegnete, waren wir schnell auf einer Linie.

Es gab nur Training, Essen und Schlafen. Und als die Saison endlich losging, schoben sich noch Rennen zwischen Training, Essen und Schlafen. Alles andere war nebensächlich. Gewand? Egal, was wir brauchten, hatten wir bei der Einkleidung bekommen. Frisur? Egal, die Haare ließen sich notfalls hinter die Ohren kämmen, und im Rennen hatte ich sowieso einen Helm auf und danach die Sponsor-Kappe. Auto? Benötigte ich kein eigenes, da ich in den ÖSV-Betreuer-Fahrzeugen von Rennen zu Rennen chauffiert wurde.

In meinen Weltcup-Anfängen war ich durch drei Dinge aufgefallen. Die echten Experten bemerkten, dass ich besser als andere am Ski stand. Den Trainern ist mein Ehrgeiz nicht entgangen. Und meinen Teamkollegen trat ich mit dem nötigen Selbstvertrauen entgegen. So hatte mich Ortlieb, als Abfahrts-Olympiasieger und -Weltmeister die Nummer eins im Team, vor meiner ersten vollen Weltcup-Saison mit einem Maier-Zitat begrüßt: „Schwächen? Keine!" Damit hatte ich ihn in der ORF-Vorschau der jungen Aufsteiger beeindruckt.

Dadurch, dass ich nicht den typischen Weg gegangen war, war ich nie ein typischer ÖSV-Kader-Läufer. Wenn dreimal Einfahren am Plan stand, dachte ich mir: „Was soll das? Ich fahr' so ein, wie ich immer eingefahren bin. Das hat mich schließlich dorthin gebracht, wo ich jetzt bin!" Ich wollte nie eine für mich lebenswichtige Freiheit, eine gewisse Selbstständigkeit aufgeben. Das galt auch (und gilt noch immer) für die Streckenbesichtigung, die vor jedem Rennen auf dem Programm steht. Da legte ich schon immer großen Wert darauf, allein zu sein. Ich warte so lange, bis auch die letzten meiner Kollegen ein paar Tore weiter sind, und studiere dann den Kurs in aller Ruhe. Natürlich wird es am Schluss immer knapp, doch bis auf eine Ausnahme ging sich immer alles aus.

Auch so manchen sturen und sinnlosen Regeln der FIS wollte ich mich nie unterordnen. Ich versuchte alles bis an die Grenzen auszureizen. Dabei kam ich gleich zu Beginn der Saison 1997/98 völlig unschuldig zum Handkuss: Weil Andi Schifferer und ich vor dem Riesentorlauf in Tignes zur Auslosung pünktlich, aber nicht wie verlangt fünf Minuten vor Beginn erschienen waren, mussten wir 10 000 Schilling Strafe in die ÖSV-Kassen zahlen. Eine Frechheit, die mich noch heute ärgert!

Mit Schiffi hatte ich überhaupt einen kongenialen Zimmerpartner: Wir spornten uns gegenseitig zu Höchstleistungen an. Er schaute sich im Riesentorlauf einiges von mir ab und ich profitierte von Beginn an von seiner Abfahrtstechnik. Beim ÖSV-Schneetraining in Chile beeindruckte ich meine Teamkollegen derart, dass Patrick Ortlieb, der damals die meisten Interviews geben musste, immer wieder auf mich hinwies: „Passt's auf den Maier auf, der wird auch in der Abfahrt ganz stark!" Doch keiner der Journalisten hatte ihn ernst genommen. Das sollte sich aber rasch ändern.

Allerdings gab's ein Problem: Obwohl ich in Park City meinen ersten RTL gewann und in der Weltcup-Gesamtwertung in Führung lag, wollte man mir bei der ersten Saison-Abfahrt 1997/98 in Beaver Creek keinen Fixplatz zugestehen. Doch schließlich setzte sich Toni Giger, der Chef meiner damaligen Super-G/RTL-Gruppe (WC3), durch. Das war der Schlüssel zum ersten österreichischen Gesamtweltcup-Sieg seit 28 Jahren.

Völlig unbeschwert startete ich in der Saison 1997/98 durch. Es lief der Schmäh, fast jedes Rennen machte Spaß. Und die Erfolge kamen fast von alleine. Ich hatte immer mein Zimmerfahrrad im Gepäck, was mir bei vielen Kollegen fast mitleidige Blicke einbrachte. Doch nur, weil ich bewusst auf die notwendigen Regenerationsmaßnahmen achtete, schaffte ich es, in der kurzen Zeit zwischen den Rennen meine Batterien aufzuladen. Nur einmal, Mitte Jänner, wurde es kritisch. Ich hatte fünf Rennen in Serie gewonnen und spürte erste Verschleißerscheinungen. Meine Schienbeine schmerzten an den Skischuhrändern, und die Beschwerden wurden mit jedem Rennen schlimmer. „Heini, jetzt wird's ernst", meinte ich, nachdem ich vom Abfahrts-Sieg aus Wengen in den Olympiastützpunkt gekommen war. „Wir müssen etwas unternehmen!"

„Du lässt eben Kitzbühel aus!", meinte Heini trocken. Als Seriensieger und neuer Star nicht beim wichtigsten Weltcup-Rennen der Saison? Daran dürfte man nicht einmal denken. Um die Medien zu beruhigen, ließ ich mich zum anstrengendsten Pressetag meiner Karriere hinreißen. Neben einer Blitz-Pressekonferenz reihte mein damaliger PR-Manfred Kimmel ein One-on-one-Interview ans nächste. Mir war bis dahin nicht bewusst gewesen, welches G'riss um mich herrschte. Erst kurz vor Mitternacht taumelte ich aus dem Österreicher-Quartier und fuhr völlig benommen nach Hause. Gerädert, als ob ich alle Kitzbühel-Konkurrenzen an einem Tag bestritten hätte. Die Rennen schaute ich mir im Fernsehen an. Bei Olympia war ich wieder bei Kräften. Hätte ich nicht auch noch jeweils Abfahrt und Super-G im norwegischen Kvitfjell und beim Weltcup-Finale in Crans Montana ausgelassen (insgesamt fehlte ich siebenmal!), hätte ich Paul Accolas Punkterekord (1699 Punkte) schon in meiner ersten Saison locker gebrochen und womöglich sogar meinen späteren Jahrhundert-Rekord (2000 Punkte) übertroffen!

Nach dem Erfolgslauf war mir klar: Die Saison danach wird die schwierigste! Ich war stolz auf das neue Raiffeisen-Emblem auf meinem Helm und wollte allen beweisen, dass ich sogar noch zulegen konnte. Doch plötzlich war kein lockeres Skifahren mehr möglich. Dazu kamen höllische Rückenschmerzen. Nach den beiden WM-Goldmedaillen in Vail hatte ich noch immer theoretische Chancen, meinen Gesamtweltcup-Titel zu verteidigen. Doch es ging nichts mehr. Beim letzten Riesentorlauf in der Sierra Nevada wusste mein Körper nicht mehr, was meine Ski taten. Ich stürzte vor Erschöpfung. Als ich mit Schmerzen im Schnee lag, machte ich mir ernsthafte Gedanken. Die Saison war mir eine Lehre.

Im Sommer 1999 kam Andreas Evers als Co-Trainer in die „WC3"-Gruppe. Erstmals hatte ich einen richtigen Ansprechpartner – bis dahin war ich immer nur der Gejagte gewesen. Andy arbeitete mit mir sehr viel an skifahrerischen Elementen. Früher war er selbst ein guter Abfahrer gewesen, der seine Karriere nach einem schweren Motorradunfall beendet hatte. Er vermittelte mir das Gefühl für die langen Gleitkurven. Erstmals testete ich mein eigenes Material heraus. Obwohl ich noch immer ein Anfänger war, kam ich mir plötzlich wie ein Routinier vor und gewann zum ersten Mal den Abfahrts-Weltcup. Diese kleine Kristallkugel bedeutete mir mehr als der Rekordvorsprung: 2000 Punkte im Jahr 2000!

Nachdem ich die Saison 2000/01 mit einem überlegenen Sieg in Sölden begonnen hatte, drehte sich alles um die Heim-WM in St. Anton. Zwei Wochen vor der Eröffnung triumphierte ich, nachdem ich schon zweimal den Super-G gewonnen hatte, im dritten Anlauf auch auf der klassischen Hahnenkamm-Abfahrt. Die Maiermania schien nicht mehr zu bremsen.

So schön eine Heim-WM ist, so mühsam ist sie für einen heimischen Top-Favoriten. Für mich endete sie im Desaster. Losgegangen war es schon zwei Tage vor der Eröffnung, als es mir bei der Abfahrt in Garmisch an einer der gefährlichsten Stellen im Weltcup den Bindungsbacken aus der Verankerung gerissen hatte. Beim Sturz wurde der Knorpel im rechten Knie beschädigt. Aber niemand hörte auf mich. Ich war auf „3-mal Gold" getrimmt, wohnte in einem eigenen, ausgependelten Quartier im sechs Kilometer entfernten Pettneu. Ich hatte keine Minute Zeit zum Entspannen. Das ständige Hin- und Herfahren machte alles zusätzlich umständlich. Ein Termin jagte den anderen. Sponsor-Präsentation auf dem Kran in der Fußgängerzone, Autogramme, Österreich-Haus, TV-Studio, Pressekonferenz ... Ich war ständig im Stress, hatte jeden Tag schon in der Früh Kopfschmerzen. Ich begann zu verkrampfen – wie in der Saison 1998/99. Gleich zu Beginn ging der Super-G daneben – Platz 3. In der Abfahrt verpasste ich Gold um eine Zehntel, im RTL Bronze um eine Hundertstel. Insgesamt 0,82 Sekunden schneller, und ich hätte dreimal gewonnen! 82 Hundertstel – soviel war ich sonst bei einem Rennen vorn.

Kaum war die WM vorbei, war ich wieder locker. Mit einem einfachen Trick demolierte ich die Konkurrenz im japanischen Shigakogen. Weil es wenig Sinn macht, den Organismus für ein einziges Rennen umzustellen, reiste ich erst am Tag vor dem Rennen an, ging um vier Uhr nachmittags Ski fahren, behielt meinen Schlafrhythmus bei, gewann den Riesentorlauf mit 1,74 Sekunden Vorsprung auf Marco Buechel und flog wieder zurück nach Europa. Von den restlichen fünf Saisonrennen gewann ich vier und eroberte wie im Jahr zuvor vier Kristallkugeln. Ich jagte Stephan Eberharter den Abfahrts- und meinem ewigen Rivalen Michael von Grüningen den Riesentorlauf-Weltcup ab. Je mehr ich unter Druck stand, desto besser fuhr ich! Vor der großen Siegesfeier griff ich zum Telefon und rief Heini, meinen Konditionstrainer, an: „Wenn ich über den Sommer g'scheit trainier', dann bin ich wirklich unschlagbar!"

„Langsam wirst du mir unheimlich", sagte Heini, nachdem er mir gratuliert hatte. Schon damals, erzählte mir Heini später, hatte er eine beunruhigende Vorahnung. Nicht einmal ein halbes Jahr nach meinem stärksten Weltcup-Finale sollte ich wieder ganz von vorne beginnen ...

Olympia unter Palmen

7. Jänner 2002. Der Tag der Wahrheit. In Radstadt war es bereits dunkel, als ich durch den Hintereingang in die Aufmesser-Klinik schlich und mich mit Artur Trost im Untersuchungsraum traf. Während ich mein Bein für die Röntgenaufnahmen frei machte, trudelten die Chefs des Österreichischen Skiverbandes zum „Hermann-Maier-Gipfel" ein. Im Wohnzimmer von Werner Aufmesser nahmen sie auf der Ledercouch Platz und warteten gespannt auf das Ergebnis: Präsident Peter Schröcksnadel und Alpin-Direktor Hans Pum wollten sich persönlich von meiner möglichen Skitauglichkeit überzeugen. Natürlich waren auch meine persönlichen Betreuer Heini Bergmüller, Andy Evers und Harald Aufmesser dabei. Vor der Krankenanstalt lauerten die Reporter. Artur hatte sich Tage zuvor verplaudert, als er den Termin in einem Interview erwähnte. Und da es einen Monat vor Olympia keine bedeutungslose Routine-Untersuchung mehr gibt, konnten sie eins und eins zusammenzählen. Für sie war klar: Hier ging es um Olympia!

Ehrlich gesagt hatte ich innerlich mit dem Thema „Comeback im Jänner" sowieso schon zu Weihnachten abgeschlossen. Ich benahm mich nicht mehr wie ein Athlet, der seine Olympia-Chance um alles in der Welt nützen wollte. In Obertauern ging die Après-Ski-Saison richtig los. Ich trainierte zwar brav weiter, aber mir war es wichtig, wieder zu leben. So gönnte ich mir auf dem Heimweg vom Olympiastützpunkt den einen oder anderen Abstecher und ließ den Abend gemütlich mit Freunden ausklingen …

Jedenfalls kam ich mit einer gewissen Lockerheit zur Untersuchung nach Radstadt. Als die digitalen Röntgen-Auf-

SPORT

GOLDTIPP GOTTWALD SEITE 25 · KURIER · MITTWOCH, 9. JÄNNER 2002 · SEITE 2

DER COUNTDOWN

Einen Monat vor Olympia gibt Maiers Zustand Rätsel auf – der theoretische Fahrplan ins Starthaus steht bereits fest

VON WOLFGANG WINHEIM UND BERNHARD HANISCH

Andreas Evers, der private Schneetrainer von Hermann Maier, wird noch nicht zu seinem Freund abkommandiert. Maier schnallt vorerst nicht die Skier an. Evers hilft beim Coaching auf dem Lauberhorn (heute erster Zeitlauf) im Berner Oberland aus. Dennoch: Seit Montag, seit Doktor Artur Trost seinem Patienten Maier die Erlaubnis zu einem rennmäßigen Training erteilte, darf wieder mit einer Olympia-Teilnahme des erfolgreichsten österreichischen Skistars spekuliert werden.

Der ÖSV will Maier selbst die Entscheidung über den Zeitpunkt seines Comebacks überlassen. Ob es erst im nächsten Winter stattfindet oder wider Erwarten doch noch in Salt Lake City.

Entgegen den ursprünglichen Aussagen von Präsident Schröcksnadel („er muss vorher ein Weltcuprennen bestreiten“) und Trainer Giger („eine interne Qualifikation kommt nicht in Frage“) ist mittlerweile vorstellbar, dass Maier nach Salt Lake City mitfliegt und man abwartet, wie der Rekonvaleszente beim Training mit der Olympiastrecke zurechtkommt.

FRISTVERLÄNGERUNG Alpinchef Pum meint zwar, man dürfe die Hoffnung nicht aufgeben, fügt jedoch im nächsten Atemzug hinzu: „Hermann Maier muss niemandem mehr was beweisen.“

Zwar gilt der 28. Jänner beim ÖOC als Termin für den olympischen Nennungsschluss, für seine Alpinen aber hat Pum – nicht nur wegen Maier – eine Fristverlängerung erreicht. Sowohl bei den Damen (in Aare) als auch bei den Herren (in St. Moritz) werden die letzten Weltcuprennen am ersten Februar-Wochenende abgewartet.

MUSKELSCHWUND Vorsorglich wurde für St. Moritz Artur Trost als ÖSV-Teamarzt eingeteilt, der Maier im August zusammengeflickt hatte. Seine aktuelle Diagnose:

Das rechte Bein sehe sehr gut aus. Auch die Stelle, wo die Hauttransplantation vorgenommen wurde, sei gut verheilt. „Doch am linken Bein ist das Muskeldefizit sehr groß. Man vergisst, dass mehr kaputt gegangen war als je publiziert wurde. Hermann hatte wahnsinnige Beckenblutungen, dadurch war auch der Nerv lädiert.“ Und diese Nervenstörung wiederum löste den „irrsinnigen Muskelschwund“ aus.

Heini Bergmüller, Maiers Konditionstrainer, ist täglicher Beobachter und Programmchef des körperlichen Wiederaufbaus: „Es hapert noch an der Feinkoordination, 20 bis 30 Prozent fehlen am linken Bein noch zur vollen leistungsorientierten Belastbarkeit.“ Olympia-Start, ja oder nein? „Abwarten, was wir in den nächsten zehn bis vierzehn Tagen erreichen. Ich kann mich nicht festlegen, ob's reichen wird.“

– MEHR IM INTERNET www.hm1.com

CHRONOLOGIE

Comeback-Traum auf Krücken: Maiers langer Weg zurück

24. August: Hermann Maier prallt auf dem Weg vom Training in Obertauern ...

2. September: Maier verspricht im ersten Interview nach dem Unfall: „Ich werde noch stärker werden.“ ...

SKI ALPIN

Hermann Maier

PR-Theater mit Narben

Wie Österreichs Ski-Idol und sein Clan mit den Medien und Olympia spielen

Maier ist wieder Mensch

Mit diesem Bein soll er Olympia-Gold holen

Faksimiles:
Kurier, 9. 1. 2002 · *Sport Bild*, Februar 2001
Worüber ich mich ärgerte: Erst bedrängten mich die Medien wochenlang, und als ich schließlich nachgab, legten sie es als „PR-Theater“ aus.

nahmen auf dem Monitor aufleuchteten und ich beobachten konnte, wie sich Arturs Stirn in Falten legte, war mir alles klar. „Also, der Hautlappen ist sehr gut eingewachsen. Und die Kallusbildung schreitet voran. Besser, als man es bei so einer Verletzung erwarten kann …“, eröffnete mein Beinretter in seiner freundschaftlichen Art ganz diplomatisch. „Aber …“ – und jetzt kam's: „Um volles Risiko einzugehen, ist der Knochen noch nicht ausreichend durchbaut.“ Damit hatte sich alles Weitere erübrigt. Zumindest für mich.

Ich quälte mich die Treppen hinauf ins Aufmesser-Wohnzimmer und ließ mich in einen Fauteuil fallen. Alle Augenpaare zielten auf mich, doch ich sagte nur: „Warten wir auf den Artur!“ Ungeduldig nippten sie am Mineralwasser und knabberten an den übrig gebliebenen Weihnachtskeksen. Endlich erschien Artur. Er wiederholte die Sätze, die ich soeben gehört hatte, und fasste zusammen: „So gut schaut's nicht aus. Mit dem rechten Bein ist zwar vermehrtes Skifahren möglich, doch eine rennmäßige Belastung würde ich nicht empfehlen. Auch im Training nicht!“ Damit stand fest: Ich konnte die beiden Super-G in Garmisch Ende Jänner und wohl auch die Olympischen Spiele im Februar endgültig abschreiben! Betretenes Schweigen. Als Erster fand Hans Pum wieder Worte: „Was soll der Hermann jetzt am besten tun?“

„Ich würde ihn auf Urlaub schicken“, meinte Artur trocken. „Und zwar weit weg, in die Wärme. Dort kann er Abstand gewinnen.“

Was sagen wir der Presse, die draußen wartet? In solchen Situationen übernimmt meistens Peter Schröcksnadel das Kommando: „Ist es völlig ausgeschlossen, dass Hermann bei Olympia dabei ist, oder gibt's doch noch eine theoretische Chance?“ Artur warnte: „Ich würd' es nicht riskieren. Wenn Hermann stürzt und sich das Schienbein mit dem Marknagel drinnen noch einmal bricht, dann schaut's ganz schlimm aus. Dann müssen wir vorher den Unterschenkel mit dem Nagel ausbiegen und einen neuen einsetzen." Ich stellte mir diese Prozedur bildlich vor und war nach all dem, was ich in den Monaten davor durchgemacht hatte, gerne bereit, darauf zu verzichten. Heini warf noch ein: „Noch mehr Sorgen machen mir die nervalen Probleme im linken Bein." Der abgedrückte Nervenkanal ließ noch immer keine Versorgung der Muskeln zu – mein linker Oberschenkel weigerte sich trotz ausgeklügeltster Trainingsmaßnahmen, dicker zu werden. Meine Situation war also wenig aufbauend: Der operierte Unterschenkel rechts war noch nicht genügend zusammengewachsen. Der an sich gesunde Oberschenkel links war inzwischen viel, viel schwächer als der rechte und hatte ab einem gewissen Knie-Beugewinkel dramatische Aussetzer. Im Klartext hieß das: Olympia-Abfahrt und Super-G waren schon aufgrund der hohen Geschwindigkeiten unmöglich. Aber Heini, der unverbesserliche Optimist, kramte seinen Olympia-Kalender heraus und meinte: „Und was ist, wenn wir noch auf den Riesentorlauf hoffen?" Der ging nämlich erst am 21. Februar, also gegen Ende der zweiten Olympiawoche, über die Bühne, und die theoretische Chance, mich dafür zu qualifizieren, hätte ich am 3. Februar in St. Moritz gehabt. Bis dahin wären mir noch knapp sechs Wochen Zeit geblieben. Ich wusste, es war unrealistisch, aber ich wollte mich an diesen allerletzten Strohhalm klammern. Und wenn's nur für ein paar Tage war. So sprach „Schröcksi" ein Machtwort: „Ihr müsst euch bis nächste Woche entscheiden!" Denn länger als bis zum wichtigen Hahnenkamm-Wochenende in Kitzbühel wollten wir die Presse nicht warten lassen müssen.

Okay, ich wollte also diese Minichance, die mir noch blieb, nützen und setzte das zähe Comeback-Training fort. Die Besprechung hatte bis lange nach 22 Uhr gedauert, und Gudrun, die zu dieser Zeit bei mir wohnte, wartete schon ungeduldig mit dem Nachtmahl. Natürlich wollte meine Freundin wissen, was los war. Mir war aber nicht gerade nach Plaudern zumute. So stopfte ich mies gelaunt und wortkarg das Essen in mich hinein. Ich hänge meine Probleme prinzipiell nicht gerne anderen Leuten um – egal, wie nahe sie mir stehen.

Im TV lief *Zeit im Bild 3* und natürlich kam auch meine Untersuchung zur Sprache. „Maiers Kampf um Olympia geht weiter", hieß es da. „Schneller als erwartet", hätte ich grünes Licht für rennmäßiges Training erhalten. Ich warf meine Schmerztabletten ein und legte mich schlafen. Auch diese Nacht war eine einzige Qual und ich versuchte, das Aufwachen so lange wie möglich hinauszuzögern.

Gerädert wie jeden Tag stand ich auf, frühstückte, setzte mich ins Auto und kurvte auf den Tauern. Ich konnte richtig sehen, wie Heinis Augen aufleuchteten, als ich in seiner Kommandozentrale auftauchte. So ganz sicher war er sich dessen nach dem Vortagsgipfel offensichtlich nicht gewesen. Auf der Lesehalterung meines Ergometers lag die *Kronen Zeitung*. „Hermanns Mini-Chance auf Olympia steht 10:90", stand da, und: „Maier bleiben nur drei Wochen Zeit fürs große Wunder."

Das Training hatte es in sich: 25 Minuten einradeln. Dann ging's an die Gewichte: 100 Wiederholungen für den muskelschwachen linken Oberschenkel in der ordentlich beladenen Beinpresse, die speziell für mich entwickelt worden war. Danach Beuger- und Strecker-Training mit je 95 Wiederholungen, einbeinige Kniebeugen mit der großen Hantel auf den Schultern. Zum Abschluss der Kraft-Session standen spezielle Übungen für beide Oberschenkel-Beuger auf dem Programm. Dieser Muskel ist deshalb so wichtig im Skirennlauf, weil er als „Stoßdämpfer" ständig herhalten muss. Zur aktiven Regeneration der Muskulatur musste ich noch eine halbe Stunde radeln. Abschließend spulte ich mein tägliches Dehn- und Lockerungsprogramm ab, legte mich auf die Magnetfeldmatte und musste noch die schmerzhafte Physiotherapie über mich ergehen lassen.

Man muss sich nicht einmal viel bei Trainingsprogrammen auskennen, um zu sehen, dass es sich hier keineswegs um ein Alibitraining handelte. Immer wieder musste ich in diesen Tagen diese schwachsinnigen Zeitungsberichte lesen. Geschichten, in denen behauptet wurde, ich hätte meine Comeback-Gedanken längst verworfen und würde nur mehr zum Schein trainieren. Oder überhaupt nur so tun, als ob, um meine Sponsoren bei Laune zu halten. Beim Aufarbeiten meiner Biografie ging ich in Heinis Privatarchiv, schnappte den blauen Ordner mit der Aufschrift „Maier Hermann 2001/2002" und las nach, was ich zu dieser Zeit tatsächlich trainiert hatte. Und ich bin heute überrascht, wie sehr ich an mein Comeback geglaubt haben muss. Ansonsten hätte ich mir das nie angetan. Wollen Sie wissen, wovon ich hier spreche? Sogar während der Weihnachtsfeiertage erschien ich im Olympiastützpunkt. Zu Silvester spulte ich gleich zwei Trainingseinheiten ab: am Vormittag in der Kraftkammer mit 170 Bein- und noch einmal so vielen Kniebeugen und Beuger-Wiederholungen. Und am späten Nachmittag, als die ersten Raketen in den dunklen Himmel über Obertauern zischten, schwitzte ich über zwei Stunden am Ergometer.

Das neue Jahr begann mit dem gewohnten Radeln. Am 3. Jänner stand wieder eine Kraft-Session auf dem Programm. Einen Tag später legte ich am Spezial-Ergometer los. Auf diesem „gelben Ungeheuer", entwickelt von einem Ingenieur aus der Slowakei, werden die Belastungen auf beiden Pedalen getrennt gemessen und auf ein Computer-Display übertragen. Außerdem kann man das Ding auf bis zu 3000 Watt Widerstand einstellen. Das schafft natürlich kein Mensch – für meine Art von Training reichen 500 Watt aus. Jedenfalls nützte ich dies in dieser Phase unter anderem dazu, durch extrem hohe Tritt-Frequenz meine beleidigten Nervenbahnen links aufzuwecken. Oder um eventuelle muskuläre Dysbalancen festzustellen. Jedenfalls war Heini begeistert davon, dass meine Beine schon wenige Monate nach dem Unfall wieder vollkommen synchron funktionierten.

11. Jänner 2002. Ich musste bei einem Sponsor-Event in Obertauern antreten. Mein Training zog sich derart in die Länge, dass ich kaum Zeit zum Duschen hatte und im Trainingsanzug in die „Tauernhalle“ hetzte. Coca-Cola hatte mich zur Motivation für 250 Verkäufer gebucht. Während mich Werner Grissmann, der „Zwischenzeit-Weltmeister“ der 70er-Jahre, anmoderierte, flimmerten beeindruckende Bilder von meinen Olympia- und WM-Triumphen über die große Multimedia-Wand. Dazu tönte die Queen-Hymne *We are the Champions* in Dolby-Surround-Qualität und mir lief es kalt über den Rücken. In dem Moment, als ich auf die Bühne sprang, wollte ich nichts mehr, als wieder bei Olympia dabei sein. Doch am darauf folgenden Wochenende waren die Schmerzen wieder so übermächtig, dass ich mich endgültig geschlagen gab. Nach einer langen Diskussion mit Heini und Andy rief ich Präsident Schröcksnadel an und teilte ihm meine Entscheidung mit.

Im Nachhinein ist man immer gescheiter. Ich weiß jetzt, dass ich mich nach dem Unfall immer wieder in Situationen hineintreiben ließ, denen ich noch nicht gewachsen war. Das Skifahren hat mir zu diesem Zeitpunkt nichts gebracht außer Schmerzen. Ich war schockiert, wie wenige offensichtlich den Menschen hinter der Herminator-Maske sahen. Ich begann mir ernsthafte Gedanken über die Sinnhaftigkeit meiner Comeback-Ambitionen zu machen. Andererseits war es das Zauberwort Olympia, das uns zu scheinbar übermenschlichen Anstrengungen anspornte. Mich und meine Betreuer. Wir waren nur mehr getrieben vom Gedanken, das Unmögliche irgendwie möglich zu machen. Irgendwann in dieser Zeit habe ich die Kontrolle über meinen Körper – das Kapital eines Spitzenathleten – verloren. Plötzlich fehlte mir jeder Bezug zur Realität. Es wurde alles schlimmer und schlimmer. Ich würde sagen, wir haben uns alle gemeinsam in etwas hineintheatert, das nicht realistisch war.

Das Thema Olympia war also abgehakt, und es ging darum, innerhalb von zwei Tagen eine Pressekonferenz zu organisieren. Der Kitzbühel-Pressechef wollte uns zuerst den kleinen Interview-Raum zuteilen. Doch als minütlich Anfragen bezüglich des „Maier-Termins" hereintrudelten, ließ er sich dann doch überzeugen, die Sache im großen Pressesaal steigen zu lassen. Wie sich dann später herausstellen sollte, war sogar der zu klein!

16. Jänner 2002. „Die Leitung aus Kitzbühel ist leider unterbrochen. Wir bitten um Verständnis." Mit diesem Insert wurden jene 469 000 Fernsehzuschauer, die an diesem Mittwoch um 13.15 Uhr live erfahren wollten, wie ich mich entschieden hatte, minutenlang vertröstet. Denn das, was sich an diesem Tag medial abspielte, war mit keinem meiner Kitzbühel-Siege zu vergleichen. Erstmals in der Hahnenkamm-Geschichte war das Pressezentrum der größten Weltcup-Veranstaltung dem Medien-Ansturm nicht gewachsen. 17 Kameras, 203 Print-Journalisten und Dutzende Fotografen hatten das Pressezentrum der Gamsstadt lahm gelegt. Ich war überpünktlich erschienen und hatte gemeinsam mit Peter Schröcksnadel und Heini am Podium Platz genommen, als plötzlich alle Lichter ausgingen. Wir warteten etwa 15 Minuten, bis der Stromausfall behoben war. Noch am Vormittag hatte der ORF eine Umfrage unter den Ski-Journalisten gestartet. Und da war sich nur Charly Pointner, der alte Fuchs von der *Kronen Zeitung*, absolut sicher, dass ich für Olympia w. o. geben würde. Die anderen hatten damit gerechnet, dass ich mir zumindest ein Hintertürl offen lassen würde. Als ich dann klipp und klar erklärte, „dass ich bei Olympia nicht an den Start gehen werde“, blieb den meisten daher der Mund offen.

Erleichtert fuhr ich mit Heini und Knut zurück nach Obertauern. Im Auto quatschten wir belangloses Zeug. Da ich meine Entscheidung schon ein paar Tage zuvor getroffen hatte, war die Pressekonferenz für mich nur mehr eine Formsache gewesen. Irgendwie war ich froh, dass ich den Rummel von Kitzbühel hinter mir gelassen hatte. Der ist eigentlich nur erträglich, wenn du gewonnen hast.

Heini überredete mich, am „Tag danach“ noch einmal zum Krafttraining in den Olympiastützpunkt zu kommen. Da ich nichts Besseres zu tun hatte, willigte ich ein. Geistig beschäftigte ich mich nur mehr mit der Urlaubsplanung. In der Zeit bis zum Abflug erledigte ich Dinge, für die ich ansonsten keine Zeit hatte. Ich ging wie ein normaler Mensch einkaufen und holte mir Reiseprospekte. Weil ich endlich akzeptiert hatte, dass ich meinen Sport vorläufig einmal vergessen konnte, war es wichtig, dass ich weg davon und wieder unter die Leute kam.

29. Jänner 2002. Ich saß mit Andy Evers im AUA-Airbus 330 Richtung Miami. Wir waren beide froh, dem Medien-Rummel entflohen zu sein. Inzwischen hatten neue Spekulationen darüber, ob ich jemals wieder zurückkommen würde, eingesetzt. Dazu geisterten abstruse Versicherungsgeschichten wie „10 Millionen, wenn er nicht fährt“ *(Sport-Bild)* durch den Blätterwald. Dadurch, dass mein Olympia-Comeback-Versuch gescheitert war, konnten sich die Reporter auch alle „Geheimplan“-Geschichten aus dem Kopf schlagen. So suchten sie sich neue Themen, um mich zu nerven.

„... dass ich bei Olympia nicht an den Start gehen werde."

Die Olympia-Absage-Pressekonferenz im Wortlaut. Kitzbühel, 16. 1. 2002

PETER SCHRÖCKSNADEL: Sie wissen ja, dass vor einer Woche eine Routineuntersuchung war, die Dr. Trost durchgeführt hat. Dabei wurde festgestellt, dass das Bein gut zusammengewachsen ist, die Kallusbildung am Bein besser ist, als man sich das vorgestellt hat. Jetzt haben wir's uns nicht leicht gemacht. Man hat ja da und dort gehört, wir führen ein Theater auf. Wir wollten einfach jede Chance wahrnehmen, damit der Hermann eine Chance besitzt, noch bei Olympia starten zu können. Rein medizinisch wäre das möglich. Inwieweit Hermann persönlich dazu bereit ist, inwieweit es sein konditioneller Zustand zulässt und wie weit er sich bereits in der Lage fühlt, bei Rennen mitzufahren, dass er gewinnen kann, das wird er Ihnen jetzt selber sagen.

HERMANN MAIER: Grüß Gott! Mich freut's, dass ich wieder so viele Journalisten sehe, da ich doch längere Zeit nicht dabei gewesen bin. Am 24. August, als mein Unfall passiert ist, war es sehr schwierig für mich. Die ersten Gedanken waren: Werde ich jemals wieder Ski fahren können? Die Ärzte – Oberarzt Trost, Primar Papp, Primar Karlbauer – sie haben mir sehr geholfen. Großen Dank an sie, dass ich wieder auf zwei Beinen gehen kann. Das schaut auch für die Zukunft wieder sehr, sehr gut aus. Wir haben schon im September mit einem Hand-Ergometer zu trainieren begonnen. Seither trainiere ich durch – bis zum letzten Samstag. In dieser Zeit hab' ich fast keinen freien Tag gehabt. Es ist sehr, sehr anstrengend, und es ist auch sehr viel weitergegangen. Gott sei Dank. Dazwischen haben wir auch aufs Skifahren nicht vergessen. Ich bin schon vor Weihnachten, vor dem offiziellen Pressetermin einmal gefahren, und es hat sehr gut ausgesehen. Ich bin auch am 4. Jänner gefahren und habe dann von Doktor Trost das grüne Licht bekommen, dass der Knochen so weit zusammengewachsen war, dass ich wieder fahren kann. Über den Knochen hab' ich mir nie Gedanken gemacht, weil ich mir sicher war, dass er hält, weil da so gute Arbeit geleistet wurde. Aber das rennmäßige Fahren näher am Limit hat nicht so funktioniert, wie ich es gewohnt war. Ich konnte meinen Schwung nicht fahren, es hat keinen Spaß gemacht. Ich hab' mehr oder weniger die Piste aufgedrängt bekommen. Deswegen hab' ich mich entschlossen, dass ich bei Olympia nicht an den Start gehen werde! Es ist sicher keine leichte Entscheidung, aber ich hab' einfach noch Probleme – speziell auch im linken Fuß, wo der Nerv noch nicht richtig funktioniert. Die Muskeln werden noch nicht richtig versorgt. Der Fuß ist noch ziemlich taub. Rechts hab' ich auch noch einige Probleme, ich kann weniger Druck geben. Daher hab' ich probiert, eine weise Entscheidung zu treffen, was mir sehr schwer gefallen ist. Ich hab' mir gedacht, es macht eigentlich wenig Sinn. Die Zeit ist einfach zu kurz. Mir tut's sehr Leid für die Fans und die Leute, die zu mir gehalten haben, die sich vielleicht noch Hoffnungen gemacht haben. Aber mein Hauptaugenmerk liegt einfach auf der nächsten Saison. Ich werde alles daransetzen, dass ich wieder halbwegs gut fahren kann, dass ich wieder

Freude am Skifahren habe. Das ist mir am wichtigsten. Ich kann eigentlich nur mehr sagen, dass ich allen Olympiateilnehmern sehr viel Glück wünschen möchte. Ich hoffe, dass sie Österreich würdig vertreten und dass sie mit sehr vielen Medaillen um den Hals wieder zurückkommen.

HEINRICH BERGMÜLLER: Hermann hat vor dem Trainingslager in Chile 15 Wochen lang sehr hart an sich gearbeitet. Er hat das beste körperliche Niveau, das er je gehabt hat, erreicht. Nach dem Unfall hat er durchgehend trainiert – er ist bis jetzt fast 14 Wochen im Training gestanden. Als größtes Problem haben sich die nervlich bedingten Probleme links herauskristallisiert. Kein Arzt konnte uns sagen: Dauert's drei Monate, dauert's ein halbes Jahr? Trotzdem haben wir weitergearbeitet und ganz fest auf eine Verbesserung gehofft. So ist vor 14 Tagen an der Oberschenkel-Rückseite ein Sprung von 100 Prozent eingetreten. Und wir haben gehofft, dass sich der Nervenkanal weiter öffnet. Aber das geht sehr zäh voran. Hermann ist zu bewundern, dass er so konsequent gearbeitet und sich selbst so einen Druck auferlegt hat. Aber es ist sicher eine vernünftige Entscheidung von ihm, das Risiko nicht herauszufordern, alles auszuheilen und wieder frisch an den Start zu gehen.

OLIVER POLZER, ORF: *Ist diese Entscheidung wirklich erst in den letzten Tagen gefallen, oder hat man vielleicht auch versucht, ein bisschen das Thema am Leben zu erhalten, um vielleicht auch Sponsoren zu bedienen?*
MAIER: Nein, ich glaube, dass ich es nicht unbedingt nötig habe, dass ich für meinen Namen großartig Werbung mache. Für das hab' ich in den letzten Jahren zu viel erreicht. Wenn ich ehrlich bin, ist mir eigentlich wichtiger, ein biss'l mehr Ruhe zu gewinnen. Ich hab' ja gleich nach meinem Unfall nicht umsonst trainiert. Sonst hätte ich mich ja zurücklegen können und sagen: Ja, jetzt mach' ich einmal ein biss'l eine Pause. Es wird schon wieder heilen, es geht eh alles von selber. Aber mein großer Plan war es schon im Septem-

ber, als ich mir den Kalender angeschaut hab', in Garmisch zurückzukehren. Ich habe mir gedacht: „Wenn ich soweit gesund bin, dass ich im Jänner schon wieder trainieren und in die Stangen fahren kann, komm' ich da zu den beiden Super-G zurück." Aber das geht sich leider nicht aus. Darum die Entscheidung. Ich hab' aber nicht bis letzten Samstag hintrainiert, nur damit ich allen groß etwas vorgaukle. Das hab' ich nicht nötig. Da wär' ich lieber schon in Australien bei den Aborigines und tät' auf meinem Didgeridoo spielen. Ich habe wirklich alles probiert – bis zum letzten Augenblick.
SCHRÖCKSNADEL: Nicht wir, sondern die Medien haben das hochgespielt. Wir haben versucht, alles eher abzuschirmen als zu fördern.

ORF: *Relativ bald nach dem Unfall hat Artur Trost gesagt, dass es mit so einer Schiene im Bein nicht vernünftig wäre, Ski zu fahren. Dieser Metallteil ist ja noch drinnen – kann man jetzt mit so was doch rennfahren?*
MAIER: Das ist eigentlich kein großes Problem. Es sind ein paar Metallteile drinnen. Das macht eigentlich überhaupt nix aus – sofern ich keine Schmerzen habe. Ein Nagel im Fuß stört nicht. Solang' der Knochen durchbaut und fest ist, kann eigentlich nix passieren – höchstens, man bricht sich wieder den Fuß. Aber das sollte ja nicht unbedingt vorkommen.

ORF: *Wann planen Sie, ein Rennen zu bestreiten? Gibt's dann überhaupt eine theoretische Chance, dass wir den Hermann Maier dann bei den darauf folgenden Olympischen Spielen 2006 sehen?*
MAIER: Das ist eigentlich noch sehr, sehr weit weg. Ich werde jetzt probieren, Abstand zu gewinnen, um dann für die nächste Saison richtig zu trainieren. Ich möchte wieder Freude am Skifahren gewinnen. Ich werde mich konsequent vorbereiten und hoffe, dass ich körperlich wieder dorthin zurückkommen werde, wo ich schon einmal war – vielleicht sogar noch stärker, obwohl ich's im Skisport

nicht unbedingt nötig hätt'. Alles, was jetzt noch kommt, sollte Zugabe sein.

ARD-HÖRFUNK: *Welche Probleme macht das linke, eigentlich unverletzte Bein konkret?*
MAIER: Nach der Verletzung hatte ich ein Becken, dass mir die Unterwäsche vom Ottfried Fischer fast nicht mehr gepasst hätte, und die ist relativ groß. Ich war ziemlich geschwollen, und bei den massiven Prellungen wundert es mich, dass das Becken nicht überhaupt zertrümmert war. Das wär' vielleicht sogar besser gewesen, weil ich mehr Gefühl im Fuß gehabt hätte, weil die Nerven besser leiten hätten können. Leider zieht sich das sehr in die Länge. Ich kann das linke Bein zwar trainieren, aber es ist ein großer Unterschied zum rechten. Das linke Bein funktioniert einfach noch nicht so, wenn man Gewichte weghebt. Wenn ich unter einen gewissen Winkel komme, dann komm' ich einfach nicht mehr hoch. Wenn ich ein Rennen fahre und ich komm' nicht mehr hoch, dann sind die Torrichter und die Zuschauer gefährdet! Das will ich keinem antun!

ULLI NETT, ZDF: *Haben Sie diese Entscheidung einsam getroffen?*
MAIER: Ich wollte all jene, die sich um mein Olympia-Comeback bemüht haben, das Team im Olympiastützpunkt, meine Ärzte, meine Familie, nicht enttäuschen. Ich wollte keinem wehtun. Daher ist mir die Entscheidung so schwer gefallen. Dass ich bei den letzten Olympischen Spielen zwei Goldmedaillen gewonnen habe, ist dabei sicher ein Vorteil.

ZDF: *Werden Sie bei den Spielen in Salt Lake City in irgendeiner Funktion dabei sein, oder werden Sie sich die Olympischen Spiele von zu Hause aus anschauen.*
MAIER: Ich glaub', ich werde an einen Ort, an dem es keinen Fernseher gibt, fliegen. Vielleicht irgendwo in den Busch. Ich werde Sachen machen, die mir Spaß machen!

■ Mai 1973. Ich bin gerade mal ein halbes Jahr alt und neugierig, was diese Welt so zu bieten hat.
■ 10. Februar 1973. Gerti und Hermann Maier sen. & jun. bei meiner Taufe in Flachau.
■ Mit zehn Monaten konnte ich bereits gehen, später im Schnee war der Mini-Herminator in seinem Element.
■ Nach der Arbeit nahm sich mein Vater viel Zeit für uns. Dati arbeitete damals bei Opas Firma „Beton Maier" als Betonwarenerzeuger.
■ Wandern beim Tappenkarsee in Kleinarl. Alex gibt die Richtung vor: „Ganz rauf müssen wir!"
■ Volksschul-Meisterschaft 1981 – schon damals schickten sie mich mit viel zu hohen Startnummern ins Rennen.
■ Kinderski-Cup-Rennen – nur Zweiter hinter Thomas Salchegger, meinem späteren Zimmerkollegen im Landeskader.

Von links nach rechts und von oben nach unten:

■ Im geschenkten ÖSV-Outfit aus Rudi Nierlichs Zeiten bin ich Gast bei einer Aufführung der KindergärtnerInnen-Schule in Bischofshofen.

■ Als fescher Skilehrer.

■ Vom Stemmschwung zum Parallelschwung – eine bunt zusammengewürfelte Fortgeschrittenen-Truppe. Man beachte die schmucke Jet-Hose.

■ Meinen Maurer-Job nahm ich sehr ernst. Wer weiß, vielleicht wäre ich ein erfolgreicher Baumeister geworden, wäre mir nicht das Skifahren dazwischen gekommen.

■ Sommer 1994. Gemeinsam mit meinem Vater führe ich den Zubau meines Elternhauses in Reitdorf aus.

■ Herbst 1996. Immer wieder holt mich die Vergangenheit ein. Gegen den Maurer-Weltmeister bin ich allerdings chancenlos.

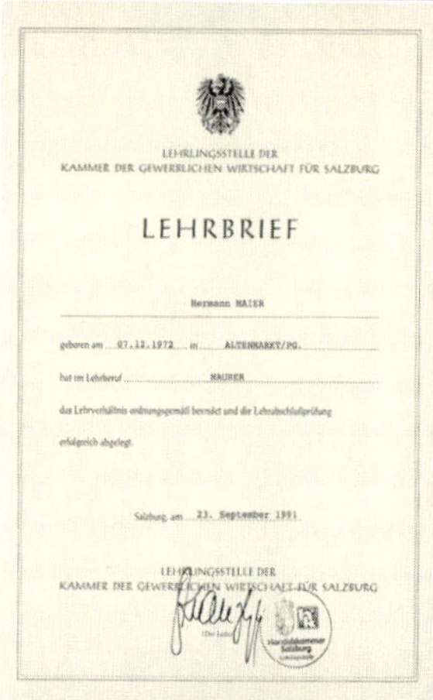

LEHRLINGSSTELLE DER
KAMMER DER GEWERBLICHEN WIRTSCHAFT FÜR SALZBURG

LEHRBRIEF

Hermann MAIER

geboren am 07.12.1972 in ALTENMARKT/PG.

hat im Lehrberuf MAURER

das Lehrverhältnis ordnungsgemäß beendet und die Lehrabschlußprüfung erfolgreich abgelegt.

Salzburg, am 23. September 1991

LEHRLINGSSTELLE DER
KAMMER DER GEWERBLICHEN WIRTSCHAFT FÜR SALZBURG

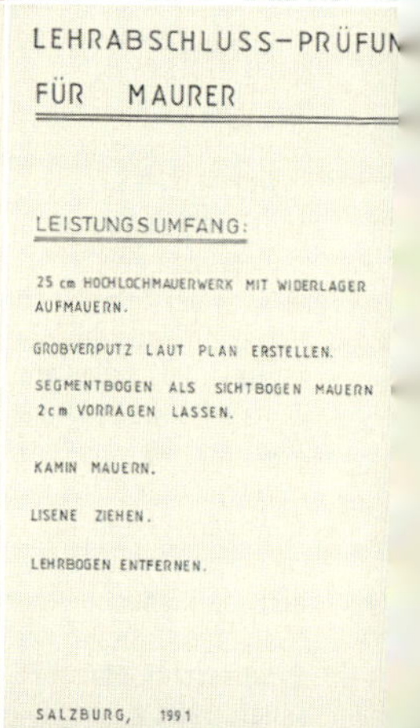

LEHRABSCHLUSS-PRÜFUN
FÜR MAURER

LEISTUNGSUMFANG:

25 cm HOCHLOCHMAUERWERK MIT WIDERLAGER AUFMAUERN.

GROBVERPUTZ LAUT PLAN ERSTELLEN.

SEGMENTBOGEN ALS SICHTBOGEN MAUERN
2 cm VORRAGEN LASSEN.

KAMIN MAUERN.

LISENE ZIEHEN.

LEHRBOGEN ENTFERNEN.

SALZBURG, 1991

Schischule Flachauwinkl 1992

Leiter: Hermann Maier

Tel. 06457 554 oder 812

Foto Sulzer

Rechts oben:
■ Im Europacup sorge ich mit einem amerikanichen Spyder-Anzug für Aufsehen.

Rechts:
■ 25. März 1995, Spital am Semmering. Mein erster Auftritt bei Österreichischen Meisterschaften im RTL. Mein Equipment besteht aus einem alten Anzug von Anita Wachter und orangefarbenen Tecnica-Schuhen aus dem Sportgeschäft. Beim Dehnen riss der Anzug, die Löcher an den Knien überdeckte ich mit Stickern. Die Löcher in der Piste sind so tief, dass mich die Torrichter kaum mehr sehen. Dennoch kämpfe ich mich mit Startnummer 130 auf Platz 18, was Salzburgs Verbandspräsident Alex Reiner endlich interessiert registriert.

■ Erstes Probesitzen auf meiner 114 PS starken Penz Performance. Ich kann es kaum erwarten!
■ Trial neben meinem Elternhaus in Reitdorf. Damit schule ich meinen Gleichgewichtssinn.

Hätte ich mich den Medien gegenüber anders verhalten und komplett abtauchen sollen? Hätte ich die Wahl gehabt? Kaum. Denn immer dann, wenn wir zu einem Thema oder einem Gerücht nicht Stellung genommen hatten, wurde es gleich in eine bestimmte Richtung interpretiert. Am sinnvollsten erschien es mir, zu gegebenen Anlässen allen zu sagen, was Sache war. Oder ich benutzte meine Homepage (www.hm1.com) als Sprachrohr.

So hielt ich es auch mit meinem Urlaub. Weil ich keinen Bock auf Paparazzi-Besuche hatte, führte ich zwar eine Art Urlaubstagebuch mit netten Fotos und vagen Ortsangaben im Internet, meinen genauen Aufenthaltsort gab ich aber immer erst im Nachhinein bekannt. So spekulierten sie munter dahin, und mit „Karibik" lagen einige gar nicht so falsch.

Der Urlaub wird mir in ewiger Erinnerung bleiben! Key West war der perfekte Zufluchtsort, und wir hatten nicht einmal eine fixe Adresse. Ein Freund hatte uns sein Hausboot plus Kapitän zur Verfügung gestellt. Das „Piratenleben" genossen wir in vollen Zügen. Wir schipperten entlang den Everglades, tauchten, fischten und schliefen so lange, bis es so heiß wurde, dass es unter Deck nicht mehr auszuhalten war. Das Boot verließen wir nur zur Nahrungsaufnahme. Da ich noch immer sehr abgemagert war, hatte ich kein Problem damit, es mir gut gehen zu lassen. Dabei war ich wenig wählerisch: Burger mit Coca-Cola und Pommes, frischer Fisch, Steaks. Der Kapitän holte die feinsten Weine aus der Kajüte. Endlich hatte ich wieder Appetit! Langweilig war uns keine Sekunde. Von Zeit zu Zeit kam ein privater Tauchlehrer an Bord und weihte uns in die Geheimnisse der Unterwasser-Welt ein. Während uns die Sonne auf die Birne knallte, büffelten wir an Deck die englischen Texte für die Tauchschein-Prüfung.

Je mehr Abstand ich gewonnen hatte, desto verrückter kamen mir meine Ski-Comeback-Versuche vor. Während ich die Sauerstoff-Flasche übers Deck schleifte, sah ich auf meine Storchenbeine und schüttelte nur noch den Kopf: „Eigentlich unglaublich, was wir uns eingebildet haben: Wie soll einer, der nicht einmal eine Pressluftflasche gescheit tragen kann, Skirennen fahren?" Ich war richtig froh, dass ich von dem Tamtam um die Olympischen Spiele nichts mitbekam.

Ich war froh, dass ich an einem Ort war, an dem mich kaum Leute erkannten. Da musste ich mich nicht andauernd bemühen, schön zu gehen. Da fragte sich keiner, warum oder wie stark ich hinkte. Und keiner beurteilte oder kommentierte das, was ich tat. Ich genoss die Anonymität. Das war der größte Luxus, den es für mich geben konnte.

Allerdings waren die Schmerzen auch zu dieser Zeit phasenweise unerträglich. Ich spürte, wie die Wadenbein-Knochen, die wild zusammenwuchsen, aneinander rieben, und das tat höllisch weh.

9. Februar 2002. Schauplatzwechsel. Andy musste als Coach zu den Olympischen Spielen nach Salt Lake City, ich durfte auf die Bahamas weiterfliegen. Am Miami International Airport war ich mit Knut und den Freunden vom Film-Team, die noch immer an meinem Weg zurück arbeiteten, verabredet. Das Treffen auf dem Riesen-Areal funktionierte problemlos, doch die Sicherheitskontrolle dauerte auch diesmal ewig. Wieder einmal stellte mein Titannagel die Security-Beamten vor ein Rätsel – erst recht so kurz nach dem 9/11-Anschlag. So verursachte mir das Implantat nicht nur körperliche Schmerzen. Wir diskutierten so lange, bis wir den Flug nach Nassau versäumt hatten und erst nach Mitternacht mit der letzten Maschine Richtung Bahamas abhoben. Dort holte uns der gemütliche österreichische Konsul mit seiner russischen Freundin im rosa Kostüm ab und bot uns einen Bungalow seiner verschlafenen Hotelanlage auf Paradise Island als Quartier an. Dort war es uns aber entschieden zu ruhig, und nach zwei Tagen übersiedelten wir in den Club-Med. Kevin, der frankokanadische Chef, hatte zwar bei meiner Ankunft keine Ahnung, wer ich war. Doch ein Fax von seinem österreichischen Kollegen und TV-Rückblenden aus Nagano-Tagen, die im Zuge der Olympia-Berichterstattung über die Schirme flimmerten, öffneten ihm rasch die Augen. Jedenfalls durften wir ab diesem Zeitpunkt das komplette Club-Angebot frei nützen. Kevin lieh uns sogar Fitness-Trainerin Nancy und die hübsche Strandbar-Kellnerin Michelle als Statistinnen für Strand-Aufnahmen, einen Pick-up-Truck und einen Mitarbeiter, der uns beim Filmen zur Hand gehen sollte. So zogen wir mit einem Rad-Ergometer aus dem Fitness-Studio von einer atemberaubenden Kulisse zur nächsten. Toné, der Kameramann, hatte nämlich die fixe Idee, mich in allen denkbaren Lebenslagen radeln zu lassen. So stand der Heimtrainer vor dem antiken Schwimmbad, am weißen Sandstrand, unter Palmen, auf einer weißen Veranda, während Michelle mit einer orangefarbenen Rettungsboje im Hintergrund auf *Baywatch* machte. Zum Abschluss bildete er sich ein, dass wir in ein privates Grundstück eindringen sollten.

Februar 2002, Paradise Island

„Die Kulisse mit dem Meer und den Palmen im Hintergrund kannst du einfach nicht übertreffen“, schwärmte Toné. „Das Anwesen gehört einem wohlhabenden Countrysänger“, erklärte unser Helfer. „Er ist nicht daheim.“ Auf Tonés Drängen hievten wir das Ergometer über den Zaun, schoben die Garten-Sitzgarnitur zur Seite, und ich trat auf einer fremden Veranda in die Pedale. Das hatte auch seinen Kick. Da tauchte auch schon ein Jeep-Cherokee in der Einfahrt auf und ich sah mich bereits zum zweiten Mal in meinem Leben in Handschellen. Der Sänger, sportlich und Mitte dreißig, war aber völlig entspannt, als er Kamera und Beleuchtung sah. Knut erklärte ihm, was wir vorhatten, und gab ihm einen Sack Milka-Schokolade als Bestechung. „Lasst euch nicht stören“, meinte der Besitzer und verschwand in der Garage. Ich konnte es nicht glauben. „Das gibt's nicht, dass wir so davonkommen“, staunte ich nur und wartete vergeblich auf das Blaulicht …

An diesem Tag ging übrigens der olympische Super-G in Salt Lake City über die Bühne. Doch der kratzte mich genauso wenig wie unser „Einbruch“ den Country-Sänger. Jedem, der in eine Winterdepression verfällt, kann ich nur raten, auf die Bahamas zu flüchten. Du bist in einer anderen Welt und kein Mensch dort interessiert sich für Skisport. Nicht einmal während Olympia. Wegen der vielen kanadischen Touristen wurden lediglich die Eishockeyspiele übertragen und alle möglichen Berichte zum Eiskunstlauf-Skandal um das gekaufte russische Gold auf und ab gespielt.

An dem Tag, als mein Bruder um eine Medaille kämpfte, entdeckte ich, dass NBC Canada die Snowboard-Bewerbe live übertrug. Kurioserweise war der einzige Bewerb, der mir wirklich nahe ging, auch der einzige, den ich live sehen konnte. So freute ich mich, als ich sah, wie Alex in der Qualifikation die zweitbeste Zeit hinlegte. Ich vergönnte ihm, dass er das erleben durfte, dass er einmal die Hauptrolle in unserer Familie spielte. Meine Eltern waren nach Salt Lake City gereist, um ihm vor Ort die Daumen zu drücken. Am Finaltag fieberte auch ich vorm TV mit. Leider hatte er im Hauptbewerb Lospech, schied gegen den späteren Olympiasieger aus und wurde Zehnter. Bei der nächsten Gelegenheit rief ich ihn an und tröstete ihn: „Schlägst du eben in vier Jahren zu, schließlich bist du ja jünger als ich!" Schließlich hat Alex bereits drei Weltcuprennen und eine WM-Bronzemedaille gewonnen. Ich bin mir sicher, bei seinem Ehrgeiz wird da noch einiges dazukommen.

Zum Zeitpunkt der Herren-Abfahrt lag ich am Strand, die Resultate bekam ich über den Ergebnisdienst meiner Homepage als SMS aufs Handy. Das war's aber dann mit der Info, denn am vierten Tag wurde mein Lieblingshandy gestohlen, und damit war mein Kontakt zur Außenwelt abgerissen. Mit Ende der Speed-Bewerbe durfte Andy aus Salt Lake abfliegen, er löste Knut ab und begleitete mich bei meinen Haifischtauch-Ausflügen. Es war schon beeindruckend, wie wir auf Tuchfühlung mit den Räubern der Meere gingen. Wir erkundeten James-Bond-Schauplätze unter Wasser, die versenkten Schiffs- und Flugzeugwracks, die in Thunderball als Kulissen hergehalten hatten.

In der zweiten Woche verbrachten wir die meiste Zeit über Wasser. Ich hatte meine Liebe zum Kajak-Sport entdeckt. Am Horizont, etwa 200 Meter vom Strand entfernt, waren die Surfer auf der Jagd nach der perfekten Welle, da zog es mich mit meinem Boot hin. Da sprach mich doch glatt ein Wellenreiter an: „Servus, bist du nicht der Hermann Maier?" Wie sich herausstellte, war er ein Verwandter von BMW-Österreich-Chef Felix Clary. Er war mit zwei hübschen Damen und einem Freund im Wasser und beneidete mich, weil ich mit meinem Kanu so fein auf den Wellen dahinglitt, während sie ständig im Wasser herumkugelten. Ich borgte ihm mein Boot. Danach schritt ich wieder selbst zur Tat.

Nein, ich will nicht im Meer sterben!

Es wurde ein lebensgefährliches Abenteuer. Zuerst schleuderte es mir das Kanu gegen mein linkes Schienbein, dass das Blut nur so herausschoss. Ich konnte mich glücklich schätzen, dass es nicht den rechten Unterschenkel erwischt hatte. Nicht auszudenken, was in diesem Fall mit dem Transplantat passiert wäre. Jedenfalls ließ ich mich nicht beirren und paddelte durch die weiße Gischt. Mit einem flauen Gefühl: „Was, wenn die Haie mein Blut schmecken?" Andererseits ist Salzwasser gut für die Wundheilung. Die Wellen wurden immer heftiger. Riesenwellen, zwei bis drei Meter hoch. Ich musste noch lachen, als Andy von einer Welle erfasst und aus seinem grünen Kajak geschleudert wurde. In dem Augenblick hob auch mich schon eine Welle aus und schmetterte mich ins Wasser. Ich tauchte auf. „Mein Kajak!" Das trieb in einer Entfernung von gut 20 Metern. Ich kraulte hin, und genau in dem Moment, als ich es festhalten wollte, war die nächste Welle da. Das Boot war endgültig futsch. Jetzt musste ich mich schwimmend ans Land retten. Andy kämpfte im Kanu, doch die Unterströmung trieb uns beide ständig ab. Ich hielt mich an seinem Kanu fest, als uns eine gigantische Welle erfasste. Ich ließ aus und sah nur, dass mein Freund wie an einem überhängenden Hang in die Tiefe stach. Wenige Augenblicke später wurde ich tief hinuntergerissen. Ich kämpfte mich an die Wasseroberfläche, fand mich im offenen Meer wieder. Um mich herum begann sich alles zu drehen. Es erinnerte mich ans Motorradfahren, wenn dich der Sog eines Lastwagens hin- und herbeutelt. Und es wurde immer schlimmer. Kaum über Wasser, riss mich der nächste Brecher nach unten. Ich kam mir vor wie in einer Waschmaschine im Schleudergang. Verdammt, wo ist der Strand? Mein einziger Orientierungspunkt waren die riesigen Luxuskreuzer im etwa 300 Meter entfernten Hafen.

So kämpfte ich etwa eine Viertelstunde. Langsam bekam ich's mit der Angst zu tun und dachte mir: „Jetzt ruderst nur mit den Füßen, damit du, wenn die nicht mehr können, wenigstens noch die Hände zur Verfügung hast – nicht, dass dich oben und unten die Kraft verlässt!" Ich dachte an Christl Haas, die kurze Zeit davor in der Türkei ertrunken war: „Wahnsinn, da erwischt's den nächsten Skifahrer!" Ich wollte es nicht wahrhaben: „Jetzt, wo ich den Unfall überlebt hab', soll ich im Meer ertrinken?" Ich hatte schon viel im Wasser erlebt, hatte mich 20 Meter hohe Klippen hinuntergestürzt, ohne dass mir dabei etwas zugestoßen wäre. Aber das war alles nichts gegen das, was ich jetzt durchstehen musste. Ertrinken? Nein, das wollte ich mir gar nicht vorstellen. Ich bin ein guter Schwimmer, und ich trug eine Schwimmweste. Ohne die wär's sicher vorbei gewesen! Wir hatten die Situation komplett unterschätzt. In diesem Wasser-Inferno tauchte plötzlich Andy wieder auf. Er hatte sein Boot verloren und dafür meines erwischt. Ich klammerte mich an sein Kajak und schrie: „Wir müssen rein, jetzt geht's um unser Leben!" Irgendwie entkamen wir dem Wellenwirrwarr, paddelten zum Strand und ließen uns erschöpft in den Sand fallen. Jetzt sahen wir, dass wir 500 Meter abgetrieben worden waren. Unser Kampf hatte gut zwei Stunden gedauert. Der Bootsverleiher hatte schon zugesperrt. Kein Mensch hätte es mitbekommen, wenn wir da draußen ertrunken wären. Dann sahen wir die Reste des grünen Kajaks. Es war an einem Felsen-Damm zerschellt!

23. Februar 2002. Zurück in Österreich. Die Realität hatte mich wieder. Ich war nicht einmal 24 Stunden daheim, war schwer gerädert durch den Jetlag und kämpfte mit Schlaf-Rückstand. Ich sehnte mich so nach Ruhe. Aber das spielte es nicht. Ich durfte einen Tag mit den glücklichen Preisträgern eines Gewinnspiels verbringen. „Ein Tag mit Hermann Maier" stand auf meinem Plan, und das war in meinem damaligen körperlichen und seelischen Zustand kein Honiglecken. Wir wurden in Haus im Ennstal von einer Musikkapelle empfangen. Wie gut war's mir noch vor wenigen Stunden gegangen? Wär' ich doch nie zurückgeflogen! Mit der Gondel ging's auf den Hauser Kaibling. Oben stapften wir zwischen angeheiterten Ski-Touristen hindurch, die in der Sonne badeten. Als sie mich zu Fuß auf der Piste sahen, gab's einige gehässige Kommentare. Ständig musste ich Autogramme mit Widmungen geben und für Privatfotos posieren. Ich sagte mir: „Da musst du durch, auch dieser Tag geht vorüber!"

Doch ein Fernseh-Interview setzte meiner „gelungenen" Rückkehr die Krone auf. Das „Fingerspitzengefühl" des TV-Reporters traf mich wie ein Hammer. Da war ich so weit wie möglich weggeflogen, um mit Olympia nichts am Hut zu haben, und dann ritt der Reporter ewig auf diesem Thema herum. Ich sagte, dass ich von den Spielen nichts mitbekommen hatte, und hoffte, mit diesem heiklen Thema in Ruhe gelassen zu werden. Doch der Mann trampelte weiter auf meinem sensiblen Nervengerüst herum und bohrte und bohrte. Als er mich fragte: „Und was sagen Sie zum Super-G?", meinte ich nur: „Wer hat den eigentlich gewonnen?" Der Reporter war so perplex, dass er Hilfe suchend seinen Assistenten ansah, bis ihm dann „Aamodt" einfiel ... Das Interview wurde zur besten Sendezeit zwischen dem ersten und zweiten Slalom-Durchgang ausgestrahlt, und ganz Österreich schien darüber zu diskutieren. Tenor: „Vergönnt der Hermann Maier seinen Kollegen die Medaillen nicht?" Wieder einmal stellte ich auf meiner Homepage alles klar: „Ich bin stolz auf unsere 16 Medaillen", ließ ich wissen und: „Ich gratulier' dem Eberharter-Steff, dass er das gesamte Medaillen-Set nach Österreich geholt hat!" Damit war wieder Friede eingekehrt. Und ich durfte wieder ich sein – zumindest für ein paar Tage.

Als die Handschellen klickten

November 1998. Colorado, Vail, Aspen ... Das klingt mondän und aufregend: Die Wahrheit sieht leider etwas anders aus. Das Skirennläufer-Dasein hat sehr viel mit Routine zu tun. Ich habe zwar keine genauen Bürozeiten, dafür kann ich aber exakt sagen, wo ich in welcher Woche sein werde. Wollen Sie wissen, was ich Mitte Juli 2006 vorhabe? Falls mir nicht ein roter Mercedes oder Ähnliches dazwischenkommt, werde ich am Samstag, dem 15. Juli, am Beifahrersitz meines Trainers zum Gletschertraining nach Zermatt anreisen.

Und jedes Jahr fliegen wir Anfang November, rund zehn Tage nach dem Weltcup-Auftakt in Sölden, nach Colorado. Dort stehen die Vorbereitungen auf die Nordamerika-Rennen am Programm. Weil zu diesem Zeitpunkt die meisten Pisten noch nicht fertig sind, beginnen wir in Beaver Creek und Umgebung auf über 3000 Metern Seehöhe mit der Vorbereitung. 1998, im Jahr nach meinem kometenhaften Aufstieg, verschlug es uns wieder nach Breckenridge. Eine Westernstadt, die außer Einöde, kilometerlangen Kunstschneebändern und staubtrockener Luft nur eine Bierbrauerei zu bieten hat. Ein Tag langweiliger als der andere: Skifahren am Vormittag, Mittagessen, Ruhen und dann lange nichts und ein bisschen Radfahren. Wegen der Übertrainingsgefahr in der Höhenlage ordnete mir Heini nur ein paar tägliche Alibi-Minuten am Ergometer an. Damit war ich aber nicht annähernd ausgelastet.

Was sollst du da noch tun? Zum Glück hatte ich damals mit Andi Schifferer einen kongenialen Zimmerkollegen, der dieselben Flausen im Kopf hatte wie ich. Wir ließen kaum einen Spaß aus und waren uns auch in Bezug auf die Freizeitgestaltung einig: Wir pilgerten ab und zu ins nahe „Breckenridge Brewery & Pub“ und tranken den einen oder anderen Pitcher, dieses dünne Bier, das sie dir im Liter-Krug servieren, aber nur, nachdem du ihnen deinen Führerschein gezeigt hast. Das war unsere einzige Nebenbeschäftigung. Und das fiel unseren Teamkameraden unangenehm auf. „Die beiden gehen eigentlich ziemlich oft weg“, feixten sie und waren gespannt, ob wir diese konstanten Leistungen auch auf der Rennpiste bringen würden. Ich fühlte mich so stark, dass ich mir da keine Sorgen machte. Allerdings ging mir das Skifahren nach ein paar Tagen schon derart auf den Wecker, dass ich das erste Rennen, den Riesentorlauf in Park City, richtig herbeisehnte. Je länger wir übten, desto enger wurden meine Radien, desto mehr setzte ich die Kanten ein. Mit dieser Technik bewegte ich mich aber auf dem amerikanischen Kunstschnee genau in die falsche Richtung. Ich stimmte das Material immer aggressiver ab und wurde immer mehr zum Kraft-Skifahrer. Dabei verlor ich allerdings immer mehr von dem Gefühl, das mich früher so ausgezeichnet hatte. Die richtige Mischung zwischen dem Anpassen ans Gelände und dem Gefühl für den Rennlauf wurde von Tag zu Tag schlechter. Ich fuhr zwar immer noch Trainingsbestzeiten, aber das Spielerische fehlte einfach.

Dann kam die Autofahrt von Colorado nach Park City, Utah, die ich vom Jahr davor noch in so netter Erinnerung hatte. Diesmal war alles mühsam. Im Jahr nach meiner sensationellen Olympia-Saison 1997/98 war ich so gefragt, dass alle Kameras auf mich gerichtet waren. Wir mussten mit einem BMW fahren, meine Werbe-Aufkleber hatten zu sitzen, die Kappe durfte nicht fehlen, und ständig wollte ein Reporter etwas von mir. „Hermann, halt mal die Zeitung ins Bild." „Kannst du mit drei Schneebällen jonglieren?" „Setz den Cowboy-Hut auf." „Nimm das Lasso in die Hand." Ständig musste ich für Foto- oder TV-Motive herhalten. Sogar während ich aß, liefen die Kameras. Sie filmten, wie ich meinen Kofferraum bepackte, und am liebsten wären sie während der sechsstündigen Fahrt durch die Rockies auf der Überholspur mit laufender Kamera neben uns hergefahren. Alles ging mir furchtbar auf die Nerven.

In Park City kapselte ich mich ab und schaffte es dann doch, die richtige Einstellung für das Rennen zu finden. Endlich war ich wieder hungrig, endlich die Sau rauszulassen. Das Auftaktrennen in Sölden hatte ich mit einem Rekordvorsprung von 1,6 Sekunden auf Stephan Eberharter gewonnen, und dabei war ich nicht einmal ans Limit gegangen. Jetzt wollte ich meinen Konkurrenten mindestens zwei Sekunden abnehmen – der Hang lag mir, dort hatte ich genau ein Jahr davor in dichtem Nebel meinen ersten Weltcup-Riesentorlauf gewonnen. Außerdem ging ich mit einer gehörigen Portion Wut im Bauch an den Start. Erstmals wurde mein Name mit Dopinggerüchten in Verbindung gebracht. „Hermann Maier oder Hormon-Maier?" hatte das Schweizer Boulevardblatt *Blick* getitelt. Eine Story, die jeglicher Grundlagen entbehrte. Eine unglaubliche Frechheit! Dabei war ich schon damals der wahrscheinlich meistkontrollierte Skirennläufer der Welt.

Im ersten Durchgang, in dem dummerweise der Start nach unten verlegt worden war, legte ich noch einen Sicherheitslauf hin und trotzdem lag ich mit dem angenehmen Vorsprung von 35 Hundertstel vor Eberharter. Im zweiten Lauf wollte ich richtig einen draufhauen. Es lief wirklich super, schon bei der ersten Zwischenzeit am Übergang vom Flachen ins Steilstück baute ich meinen Vorsprung aus. Dann setzte ich einen Schwung super an und dachte mir: „Jetzt zeig' ich's ihnen." Genau da kam ich an der steilsten Stelle mit dem Skischuh auf den Schnee und rutschte ins nächste Tor hinein. Das war mein erster Ausfall nach 677 Tagen! Wundert es einen, dass ich über meinen eigenen idiotischen Fehler maßlos enttäuscht war? Das Rennen hätte ich in jedem Fall gewonnen. Unsere Video-Messungen ergaben, dass ich zum Ausfall-Zeitpunkt bereits 1,1 Sekunden vorne lag.

Voller Enttäuschung rutschte ich neben der Piste hinunter und verschwand durch die Absperrung Richtung Hotel-Transport. Was hätte ich auch im Zielraum noch verloren gehabt? Zur Dopingkontrolle war ich nicht gelost gewesen, zur Pressekonferenz mussten nur die ersten drei, das Thema Siegerehrung hatte sich ebenfalls erübrigt. Ich fuhr ins Hotel und warf mich auf mein Bett. Der Ausgang des Rennens war mir völlig egal. Wenig später tauchte Schiffi im Zimmer auf. Er ärgerte sich über seinen 15. Platz. Wir stopften unsere Ausrüstung in die Taschen, checkten aus und gingen ins „Adolph's", wo es zu meiner Freude Salzburger Stiegl-Bier gab. Ich bestellte mir gleich eine Flasche. Die kostete umgerechnet etwa 60 Schilling, aber das war mir an diesem Tag egal. So saßen wir zwei „Helden" da und hatten bald eine Riesen-Gaudi. Eigentlich war ich noch für eine Autogrammstunde eingeteilt, aber dazu hatte ich überhaupt keine Lust. Da tauchte der damalige Atomic-Rennsportleiter Toni Schutti auf und überredete mich, doch noch zu kommen. Dort traf ich Stephan Eberharter und gratulierte ihm zum Sieg. Erst später versuchten die Reporter aus der Tatsache, dass ich Eberharter im Zielraum nicht gratuliert hatte, ein Riesentamtam zu machen. Die Aufregung darüber verstehe ich bis heute nicht. Jedenfalls hatten wir's im „Adolph's" sicher lustiger als die anderen am Siegerpodest ...

Dann ging's zurück nach Colorado. In Aspen stand ein Super-G auf dem Programm. Bekannt war der Nobelort vor allem als Society-Dorado und er galt als Party-Geheimtipp. Als solcher sollte er mir auch in Erinnerung bleiben.

Nachdem ich das Rennen verhaut hatte, testete ich das berühmte Nachtleben, das die Stadt angeblich zu bieten hatte. Nach drei Wochen Übersee-Monotonie hatte ich mir das auch verdient, außerdem hatten wir vor dem Flug nach Kanada einen Tag frei.

Für mich bedeutete das: zwei Abende zum Abhängen. Auch diesmal war Schiffi mein treuer Begleiter. Maier-Schifferer, dieses bunte Duo kam also zum Aufwärmen in den Caribou-Club. Ein Schnösel-Lokal für Möchtegern-Schauspieler, Filmsternchen, Foto-Models und Pseudo-VIPs. Das war nicht so das Wahre, also zogen wir zur nächsten Kneipe weiter. Dort trafen wir zwei Wiener Zeitungsjournalisten, die schon länger im Skirennsport unterwegs waren, als ich Jahre auf dem Buckel hatte: Wolfgang Winheim vom *Kurier* und Charly Pointner von der *Kronen Zeitung*. Wie immer kramten sie Erinnerungen aus der „guten alten Zeit" der Klammers, Stocks und Schranz' hervor. „Gegen die Alten seid ihr brav wie Ministranten", feixte Winheim und forderte mich mit dieser Aussage förmlich heraus. Wir zogen weiter, in der Hoffnung ein Lokal zu finden, in dem richtig die Post abging. Doch die wahren Promis von Aspen wie Don Johnson, Martina Navratilova oder Ex-Präsident Gerald Ford und die Superreichen bevorzugen die privaten Feten, die ab ein Uhr, wenn die meisten Lokale in Colorado schließen, überaus gefragt sind. Genau zu einer dieser Privatpartys stießen wir schließlich. Ein reicher Ski-Fan nahm uns – Schiffi, Kjus-Servicemann Hans-Peter Habersatter und mich – mit in die Berge in eines dieser 5-Millionen-Dollar-Chalets. Der Hausherr freundete sich sofort mit den lustigen „Austrians" an. Während wir unsere spannenden Erlebnisse und eine Ostbahn-Kurti-Nummer nach der anderen zum Besten gaben, verging die Nacht wie im Flug. Ich bemerkte gar nicht, dass die meisten Gäste schon dahin waren. Jetzt war's aber Zeit, ein Taxi zu rufen. Wir mussten noch ins Hotel zurück, packen und die gut 300 Kilometer runter zum Flughafen nach Denver. In perfektem Englisch wandte ich mich an den Butler: „Please man, call us a taxi!" Wir warteten ewig, aber es kam nicht. Langsam wurde es eng für uns. Jetzt war Initiative gefragt und ich sagte zu Schiffi: „Wenn kein Taxi daherkommt, probieren wir's halt mit einem Auto!" Tatsächlich fand ich einen alten Kübel, bei dem ganz amerikanisch der Zündschlüssel steckte. Wir stiegen ein und fuhren zögernd los. Wir mussten ja unbedingt ins Hotel zurück! Ganz geheuer war mir die Aktion dann doch nicht. „Wer weiß, vielleicht sucht der morgen sein Auto“, dachte ich. „Dann heißt's gleich: Diebstahl!“

Und das in Amerika. Nein, das wollten wir nicht riskieren. Also blieb uns nur mehr eine Möglichkeit: ein kilometerlanger Fußmarsch.

Es war saukalt, als wir losmarschierten. Und langsam wurde es hell. Da entdeckte ich rechts auf einer Baustelle einen Gabelstapler. Da ich ja vom Bau komme, hatten Gabelstapler immer schon eine magische Anziehungskraft auf mich. Dann entdeckte ich noch jede Menge Baumaschinen. Jetzt war ich nicht mehr zu halten. Ich setzte mich auf den Stapler und suchte nach dem Schlüssel. Ich war mir sicher: In Amerika verwenden sie die gleichen Verstecke wie bei uns. Entweder hinter der Sonnenblende oder unter der Fußmatte. Schon drehte sich der Schlüssel im Zündschloss, und – „rattatta-rattatta-rattatta“ – klang es wie Musik in meinen Ohren. Schiffi stellte sich auf die Gabel, und die ließ ich auf- und abfahren. Da entdeckte ich mein absolutes Lieblingsspielzeug, den Traum eines jeden Kindes: einen schweren Caterpillar ohne Dach, mit dem Ledersitz im Freien und den Steuerungshebeln links und rechts, quasi das Cabriolet unter den Baufahrzeugen. Sofort erinnerte ich mich, wie ich als Bub in Reitdorf immer auf das Gelände der benachbarten Erdbewegungsfirma geschlichen war. Dort waren sie gestanden, die gelben Objekte meiner Begierde, mit denen ich so gerne einmal gefahren wäre. Endlich ergab sich die Gelegenheit dazu. Ich wusste: Den krieg' ich auch ohne Schlüssel an. Es dauerte nicht lange, und das Unglaubliche passierte: „Brrrrrm, brrrrrrrm, brrrrrrm!“ Schweres Motoren-Gedröhne, eine dunkle Dieselwolke hüllte uns ein – der Caterpillar lief. Ich ließ Schiffi ans Steuer, ging wieder rüber zum Stapler und wir gaben beide kräftig Gas. So in die Stadt zu reiten, wäre ganz nach unserem Geschmack gewesen. Doch überall in Aspen hingen die Plakate vom Super-G mit meinem Foto drauf. Herminator hin, Herminator her. Das wär' mir dann doch zu heiß gewesen. Wenig später sollte ein ganz anderer Bubentraum in Erfüllung gehen: Wir „durften“ in einem echten Sheriff-Auto mit eingeschaltetem Blaulicht mitfahren ...

Vorerst mussten wir uns mit einem zweirädrigen Gefährt begnügen. So entdeckten wir an einem Haus ein altes Steyr-Waffenrad. Es hing dort als Zierde an der Wand. Ich dachte mir: „Ist doch schade um das schöne Rad. Als Schmuck bringt's nix, aber uns kann es jetzt gute Dienste leisten!" Lange dauerte es nicht, da war das Rad herunten, und wir fuhren los: Schiffi vorne auf der Lenkstange, Hans-Peter, der noch immer bei uns war, hinten am Gepäckträger. Und ich, der vermutlich einzige wirklich Fahrtaugliche, trat in die Pedale. Beachtlich, dass das alte Steyr-Rad die 270 Kilo Last locker aushielt. Und das ohne Luft in den Reifen. So rumpelten wir die Straße hinunter, begleitet vom dumpfen Stakkato des Ventils, das auf dem niedergefahrenen Schnee aufschlug. Da brach das Hinterrad aus. Ich versuchte mit dem Rücktritt und Gewichtsverlagerung gegenzusteuern, doch durch die ruckartige Bewegung wurde der Passagier hinter mir abgeworfen. Wir waren gerade so schön in Schwung, und Zeit hatten wir sowieso keine mehr. „Geh, fahr weiter", munterte mich daher Schiffi, der noch immer fesch am Lenker saß, auf. Das war Habersatters Glück. Denn kaum bogen wir in die Hauptstraße ein, begegnete uns ein Sheriff-Auto. „Hoffentlich suchen die nicht uns", durchfuhr es mich. Da zuckte schon das Blaulicht. Sirene. Verdammt! Irgendwer muss im Sheriff-Department wegen des Baumaschinenlärms angerufen haben!

Plötzlich spielten wir die Hauptrolle in einer hollywoodreifen Verfolgungsjagd. Ich schleuderte das Rad zur Seite, Schiffi schrie: „Lauf, lauf!" Vor uns der Patrouillen-Wagen, Schiffi bog rechts in ein freies Feld ein. Ich wollte links weg, rutschte aber aus und lag nun direkt vor den Cops auf der Straße. Wie ein Schwerstkrimineller musste ich mich aufstellen, die Hände aufs Autodach legen. Ich wurde auf Waffen durchsucht und kam mir vor, als hätte ich eben eine Bank ausgeraubt. Spätestens hier war der Spaß zu Ende. Ich versuchte, den Officer zu beruhigen: „Was ist denn los? Wir haben ja nichts angestellt, wir sind ja nur mit dem Rad gefahren." Er, typisch amerikanisch: „You are Criminals!" Ich musste die Hände hinten verschränken und dachte: „Oje, jetzt is' es so weit!" Ich versuchte noch einen Trick, den ich aus den Filmen kannte: Durch das Anspannen der Fäuste sollten die Gelenke mehr Spielraum bekommen. Schon klickten die Handschellen. Dann stieg ich in den Sheriff-Jeep und wir fuhren los. „Wo ist Ihr Freund", wollte der Cop wissen. Ich: „Keine Ahnung. Woher soll ich das wissen?" Es dauerte nicht lange, da hörte ich schon den Funkspruch: „We got him!" Jetzt hatten sie also auch meinen Kumpel. Er hatte es ganz schlau machen wollen. Als der Streifenwagen, der zur Verstärkung ausgerückt war, bei ihm aufgetaucht war, war er stehen geblieben und hatte sich unauffällig die Schuhe zugebunden. So als ob er nicht dazugehören würde. Der Trick hatte aber nicht funktioniert, und wir kamen gerade dazu, als sie ihn auf der Straße verhörten. Mein Cop stieg aus, um mit seinem Kollegen zu sprechen. Trotz Handschellen schaffte ich es irgendwie mich so zu verdrehen, dass ich die Tür aufbekam. So eine Nummer hatten die Amis scheinbar noch nie erlebt. Ich baute mich hinter den Cops auf und fragte: „Was regt ihr euch überhaupt so auf?" Da zuckten die Beamten völlig aus, drängten uns ins Auto zurück und transportieren uns ab. Während der Fahrt dürften sie mich erkannt haben, denn sie wurden zunehmend lockerer und fast schon freundlich.

Auf dem Weg zum Pitkin County Jail fuhren wir beim Österreicher-Hotel vor. Eine super-peinliche Situation. In der Lobby warteten die Teamkollegen bereits auf die Abreise, wir in Handschellen im Streifenwagen. Die Cops deponierten in der Rezeption, dass die Trainer ins Sheriff-Department nachkommen sollten.

In der Sheriff-Station wurde mir dann ganz anders. „Jetzt ist alles aus", dachte ich mir. „Jetzt schmeißen Sie uns ins Gefängnis!" Ich versuchte den Beamten verständlich zu machen, was wir hier zu tun hatten, dass es sich um unseren letzten Abend in Colorado handelte. In ein paar Stunden wären wir sowieso dahin. Endlich kamen unser Trainer Toni Giger und Pressemann Manfred Kimmel. Der PR-Mann lachte nur, während Giger ernst dreinschaute und schimpfte: „Was habt ihr jetzt schon wieder angestellt?" Schließlich entschuldigten wir uns in aller Form, brachten das Fahrrad zum

Besitzer zurück. Ich belehrte diesen noch: „Wussten Sie, dass dieses Rad in Österreich gebaut wurde?" Die ganze Familie staunte, als der Mann, dessen Visage überall in der Stadt von Plakatwänden lachte, persönlich mit ihrem geborgten Waffenrad vor der Tür stand. Giger kramte noch eine wertvolle Rotwein-Flasche aus seiner Privatsammlung hervor und schon waren wir dahin. Auf der Fahrt zurück ins Hotel mussten wir eine gehörige Schelte über uns ergehen lassen. Die Stimmung war echt angespannt. Zum Glück kamen wir dann doch von Aspen weg. Ich werde es als ganz schlechtes Pflaster in Erinnerung behalten. Der Ort eignet sich eigentlich nur zum Fortgehen und zum Feiern von Partys ...

Wir hofften, dass schnell Gras über die Sache wachsen würde, doch das Gegenteil war der Fall. Das Sheriff-Department hatte nämlich eine Presse-Mitteilung ausgesandt. Und ich konnte den Bericht über meine Verhaftung am nächsten Tag in der *Denver Post* lesen. Ausgerechnet die Reporter aus Österreich, die einen Tag später nach Kanada geflogen waren, hatten die Zeitung mitgebracht. In Österreich waren wir das Haupt-Gesprächsthema. Sogar meine Mutter interviewten sie zu diesem Vorfall. Aber die hatte das meiste Verständnis für mich, sie nahm die Sache mit Humor. Und bald konnten wir alle herzlich darüber lachen.

Nicht schon wieder Handschellen!

Doch das dicke Ende kam erst. Zwei Monate später flog ich voller Erwartungen zurück nach Colorado. Meine ersten Ski-Weltmeisterschaften standen bevor. Auf der superschweren „Birds-of-Prey"-Piste, das war mir nach meinem Super-G-Sieg und Platz 2 in der Abfahrt bei der Generalprobe 1997 klar, konnte es keinen Zufallssieger geben. Und wenn es so etwas wie Gerechtigkeit gab, dann würde ich mir hier jene Abfahrts-Goldmedaille abholen, die ich in Nagano gegen den berühmtesten Sturz der Ski-Geschichte eingetauscht hatte. Ich konnte es kaum erwarten, endlich loszulegen. Diese Vorfreude verging schnell. Nach der Landung in Denver fuhr ich mit meinen Teamkameraden die 170 Kilometer in die Berge hinauf. Beaver Creek ist das Nobel-Ressort bei Vail. Bevor wir im Hotel eincheckten, stoppten wir noch beim Supermarkt, um einzukaufen. Da fiel mein Blick auf den Zeitungsständer des *Vail Daily Trail*. Dass mein Foto die Titelseite dieser Tageszeitung zierte, war ich mittlerweile gewohnt. Doch die Schlagzeile stimmte mich leicht unrund: „Maier may be marked man in Vail." Das hörte sich nicht gut an. Ich las mir den Artikel sorgfältig durch und staunte, was da geschrieben stand. Da war die Story von unserem Party-Besuch vom November, allerdings waren einige Tatsachen ziemlich verdreht. Der Besitzer eines Snowboard-Geschäftes behauptete, ich hätte das Getriebe seines Wagens, eines Acura, Baujahr 1986, zerstört und wäre daraufhin getürmt. Ich konnte es nicht fassen! Ich schwöre, ich bin keine zwei Minuten in dem Kübel gesessen, und kaputt habe ich ganz sicher nichts gemacht. Okay, vielleicht haben wir das eine oder andere Ringerl am Eis gedreht und ein biss'l aufs Gaspedal getreten. Aber es war sicher nicht annähernd so schlimm wie dargestellt. Durfte ich dem Zeitungsbericht glauben, drohte mir eine sofortige Verhaftung wegen Autodiebstahls, eine Geldstrafe von bis zu 500 000 Dollar oder sogar eine Haftstrafe zwischen zwei und sechs Jahren! Ich überlegte kurz: „Was tu' ich jetzt? Sofort wieder heimfliegen?" Bei der Einreise, und da sind die Amis besonders happig, hatte man mir schließlich keine Probleme gemacht, also konnte es nicht so schlimm sein. Als ich ins Hyatt-Regency-Hotel kam, sah ich, wie die Journalisten aus Österreich beisammen standen und tuschelten. Ich konnte nicht hören, was sie sprachen, war mir aber sicher, dass ich das Thema ihrer Unterhaltung war. Auf Umwegen schlich ich in mein Zimmer. Es dauerte keine fünf Minuten, da klingelte schon das Telefon. An anderen Ende war Schiffi, der noch in Österreich weilte: „Du, Hermann, was ist bei euch drüben los? Haben sie dich eh noch nicht eingesperrt? Soll ich überhaupt noch rüberkommen?" Ich beruhigte ihn: „Noch ist alles in Ordnung. Ich erkundige mich und sag' dir, ob du nachkommen sollst oder nicht."

Ich informierte mich in Ruhe, was Sache war. Meine Betreuer

hatten alle Fakten gesammelt, und ich konnte es nicht fassen: „Wegen dieser 13 Jahre alten Schüssel macht der so ein Theater?“ Irgendwelche nebulosen Zeugen behaupteten jetzt, wir hätten bei wilden Schleuderpartien das Getriebe ruiniert. Aber wie sollte ich jetzt das Gegenteil beweisen? Da stand Aussage gegen Aussage. Ich wollte meine Ruhe haben, traf mich mit dem Menschen, der mich da schröpfen wollte, auf einem einsamen Flughafen in den Bergen. Es war wie im Film. Ich zog ein Dollar-Paket aus der Tasche und bereinigte die Sache persönlich. Mit der Kohle konnte er sich vermutlich einen zehn Jahre jüngeren Acura leisten.

Die Troubles mit der Exekutive hatten nur zu gut in die zerhackte WM-Vorbereitung gepasst. Die Saison, die mit dem Rekord-Vorsprung von Sölden so gut begonnen hatte, war von Pech und Pannen durchwachsen. Die Terminplanung des internationalen Ski-Verbandes (FIS) hatte ihr Übriges gatan. Exakt eine Woche vor der WM-Eröffnung in Vail stand das berühmte Hahnenkamm-Wochenende in Kitzbühel auf dem Programm. Man muss sich einmal in die Lage eines Skirennläufers hineinversetzen. Abfahrts-Training von Dienstag bis Donnerstag, Sprint-Abfahrt am Freitag, klassische Hahnenkamm-Abfahrt am Samstag, Slalom am Sonntag. Übersee-Flugstrapazen am Dienstag. Acht Stunden Zeitverschiebung. WM-Eröffnung am Samstag, WM-Super-G auf einer der gefährlichsten Strecken der Welt am Dienstag. Unglaublich, was einem Rennläufer zugemutet wird. Eigentlich hätte ich wie im Vorjahr die beiden Rennen in Kitzbühel auslassen und in aller Ruhe in die USA fliegen sollen. Doch das traute ich mich diesmal doch nicht.

Also plante ich eine schaumgebremste Sicherheitsvariante, die natürlich danebengehen musste. Maier ist entweder 100 Prozent oder gar nicht. So stürzte ich im zweiten Durchgang der Sprint-Abfahrt, musste in meiner ersten „echten“ Hahnenkamm-Abfahrt zur Kenntnis nehmen, dass, wie es unser damaliger Cheftrainer Werner Margreiter drastisch formulierte, „auch für Maier die Gesetze der Schwerkraft gelten“, und mich mit Platz acht begnügen. Im Kombi-Slalom war ich schon so sauer, dass mein Ausfall fast logisch war.

So blieb mir vor dem Abflug Richtung USA ein Tag in Obertauern, um mich mit Heinis Hilfe physisch und psychisch aufzurichten. Mit gemischten Gefühlen hob ich schließlich ab und geriet vom Regen in die Traufe. Nachdem die „Autodiebstahl"-Geschichte abgeschlossen war, konzentrierte ich mich endlich auf das, wofür ich gekommen war. Das „Unternehmen WM-Gold" hatte in dieser Saison absolute Priorität. Dann hatte ich das Glück auf meiner Seite: Vor dem Super-G war ich total verkrampft und holte dennoch Gold – zeitgleich mit Lasse Kjus! Das war symptomatisch für unsere Kopf-an-Kopf-Saison. Damit war der große Druck weg und ich lieferte eine der besten Abfahrten meines Lebens ab. Meine Taktik: Ich zeigte meine Linie im Training nicht her und gab dann im Rennen alles. Ich fuhr auf Biegen und Brechen, da war nicht mehr viel Spielraum. Ich war so aggressiv und scharf wie mein roter Rennski. Ich fraß die Tore förmlich und riss eine Stange nach der anderen nieder. Ja, das war eines meiner angriffslustigsten Rennen. Ich fuhr mit dem Messer zwischen den Zähnen. Da hat Skirennfahren wieder Spaß gemacht. Ein wunderschöner Erfolg.

Armdrücken in Arnis Suite

Obwohl in dieser Woche noch der Riesentorlauf auf dem Programm stand, hatte ich mir nach dieser Leistung das eine oder andere Bierchen verdient. Dennoch war ich so vernünftig, dass ich noch vor Mitternacht die Feier im Österreich-Haus verließ und mich ins Hotel zurückführen ließ. Dort wartete dummerweise Arnies Freund Franz Weber, ein ehemaliger Ski-Geschwindigkeits-Weltmeister, und meinte: „Arnold würde sich freuen, wenn du noch auf ein Gläschen in seine Suite kommen würdest." Eine Einladung, die ich nur schwer abschlagen konnte. Ich hatte Arnold im März 1998 vor unserem gemeinsamen Auftritt in Jay Leno's *Tonight Show* in seinem Anwesen in Santa Monica besucht. Arnies Mutter Aurelia, die damals noch am Leben war, hatte Apfelstrudel und Wiener Schnitzel gebacken und wir hatten viel Spaß gehabt. Noch viel lustiger wurde es

täglich Alles Sport

30. Jänner 1999

the Daily TRAIL

Maier may be marked man in Vail

Der Herminator auf der „Watchlist“

Maier & Schifferer des Autodiebstahls beschuldigt – aber: Ende gut, alles gut!

Vail. – Die „b'soffene G'schicht“ hatte ein Nachspiel – Gott sei Dank mit „Happy End“! Zwei Monate, nachdem Hermann Maier & Andreas Schifferer (kl. Bild) wegen ihrer nächtlichen Radtour in Aspen verhaftet worden waren, sorgten wilde Schlagzeilen für neue Aufregung …

Vail, Donnerstag. Die lokale Tageszeitung „Daily Trail“ hat dem Herminator eine heiße Titelstory gewidmet. „Maier könnte mit der Wild-West-Justiz Bekanntschaft machen, wenn er nicht richtig handelt“, heißt es im Gratis-Blatt. Und: „Er könnte wegen Autodiebstahls einge- … Colorado stehen zwei bis sechs …

Hauses, wo die Party stieg, stehen ließen.

Den Rest kennen wir: Ryan und ein Kollege nahmen unsere Ski-Kanonen fest, brachten sie auf die Sheriff-Station, wo sie unmittelbar darauf von Trainer Giger ausgelöst wurden. Erst später hat Ryan die Tragweite erkannt: „Das ist ein bißchen ernster, als sich nur ein Rad zu schnappen“.

Und wie reagierte Maier auf die Story? „Alles Blödsinn. Das ist eine winzige Zeitung, die das gebracht hat, damit die Leute was zu lesen haben. Wenn das wahr wäre, hätte ich nicht mal einreisen dürfen. Da werden nämlich alle Daten genau überprüft.“ „Komplize“ Schiffi lachte: „Es gibt echte Skandale, das ist doch nur ein PR-Gag.“

Am Freitag morgen (Ortszeit) dann die positive Nachricht für unseren „Herminator“: Sheriff-Deputy Ryan zu „ALLES“: „Ich habe mit dem Autobesitzer gesprochen. Ich gehe davon aus, daß er sich mit Maier und dessen Anwalt geeinigt hat. … ist die Sache jedenfalls abgeschlossen. Es … keine weiteren Untersuchungen in … – auch wenn wir davon …

— Knut Okresek aus Beaver Creek

WM-Splitter

Angst vor Terroranschlägen. Die geht im WM-Ort Vail um. Radikale Umweltaktivisten verübten vergangenen Oktober einen Brandanschlag auf drei Gebäude und vier Liftanlagen im noblen Ski-Paradies. Ein Restaurant brannte völlig nieder. „Wir haben nun alles getan, was in unserer Macht steht“, versichert Polizeichef Greg Morrison. Die Bundespolizei FBI hat ihm zusätzliche Agenten nach Colorado gesandt und ein Krisenzentrum eingerichtet. Rund um die Uhr blicken Überwachungskameras des Militärs auf Vail.

Faksimile: *Täglich Alles*, 30. 1. 1999

im Hyatt in Vail. In der Suite warteten Franz Klammer und unser damaliger Cheftrainer Werner Margreiter. Ich befand mich nach den zwei WM-Siegen in einer euphorischen Stimmung. So forderte ich Arnie zum Armdrücken heraus. „Wahnsinn, deine Ärmel sind ja dicker als meine Oberschenkel“, staunte ich, als Arnie seinen Ellbogen am Tisch aufstützte. Während ich alle Kraft zusammennahm und versuchte, die Hand des Terminators Richtung Tischplatte zu drücken, plauderte Arnie locker weiter. Er nervte mich richtig. „Jetzt konzentrier' dich endlich“, verlangte ich. Doch er ließ seinen Arm stehen …

Keine Ahnung, wie lange die Feier dauerte. Nur eines weiß ich sicher: Arnie gab vor mir w. o. Als er sich in sein Schlafzimmer zurückzog, wünschte er mir noch viel Glück für den Riesentorlauf: „Zeig's den Burschen noch einmal!“ Leider war bei mir aber die Luft draußen. Ich flog im zweiten Durchgang raus und verschenkte somit eine weitere Medaille – aber mit den zwei Goldenen durfte ich mich nicht beklagen. Im Flugzeug Richtung Europa zog ich zufrieden Bilanz: Ich hatte mein Saisonziel erreicht, einen rostigen 86er-Acura erstanden und außerdem das Schreckgespenst „Watchlist“ gebannt.

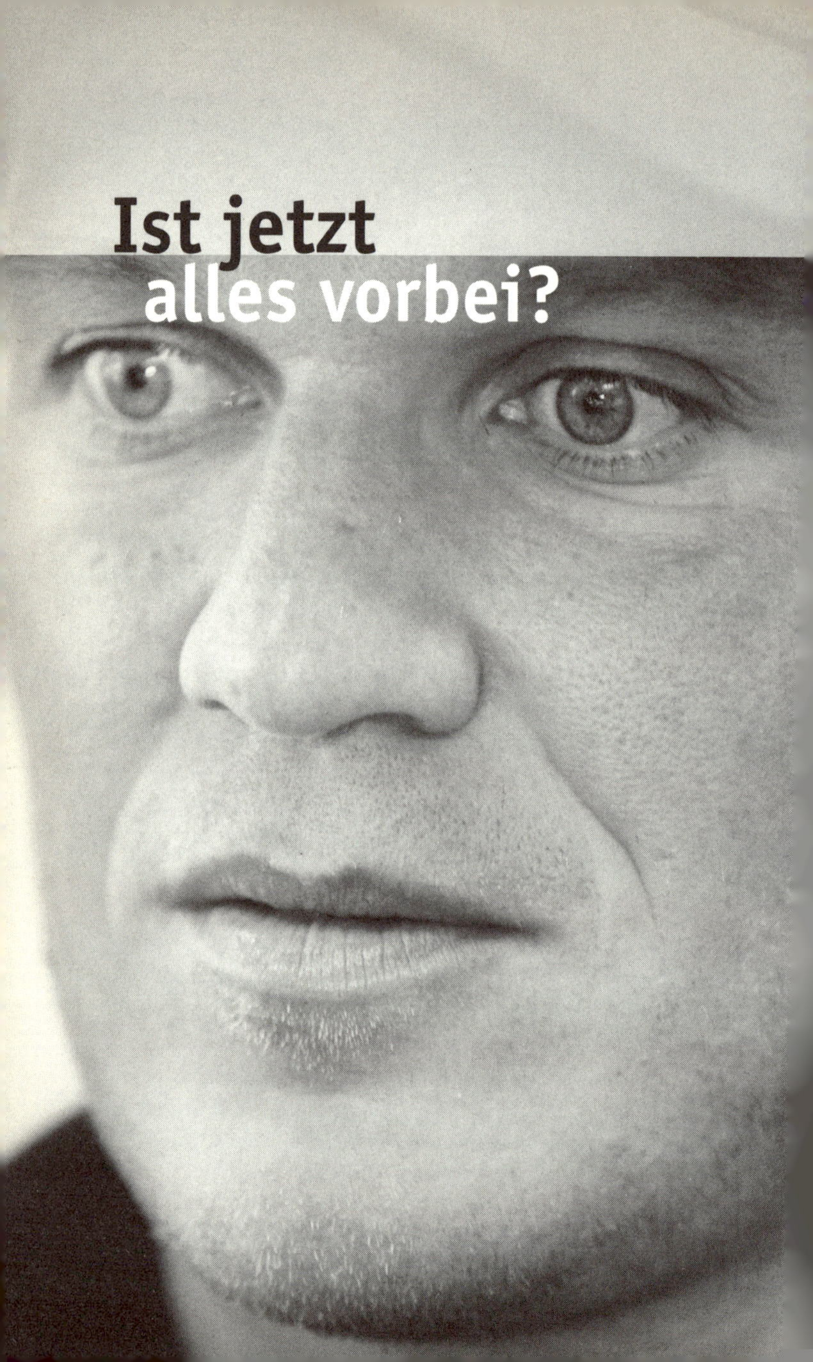
Ist jetzt
alles vorbei?

In dieser Zeit ging die Beziehung mit Gudrun in die Brüche. Offiziell waren wir zwar noch ein Paar, aber leider gab es immer mehr Streitereien. Kleine, unbedeutende Dinge, die aber in Summe für uns beide zur Belastung wurden.

Vielleicht kam damals einfach zu viel zusammen. Mein Unfall, die Schmerzen, die Sorgen um meine sportliche Zukunft, die aufwändige Rehabilitation zusätzlich zum an sich schon umfangreichen Training. Gudrun hatte ihr Studium abgeschlossen und war zum ersten Mal als Juristin mit Arbeit eingedeckt. Und ich fühlte mich eingesperrt. Das wurde mir nach meiner Rückkehr aus dem Karibik-Urlaub erst richtig bewusst. Früher hatte ich meine Wettkämpfe, meine Trainingslager, Reisen von einem spannenden Schauplatz zum nächsten. Das war meine Welt, mein Beruf. Um diese Freiheit fühlte ich mich beraubt und alles wurde mir plötzlich zu eng.

Ich ging durch ein schweres persönliches Tief, und das hatte ich sogar schwarz auf weiß. Bei einer EMG (Elektromyographie)-Untersuchung in der Salzburger Christian-Doppler-Klinik wurde die Nervenleitgeschwindigkeit in meinen Beinen gemessen. Neben einer Fußhebeschwäche und einer Gefühlsstörung im Bereich der Waden-Außenseite rechts diagnostizierten die Neurologen auch eine Gefühlsstörung an der Innenseite des linken Oberschenkels. Ich bekam auch einen psychischen Befund, in dem zu lesen war: *Im Gespräch fallen eine gewisse Motivationsstörung und vermehrte Sorge auf, wobei auch die Spontaneität dadurch etwas eingeschränkt erscheint.*

Ich wusste nicht, wo ich mich tatsächlich befand. Kann

ich weiter Ski fahren? Werde ich überhaupt noch einmal richtig Ski fahren können? Was wird die Zukunft bringen? Soll ich noch alles in den Sport investieren oder gleich mit etwas anderem beginnen? All diese Gedanken spielten in meine Beziehung hinein. Natürlich war es zu dieser Zeit nicht einfach mit mir. Ich hing die ganze Zeit herum. War grantig, unzufrieden, konnte nirgendwo Dampf ablassen. Normalerweise ist der Sport mein Ventil.

Da ich monatelang nicht wusste, wie's weiterging, waren Krisen einfach vorprogrammiert. Schließlich wurde mir alles zu viel. Ich begann meine Beziehung zu hinterfragen: „Reichen nicht die Probleme im Zusammenhang mit meinem Beruf?“ Ich versuchte meine psychische Verfassung zu analysieren. „Wenn's auch zwischen mir und meiner Freundin dauernd kriselt, dann komm' ich überhaupt nicht mehr zur Ruhe. Ich hab' den Kopf für nix mehr frei!“ Ich stand vor der Wahl: Entweder ich schmeiß' meinen Job hin oder ich konzentriere mich noch einmal hundertprozentig auf mein Comeback. Damit war meine Entscheidung gefallen: „Ich beende die Sache und schau', dass ich im Sport weiterkomm'.“ Ich ließ unsere Beziehung zwar noch eine Zeitlang weiterplätschern, aber insgeheim stand für mich fest: „Ich ziehe einen privaten Schlussstrich!“

10. März 2002. Ich kämpfte noch immer mit Schmerzen, als der Weltcup-Zirkus seine Zelte vor meiner Haustür in Flachau aufschlug. Zu den körperlichen Schmerzen kamen die psychischen, denn in Wahrheit wär' ich natürlich auf meiner Heimpiste liebend gerne mitgefahren. Einige Fans hatten scheinbar mit mir mitgefühlt, denn sie hatten das Bein der Hermann-Maier-Statue, die am Parkplatz der Achterjet-Talstation steht, mit einem dicken Verband verziert. Laut Drehbuch sollte ich als Flachauer mit einer Schneeprinzessin zur Siegeszeremonie einziehen und die große Kristallkugel für den Gesamtweltcup-Sieg überbringen. Mir war klar, dass ich hier mitspielen musste. So unangenehm war mir die Sache ohnehin nicht. Schließlich war ich in meinem Heimatort und freute mich, dass ich das eine oder andere vertraute Gesicht nach langer Zeit wieder sah. Es war mir auch selbst ein Bedürfnis, mich zu zeigen. Ich wollte nicht, dass der Eindruck entstand, als ob ich keinem den Erfolg vergönnt hätte. Ich musste mich auch für nichts rechtfertigen, denn schließlich konnte ich nicht aktiv ins Renngeschehen eingreifen. Noch bevor's losging, humpelte ich von einem Presse-Termin zum nächsten. Das war absolut okay. Als Aushängeschild unseres Ski-Verbandes musste ich das mitmachen. Außerdem gab's eine PR-Aktion in eigener Sache: Ich hob den Herminator-Power-Riegel aus der Taufe. Und die Journalisten, oft mühsame Quälgeister, hatte ich schon richtig vermisst!

So tauchte ich beim Riesentorlauf, dem letzten Rennen der Saison, auf. Ich stellte mich auf das Podest für die TV-Live-Interviews und beobachtete, wie die anderen den Weltcup-Hang herunterkamen. Es war ein eigenartiges Gefühl. Ich kam mir vor wie ein Außenstehender, einer aus dem Publikum und sah plötzlich alles mit anderen Augen. Ich dachte mir nur: „In ein paar Monaten soll ich wieder an den Start gehen. Ich bin neugierig, wie das wird ..." Tausend Gedanken wirbelten mir durch den Kopf. Wie schnell werde ich da runterfahren? Wie wäre meine Linie? Wo würde ich stehen? Bin ich noch einmal in der Lage, derart starke Leistungen zu bringen wie bei meinem letzten Weltcup-Rennen, beim Finale in Aare 2001? Damals hatte ich im Riesentorlauf alle in Grund und Boden gefahren, hatte meinem Schweizer Rivalen Michael von Grünigen noch in letzter Sekunde die „kleine" Kristallkugel für den Riesentorlauf-Weltcup entrissen und mit einem Vorsprung von 1,14 Sekunden gewonnen. Als ich die knappen Abstände in Flachau realisierte, dachte ich: „Wahnsinn, die fahren alle relativ gut und liegen so knapp beisammen. Wie muss eigentlich ich damals gefahren sein, dass ich die Rennen mit einem Riesenabstand gewonnen hab'?" Für mich war es das Normalste auf der Welt, bei so einem Rennen klar vorne zu liegen. Aber hier kämpfte jeder um Hundertstel …

Die Resultate beim Finale kümmerten mich kaum. Ich machte mir ernsthafte Gedanken über meine Zukunft. Ich wusste, die Saison war um und meine Schonzeit vorbei. Von nun an wurde es ernst. Das war genau der Kick, den ich brauchte: „Jetzt geht's los, jetzt muss ich schau'n, dass ich in Schwung komm'. Dass ich nix verpass'!"

In Gedanken beim nächsten Weltcup-Auftakt, sprang ich aufs große Podest im Zielraum und gratulierte Stephan Eberharter zu seinem Gesamtweltcup-Sieg. Die Trophäe durfte ich meinem Nachfolger nicht überreichen, weil das FIS-Protokoll lächerlicherweise dagegen war. Dem Steff wird's herzlich egal gewesen sein. Ich möchte dazu sagen: Hut ab vor seiner Leistung! Es war nicht so leicht, mein Zepter nahtlos zu übernehmen. Der Erwartungsdruck, den die erfolgsverwöhnte Skination auf meinen Teamkollegen legte, war schließlich gewaltig.

Das Rennen Eberharter gegen Maier, von den Medien zum „Giganten-Duell" hochstilisiert, berührte mich persönlich eigentlich nur am Rande. Am härtesten duellierte ich mich mit dem Schweizer Michael von Grünigen, allerdings fand dieser Zweikampf nur im Riesentorlauf statt. So bauschte die heimische Presse den scheinbaren Giganten-Kampf Maier gegen Eberharter künstlich auf. Der verlief, wie nackte Zahlen zeigen, bis zu meinem Unfall ziemlich einseitig. Eberharter hatte es während seiner 10 Weltcup-Saisonen bis dahin (von denen er allerdings nicht alle voll gefahren ist) auf 6 Weltcup-Siege und 2 WM-Titel gebracht. Im Vergleich dazu hatte ich in viereinhalb Saisonen 41 Weltcup-Siege (42, wenn man die Disqualifikation wegen der

„Rote-Linie-Affäre" in Val d'Isère '97 dazuzählt), zwei Olympia-Goldmedaillen und zwei WM-Titel geschafft. In Kristallkugeln lautete die Bilanz 12:0 für mich. In der ersten Saison ohne mich schlug Eberharter gleich zehnmal im Weltcup zu und gewann Olympia-Gold im Riesentorlauf. In meiner zweiten Verletzungs-Saison 2002/03, in der ich nur 5 Weltcup-Rennen bestreiten konnte (und den Super-G in Kitzbühel gewann), siegte Eberharter neunmal. Das bedeutet: Eberharter feierte in den beiden Jahren, in denen ich verletzt war, 19 Siege! In meiner Comeback-Saison 2003/04, in der ich mit fünf Einzel-Erfolgen meinen vierten Gesamtweltcup-Sieg feierte, gewann Eberharter vier Rennen. Alle statistischen Details dazu gibt's im Anhang *(Mein persönliches Renn-Tagebuch)*.

11. März 2002. Erleichtert darüber, dass der Weltcup-Tross aus meinem Heimatort wieder abgezogen und der Rambazamba vorbei war, checkte ich im Salzburger Pierer-Sanatorium ein. Dort wurden die restlichen drei Querverschraubungen, die den 37 Zentimeter langen Marknagel in meinem rechten Unterschenkel fixiert hatten, entfernt. Wir wählten diese Spezialklinik, weil mein Bein nur dort mit einer schmerzhaften Stoßwellentherapie behandelt werden konnte. Diese musste ebenfalls unter Vollnarkose durchgeführt werden. Sie beschleunigte die noch immer nicht abgeschlossene Bruchheilung. Schon vor der Operation stand fest, dass der Marknagel zumindest eine weitere Saison im operierten Unterschenkel bleiben würde. Ein Comeback, versicherte mir Artur, wäre auch mit Nagel problemlos möglich. Als ich aus der Narkose aufwachte, stand Artur an meinem Bett: „Alles in Ordnung. Wenn der volle Druck auf die Bruchstelle kommt, ist das Bein in wenigen Wochen hundertprozentig belastbar." Ich musste schmunzeln: „Wenn ich nicht mehr so viel Metall in meinem Körper hab', dann darf ich mich hoffentlich auch im Gewitter wieder ins Freie trauen.“ Die drei Schrauben nahm ich mir als Trophäen mit nach Hause.

18. März 2002. Zwei Monate hatte ich nun großteils das getan, wozu ich Lust hatte. Wenn mir danach war, packte ich die Langlauf-Ski aus und stieg in die Loipe, die unterhalb meines Hauses vorbeizieht. Oder ich fuhr mit dem Mountainbike los. Ich wollte nur einigermaßen in Form bleiben. Ohne Zeitplan, der meinen Tagesablauf diktierte. Ohne Laktat-Check, ohne quälende Physiotherapie, ohne schweißtreibendes Krafttraining und vor allem ohne die langweiligen Stunden auf dem Ergometer. Meinem Geist tat diese Auszeit gut, meinem Körper fehlten scheinbar die gezielten Trainingsreize. Die Untersuchung im Anschluss an die Stoßwellentherapie ergab, dass bei der Knochenheilung beinahe ein Stillstand eingetreten war. Keiner wollte mich zu diesem Zeitpunkt zu etwas überreden, doch für mich war das wie ein Weckruf. Ich war richtiggehend hungrig danach, endlich wieder mit konsequenter Arbeit zu beginnen.

Wie immer, wenn ich mir etwas in den Kopf setzte, hatte ich mir einen Plan zurechtgelegt. Einen Plan, den ich keinem erzählte. Während sich die anderen von der Renn-Saison erholten und es sich noch lange gut gehen ließen, wollte ich mit beinharter Arbeit beginnen. Nur so konnte ich den Rückstand, den ich durch meinen Unfall aufgerissen hatte, aufholen.

Und so sah mein Plan aus: Den letzten Schnee in Obertauern zum Einschwingen nützen, Mitte Juli Gletschertraining in Zermatt. Im August wollte ich in Chile wieder richtig Gas geben, um dann beim Weltcup-Auftakt in Sölden alle mit meinem Comeback zu überraschen. Dazu war aber harte Basisarbeit notwendig. Mit der musste ich genau jetzt beginnen.

Durch das spielerische Ausdauertraining hatte ich meinen Körper ohnehin in Schwung gehalten. In erster Linie ging's einmal darum, die Defizite auszugleichen. Ich hatte noch immer Gleichgewichtsprobleme. Mit dem rechten Bein konnte ich nur mit Mühe die Balance halten, was ich täglich in der Dusche ausprobierte. Dazu kamen die Schmerzen, dieses schreckliche Knochen-auf-Knochen-Gefühl. So meldete ich mich gleich nach der Entlassung aus der Pierer-Klinik bei Heini und begann wenige Tage später mit dem Krafttraining. Wie immer stürzte er sich sofort in die Arbeit und tüftelte gemeinsam mit mir ein Programm aus. Genau das ist es, was ich an meinem Trainer so schätze. Als ehemaliger Sportler weiß er genau, was in mir vorgeht. Weil ihm klar war, dass ich Abstand nötig hatte, ließ er mich wochenlang in Ruhe. Und als es für mich wieder ernst wurde, legte er sich ins Zeug und war wieder rund um die Uhr für mich da.

Ich kam also nur alle paar Tage zum Krafttraining in den Olympiastützpunkt. Die restliche Zeit trainierte ich alleine – meistens in der Langlauf-Loipe. Das erschien mir zu diesem Zeitpunkt ideal, da ich auf das Skifahren hinarbeitete, so den Kontakt mit dem Schnee hatte, meine Balance schulte und zugleich etwas für die Ausdauer tat. Da ich wusste, dass die Lifte in Obertauern bis zu Christi Himmelfahrt am 9. Mai liefen, konnte ich mir noch Zeit lassen, bis ich mein echtes Arbeitsgerät aus dem Skistall holte.

2. Mai 2002. Andy schien auf meinen Anruf gewartet zu haben. „Pack' ma's!" Wenn's ums Skifahren geht, verstehen wir einander ohne viele Worte. Wir fuhren in der Früh nach Obertauern und saßen in der ersten Gondel, die uns aufs Zehnerkar beförderte. Die Piste war menschenleer und an einigen Stellen gefroren. Ich schnallte mir die Ski an und stieß mich ab. Ich legte die Ski um und wartete, was passieren würde. Ja, es funktionierte wieder! Die Schmerzen waren zwar immer noch vorhanden, doch sie hielten sich in Grenzen. Das Wichtigste: Das Gefühl war im Gegensatz zu den unglücklichen Versuchen im Winter wieder da. Ich carvte über die gefrorenen Stellen. Ja, jetzt begann mir Skifahren wieder Spaß zu machen! Das war einer dieser Schlüsseltage, die ich in meinem Kalender rot einkreise. „Schau, jetzt könnte es wieder was werden", dachte ich mir. Im rechten Fuß hatte ich zwar noch immer dieses taube Gefühl, doch mein linker Oberschenkel schien wieder zu funktionieren. Die Aussetzer waren verschwunden, ich konnte wieder in die Knie gehen, Druck aufbauen. Zumindest einigermaßen.

Natürlich fuhr die Angst noch mit. Was, wenn's mir den rechten Ski fängt? Was, wenn's mir den Unterschenkel abdreht? Ein blöder Verschneider, und er ist wieder gebrochen! Für den Zustand, in dem ich mich befand, ging ich eigentlich schon ordentlich ans Limit. Mit jedem Schwung stieg meine Zuversicht. „Ja, das wird wieder was!" Und Andy gab mir die Rückmeldungen, die ich benötigte. Wir sahen beide, dass das Skifahren auf den schwierigen Hängen am Zehnerkar wirklich funktionierte. Ich tastete mich sogar an die Geschwindigkeiten von früher heran und freute mich: „Mein Mut hat mich also nicht verlassen!"

Was kein Betreuer ahnte: Hätte ich auf der Piste Probleme gehabt, dann hätte ich mein Comeback-Training auf der Stelle abgebrochen. Dann wär's kritisch geworden – mit ziemlicher Sicherheit hätte ich meinen Fokus verloren, weil ich keinen Sinn mehr in der Schinderei gesehen hätte. Fürs normale Leben war ich ja wieder hergestellt, wozu dann noch Tag für Tag hinhalten? Womöglich wär' dann auch die Karriere zu Ende gewesen!

Am **6. Mai** begann ich aber wieder mit systematischem Konditionstraining. Es war wie bei jedem Start in den Saisonaufbau. Zu Beginn machte das Radeln noch Spaß. Auch wenn ich zum zigtausendsten Mal am selben Ergometer saß, hatte es etwas Neues. Ich komme mir immer wieder vor wie ein Schulkind, das sich zu Schulbeginn freut, ein frisches

Heft beginnen zu dürfen. So schön das Losfahren ist, so schnell kehrt auch der Trainingsalltag ein. Mein größtes Problem war, dass ich nach wie vor nicht richtig laufen konnte. Am Ergometer machte ich jedenfalls enorme Sprünge. So verbesserte sich meine Leistung im moderaten Kompensations-Bereich innerhalb von nur einem Monat um 80 Watt!

26. Mai 2002. Endlich Abwechslung! Endlich Landschaft, noch dazu eine wunderschöne. Mit Heini und Andy übersiedelte ich zum Radtraining in die Toskana. Wir radelten ewig durch die atemberaubende hügelige Umgebung Grossetos. Insgesamt 544 Kilometer. Andy hing in meinem Windschatten und Heini steuerte das Begleitauto. Er hatte mit falschen Straßenkarten, den schrulligen Einheimischen und seinen nicht vorhanden Italienisch-Kenntnissen alle Hände voll zu tun. Damit zog er mir, wie er ja auch in seinem Buch Das *Hermann-Maier-Trainingsprogramm* schildert, mitunter auch den Nerv. So hielt er einmal völlig unmotiviert ohne Vorwarnung an – ich kam nicht rechtzeitig aus den Pedalen und plumpste auf den Asphalt. Zum Glück kam ich mit Abschürfungen davon.

Am Nachmittag stand meist noch eine Lauf-Einheit am Strand auf dem Programm. Ich wollte nichts übers Knie brechen und ging es gemütlich an. Ich versuchte mich heranzutasten und steigerte mich bis zum Ende der Woche deutlich. Training und Klima taten meinen lädierten Beinen sichtlich gut. Ich fühlte, wie sie begannen, besser und besser zu funktionieren. Zum Abschluss des Italien-Abstechers schauten wir noch beim Motorrad-WM-Lauf in Mugello vorbei, wo ich Valentino Rossi & Co. auf die breiten Reifen schaute. Während ich durchs Fahrerlager schlenderte, fühlte ich so was wie eine Seelenverwandtschaft. Motorrad- und Skirennsport haben nämlich sehr viel gemeinsam: hohe Geschwindigkeiten und enorme Fliehkräfte in den Kurven, bei denen Körpergefühl gefragt ist. Daheim angekommen, startete ich sofort meine BMW und zog durch die Serpentinen meiner näheren Umgebung.

3. Juni 2002. Nach dem Trainingslager in der Toskana fühlte ich mich fast wie ein Rad-Profi. Wie gut ich zu diesem Zeitpunkt in der Ausdauer beisammen war, bekam ich beim sportmedizinischen Stufen-Laktattest im Olympiastützpunkt schwarz auf weiß. „Hermann, du bist wieder der Alte!", meinte Heini begeistert. Er war derart angetan von meinen Werten, dass er unbedingt wissen wollte, wo ich im direkten Vergleich mit den besten Radprofis der Welt lag. Er meinte, er könnte mich ja beim Prolog der Österreich-Radrundfahrt anmelden. „Wieso nicht gleich bei der Tour de France?", meinte ich keck. Also schickte Heini ein Fax an Tour-de-France-Direktor Jean-Marie Leblanc. Der nahm uns damals noch nicht ernst und schickte mir eine Einladung in die VIP-Loge. Ein Jahr später sollte Heinis Traum dann doch Realität werden ...

12. Juli 2002. Wie ein Skihandelsschüler auf Sommerkurs checkte ich mit Heini und Andy im Bundessportheim Faak am See ein. Faak war ein Ort, den ich mit positiven Erinnerungen verband. Schon einmal – 1997 – war ich mit dem Ski-Team in Kärnten gewesen, und das Konditionstraining dort hatte mir unglaublich viel Spaß gemacht. Auch damals hatten die paar Tage in dieser angenehmen Atmosphäre einen unglaublichen Leistungsschub eingeleitet. In der darauf folgenden Saison war ich im Weltcup durchgestartet. Das sind Meilensteine, an denen du dich eine Karriere lang orientierst.

Dieser Trainingskurs elf Monate nach dem Unfall war wahrscheinlich der wichtigste meiner Karriere. Die Leichtathletik-Elemente waren genau das, was meinem Training gefehlt hatte. Der Impuls dafür war von mir gekommen. Ich hatte meinen Trainer richtig angebettelt: „Heini, du hast keine Ahnung, wie gut mir Abwechslung tät'! Können wir

Faak am See, Juli 2002: Mein Körper wird neu modelliert.

nicht neue Elemente einbauen?“ Ich hätte ihm, dem ehemaligen Zehnkämpfer, keine größere Freude machen können. Heini packte Diskus, Kugeln, Spezial-Laufschuhe, Kraftgurt und ähnliche Utensilien in seinen Kofferraum und plante ein Leichtathletik-Programm, das alle Stücke spielte. Inzwischen kann sich Heini übrigens noch besser in meine Lage versetzen. Um fit zu bleiben, trainiert er nämlich selbst wieder mehrere Stunden am Tag, hat dabei mittlerweile 25 Kilo Körpergewicht verloren und überlegt inzwischen sogar, einen Marathon zu laufen.

Bevor's in Faak losging, saß ich bei Sonnenuntergang auf dem Steg, betrachtete meine Oberschenkel, und mir war fast zum Weinen. Vor allem der linke war so dünn, dass ich mir wie ein Storch vorkam. Doch plötzlich tat sich etwas. Mit jedem Tag merkte ich Fortschritte. Ich fing wieder an zu leben, ja, ich wurde wieder ein Sportler! Ich tobte mich auf der Anlage aus. Kletterte aufs Dreierbrett und sprang in den kühlen See. Salto rückwärts, eineinhalbfacher, zweifacher

Salto vorwärts – kein Problem! Mir gelangen die tollsten Figuren. Ich schleuderte den Diskus, jonglierte mit dem Kugelstoß-Set, kämpfte mich über die Hürden. Und jeden Tag fiel mir auf, wie mein Körper auf die Belastungen ansprach. Durch das Ausdauertraining hatte sich mein Körperfett-Anteil auf das absolute Minimum reduziert. Jede einzelne Muskelfaser begann sich abzuzeichnen.

Ich erlebte dasselbe Phänomen wie Lance Armstrong nach seiner Krebskrankheit. Für mich ist es überhaupt nicht außergewöhnlich, dass Lance jetzt weniger Gewicht hat. Wenn ich von dieser Zeit an keine Kraft und nur noch Ausdauer trainiert hätte, dann wäre ich heute ausgezehrt wie ein Radprofi. Mein Körper wurde irgendwie neu geschaffen. Ich hatte ja noch einmal von vorne angefangen und einen Neuaufbau hinter mir. Mit gezieltem Training ist es möglich, seinen Körper neu zu modellieren. Verblüffend, wie lernfähig mein neues Ich war!

Trotz dieser Fortschritte war ich noch immer weit davon entfernt, normal zu funktionieren. In fast jeder meiner Bewegungen war ich eingeschränkt. Aber ich konnte wieder mit normalem Laufen beginnen. Zwar mit wesentlich höherem Puls als früher, aber zufrieden, dass ich endlich eine Ausdauer-Alternative zum gewohnten Radfahren hatte. Der Faak-Kurs hat mich wieder zu einem Athleten gemacht. Zu einem, der zwei Wochen später in Zermatt die Latten anschnallen und es wieder richtig tuschen lassen sollte!

20. Juli 2002. Es gibt Lustigeres, als im Sommer Ski zu fahren. Und Angenehmeres. Das Gletschertraining in Zermatt ist eine ziemlich anstrengende Angelegenheit. Schon einmal die Anreise zum Matterhorn mit dem Auto durch Alpenpässe und über die Bahnverlade-Station zieht sich einen Tag lang. In Zermatt herrscht generelles PKW-Verbot. Das Gepäck wird mühsam in die Elektro-Shuttles verladen, mit denen es ins Hotel geht.

Faksimiles:
La Gazzetta dello Sport, 23. 7. 2002
Blick, 23. 7. 2002
News, Nr. 30, 2. 2002
Die Presse, 23. 7. 2002

Während die Bergtouristen längst schliefen, musste ich noch Skischuhe probieren. Bis spät in die Nacht. Ich hatte mir neue Schuhe anpassen lassen, an die ich mich zu gewöhnen versuchte. Früher konnten mir die Dinger nicht eng genug sein. Jetzt war's mir das Wichtigste, dass sie bequem waren.

In der Früh musste ich schon wieder um sechs Uhr, manchmal sogar um fünf Uhr raus. Dann ging die Schlepperei auf fast 4000 Meter Höhe los. Alles, was ich an einem Tag benötigte, musste ich selber in der Gondel hinauftransportieren: einen voll bepackten Rucksack, zwei Paar Skier, die Skischuhe. Doch als ich sah, wie das Matterhorn in den wolkenlosen Himmel ragte, als ich die herrliche Gletscherluft einatmete, empfand ich endlich wieder dieses Glücksgefühl, das mir schon die längste Zeit abgegangen war. Das Doku-Team war wieder mit von der Partie und ich stimmte gut gelaunt den Volksmusik-Klassiker *Rosamunde* an. Und zwar so laut, dass die Touristen in der Gondel schmunzelten.

Ich empfand es als echten Komfort, dass ich an der Bergstation in den Schuh hineinschlüpfen konnte, ohne dabei Schmerzen zu spüren. Im rechten Bein war ja alles noch sehr sensibel. Ich stieg in die Bindung und fuhr schon mit einem guten Gefühl los. Tatsächlich klappte das Skifahren vom ersten Schwung an. Die positivste Erkenntnis: Mein verletztes Bein meldete sich nur ab und zu.

Weil ich schon so heiß aufs Skifahren gewesen war, war ich gemeinsam mit Andy und Ski-Servicemann Edi Unterberger bereits drei Tage früher als geplant angereist. Ich hatte schon drei Trainingstage hinter mir, als mich meine Teamkollegen zum ersten Mal seit dem Unfall auf der Piste sahen. Sie beobachteten mich mit Argusaugen. Es dürfte ihnen nicht entgangen sein, wie wohl ich mich fühlte. Längst hatte ich mich an das hohe Tempo gewöhnt und fuhr sogar schon durch die ersten Tore. Ich wedelte durch

Tiefschnee-Hänge und war wieder in meinem Element! Weil sich Ski-Reporter aus ganz Europa angekündigt hatten, um sich von meinem Ski-Comeback selbst ein Bild zu machen, organisierte der ÖSV einen Medien-Tag auf dem Gletscher. So bemühten sich über 30 Reporter an den Fuß des Matterhorns. Die heimischen Journalisten nahmen bis zu tausend Kilometer mit dem Auto auf sich oder sie flogen zuerst nach Genf oder Mailand. Die Schweizer Reporter griffen den Gletscher von Zermatt aus an. Maria Rosa Quario, die ehemalige Weltkasse-Läuferin, kam gemeinsam mit ihren italienischen Kollegen von Cervinia auf den Berg. Eine japanische Fotografin baute sich mit ihren ganzen 1,40 Metern vor mir auf und gestikulierte wild: „Mach' so stark wie ein Bär!"

„So weit bin ich noch nicht", gab ich zur Antwort. „Das kommt vielleicht später." Die *Kronen Zeitung* titelte am Tag darauf „In seinen Augen ist der pure Wille" und zitierte damit ÖSV-Herrencheftrainer Toni Giger, der ebenfalls auf den Gletscher gekommen war, um mir auf die Ski zu schauen. Für die österreichische Tageszeitung *Die Presse* war der „Herminator fast schon wieder der Alte". Die *Bild*-Zeitung feierte mich auf Seite 1 als „Gewinner des Tages". Nur der Schweizer *Blick* („Maier fährt wieder Ski – aber wie?") blieb gewohnt kritisch: „Es scheint unwahrscheinlich, dass dieser Mann nach diesen Verletzungen je wieder wird siegen können."

Zum Abschluss ließ Andy die Telemark-Skier auspacken und ich demonstrierte auch bei dieser schwierigen Technik mein neu gewonnenes Ski-Gefühl. Ich war glücklich, meinen Rhythmus wieder gefunden zu haben. Hans Knauß klopfte mir auf die Schulter und meinte anerkennend: „No, bei dir lauft's ja wieder ganz gut!" Ich hatte eine derartige Freude, dass ich mich mit einer zünftigen Abschlussfeier belohnte. Während sich Andy um das Bier-Anzapfen küm-

Juli 2002: Sogar die *Sunday Times* dokumentierte meine Comeback-Arbeit.

merte, übernahm ich das Musikprogramm. Abgesehen davon, dass es doch etwas später wurde, dürfte ich es mit der Lautstärke nicht so genau genommen haben. Jedenfalls stürmte der Trainer einer amerikanischen College-Truppe herein und regte sich fürchterlich auf. Wann wir schließlich ins Bett kamen, kann ich nicht mehr so genau sagen. Ich weiß nur, dass wir in der Früh eine Gondel nach der anderen versäumten. Als ich es endlich auf den Gletscher geschafft hatte, war die Piste zu weich. Ich ließ es bleiben, packte zusammen und fuhr heim – der Gletscherkurs hatte auch so meine Erwartungen bei weitem übertroffen.

14. August 2002. Super-G-Zeitläufe in Portillo, Chile. Mein Renninstinkt war wieder erwacht. Ich war übermotiviert, hatte schon fast dieses überlegene Gefühl vom Vorjahr, als es passierte: Nach einem weiten Sprung drückte es mich in einer Kompression in extreme Rücklage. Mir ging der Außenski weg und – zack! Ich spürte einen Stich im rechten Bein unterm Transplantat und wusste: „Oje, jetzt ist es wieder vorbei!" Ich brach die Fahrt ab, griff mir an den Unterschenkel. Ich ärgerte mich und fluchte: „Ich Trottel hab' zu viel gewollt!" Ich versuchte es noch einmal, doch nichts ging mehr. Nicht einmal normales Auftreten war möglich!

Im Hotel grübelte ich, was wirklich passiert war. War eine vernarbte Stelle unterm Transplantat aufgegangen? Ich behandelte die Verletzung zunächst einmal mit Eis. Weil die mitgereiste ÖSV-Ärztin Gitti Auer sichergehen wollte, dass der Knochen nicht beschädigt war, bestand sie darauf, vor Ort ein Röntgenbild anfertigen zu lassen. Mit der steinzeitlichen Anlage in der hoteleigenen Medizinabteilung war das ein echtes Abenteuer. Gitti versuchte mich zu beruhigen: „Alles okay. Nix gerissen, nix gebrochen." Auch wenn der Knochen nichts abbekommen hatte, warnte sie mich bei der Laserbehandlung: „So etwas kann länger dauern ..." Dennoch wollte ich am nächsten Tag noch einmal fahren. Doch ich kam unmöglich in den Skischuh und verwarf mein Vorhaben sofort.

Dabei hatte das Sommertraining im winterlichen Chile so gut begonnen. Nach dem Erfolg von Zermatt war ich sogar ein paar Tage vor den anderen mit großen Ambitionen aufgebrochen. Ich freute mich auf Winterschnee, aufs Tiefschnee-Fahren im Gelände und auf das erste Stangentraining unter Rennbedingungen. Ich kostete die traumhaften Bedingungen am Fuße des 6958 Meter hohen Aconcagua so richtig aus: diese herrliche, tief verschneite Andenlandschaft mit dem staubtrockenen Wildschnee. Als ich mich über die steilen Hänge stürzte und links und rechts der Schnee aufstaubte, war mir richtig zum Juchzen. Spätestens da wusste ich wieder: Skifahren, das ist mein Leben! Als die anderen ankamen und wie die Wahnsinnigen zwischen den Stangen trainierten, stach ich noch immer durchs Gelände. Ich dachte mir nur: „Unglaublich, die anderen sehen die Natur überhaupt nicht!" Ich tobte mich den ganzen Tag im Tiefschnee aus und erlebte einen meiner schönsten Skitage überhaupt.

Als Nächstes ging ich das Stangentraining an. Ohne große Erwartungen. Mein Körper war noch behäbig, die neuen Skischuhe steif. Im Jahr davor war ich mit viel mehr Druck in die Tore und mit einer spielerischen Lockerheit von einer Bestzeit zur nächsten gefahren. Diesmal war alles erkämpft, jedes Mal war noch Respekt dabei – vor allem, wenn die Piste ruppig und hart wurde. Die Linie, die Schwünge – ich musste an jedem Detail mühsam feilen. Ich schaffte es nicht, die engen Radien von früher zu fahren.

Dennoch war ich nicht ganz unzufrieden. Immerhin war ich mit meinen Zeiten wieder dabei. Doch das war mir bald zu wenig. Ich wollte wieder deutlich vorn sein. Die paar Hundertstel, die ich beim einen oder anderen Lauf herausgeholt hatte, reichten mir nicht.

So schön das Skifahren da oben auch war: Nach einer Woche in der Höhe reichte es mir. Einerseits ist die körperliche Belastung auf 3000 Metern nicht zu unterschätzen, andererseits begann mir in dem einsamen Hotelkomplex, dem einzigen Gebäude auf der Passhöhe, die Decke auf den Kopf zu fallen.

So kam ich auf die Idee, mit Andy eine kleine Wochenend-Busreise an die Pazifikküste nach Viña del Mar zu unternehmen. Ein Abenteuer, wie ich's bisher nur aus Filmen kannte. Im völlig überfüllten Linienbus quetschten wir uns zwischen die Einheimischen, die mit Sack und Pack, mit Hähnen und anderen lebendigen Tieren in Käfigen reisten. Was kann man schon für 2400 Pesos, umgerechnet knapp vier Euro, erwarten? Der klapprige Bus quälte sich dreieinhalb Stunden die holprige Nationalstraße Los Libertadores hinunter. Von der Meeresidylle war in der südamerikanischen Urlaubsmetropole wenig zu spüren. Überall begegneten uns streunende Hunde. Manche machten uns Angst, andere taten mir wiederum Leid. Schließlich verfolgten uns ganze Banden: Der Dreifüßige und der Einäugige waren immer dabei. Ich kam mir vor wie Pinocchio, der vom Fuchs und dem räudigen Straßenkater gejagt wurde. Spätabends fielen wir mit unserem Bärenhunger zu Fuß in einem McDrive-Restaurant ein. Draußen wartete ein besonders aggressiver Köter auf uns und ich sagte zu Andy: „Bevor er uns beißt, kaufen wir ihm lieber einen Burger!“ Während sich der Köter auf den Burger stürzte, kamen wir unbehelligt an ihm vorbei.

Da das Meerwasser nur 12 Grad hatte, wurde aus dem erhofften Baden nichts. Zum Lauftraining eignete sich die kühle Temperatur aber geradezu ideal. Dabei gesellte sich auch gleich ein Einheimischer zu mir, der mich bei meinen einsamen Runden auf der Galopprennbahn begleitete. In die Pedale treten wollte ich auch, doch der Typ vom Bike-Verleih wollte mir ein Rad mit platten Reifen andrehen!

Leider hat sich der nette Ausflug ans Meer als Fehler erwiesen. Denn als ich in die Höhe zurückkam, war ich nicht gerade taufrisch. Gleich am nächsten Tag ging es mit Super-G- und Abfahrts-Zeitläufen weiter. Ich hatte sofort das Gefühl: „Das wird nix!“ Ich war nicht richtig bei der Sache, war müde, dennoch ging ich ans Limit. So forderte ich die Verletzung geradezu heraus!

Enttäuscht und tief deprimiert reiste ich ab. Auf dem Heimflug zermarterte ich mir das Hirn: War das notwendig? Warum muss ich es immer übertreiben? Es hätte doch auch normaler Einsatz gereicht! Aber so bin ich eben: Bei mir gibt's nur Schwarz oder Weiß. Mittelmaß war nie meines.

Heini holte mich am Flughafen ab und wir fuhren direkt zu Artur ins Unfallkrankenhaus. Dort wurde ich sofort untersucht. Artur vergrößerte das Digital-Röntgen am Monitor und schien überhaupt nicht beunruhigt. Ja, er gewann dem Zwischenfall in Chile sogar etwas Positives ab: „Der Knochen hat diese extreme Belastungsprobe ohne Schaden überstanden. Jetzt haben wir den Beweis, dass die Bruchstelle auch wirklich gut verheilt ist!“

„Aber was tut dann so weh?“, wollte ich wissen.

Artur hatte nur eine Vermutung – im Bereich der Transplantat-Wulst muss Gewebe zerstört oder gezerrt worden sein. Wie lange mich das jetzt behindern würde, konnte er mir nicht sagen. Vorsichtshalber sprach er einmal ein mehrwöchiges Skiverbot aus. Das war kein größeres Problem, denn Schneetraining war sowieso erst wieder Ende September geplant.

24. August 2002. Den Jahrestag meines Motorrad-Unfalls verbrachte ich mit Heini im Auto. Wir fuhren zum Radfahren ins Burgenland. Andy kam mit dem „Materialwagen" nach. Bevor es auf die heimischen Gletscher zur Weltcup-Vorbereitung ging, wollten wir noch an meiner Grundlagen-Ausdauer arbeiten. Die Radwoche am Neusiedler See wurde leider zu einer einzigen Quälerei für mich. Ich litt vom ersten Kilometer an. Bei der kleinsten Unebenheit, bei jedem Kanaldeckel, meldete sich der stechende Schmerz in der rechten Wade. So war es mir auch unmöglich, aus dem Sattel zu gehen. Der Schmerz war mein ständiger Begleiter, und dennoch machte ich weiter und umrundete den Neusiedler See auf dem 111-Kilometer-Radweg insgesamt dreimal. Andy hing meist in meinem Windschatten. Wie gewohnt saß Heini am Steuer des Begleitfahrzeugs. An vereinbarten Checkpoints kontrollierte er meine Leistung per Laktatmessung und wachelte beim Passieren der österreichisch-ungarischen Grenze mit unseren Reisepässen.

Ich probierte zu laufen, doch auch diesen Versuch musste ich nach einer halben Runde am Fußballplatz abbrechen. Immer wieder diese Schmerzen! Kein Wunder, dass ich langsam zu verzweifeln begann.

Die Uhr tickte gegen mich. Wir hatten schon September. Bis zum Weltcup-Auftakt in Sölden blieben mir nicht einmal mehr acht Wochen. Ich begann, mir ernsthafte Sorgen zu machen. Da ich spürte, dass mit Gewalt schon gar nichts weiterging, schraubte ich das Training zurück.

Nie hätte ich gedacht, dass die neuerliche Verletzung so lange nachwirken würde. Doch das Problem, das mir kein

Faksimiles:
Kronen Zeitung, 20. 10. 2002
Bild, 4. 10. 2002

Mittwoch, 2. Oktober 2002

SPORT

Herminator verzweifelt: „Mir geht's sehr schlecht"

„Kronen Zeitung" exklusiv: Wie Hermann Maiers erneuter Comeback-Versuch scheiterte

Medientag im Pitztal – das Maier-Drama hat hier jeder mitgekriegt

Eberharter: „Ich fühle mit Hermann!" Warum sich Knauß auf den Start freut

SPORT

2 Weltstars vor dem Rücktritt

Der Herminator Die Schmerzen lassen ihn verzweifeln

Sampras: Er will sein Kind aufwachsen sehen

Daviscup Hammerlos für unser Team

Eishockey 2. Schlappe für Ingolstadt-Panther

Ergebnisse

Schöne Isabell kam unters

Ecclestone geht auf

Arzt näher erklären konnte, sollte mich vier Monate lang begleiten. Noch heute weiß ich nicht mit Sicherheit, was damals in meinem Unterschenkel los war – scheinbar waren im Transplantat-Bereich Narben und die frische Beinhaut, die sich über der Bruchstelle gebildet hatte, aufgerissen.

Der Wadenschmerz begleitete mich auf Schritt und Tritt. Ich kam mir vor wie ein Wrack, physisch und psychisch. Doch das wollte keiner sehen. Meine Betreuer hielten sich stets an meinen Werten fest, und die waren okay. Dabei ist es vollkommen wurscht, ob ich Laktat 1,5 oder 0,9 habe. Entscheidend ist das eigene Gefühl. Du spürst es, wenn du in Form bist. Das ist das, was uns Spitzensportler ausmacht. Wir haben ein spezielles Gespür für die Vorgänge im Köper. Wissenschaftler, Sportmediziner und selbst ernannte Gurus gehen aber allzu oft ausschließlich von messbaren Zahlen und Parametern aus. Wenn der Wert X so und so ist, dann ist Leistung Y zu erwarten. Diese Milchmädchenrechnung funktioniert aber zum Glück nur in den seltensten Fällen. Sonst wäre der Spitzensport nämlich zu einfach.

Ich horchte also in meinen Körper. Dabei spürte ich ganz deutlich, dass ich in meinem Zustand nicht in der Lage war, beim Weltcup-Auftakt in Sölden zu fahren. Okay, ich wusste: Dann fahr ich halt unter die Top 30 oder vielleicht, wenn's super läuft, unter die Top 20. Aber was soll das? Ich wollte ja ganz oben zurückkommen. Dazu war ich einfach noch nicht bereit. Auch wenn es in den Medien oft anders dargestellt wurde: Durch den Unfall habe ich gelernt, Geduld zu wahren. Ich konnte auf Dinge warten.

12. September 2002. Ich saß im Hubschrauber und war im Anflug auf Wien – Raiffeisen-Marketingchef Leo Pruschak wartete am Fuße des Riesenrades mit meinem neuen Zweijahres-Vertrag. Für meinen Hauptsponsor schien die Vertragsverlängerung immer selbstverständlich zu sein, so wie auch alle anderen Partner immer zu mir hielten. Weil der Maier-Fan unter den Wiener Magistratsbeamten auf Urlaub war, durfte ich nicht wie geplant im Prater auf der Jesuitenwiese landen. So musste ich von der Kaserne Meidling abgeholt und im PKW durch den Wiener Stadtverkehr zum Riesenrad chauffiert werden. Daher kam ich ein paar Minuten zu spät, drehte aber dann artig Riesenrad-Runden mit den Journalisten. Raiffeisen hatte eine Umfrage des Meinungsforschungsinstitutes OGM veröffentlicht: Mein Bekanntheitsgrad hatte 97% erreicht; bei der Frage nach dem populärsten Sportler Österreichs nannten 74% meinen Namen. Die Sponsoren hielten also nicht nur aus Freundschaft zu mir.

Außerdem war ich auch ein beliebter Festgast. Eine der wenigen Einladungen, die ich annahm, war die zum Münchner Oktoberfest. Ich machte dem größten Atomic-Kunden aus Deutschland nach einer Autogrammstunde die Freude und nahm in Lederhose und Trachtenhemd in seiner Loge im Schützenzelt Platz. Es dauerte nicht lange, da hatten mich die ersten Gäste erkannt, und kurz darauf stand ich schon auf der Bühne, um die Niederalmer Musikanten zu dirigieren. Zu *We will rock you!* klatschten die Massen mit, und bei *Sweet Home Alabama* kippten die ersten Bierbänke um. Die Leute waren begeistert und forderten eine Zugabe nach der anderen. Doch ich trat dankend ab. Mit einem sportlichen Argument: „Am Höhepunkt sollte man aufhören!" Mir gefiel's in Bayern so gut, dass ich gleich zwei Tage anhängte. Zu Hause warteten Andy und Servicemann Edi Unterberger auf mich – sie hatten alles für das dringend notwendige Schneetraining vorbereitet ...

1. Oktober 2002. Ich wusste: Wenn ich beim Weltcup-Riesentorlauf am 27. Oktober die Ski anschnallen wollte, dann musste ich mit der Renn-Vorbereitung auf dem Rettenbach Ferner über Sölden beginnen. Doch insgeheim war mir schon auf dem Weg ins Ötztal klar, dass das wohl nichts mehr werden würde. Das Gelände dort ist selektiv. Und abgesehen von dem einen Tag Riesentorlauf-Training in Chile auf einem viel zu flachen Hang hatte ich keine spezifische Vorbereitung in den Beinen. Auch körperlich war ich schon einmal besser beisammen gewesen. Ich konnte mir beim besten Willen nicht vorstellen, wie das jetzt funktionieren sollte.

Es wäre ein „Hopp-oder-Dropp"-Rennen geworden – entweder es geht oder es geht nicht. Ich hatte schon im Vorhinein mein Hauptaugenmerk auf die Nordamerika-Rennen gelegt. Aber versuchen musste ich es zumindest. So gab ich Andy am Telefon Bescheid: „Okay, ich fahr' halt einmal hinauf nach Sölden und probier's!" Während sich meine Teamkollegen der Presse im Pitztal präsentierten, legte ich also ein Tal weiter in Sölden los. Die Gletscherpiste präsentierte sich oben weich und unten ruppig-hart. Wie immer begann ich mit freiem Fahren, und das funktionierte halbwegs. Langsam tastete ich mich an meine gewohnten Radien heran. Ich horchte in mein Bein, machte die Kurven zu, erhöhte den Druck und wartete auf den Schmerz. Prompt kam er. Wie ein Déjà-vu: Wieder war ich mit dem Innenski auf einem Eisbrocken ausgerutscht, in Rücklage gekommen und zack, der Stich! Ich schwang ab. Als mich Andy fragend ansah, wusste er bereits alles. „Im Weichen war's kein Problem, aber im Harten tuat's net", schüttelte ich den Kopf und riss mir die Brille vom Helm. Mein Trainer wollte es nicht wahrhaben, und so standen wir eine halbe Stunde im Schnee und diskutierten. Das Projekt Sölden war jedenfalls gescheitert. So war mir die Entscheidung abgenommen worden.

Wortlos kurvten wir die Serpentinen nach Sölden hinunter. Ich grübelte. Wann werde ich wieder Ski fahren können? Werde ich jemals wieder Rennen fahren? Und: Was sollte ich jetzt den Medien sagen? Ich rief meinen Pressemann an, und wenige Minuten später trudelte das ÖSV-Fax über meine Sölden-Absage in den Redaktionen ein. Ich war darauf bedacht, meinen Fans reinen Wein einzuschenken: *Ich will erst zurückkommen, wenn ich wirklich vollkommen fit bin und Spaß am Skifahren habe.* Die Passage über mein Comeback lautete: *Es wird jedenfalls in dieser Saison sein – wann genau, kann ich noch nicht sagen.*

Im Hotel hatte ich sogar daran meine Zweifel. Mir wurde nun erst richtig bewusst, dass meine Karriere ernsthaft auf dem Spiel stand. Wie ein Film liefen die vergangenen 13 Monate, die ich um mein Comeback gekämpft hatte, in meinem Kopf ab. Erst dachten wir, Olympia wäre möglich. Dann wollte ich im Frühjahr mit normalem Training beginnen – wieder nix. Das Chile-Schneetraining abgebrochen, und jetzt in Sölden der absolute Tiefpunkt! Ich stand genau dort, wo ich früher schon gewesen war. Auf der Heimfahrt nach Flachau wurde es mir immer deutlicher bewusst. Ja, wird das jemals wieder was? Was, wenn ich auch diese Saison auslassen muss? Aufgeben? Nein! Nehm' ich halt einen neuen Anlauf im Frühjahr. Aber das wäre dann meine absolut letzte Chance!

Andy durchbrach das Schweigen, indem er mich aufmunterte: „Das wird schon wieder – es braucht eben ein biss'l länger." Das war mir ein matter Trost: „Ich hab' trainiert wie ein Trottel, mich wie ein Wahnsinniger vorbereitet, und was kommt dabei heraus? Wieder eine Verletzung!" Für mich war das Skifahren bis auf weiteres abgehakt: „Ich mach' jetzt etwas völlig anderes!" Ich suchte eine neue Herausforderung, eine, bei der ich wirklich gefordert würde. Ich verspürte auch das dringende Bedürfnis, wieder einmal mein Hirn zu fordern.

Ich sah, wie sich mein Körper gegen die krampfhaften Skiversuche wehrte, und war bereit, das zu akzeptieren. Gemeinsam schmiedeten wir Pläne und überlegten, wie ich die

Aus-Zeit ideal ausfüllen könnte. Vielleicht ist genau in diesem Augenblick ein Hubschrauber über den wolkenlosen Himmel geflogen, ich weiß es nicht mehr. Jedenfalls meinte ich spontan: „Ich mach' jetzt den Helikopter-Pilotenschein!" Wir riefen Heini an, dessen Rat mir bei solchen Entscheidungen wichtig ist, und er war begeistert. Ja, er ließ sogar meine Ausdauer-Planung für die nächsten Wochen, die schon fertig auf seinem Schreibtisch gelegen war, in der Schublade verschwinden und meinte väterlich: „Mach' jetzt einmal das, wozu du wirklich Lust hast. Wenn dir wieder nach Training ist, dann melde dich bei mir."

Einen besseren Rat hätte er mir zu diesem Zeitpunkt nicht geben können. Ich meldete mich für den erstbesten Helikopter-Flugkurs, den ich bekommen konnte, an. Ab sofort drückte ich im Union-Flugsportzentrum Niederöblarn im Ennstal von 9 bis 18 Uhr täglich die Schulbank. Was keiner wusste: Am Abend schlich ich heimlich ins dazugehörige Fitness-Studio und drehte meine Runden am Hometrainer. Dabei interessierte ich mich nicht nur für das Trainings-Equipment. Immer wieder fiel mein Blick auf die attraktive Betreuerin. „Schau, schau, eine nette Abwechslung", dachte ich und haute ordentlich rein.

Zur Abwechslung fuhr ich immer wieder zum Hubschrauber-Flugplatz nach Graz. Das Fliegen füllte mich völlig aus. Ich wollte die Ausbildung in kürzester Zeit durchziehen und war bereit, viel Zeit und Energie zu investieren. Ich setzte mich mit Navigation auseinander, mit Seitenwinden, den Gefahren beim Steig- und Sinkflug, mit Luftdichte und Auftriebskoeffizienten. In kürzester Zeit lernte ich, das Gerät zu beherrschen. Die Kombination aus Technikverständnis und speziellem Feingefühl für das Flugverhalten faszinierte mich und zog mich völlig in ihren Bann. Tagelang dachte ich an nichts anderes. Zum ersten Mal ging mir das Skifahren total am Arsch vorbei.

17. Oktober 2002. Nach zigfachen Anfragen der Vera-Redaktion ließ ich mich zu einem Auftritt in Österreichs populärster TV-Talkshow überreden. Man hatte mich mit der Auszeichnung als „News-Maker des Jahrzehnts“, die ich in der Sendung überreicht bekommen sollte, geködert. In dem Gespräch fiel dann der Satz, der gleich darauf aus dem Zusammenhang gerissen über die Fernschreiber der großen internationalen Nachrichten-Agenturen rattern sollte: „... sonst wird's nix mehr werden mit dem Skifahren!“ Österreich war geschockt. Obwohl ich es nicht vorhatte, hatte ich der Öffentlichkeit Stoff für Spekulationen über mein mögliches Karriere-Ende gegeben. Ich ärgerte mich, weil ich mich im TV-Studio schwindlig reden hatte lassen. Da ist mir dieser Satz spontan herausgerutscht und ich musste mir eingestehen, dass tatsächlich auch etwas dahinter war. Ja, ich hatte mich auch teilweise damit abgefunden: Wenn's nimmer geht, dann geht's halt nimmer! Zum ersten Mal überlegte ich mir, eventuell in einen anderen Bereich einzusteigen.

Das verrückte Klima bestärkte mich in meiner Ski-Abstinenz. Das angenehm warme Föhnwetter blies jeden Gedanken ans Skifahren aus meinem Kopf. Der Winter begann ohne Schnee, und da fehlte auch mir jede Motivation. Ich verdrängte jeden Gedanken an Ski-Training: „Wozu sollte ich mir das jetzt wieder antun? Dass ich mir womöglich noch einmal wehtu'? Dass ich wieder deprimiert abschnalle? Wirklich nicht!“ Andererseits befand mich gerade in einem emotionellen Hoch, ich flog bereits fesch mit dem Hubschrauber durch die Gegend und war begeistert, wie schnell ich das Ding sicher pilotieren konnte. Nach all den Rückschlägen der vergangenen Monate hatte ich wieder echte Erfolgserlebnisse!

Der Interview-Aufreger bei Vera

17. Oktober 2002

VERA: *Und jetzt bei uns: Ski-Superstar Hermann Maier, der Herminator. (Applaus) Gratulation zu dieser Auszeichnung als News-Maker des Jahrzehnts. Eine Auszeichnung mehr in deiner Riesen-Riesensammlung an Trophäen! Hast du überhaupt noch Platz bei allen Medaillen, Pokalen und Trophäen in deinem Haus?*
HERMANN MAIER: Das machen hauptsächlich meine Eltern zu Hause. Ich glaub', wir haben momentan 700, 800 Pokale. Meine Eltern sind Skirennen gefahren, mein Bruder fährt Snowboard-Rennen. Aber diese Auszeichnung als „Sportler des Jahrzehnts" ist natürlich schon was Besonderes. Gerade in Österreich, wo doch ein Thomas Muster in den vergangenen Jahren sehr, sehr stark war. Das ehrt mich natürlich schon ganz besonders.

VERA: *Wann hast du diesen enormen Willen zum Sieg, diesen Biss, der dich dann so beflügelt hat, zum ersten Mal in dir gespürt?*
MAIER: Richtig losgegangen ist es schon in der Kindheit. Im Sport wollt' ich immer der Beste sein. Ich war beim Laufen in der Schule der Schnellste, war beim Weitspringen der Weiteste, dann der Höchste beim Hochspringen, und das steigert sich dann immer. Beim Fußball hab' ich am Anfang technische Probleme gehabt, die hab' ich dann ausgemerzt. Aber das meiste hab' ich eh durch die Schnelligkeit gemacht. Man kommt dann irgendwie rein in das Ganze ... Es ist dann oft schwierig, Fehler einzugestehen, zu verlieren, wenn man gewohnt ist zu gewinnen. Das hab' ich dann wieder gelernt, als der Körper nicht richtig funktioniert hat, als ich mit 16 Jahren Wachstumsprobleme bekommen hab'. Da hab' ich dann gemerkt: So, jetzt muss ich Ruhe geben! Dann hat sich das Ganze wieder gelegt, und mit 18, 19 Jahren, wie ich wieder ge-

wachsen und schwerer geworden bin, dann ist der Siegeswille wieder zurückgekommen.

VERA: *Stimmt es, dass man dir damals mit 16 gesagt hat, du wirst nie ein Spitzenläufer werden, weil du einfach zu klein bist und bleibst?*

MAIER: Ja, aber dann hab' ich mir gedacht, ja, jetzt ist's eh vorbei. Dann hab' ich Gott sei Dank meinen Beruf gelernt und andere Sachen kennen gelernt. Es war mir einfach sehr, sehr wichtig, dass ich im Beruf arbeiten konnte, dass ich ihn fertig gemacht hab'. Mir hat's einen Spaß gemacht, und ich glaub', das hat mir für den Sport sehr viel geholfen.

VERA: *Ja, wie man sieht, du bist ja nicht klein geblieben, im Gegen-*

teil, du bist ganz, ganz, ganz groß geworden. Bis zu diesem 24. August 2001, als dich dieser schwere Unfall gestoppt hat. Mittlerweile gibt's ja auch ein Gutachten, das genau bestätigt, dass du daran überhaupt keine Schuld trägst. Hast du irgendwann einmal gegenüber dem 73-jährigen deutschen Autofahrer so etwas wie Hass empfunden?
MAIER: Nein, eigentlich nicht, weil für das hab' ich zu wenig Zeit gehabt. Ich hab' probiert, den Unfall so schnell wie möglich zu verarbeiten. Es bringt nix, wenn man da irgendwelche Rachegefühle hat. Denken, wieso hat der den Fehler gemacht, warum hat er das nicht ändern können? Man sollte einfach probieren weiterzudenken. Das hab' ich auch gemacht. Ich bin im Krankenhaus gelegen und das nächste Ziel war, wieder gehen zu lernen.

VERA: *Du warst zweimal Weltmeister, zweimal Olympiasieger. Hast du nie daran gedacht aufzugeben?*
MAIER: Sicherlich ist es toll, und ich bin auch sehr zufrieden über das, was ich erreicht hab'. Nur, die Zeit, in der ich's erreicht hab', die war einfach zu kurz. Ich bin vier volle Saisonen gefahren, andere fahren 10, 12 Saisonen. Für die kurze Zeit, für die Energie, die ich da aufgebracht hab', für das schöne Leben, den Sport in der freien Natur, ist das einfach zu kurz. Ich möchte wieder zurück. Nur, wie man sieht, ist es sehr schwierig. Es wehrt sich irgendwas in mir. Ich hoff', dass ich das überwinden kann und dass ich dann wieder zuschlagen kann, weil schön langsam ist's wieder mal Zeit.

VERA: *Es hat vorm Sommer sehr gut ausgeschaut. Doch in Chile kam dann der erste große Rückschlag, als du dir eine Schuhrandprellung zugezogen hast. Und jetzt musst du mit dem Training wieder aussetzen wegen zu großer Schmerzen.*
MAIER: Am Anfang hat sich alles quergelegt. Dann Anfang Mai, als ich dann Ski gefahren bin, da hab' ich immer noch Schmerzen gehabt. Aber dann, Mitte Juli, da hat's einfach funktioniert, da hab'

ich mir gedacht: Ja, da könnt' schon wieder was gehen. Das Nächste war dann im August in Chile, ich war sehr, sehr motiviert. Ich bin dann Zeitläufe gefahren und ich war fürs erste Mal nach einem Jahr Pause sehr zufrieden.

VERA: *Alle waren verblüfft, stimmt das?*
MAIER: Man darf das nicht zu ernst nehmen. Aber es ist einmal ein ungefährer Stellenwert, vor allem, wenn man eine so schwere Verletzung gehabt hat. Man fährt den ersten Lauf und sieht, man ist schon wieder dabei. Das war natürlich sehr, sehr gut. Und ich hab' gemerkt, es sind noch sehr viele Reserven da. Ich wollte dann ein bissel besser fahren – nicht unbedingt wegen der Zeit, sondern wegen meiner Technik, dass ich die noch verfeinere. Aber dann hab' ich leider einen Fehler gemacht, von dem ich sagen muss, wenn ich gesund gewesen wäre, dann hätte der Fuß gar nix abbekommen, dann wäre ich am nächsten Tag wieder weitergefahren. Aber mein Bein ist so desolat, so kaputt im Moment, dass einfach der kleinste Fehler ausreicht, dass ich wieder verletzt bin. Das muss ich in den Griff kriegen, dass das besser wird. Sonst wird's nix mehr werden mit dem Skifahren.

VERA: *Also der Weltcup-Auftakt in Sölden, der ist auf jeden Fall schon gestrichen.*
MAIER: Ja, definitiv.

VERA: *Die* Kronen Zeitung *hat ja geschrieben, sogar die Weltmeisterschaft wackelt. Wie schätzt du da deine Chancen ein?*
MAIER: Also, es ist gut, dass sich andere Gedanken machen. Ich denk' selber nicht zu viel an den Sport und ans Skifahren. Ich schau einfach, dass ich auf andere Gedanken komm', und dann hoff' ich, dass der Fuß besser wird. Ich hab' ein Ziel, und das ist, so schnell wie möglich wieder zu fahren. Aber arge Trainingsbelastungen behagen meinem Fuß noch nicht. Daher ist's am besten, Ruhe zu geben, um später wieder richtig einzusteigen. Ich

hoff', dass es schon bald wieder sein kann. Das Schwierigste wird die Geschwindigkeit sein. Man fährt dann mit 130, 140 km/h die Abfahrtspisten runter und man sieht relativ wenig. Das ist dann nur mehr so Gefühlssache, am schwersten ist es, sich wieder daran zu gewöhnen.

VERA: *Hermann, Schlagzeilen hast du in den letzten Jahren auch mit deinem Privatleben gemacht. Im Sommer hast du dich von deiner Freundin, der Gudrun, getrennt. Geht sie dir gerade in Zeiten, in denen's nicht so läuft, ab? Bedauerst du diesen Schritt?*
MAIER: Beziehungen kommen, Beziehungen gehen. Ich glaub' nicht, dass sie mir jetzt irgendwie helfen würde. Ich muss sowieso allein aus schwierigen Situationen herauskommen. Sie hat ja selber auch genug zu tun – ich glaub', man sollte sich da nicht gegenseitig belasten.

VERA: *Blicken wir zurück vor 10 Jahren, wie war dein Leben damals?*
MAIER: Ich hab' noch fest gearbeitet damals, ich war am Bau, und ich war sehr, sehr ehrgeizig. Ich hab' schon eine eigene Partie und ein Firmenauto gehabt, das war schon auch was Besonderes, und mir hat's einfach einen großen Spaß gemacht. Es ist einfach schön, wenn man ein Haus aufbaut, und man sieht, da geht was weiter. Es gibt auch Berufe, wo man was macht und nix sieht. Es war eine harte Zeit, und im Winter war's sehr kalt. Mit 20 hab ich dann Gott sei Dank mit dem Skilehrern angefangen. Dann hab' ich zwei Berufe gehabt, da war eine Abwechslung da.

VERA: *Gibt's eigentlich irgendetwas, das dir an deiner damaligen Zeit besser gefallen hat als an der heute?*
MAIER: Ja, wir haben immer um 9 Uhr eine geregelte Jausenzeit gehabt, die geht mir jetzt ein bissel ab.

VERA: *Im Dezember wirst du 30 – hast du eigentlich manchmal das Gefühl, dir läuft die Zeit für den Spitzensport davon?*
MAIER: Überhaupt nicht. In dem Sinn bin ich noch relativ unverbraucht – bis auf den Fuß da unten. Aber sonst hab' ich eigentlich noch keine großen Verletzungen gehabt. Ich bin ja auch erst sehr spät, mit 24, 25, in den Spitzensport eingestiegen. Von dem her hab' ich sicherlich noch Zeit – sofern das da unten wieder heilt.

Der Sieg meines Lebens

■ Frühling 1998. Windige Verhältnisse. Box-Training mit dem deutschen Ex-Champ Axel Schulz in Obertauern. Ich staunte, wie ernst der Schwergewichtler seinen Konditrainings-Ausflug in den Olympiastützpunkt nahm. Bei 20 km/h warf ihn das Laufband ab!

■ Februar 2003. Neben Jennifer Lopez und Tommy Gottschalk bei „Wetten, dass ...???" in Berlin. Fragen Sie mich bitte nicht, wohin ich in diesem Augenblick schaue. J.Lo's Abgang wurde mit Spezial-Einstellung von hinten immer wieder in Superzeitlupe am Monitor gezeigt, und auf der Couch wurde es ziemlich fad ...

■ Sommer 2003. Hier sitzt alles ganz schön streng. Ex-Eiskunstlauf-Queen Kati Witt läuft mir immer wieder über den Weg.

■ Äcktschn in Vail 1999. Arnie kam direkt von Nachtaufnahmen des Hollywood-Streifens „End of Days" in Colorado an und kämpfte sich während der Besichtigung über die „Birds of Prey"-Piste in Beaver Creek, auf der ich ihn ein paar Stunden später mit einer meiner besten Abfahrts-Auftritte beeindruckte. Auf dem Siegerpodest posieren Terminator und Herminator für die Kameras.

■ In Arnies Suite in Beaver Creek (von rechts nach links): Trainer Werner Margreiter, Abfahrts-Kaiser Franz Klammer, Arnold Schwarzenegger und meine Wenigkeit. Zuvor hatte ich mich mit dem Terminator beim Armdrücken gemessen – wie das Duell ausgegangen ist, kann sich nach dieser lustigen Feier keiner mehr erinnern.

■ Mai 2001. In fremden Gewässern beim Super-Stars-Zehnkampf auf Jamaika. Alberto Tomba geht in meinem Kielwasser die Luft aus …

■ 5. Juli 2003, 15.47 Uhr. Als erster Nicht-Radprofi darf ich beim Prolog des wichtigsten Radrennens der Welt mitfahren. Die filigrane Zeitfahr-Maschine hält 94 Kilogramm herminatorische Muskelmasse aus. Hinter mir ein Betreuerauto mit der Aufschrift „Hermann Maier, Austria"

■ 3. September 2004: Voller Körpereinsatz beim Iglo-Werbedreh am Hinteren Gosausee.
Das Wasser hat 15 Grad und der Flitzer aus Flachau ist verkühlt.

Halt mir alle Anfragen vom Leib", befahl ich meinem Pressemann am Telefon. „Keine Interviews, keine Foto-Termine, keinen Fernseh-Auftritt. Ich will keinen sehen – nicht einmal unser Doku-Team!" Das wirkte.

Ich hatte diese idiotischen Geschichten und Gerüchte, die ständig durch die Medien geisterten, endgültig satt. „Der Maier bedient nur seine Sponsoren", hieß es. „Der kommt nie wieder!" Und hinter vorgehaltener Hand: „Maiers Management hält die ganze Welt zum Narren!" An mein Comeback glaubte zu diesem Zeitpunkt offensichtlich keiner mehr ernsthaft. Wer aber neben meiner Familie, meinen Betreuern und den echten Fans hinter mir stand, waren meine Sponsoren. Nicht einer meiner treuen Partner machte auch nur eine Andeutung, mich fallen lassen zu wollen.

Auf der anderen Seite lauerte die Journaille. Egal, wie ich mich verhielt: Sie schrieben über „PR-Strategien", über „Versicherungsspekulationen", über meinen „Werbewert", den ich künstlich am Leben erhalten würde. Ich konnte das alles nicht mehr hören. Was kann ich dafür, dass zu meinen Pressekonferenzen viel mehr Journalisten kamen als zu denen meiner aktiven Kollegen? Mir war es herzlich egal, wie viele da waren. Meine Comeback-Arbeit war keine PR-Aktion. Allein der Wille, wieder zurückzukommen, hat mich angetrieben, und sicher nicht das Geld. Von der Versicherung hätte ich wahrscheinlich mehr kassiert, wenn ich aufgehört hätte. Aber ich sehnte mich nach nichts mehr, als wieder in der Kälte am Start stehen zu dürfen. Rennen zu fahren, das ist mein Leben. Was habe ich davon, wenn ich daheim sitze und Geldscheine zähle?

Wie hätte ich mich also verhalten sollen? Nix sagen? Dann heißt es gleich: „Was für ein unnötiges Versteckspiel?“ Oder zu gegebener Zeit der Öffentlichkeit mitteilen, was Sache ist? Das tat ich. Aber dann wurde meine gesamte Comeback-Arbeit als „PR-Strategie“ heruntergemacht. Ich trainierte monatelang unter Schmerzen, versuchte alles Menschenmögliche. Ein Riesenstab von Betreuern gab unter größtem persönlichem Einsatz sein Bestes. Dann liest, sieht und hört man gemeine Dinge, die einen persönlich verletzen. Das hat mich echt getroffen und tief deprimiert.

Die Maier-Pause im November tat allen gut. Ich absolvierte Helikopter-Stunden, kümmerte mich um meine Freunde und lernte neue Leute kennen. Ich begann mich wieder wohl zu fühlen und war zufrieden mit meinem Leben. Das Bein funktionierte im Alltag gut genug und der Sport ging mir nicht unbedingt ab. Es gibt wichtigere Dinge.

Meinen einzigen „Auftritt“ hatte ich zu Heinis 50er. Mein Trainer lud zum Rittermahl auf die Festung über Werfen, und dort gingen wir mit bloßen Händen zur Sache – wie Asterix und Obelix beim traditionellen Abschluss-Bankett der tapferen Gallier. Ein mit Heini befreundeter Fotograf bediente die Zeitungsredaktionen mit originellen Fotos.

Weil den Medien Anfang Dezember langsam die Herminator-Geschichten ausgingen, nahmen sie sogar eine Tempoüberschreitung auf der Autobahn zum Anlass für eine Skandalgeschichte. Die Fakten: Ich war auf der Salzburger Stadtautobahn unterwegs zum Flughafen, da ich zu einem Werbedreh nach Kapstadt musste. Meinen Dienst-BMW hatte ich daheim in der Garage gelassen, da mich eine sehr gute Freundin in ihrem VW Golf zum Airport bringen wollte. Weil alles wieder einmal bis auf die letzte Sekunde durchgeplant war, bestand ich darauf, mich selber hinters Volant ihres 70-PS-Geschosses zu setzen. Wir plauderten lustig dahin, und dabei schaute ich nicht auf den Tacho. Ich muss wohl in der Hunderter-Zone ein paar km/h zu schnell unterwegs gewesen sein. Jedenfalls wachelte mich ein Gendarm in Zivil an die Seite und war ziemlich erzürnt. Da ich nur schnell weiter zum Flughafen wollte, verhandelte ich nicht lang und akzeptierte eine Anzeige. Kaum in Südafrika angekommen, holte mich mein Verkehrs-Sündenfall schon ein. In meinem Hotel trudelten die ersten Agenturmeldungen per Fax ein. Der Beamte hatte scheinbar die heimischen Medien informiert. Den meisten waren die Fakten nicht einmal eine Kurzmeldung wert. Eine kleine Tageszeitung schoss allerdings gewaltig übers Ziel hinaus. Sie konstruierte eine Riesen-Skandal-Story auf einer Doppelseite – mit wildesten Spekulationen und einem geschmackvollen Kasten, in dem die Todesfälle der Verkehrsraser aus der Ski-Szene aufgelistet wurden.

Eigentlich war ich froh, dass ich zu diesem Zeitpunkt in Südafrika war und nur per SMS und Fax über den Stand der Dinge informiert wurde. Die Raiffeisen-Crew hatte Kapstadt als Location für den Werbedreh gewählt, weil eine sonnenüberflutete Hotel-Poolanlage mit dazugehörigen Badenixen gefragt war. Nach zwei anstrengenden Drehtagen legte ich mich an den Pool und ließ die Sonne auf meine blasse Haut strahlen. Die „Sehnsucht nach zu Hause" mitsamt der vergossenen Filmträne war aber nicht ganz gespielt. Denn: So nebenbei hörte mein Bein auf wehzutun. Heini hatte mir ein paar Tage vor meinem Abflug Behandlungen mit einem neuartigen Ionen-Induktions-Therapiesystem namens PAP IMI, entwickelt von dem Athener Professor Dr. Panos Pappas, empfohlen.

Der PAP-IMI-Kasten war optisch eine 100 Kilo schwere Mischung aus Waschmaschine und dem *Star-Wars*-Roboter R2-D2. Durch hohe elektromagnetische Energie werden kaputte Zellen abtransportiert und der Aufbau von neuem Nerven- und Muskelgewebe angeregt. Skeptisch hatte ich mich auf dieses Experiment eingelassen. Und tatsächlich: Nach den Behandlungen spürte ich immer ein Kribbeln. Das war ein gutes Zeichen, denn Nerven und Gewebe waren ja total beschädigt, mein operiertes Bein dadurch praktisch gefühllos. Von nun an sollte mich der Zauberkasten auf meinem Weg zurück ständig begleiten.

So saß ich also in der Sonne, drückte an meinem Transplantat herum und hatte plötzlich ein positives Gefühl. Begannen Trainingspause und Behandlungen mit dem PAP-IMI-Gerät tatsächlich zu wirken? Dann fehlte eigentlich nur mehr ein richtiger Winter!

6. Dezember 2002. Mit einer Riesen-Holzgiraffe, die mir Raika-Manager Leo Pruschak als vorzeitiges Geburtstagsgeschenk gekauft hatte, stieg ich in Salzburg aus dem Flugzeug. Dort erwarteten mich ein Kamerateam und eine Hand voll Journalisten. Heini war mit einer Torte gekommen, an der ich die Kerzen fotogen ausblies. Zu meinem 30er hatten sie gleich zwei Feten vorbereitet: Die offizielle stieg im Flachauer Gutshof und mit meinen Kumpanen feierte ich in Obertauern im kleinen Kreis. Dort bekam ich unter anderem ein paar nostalgische Holzski geschenkt, die ich zu später Stunde neben der Lürzer Alm ausprobierte, indem ich den Berg runter zur Bar rutschte, wo ich elegant abschwang. Auch wenn's lächerlich klingen mag: Als ich den frischen Schnee unter den Latten spürte, begann es mich plötzlich wieder zu jucken.

Ab sofort erschien ich zwischen den Hubschrauber-Stunden wieder regelmäßig im Olympiastützpunkt, um mit dem Konditionstraining zu beginnen. Während draußen vor dem Fenster die Schneeflocken tanzten, blickte mich Heini an und sagte: „Willst nicht wieder mit dem Skifahren anfangen?“ Er musste meine Gedanken gelesen haben. Mein heimlicher Wunsch aus Südafrika war tatsächlich in Erfüllung gegangen. Endlich war der Winter da, und ich spürte, wie meine Lust nach dem Skifahren täglich größer wurde.

Bevor ich es wirklich wagte, musste ich noch nach Wien zu einer Sponsor-Präsentation und zur ORF-Sport-Adventfeier. Dort wär's fast zum Eklat gekommen. Denn da sich Stephan Eberharter am selben Tag in Val d'Isère verletzt hatte, entblödete sich der Reporter nicht, mir vor laufender Live-Kamera eine idiotische Frage zu stellen: „Ist es Motivation, wenn Sie möglicherweise einen ganz, ganz starken Konkurrenten verlieren? Er hat ja doch alles beherrscht ..." Ich nahm alle meine Kraft zusammen, um nicht auszuzucken, und antwortete: „Ich glaub', das ist eine sehr, sehr unfaire Frage, die sich für mich überhaupt nie gestellt hat." Und dann setzte ich nach: „Wenn der Steff fährt, dann fährt er, wenn nicht, dann nicht. Wegen dem wird mein Fuß auch nicht besser werden!"

Ob mir die Verletzung eines Konkurrenten gerade recht kommt? So eine Gehässigkeit! Was sind das für bösartige Gedankengänge, das hat mich menschlich schwer enttäuscht. Sportliche Rivalität darf doch nie in Hass ausarten! Meine Stimmung war innerhalb weniger Sekunden gekippt und ich wollte nur mehr weg. Wien war im Schneechaos versunken. Um ein Haar hätte ich das Flugzeug Richtung Salzburg nicht mehr erreicht, was aber völlig egal gewesen wäre. Denn auf dem Abflug-Monitor war neben dem Flug OS 917 „cancelled" zu lesen. Damit konnte ich das Kondi-Training in Obertauern an diesem Tag vergessen. Ich reagierte sofort und nahm ein Leihauto. Da fragte eine Stewardess, die ebenfalls nach Salzburg musste, ob sie mitfahren dürfe. Ich war noch müde vom Vortag und nützte die Gelegenheit: „Ja, aber nur, wenn du fährst!" Das war mal eine nette Abwechslung. Während wir uns durch die Schneeverwehungen über die Westautobahn kämpften, dachte ich trotz der attraktiven Ablenkung fast nur ans Skifahren. Ich wusste: Jetzt könnte der Plan, den ich die ganze Zeit in meinem Kopf hatte, aufgehen: In kürzester Zeit alle Kraft bündeln und zu Höchstleistungen auflaufen. Ja, genau das ist meine Stärke! Ich fühlte, dass die Zeit reif war anzugreifen. Ich startete also mein Blitz-Comeback.

Beweisen musste ich wirklich keinem Menschen etwas. Es ging weder um Titel noch um Medaillen, sondern nur um dieses eine Ziel: Ich wollte das Comeback schaffen. Dann wäre die Sache für mich erst abgeschlossen: Aus dem Nichts gekommen, in vier Jahren alles erreicht, von einem Auto niedergefahren und am Ende doch wieder zurück. Dann hätte sich der Kreis geschlossen. Von dieser Idee war ich richtiggehend besessen. Hätte ich das in all der schwierigen Zeit nicht immer im Kopf gehabt, wäre mein Plan nie aufgegangen!

„Operation Comeback" – und keiner wusste davon

17. Dezember 2002. Auf den Pisten herrschten Traumbedingungen – so fällte ich kurz vorm Schlafengehen meine Entscheidung: „Morgen geh' ich's an! Ganz alleine." Keine mühsamen Erklärungen, keine Rechtfertigungen für den Fall, dass es wieder nicht klappen sollte. Ich wollte nicht, dass mich irgendjemand beobachtete. Also sagte ich keinem Menschen etwas davon. Nicht einmal meiner Familie. Schon gar nicht meinen Trainern. Meine Ski-Ausrüstung hatte ich mir schon zurechtgelegt. Am nächsten Morgen schaute ich noch beim Atomic-Rennstall vorbei und fasste die erstbesten zwei Paar Riesentorlauf-Ski aus. Nicht einmal Edi, der normalerweise für jedes Pimperltraining präparierte Ski für mich bereithält, wusste etwas von meiner Solo-Aktion. In Obertauern stellte ich mich einfach beim Lift an und fragte artig: „Lasst ihr mich bitte einmal rauffahren?"

Ich machte mir selbst keinen Druck. „Wenn's passt, dann passt's!", sagte ich mir. „Und wenn nicht, dann geh' ich sofort aus dem Skischuh raus und fahr heim." Am Sessellift ließ ich meine Ski baumeln und ging noch einmal in mich. In solchen Situationen denke ich immer an das Jahr davor. Was war genau zu dieser Zeit los? Wenn ich die Schmerzen von damals mit der Gegenwart verglich, war ich sehr zufrieden.

Abwartend rutschte ich los. Sehr vorsichtig. Gedanken an meine schmerzvollen bisherigen Skiversuche kamen hoch. Allzu groß waren meine Erwartungen ohnehin nicht. „Wenn's jetzt besser funktioniert als im Oktober, als ich in Sölden aufgehört hab', dann hätt' ich schon gewonnen!" Ich fuhr zurückhaltend, weil ich immer aufpasste, dass ich nicht zu sehr in Rückenlage kam, ständig entlastete ich die heikle Stelle am Unterschenkel. Es war aber mehr als ein Nur-so-Dahinrutschen. Da ging richtig was weiter, wenn auch dosiert. Die Angst fuhr noch mit: „Was ist, wenn ich wie in Chile und in Sölden am Innenski wegrutsch'? Gibt's mir dann wieder einen Stich in der Wade?" Trotzdem ging ich gleich wieder ans Limit. Zack, da war schon so ein Rutscher. Doch ich kam mit dem Schrecken davon. Herrlich, ich spürte keinen Schmerz! Der erste Tag war also ein voller Erfolg! Ich griff zum Telefon: „Andy, es ist so weit!"

Für mich gab's nur eines: „Nächsten Tag geb' ich wieder Gas!" In solchen Phasen ist die Nacht immer unglaublich wichtig. Wie reagiert der Körper auf die neue Belastung? Treten Probleme auf? Alles blieb im grünen Bereich. Das war der Punkt, an dem mir bewusst wurde, dass mein Traum vom Comeback in dieser Saison tatsächlich noch Realität werden könnte. Mein nächster Gedanke: „Jetzt muss ich mit dem richtigen Training beginnen, Tore fahren!" Genau das passierte dann. Durch die ersten Tore kämpfte ich mich in Obertauern, und ich war wieder in meinem Element. Plötzlich war die Angst vor einer neuerlichen Verletzung nebensächlich. Nach zwei verhaltenen Fahrten ging ich immer weiter ans Limit – bis ich um ein Haar neuerlich ausgerutscht wäre. Aber auch diese Situation konnte mir nichts anhaben. Das Bein hielt! Nach dem Abschwingen war Schluss mit der Geheimniskrämerei. Ja, ich wollte wieder Rennen fahren!

23. Dezember 2002. Kurz darauf klingelte mein Handy. Am anderen Ende der Leitung war Herren-Chef Toni Giger, der seit der Einkleidung Anfang November mit dem Team unterwegs war und sich telefonisch auf dem Laufenden hielt: „Man hört ja nur das Beste von dir!" Jetzt, wo mein Comeback konkrete Formen anzunehmen begann, war Zeit für eine ausführliche Besprechung. Wie viele Tage brauche ich noch zum frei fahren? Welche Trainer sollten dabei sein? Wann und wo beginne ich mit Zeitläufen? Für diese logistischen Dinge ist Giger neben Evers mein wichtigster Ansprechpartner. Wenige Stunden später saßen wir im Salzburger Tennis-Point. „Gehen wir's also an", eröffnete der Cheftrainer, während er seinen Laptop auspackte. Wir gingen die Weltcup-Termine durch. Bei einer Zeile blieb ich hängen:

14. Jänner, Adelboden, Riesentorlauf.

„Ja", dachte ich. „Das tät' mir gefallen!"

Am Christtag stand mir das Wasser bis zum Bauch. Mit Fischerhosen und Angelrute watete ich mit meinem Präsidenten durch den eiskalten Inn. Peter Schröcksnadel hatte mich eingeladen, und so standen wir schweigend nebeneinander. Es war eine eigenartige Stimmung. Ich ließ die Ruhe und die Natur auf mich wirken. Ich fühlte: „Das ist die Ruhe vor dem Sturm!" Der Beginn eines ganz anderen Kapitels. Früher, das war Hermann Maier I, jetzt kommt Hermann Maier II. Und Peter bestärkte mich wie immer in meinen Plänen. Er warnte mich aber: „Das Wichtigste ist die Gesundheit. Pass bitte auf, dass du ja nichts überstürzt!“ Damals ahnte er nicht, dass wir uns schon drei Wochen später bei der Bekanntgabe meines Renn-Comebacks wieder treffen würden.

Von nun an ging es Schlag auf Schlag. Andy war bereits in Bormio, wo innerhalb von zwei Wochen zwei Abfahrten geplant waren. Nachdem er sich von Giger das Okay geholt hatte, reiste er noch vor dem Rennen aus Italien ab, um mich, so gut er konnte, zu unterstützen. Als Nächstes rief ich meinen Servicemann Edi Unterberger an: „Edi, es gibt wieder was zu tun!“

29. Dezember 2002. Für die letzten Tage des Jahres übersiedelten wir nach Kärnten auf die Turracher Höhe. Bei dieser Gelegenheit ließ ich mich das erste Mal bei den Slalom- und RTL-Kollegen blicken. Die mussten unten unter schwierigsten Bedingungen trainieren. Die Piste war eisig, rippig, schlagig und im unteren Teil sausteil. „Na servas!“, dachte ich, während ich mir den Lauf anschaute. Trotzdem versuchte ich es mit meinem direkten Draufgänger-Stil, der mich vor meiner Verletzung phasenweise unschlagbar gemacht hatte. Doch das konnte ich mir abschminken. Denn in meiner Abwesenheit hatte sich doch etwas getan. Die Riesentorlauf-Ski waren um einige Zentimeter kürzer geworden. Ich hatte Probleme mit dem schnellen Hin und Her. Lag es an der Kraft, die mir abging? Oder an meiner Technik, die nicht mehr passte? Bald war mir klar: Bursche, du fährst ein biss'l zu direkt! Natürlich fehlte das letzte Vertrauen, und die Angst vor den Schlägen war noch da. Doch ich fuhr tapfer durch – trotz der brutalen Piste. Andy spornte mich weiter an: „Schlimmer kann's auch im Rennen nicht mehr werden!“ Ich konzentrierte mich auf die nächsten beiden Läufe. Jedes Mal tastete ich mich mehr an die Zeiten meiner Kollegen heran. Ich gab immer mehr Druck auf den Schuh, da ich unbedingt wissen wollte: „Hält das Bein das aus?“ Es hielt, und ich fuhr mit einem erbaulichen Gefühl in den Olympiastützpunkt. „Heini, soll ich's in dieser Saison noch riskieren? Wenn ich keine Rennen mehr fahr', dann bereu' ich's vielleicht später.“ Mein Konditionstrainer nahm mir die letzten Zweifel: „Warum nicht? Fit genug bist du in jedem Fall!“ Damit stand für mich endgültig fest: Wir konnten meine Rückkehr in den Weltcup-Zirkus planen!

„I'll be back!“, versprach ich den Fans auf meiner Homepage zum Jahreswechsel. Doch keiner schien es richtig ernst zu nehmen.

1. Jänner 2003. Mein Ski-Ausflug auf die Turracher Höhe hatte sich auch unter den Journalisten herumgesprochen. Streng geheim fuhr der Herminator wieder Ski, konnte ich nach zwei Tagen Training mit den ÖSV-Teamkollegen in großen Lettern in der *Kronen Zeitung* lesen. Und – siehe da: Man begann mir meine Ankündigung („Wenn's irgendwie geht, komm' ich wieder!“) langsam zu glauben: Die Trainingsläufe auf der Turracher Höhe beweisen zumindest, dass er mit diesen Worten nicht nur Sponsoren beruhigen will.

4. Jänner 2003. Da ich keine Lust hatte, ab nun bei jedem Training von Reportern verfolgt zu werden, nahm ich eine Einladung nach Sterzing an. Markus „Spartakus“ Sparber, ein Südtiroler Sportwissenschaftler im ÖSV-Team, hatte vor seiner Haustür alles perfekt organisiert. Mit dem „Rosskopf“ fand er den perfekten Hang, dessen Beschaffenheit dem in Adelboden ähnelte. Ich staunte nicht schlecht, als ich eine nur für mich bestens präparierte Piste vorfand. „Spartakus“ hatte offensichtlich das halbe Tal zusammengetrommelt. 20 Freiwillige hatten die Strecke abgerutscht, der wenige Schnee, der da lag, war von einem von den Bergbahnen extra abgestellten Ratrackfahrer zu einem kompakten Band zusammengewalzt worden. Dazu warteten zwei Ski-Doos, die uns den Lift ersparten, und Spartakus nahm seine Aufgabe so genau, dass er sogar die Wetterprognose der italienischen Luftwaffe eingeholt hatte. Und er beteuerte, dass er nur seine Mutter, bei der wir wohnen durften, den Ratrackfahrer und dessen Chef darüber informiert hatte, für wen die aufwändigen Vorbereitungen durchgeführt wurden. Ich weiß nicht, ob ich ihm das wirklich abnehmen soll.

Aus dem „Geheimtraining" war in kürzester Zeit eine öffentliche Veranstaltung geworden. Schon bald hörte ich „Hermann, Hermann"-Rufe. Hunderte Zaungäste hatten das Absperrungsnetz gesäumt, und nach getaner Arbeit schrieb ich über eine halbe Stunde lang Autogramme. Das machte mir aber nichts aus. Ich war so glücklich, dass ich wieder das machen durfte, was ich am besten kann. Und das Training machte wirklich Spaß. Mit jedem Lauf bekam ich mehr von meiner Sicherheit zurück. Erstmals trainierte ich wieder vor Publikum. Nach dem Training wurden wir in der Sparber-Pension bestens bewirtet. Mit der selbst gemachten Pasta, die in Riesentöpfen serviert wurde, füllte ich meine Kohlehydratspeicher auf, eigentlich muss ich sie überfüllt haben. Los ging's mit Salat mit Prosciutto, gefolgt von Nudeln, von denen ich dachte, sie wären die Hauptspeise, und nachbestellte. Doch ich rechnete nicht mit Kalbsschnitzel und Erdäpfeln sowie mit dem Kuchenteller zur Nachspeise. Außerdem standen überall tellerweise Weihnachtskekse. „Ich habe noch nie einen Menschen gesehen, der so viel essen kann", sagte Frau Sparber, während sie abservierte. „Und ich hab' noch nie so viel zu essen bekommen", bedankte ich mich.

Inzwischen klingelte das Telefon unserer Gastgeber im Zehn-Minuten-Takt: ORF Südtirol, *Tiroler Tageszeitung*, Radio Tirol, RAI, *Dolomiten* und einige andere wollten Details zu meinem „Geheimtraining" erfahren. Frau Sparber kochte nicht nur gut, sie schirmte mich auch perfekt vor den Medien ab. Es war jedenfalls ein rundum gelungener Abstecher

– trotz des Schlechtwetters am dritten Tag ging sich noch ein perfektes Super-G-Training aus. Als wir aus Sterzing abfuhren, wusste ich: Ich war meiner Rückkehr in den Weltcup einen großen Schritt näher gekommen!

Ein Sturz nahm mir die letzen Zweifel

8. Jänner 2003. Die wenigsten dürften realisiert haben, wie nahe mein Renn-Comeback bevorstand. In der zweiten Jännerwoche standen für den Großteil der RTL- und Super-G-Gruppe Zeitläufe auf der Reiteralm bei Schladming auf dem Programm. Ich fühlte mich stark genug, mich meinen Teamkollegen, die schon bald wieder meine Konkurrenten werden sollten, zu stellen. Also rief ich Edi an, er möge das beste Material aus dem Rennstall holen. Dummerweise war mein Service-Mann inzwischen schon wieder in Bormio, wo das Training für die nächste Abfahrt losging. Er setzte sich noch am Abend ins Auto und fuhr die 458 bergigen Kilometer zurück zum Atomic-Werk nach Altenmarkt, wo er bis in die Morgenstunden meine Latten präparierte.

Am nächsten Tag saß Edi bereits um 6.45 Uhr bepackt mit sechs Paar Riesentorlaufskiern in der ersten Gondel auf die Reiteralm. Neben mir wärmten Hans Knauß, Christoph Gruber, Christian Mayer und Nachwuchsmann Thomas Graggaber auf. Die ÖSV-Trainer flaggten einen Riesentorlauf-Kurs aus, montierten die elektronische Zeitnahme. Ein strahlend schöner, klirrend kalter Wintermorgen, das Thermometer zeigte minus 20 Grad. Die ruppig-harte Piste präsentierte sich in einem sensationellen Zustand und stand einer Weltcupstrecke um nichts nach. Inzwischen war mit Alpindirektor Hans Pum und Herren-Rennsportleiter Toni Giger die ÖSV-Chefpartie eingetrudelt. Sie schauten Andreas Evers und Walter Hubmann, dem damaligen Trainer

APA-Online-Manager

APA0122 3 SA 0075 SI So, 12.Jän 2003

Ski alpin/Weltcup/Italien/Schweiz

** E I L T

Ski alpin: Hermann Maier feiert in Adelboden sein Comeback =

Bormio (APA) - Hermann **Maier** feiert am Dienstag beim Riesentorlauf in **Adelboden** sein lang erwartetes Comeback. Der 30-jährige Salzburger hat in den vergangenen Tagen schmerzfrei trainiert und wird in der Schweiz erstmals seit dem 10. März 2001, als er den Riesentorlauf in Aare gewonnen hatte, in den Weltcup-Zirkus zurückkehren. Diese Entscheidung gab ÖSV-Alpinchef Hans Pum am Sonntagvormittag in Bormio bekannt. Der Doppel-Olympiasieger hatte seit seinem schweren Motorrad-Unfall im August 2001 pausieren müssen.
(Schluss/folgt Zus.) gw/beg

APA0122 2003-01-12/11:47

121147 Jän 03

Die Comeback-Ankündigung, die am 12. 1. 2003 über die APA ratterte

der Super-G/RTL-Gruppe (WC 3), über die Schultern. Spannung lag in der Luft – wie bei einem Rennen. Für alle Anwesenden schien klar: Wenn ich mit den aktuell besten Riesentorläufern des Landes mithalten konnte, dann stand einem schnellstmöglichen Comeback nichts mehr im Weg.

Nach fast zwei Jahren ohne Rennen war ich gierig nach einem Erfolgserlebnis im direkten Vergleich. Diesmal ging ich ans Limit und ließ es wieder einmal richtig tuschen. Und tatsächlich: Ich war an diesem Vormittag der Schnellste! Ich konnte es selbst kaum fassen. Mit diesem biss'l Training! Trainer und Serviceleute standen im Ziel, studierten die Computerausdrucke mit den Zwischenzeiten und schüttelten den Kopf. „Hermann ist fit – sonst wäre er hier nie runtergekommen!", gab Hans Knauß für die angereisten Reporter zum Besten. Für alle stand fest: „So, jetzt fährt er!" Ich stützte meinen Kopf auf die Skistöcke und schloss die Augen. Die Bilder der vergangenen Monate flimmerten im Zeitraffer vor meinem geistigen Auge. Ein Adrenalin-

Schauer durchfuhr meinen Körper. Es sah also ganz danach aus, als könnte ich mir meinen Traum vom Comeback in Adelboden tatsächlich erfüllen. Der Klassiker im Berner Oberland sollte in genau einer Woche stattfinden. Ich verband diesen Ort mit besten Erinnerungen, schließlich hatte ich dort bei drei Auftritten dreimal gewonnen – 1998 mit dem Rekordvorsprung von 1,24 Sekunden vor Lokalmatador Michael von Grünigen.

Noch musste ich kühlen Kopf bewahren. Erst am Ende dieser Woche sollte mein Comeback bekannt gegeben werden. Ganz fix war es nämlich noch nicht. Mir standen noch drei Trainingstage auf der Reiteralm bevor. Ich war so besessen von meiner Arbeit, dass ich das Drumherum kaum wahrnahm. So verließ ich den Skiwechselplatz einmal mit Doppelstock-Einsatz, ohne aufzusehen. Dabei krachte ich in ein etwa 14-jähriges Mädchen, dem ich damit kurioserweise eine Riesenfreude machte. Während ich der Kleinen aufhalf, verkündete sie stolz ihren Freundinnen: „Ich bin vom Hermann Maier umgefahren worden!" Immer mehr Ski-Touristen entdeckten mich, baten um Autogramme und um Erinnerungsfotos. Irgendwie tat es mir gut, dass diese Rituale wieder auf der Skipiste stattfanden. Tag für Tag wuchs mein Selbstvertrauen. Und – so seltsam es klingt: Wirklich rennfertig im Kopf machte mich ein wilder Abflug am zweiten Tag auf der Reiteralm.

Wieder einmal bemühte ich mich, meine enge Linie durchzuziehen. Dabei unterschätzte ich mein Kraft-Defizit und die Material-Entwicklungen. Durch die engere Taillierung wurden größere Kräfte freigesetzt, und das wurde mir zum Verhängnis. Es war einer dieser Zwischenfälle, an die ich mich noch heute bis ins kleinste Detail erinnere: Ich ziehe durch die Kurve. Linksschwung. Mein Bein gibt nach und ich mache einen richtigen „Highsider". Die Ski stellen sich auf wie bei einem Skispringer. Ich kann dem Druck nicht mehr standhalten und steige auf. In der Luft heulen alle Alarmsirenen in meinem Kopf: Was bin ich doch für ein Trottel! Wieso muss ich so viel riskieren, dass ich mich wieder verletz'? Aber – oh Wunder – ich schlage auf und schlittere an den Pistenrand.

Vorsichtig beutelte ich mich ab und horchte in mich hinein. Doch der Stich, mit dem ich so gerechnet hatte, blieb aus. Ich war unverletzt geblieben. Und unglaublich erleichtert: „Wenn der Hax'n das aushält, dann gibt's nix mehr, was meinen Start verhindern kann!" Denn damit war klar: Knochen und Nagel halten! So gesehen war ich richtig dankbar für diesen Wink des Schicksals. Inzwischen wurde man in Österreich hellhörig. Wie so oft preschte die *Kronen Zeitung* nach vorne: „Alles bereit für Hermanns Traum-Comeback."

12. Jänner 2003. Auf meiner Homepage www.hm1.com meldeten sich hunderte Fans mit Glückwunsch- und Anfeuerungsmails. In den vergangenen Tagen waren hunderte Presse-Anfragen bei meinem Medienbetreuer eingetrudelt. Doch ich ließ mich zu keinem Statement hinreißen, ich wollte mich ausschließlich auf meine Comeback-Arbeit konzentrieren. Und das schienen sie zu kapieren. Was ich nicht verhindern konnte, war, dass immer mehr Zaungäste auf der Reiteralm eintrudelten. Allen war klar: Nach dieser Trainingswoche würde es eine Entscheidung über den Zeitpunkt meines Comebacks geben. Doch keiner wollte so richtig daran glauben, dass der Riesentorlauf in Adelboden in zwei Tagen ernsthaft zur Diskussion stünde. Draußen war es noch dunkel, als ich im Auto auf dem Weg zur Reiteralm neben Andy saß. Im Ö3-Wecker lief ein Beitrag, in dem Ski-Experte Adi Niederkorn mit meiner Rückkehr in Adelboden spekulierte, der aber mit den Worten endete: „... realistisches Comeback, PR-Gag oder nur Beruhigung für die Sponsoren?" Dazu der irreführende Schlusssatz: „Hotelzimmer ist für Hermann in Adelboden noch keines bestellt.“ War ich froh, dass diese mühsamen Spekulationen nun endlich ein Ende haben sollten!

Auf der Reiteralm war ein Riesentorlauf-Kurs ausgeflaggt, und ich wusste: Wenn ich jetzt dreimal halbwegs runterkomm', dann steh' ich zwei Tage später wieder am Start! Das alles stand für mich sowieso längst außer Diskussion. Zum Abschluss schnappte ich Lokalmatador Hans Knauß noch einmal die Bestzeit weg, schwang ab, gab Edi meine Rennski und fuhr mit Andy ins Tal. Im Hotel Pichelmayer-Gut wartete mein Präsident und Angel-Partner Schröcksnadel und gratulierte mir. Anschließend segneten wir nach Rücksprache mit Hans Pum, der bei der Abfahrt in Bormio war, gemeinsam die Presseaussendung ab. Diese wurde in deutscher und englischer Sprache über den ÖSV-Verteiler in die ganze Welt gefaxt.

HERMANN MAIER KEHRT IN ADELBODEN AUF DIE RENNPISTE ZURÜCK

Eineinhalb Jahre nach seinem schweren Motorrad-Unfall am 24. August 2001 wird Hermann Maier überraschenderweise bereits beim Riesentorlauf in Adelboden auf die Rennpisten zurückkehren. Nach der beim Sommertraining neuerlich erlittenen Verletzung, die gravierender war als angenommen, war nicht abzusehen, wann Maier sein Comeback im Weltcup geben würde. Der 30-jährige Flachauer hat sich doch viel schneller als erwartet von diesem neuerlichen Rückschlag erholt. Seit Beginn des Jahres hat er wieder mit leichtem Skitraining begonnen und in den vergangenen Tagen enorme Fortschritte erzielt.
Die endgültige Entscheidung für das Comeback wurde Sonntagvormittag beim Riesentorlauf-Training mit ÖSV-Trainer Andreas Evers nach Rück-

sprache mit Herren-Chef Toni Giger und Sportdirektor Hans Pum auf der Reiteralm getroffen. ÖSV-Präsident Prof. Peter Schröcksnadel, der am Sonntag anwesend war, segnete das Comeback ab und meinte: „Hermann hat wieder Freude am Skifahren, und ich sehe daher keinen Grund, warum er nicht bereits jetzt wieder an den Start gehen sollte." Der ÖSV-Präsident bremste allerdings die Erwartungen: „Es ist jetzt einmal wichtig, dass er sich herantastet. Eine Platzierung unter den Top 30 wäre ein erstes Ziel."
ÖSV-Herrenchef Toni Giger unterstrich die solide Vorbereitung des dreimaligen Weltcup-Gesamtsiegers: „Wer Hermann kennt, der weiß, dass er nichts dem Zufall überlässt. Er hat bereits am ersten Trainingstag auf der Reiteralm einen hervorragenden Eindruck hinterlassen."
Alpin-Direktor Hans Pum, der Maiers Comeback gemeinsam mit Giger am Rande des Slaloms in Bormio bekannt gab, meint: „Ich freue mich, dass Hermann nach so einer langen Verletzungspause wieder fit für Österreich an den Start gehen kann. Mich fasziniert, dass er nach der schlimmen Verletzung und all seinen Erfolgen die Mühen und Strapazen eines Comebacks noch einmal auf sich genommen hat!" Schröcksnadel fügt hinzu: „Hermann widerlegt damit alle Unkenrufe, die behauptet haben, er werde nie wieder Rennen fahren und die Comeback-Versuche wären ein PR-Gag. Das hätten weder Hermann noch seine Sponsoren nötig!"
„Skifahren macht mir einfach wieder großen Spaß, und der größte Spaß für mich ist es, Rennen zu fahren", begründete Maier seine Comeback-Entscheidung.
Schladming, 12. Jänner 2003

Ich musste mich hundertprozentig auf meinen Start in Adelboden konzentrieren. Deshalb war mir wichtig, dass alles, was ich zum Thema Comeback zu sagen hatte, in dieser Presseaussendung stand. Und ich wollte allen Spekulationen und möglichen Enttäuschungen vorbeugen. Deshalb gab Schröcksnadel „eine Platzierung unter den Top 30" als erstes Ziel vor.

Top 30? Ich wollte gewinnen!

Insgeheim wollte ich natürlich viel mehr. Ich kannte ja meine Trainingszeiten von der Reiteralm, und normalerweise konnte ich im Rennen zulegen. Also bin ich mit einem ganz anderen Vorhaben losgefahren: Ich wollte gewinnen! Ich dachte mir, wenn alles passt, wenn die Verhältnisse stimmen, kann ich ganz vorne hineinfahren oder vielleicht sogar mehr. Ja, ich wollte gewinnen! Natürlich war das illusorisch, aber dieser Gedanke muss in einem Rennläufer sein.

Mit einem Schlag brach der Weltcup-Wahnsinn über mich herein. Ewig lange Autofahrten. Essen auf Autobahn-Raststationen. Auslosungen, Pressekonferenzen, Besichtigungen, Materialchecks, Teambesprechungen. Und überall lauern TV-Kameras, Fotografen und Reporter, die jede meiner Bewegungen beobachten. Ich war wieder der gläserne Sportstar, den sie am liebsten rund um die Uhr durchleuchten würden.

Vom Absenden der Presse-Mitteilung bis zur Abfahrt aus Flachau blieben mir gerade mal eineinhalb Stunden. 90 Minuten, um von Schladming nach Flachau zu fahren, zu duschen, meine Ausrüstung zu verstauen und zu essen. Das Essen musste ich auf unterwegs verschieben, denn schon läutete Andy und wenige Minuten später fuhren wir los. Es war kurz vor Mitternacht, als wir in Adelboden ankamen. Wir hatten noch gar nicht richtig eingeparkt, da stürmten auch schon Reporter vor die Tür. Sie fotografierten alles: Maier mit Gepäck, Maier mit mitgebrachtem Ergometer, Maier beim Einchecken. Keiner wagte allerdings, zu dieser späten Stunde eine Frage zu stellen. So richtig zu glauben schien mir sowieso keiner. Ich hatte dasselbe Eckzimmer bekommen wie bei meinem letzten Sieg 2001 und war heilfroh, als ich endlich im Bett lag.

Im Frühstücksraum lag der Schweizer *Blick*. „Maier ist wieder da", war da in großen roten Lettern zu lesen. „Das Beste, das dem Skisport passieren kann." „Nette Begrüßung", dachte ich, ohne zu ahnen, dass ich noch vor dem Start in derselben Zeitung eine drübergezogen bekommen sollte.

Für mich sollte nichts mehr sein, wie es früher einmal war. Vor meinem Unfall hatte es kaum ein Journalist der Mühe wert gefunden, bei einer Hangbefahrung zu erscheinen. Dabei wird den Läufern am Tag vor einem Riesentorlauf die Möglichkeit gegeben, das Gelände zu studieren. Und das interessiert normalerweise nur die Aktiven, Trainer und Serviceleute. Doch diesmal traten sich die Fotografen am Pistenrand gegenseitig auf die Ski. Und im Zielraum wartete eine Reportertraube.

Doch ich hatte ganz andere Sorgen. Das berühmte Kuonisbergli mit dem schwierigsten Riesentorlauf-Hang der Welt zeigte seine Zähne. Es war spiegelglatt. Zögernd fuhr ich los. „Wahnsinn, da muss ich jetzt fahren?" Doch es gab kein Zurück. Ich versuchte, positiv zu denken. „Ich hab' doch jedes Mal, wenn ich hier angetreten bin, gewonnen." Der Hang war mir sympathisch, lange Läufe lagen mir obendrein. Die erste Fahrt stimmte mich optimistisch. „So schlecht komm' ich nicht zurecht ..." Wir hatten ja auch auf der Reiteralm bei eisigen Bedingungen trainiert. Ich fuhr zwei weitere Male hinunter, kam richtig in Schwung und dachte mir: „Passt eigentlich sehr gut!“ Noch im Schnee gab ich ein paar knappe Statements für die Fernseh-Leute ab und marschierte, von immer mehr Menschen bedrängt, ins Pressezentrum, wo eine Journalisten-Schar auf mich wartete. Insgesamt 207 Reporter – so viele wie nie zuvor in Adelboden – hatten sich für mein Comeback-Rennen akkreditiert. Ich bemühte mich, alles Wesentliche in ein paar Sätzen rüberzubringen. Einen pickten sich alle heraus: „Bei mir ist eben alles extrem – auch mein Comeback!“

Als ich mich bei der Auslosung aus dem zweiten Stock des Bären-Hotels über das Stahlseil auf die Bühne abseilte und über die Köpfe der 4500 johlenden Fans sauste, war ich wieder in meinem Element. Ich zog die Nummer 13 und bedankte mich über Lautsprecher vor allen bei jenen, die mich nicht abgeschrieben hatten.

14. Jänner 2003. Dass meine Betreuer an diesem Tag den Blick vor mir versteckten, hatte seinen guten Grund. Klar, mein Comeback war Thema Nummer eins. Allerdings war's vorbei mit den Freundlichkeiten. Das Boulevardblatt wollte sich offensichtlich alle Möglichkeiten offen halten und hörte sich im Schweizer Team um. Und jedes Zitat war ein Schlag unter meine Gürtellinie. Den Vogel hatte der österreichische Servicemann meines Konkurrenten Michael von Grünigen abgeschossen: „Maier wird einige Tore fahren, dann abschwingen und sagen, es ginge halt doch nicht. Dann muss die Versicherung zahlen, weil Hermann seinen Beruf nicht mehr ausüben kann.“ Abgesehen davon, dass das schon einmal versicherungstechnisch völlig falsch ist, ärgerte mich, dass offensichtlich jeder, der auf zwei Skiern stehen konnte, sich bemüßigt fühlte, seinen Kommentar abzugeben und dabei etwas hineinzuinterpretieren, das nicht stimmte. Was geht in den Köpfen dieser Leute vor? Offensichtlich schließen sie von ihren eigenen bösartigen Gedanken auf andere.

Phantom erhält Formen

Jetzt ist's auf Photos dokumentiert: Hermann Maier fährt wied
Der Herminator absolvierte nach dem Riesenslalomtest am Do
bei denen er wieder sturz- und schmerzfrei, aber voll Elan an
nisch", resümierte Andreas Evers, vom Skiverband als Spez
„ist Hermann wieder voll da. Aber noch ist's ein Herantasten a
geht das nicht." Nicht einmal bei einem Maier, der jetzt wied
bekommt, „ehe wir schauen, daß wir einen Hang finden, auf
Weder Alpinchef Pum noch Cheftrainer Giger, geschweige de
auch Maiers Manager, wollen etwas überstürzen oder gar h
im Rückblick auf das, was schon passiert ist, die Bremsen: „
ter sich, der Super G war viel besser als in Chile, kannst gar
auch sechs Tag gut 'gangen, dann ist er g'stürzt." Und noch
das Maier s... hat seit August 2001

Innert 20 Stunden vom Himmel in die Hölle

Yakin und Järmann reden Klartext

Wie gut sind die Schweizer in Form?

RM-Silber für Schoch – Simon Schoch!

Blick Sport

TED AM MONTAG

JA

Fährt Hermann Maier bei seinem Comeback in Adelboden in die Top Ten?

NEIN

Maier ist wieder da

Das Beste, das dem Skisport passieren kann

STANDPUNKT AM MONTAG

SPORT

HERMINATOR II

Nach 675 Tagen Comeback am Dienstag beim Riesenslalom in Adelboden

Die Akte Maier

„Maier ist ein Fighter, er hat Charakter"

RIESENSLALOM IN ADELBODEN

Hermann Maier ist zurück im Weltcup – seine Gegner rätseln

«Bei mir ist alles extrem – auch mein Comeback»

Was Frehsner, Cuche & Co heute von Maier erwarten

Faksimiles:
Die Presse, 10. 1. 2003
Blick, 13. 1. 2003
Kurier, 13. 1. 2003
Blick, 14. 1. 2003

Monster Maier monsterschlecht

Sogar ein Deutscher war schneller

SKI ALPIN

Da fährt er wieder, der Hermann Maier

Blick Sport

Goal nach 3,53 Sekunden – Brasil feiert

Alle Achtung, Hermann!

Es war kein Werbegag – heute trainiert Maier Abfahrt am Lauberhorn

Cuche: Gutes Ome

SPORT

„Es ist doch alles nur eine Frage der Zeit"

Faksimiles:
Bild, 15. 1. 2003
Tagesanzeiger, 15. 1. 2003
Blick, 15. 1. 2003
Die Presse, 15. 1. 2003

Ich konnte meinem eigenen Comeback nicht entkommen. Auf allen Fernsehkanälen und in allen Radiostationen war davon die Rede. Das steigerte mein Lampenfieber zusätzlich.

Als ich in der Früh auf dem Weg zur Streckenbesichtigung im Betreuerauto saß, war ich unansprechbar. Wortlos nahm ich die Ski aus dem Kofferraum und stellte mich beim Schlepplift an. Als ich Tor um Tor studierte und mir die Schlüsselstellen einprägte, realisierte ich: Über Nacht war alles noch schwieriger, noch brutaler geworden. Ich spürte das blanke Eis. Dieser lange selektive Hang war von oben bis unten mit Wasser präpariert worden.

17 500 Fans sorgten an diesem Dienstag, einem stinknormalen Werktag, für eine Rekordkulisse. Maria, die Physiotherapeutin, die mir am Olympiastützpunkt in mühevoller Kleinarbeit wieder das „saubere" Gehen beigebracht hatte, arbeitete inzwischen für die deutschen Ski-Damen. An jenem 14. Jänner setzte sie sich frühmorgens ins Auto, um mein Comeback live mitzuerleben. Als sie auf der Anreise im Stau stecken blieb und sah, dass sie zu spät kommen würde, fiel sie bei einer wildfremden Familie ein: „Haben Sie einen Fernseher? Dann drehen Sie ihn bitte sofort auf, ich muss den Hermann Maier sehen!"

Jetzt gibt's kein zurück!

Im Zielraum hing das Herminator-Transparent mit der Glückssau. Darunter meine Eltern, die in wichtigen Momenten immer da sind. Die offizielle Rennuhr zeigte 10.22 Uhr. Vor den heimischen TV-Geräten überzeugten sich 939 000 Zuseher live von meinem Comeback. Ich war nervös wie nie zuvor in meiner Karriere. Jan, der Masseur, reichte mir die Brille. Ich wusste: „Jetzt gilt's, jetzt gibt's kein

Zurück!“ 508 Tage nach meinem Unfall stand ich endlich wieder im Starthaus. Wie hart hatte ich auf diesen Augenblick hingearbeitet: Ich hatte 294 Trainingseinheiten und über 1000 Trainingsstunden investiert, war fast 10 000 Kilometer auf dem Rad gesessen, hatte über 800 Tonnen Gewicht zur Kräftigung meiner kaputten Beine bewegt und mir über 2000 Mal zum Laktat-Check ins Ohr stechen lassen. Dann das extrem kurze Feintuning auf Skiern, das ich akribisch wie selten zuvor betrieben hatte. Jetzt war der Augenblick gekommen, in dem ich alles in kürzester Zeit abrufen musste. Wie oft hatte ich von diesem Moment geträumt, ihn immer und immer wieder im Geist durchgespielt? Jetzt blieben mir nur wenige Sekunden, um das alles umzusetzen. Es war ein eigenartiges Gefühl, das ich kaum kannte. Plötzlich war es so, als würde ich neben mir stehen. Ich fing zu denken an. Wenn dir das auf diesem schweren Hang passiert, dann hast du eigentlich schon verloren …

Piep-piep-piep-piep. Piep! Der elektronische Countdown zählte die letzten fünf Sekunden herunter. Ich war völlig überfordert und plötzlich stellte ich mir panisch Fragen. Was mach' ich hier eigentlich? Wie soll ich mich einstellen? Soll ich angreifen? Locker? Soll ich g'scheit fahren oder so, dass ich halbwegs hinunterkomm'? Ich begann halbwegs ambitioniert, doch nach vier, fünf Toren passierte mir schon der erste Fehler. Ich fuhr einfach nicht so spritzig und aggressiv, wie ich es auf diesem Hang gewohnt war. Dann produzierte ich einen dummen Fehler nach dem anderen. Ich war nicht bereit, volles Risiko zu gehen, und gab immer wieder nach. Vor allem an den unruhigen Stellen verlor ich immer wieder Zeit. Dann das größte Problem: Mich verließ total die Kraft. Das war mir schon öfters passiert, doch diesmal konnte ich mich überhaupt nicht überwinden. Ich gab innerlich auf und trudelte in aufrechter Position ins Ziel. Als ich im Ziel die Zeitlupe vom Schlussteil sah, dachte ich entsetzt: „Wahnsinn, wer kommt denn da herunter?“ Das sah alles andere als gut aus. Auf der Anzeigetafel leuchtete mein Zeitrückstand gegenüber Laufsieger Didier Cuche auf: 3,34 Sekunden! Ich dachte nur: „Na servas, das war nicht rühmenswert!“

Ich hatte das Rennen abgehakt und keine Sekunde damit gerechnet, mich für den zweiten Durchgang der besten 30 zu qualifizieren. Während ich also im Zielraum ewig Interviews gab, stupste mich immer wieder einer meiner Betreuer an und sagte: „Das geht sich noch aus!“ Als schon 50 Läufer im Ziel waren, war ich exakt an 30. Stelle. Doch dann raubte mir Kalle Palander mit Nummer 56 die letzte Illusion. Als ich realisierte, dass ich als 31. die Qualifikation für den zweiten Durchgang nur um fünf Hundertstel verpasst hatte, hielt sich der Ärger in Grenzen, ja, es kam sogar ein Glücksgefühl auf: „Ich bin ja halbwegs dabei.“ Ich hatte nur 6 Zehntel auf den gesunden Norweger Lasse Kjus verloren. Mir war klar, dass ich noch lang nicht der Alte war. Obwohl es klass' gewesen wäre, noch einen Durchgang zu fahren, war die Enttäuschung schnell verflogen und ich begann die Interviews im Zielraum zu genießen. Es folgte ein Spießrutenlauf, wie ich ihn weder bei meinen Olympia- und WM-Siegen noch bei meinen Triumphen in Kitzbühel erlebt hatte. Als ich den abgesperrten Zielraum verließ, stürmte eine Horde kreischender Fans auf mich ein und begann, mich beinahe zu erdrücken. Mein Pressemann versuchte mich, so gut es ging, abzuschirmen, und ein britischer Kameramann, der die Szenen einfing, schrie immer: „Keep moving, keep moving!“ Wäre ich stehen geblieben, wären wir stecken geblieben und die Situation hätte bedrohlich werden können. So schoben wir uns mit aller Kraft zum Auto, das beim nächstmöglichen Halteplatz war. Ich war unglaublich erleichtert, als ich die Tür hinter mir zuschlagen konnte.

Auf der Fahrt ins Hotel zog ich eine erste Bilanz. Die fiel gar nicht so schlecht aus: „Mein Fuß hat gehalten, ich bin ins Ziel gekommen und fast hätt' ich mich sogar für den zweiten Lauf qualifiziert." In der Hotel-Lobby traf ich dann ein paar Journalisten, und keiner wusste recht, ob er jetzt zufrieden oder enttäuscht sein sollte. Bei mir überwog eindeutig die Zufriedenheit.

Glücklicherweise hatte ich vorsorglich meine Abfahrts-Schuhe mitgenommen. Edi, der sowieso immer mit allen Eventualitäten rechnet, hatte die langen Latten im Gepäck. So sprach nach meiner ersten Leistung nichts dagegen, es jetzt auch in der Abfahrt zu versuchen. Noch am selben Tag übersiedelten wir ins nicht einmal eine Stunde entfernte Lauterbrunnen, wo das komplette Material in die Wegeralp-Bahn verfrachtet wurde, die uns mitten ins Jungfrau-Massiv brachte.

15. Jänner 2003. Wengen passte nicht nur geographisch in mein Comeback-Konzept. Der längste aller Abfahrts-Klassiker mit seinen langen Gleitpassagen eignete sich geradezu ideal, um mich an die Geschwindigkeit zu gewöhnen. Das erste Mal wieder auf der Abfahrt war ein eigenartiges Gefühl. Ich fragte mich: „Wie wird mein Bein bei den Sprüngen reagieren? Wenn ich den Hundschopf falsch erwische, klatsch' ich im Flachen auf." Und das war das Letzte, was mein operierter Unterschenkel jetzt brauchen konnte. Ich ging's locker an und begann, mich gleich im ersten Training mit dem Tempo und den Sprüngen anzufreunden. Im zweiten Training hatte ich am Hundschopf sogar die schnellste Zwischenzeit.

Ich merkte schon während der Fahrt, dass ich verdammt schnell war, und bremste im Ziel-S. Dennoch wurde ich noch Zehnter, was mir die schlechte Startnummer 21 einbrachte. Um die Abfahrten möglichst spannend zu gestalten, hatte der internationale Ski-Verband FIS in meiner Abwesenheit eine neue Regel eingeführt: Die Top 30 müssen ab nun in der umgekehrten Reihenfolge des Abschlusstrainings starten. Der Trainingsschnellste startet mit Nummer 30, der Zweite mit Nummer 29 usw. Und da die vorderen Nummern bei kritischem Wetter die besseren sind, werden wir im Abschlusstraining immer wieder zu einem peinlichen Wettbremsen gezwungen.

Obwohl ich mich gleich bei meinem ersten Versuch mit der neuen Regel verpokert hatte und zu schnell gewesen war, ließ ich mir den Spaß nicht verderben. Ich war auch bei den Interviews bestens aufgelegt. Auch wenn sich die Fragen in monotonem Stakkato wiederholten. So versuchte ich mit meinen Antworten Abwechslung in das eintönige Frage-Antwort-Spiel zu bringen. Auf den Hundschopf-Sprung angesprochen, flachste ich: „Ich hab' schon befürchtet, dass der Nagel unten raussteht und die Piste aufreißt!"

Ich freute mich richtig auf die erste der beiden Abfahrten, denn ich war es gewohnt, im Rennen noch einen Zahn zuzulegen. Doch die Lockerheit vom Training war vom Start weg mit einem Schlag verflogen. Ich verkrampfte, hörte auf zu kämpfen und ließ mich nur mehr ins Ziel treiben. Platz 22 war eine herbe Enttäuschung. Auf dem Weg aus dem Zielraum sah ich einen ehemaligen Kollegen im Rollstuhl sitzen. Silvano Beltrametti war das erste Mal seit seinem schlimmen Sturz in Val d'Isère 2001 wieder live bei einem Skirennen. Wir fanden sofort einen Draht zueinander und unterhielten uns sehr lange. Es war ein beeindruckendes Gespräch; ich kann Silvano für die Lebensfreude, die er nach seinem harten Schicksalsschlag ausstrahlt, nur bewundern. Unsere Wege sollten sich von da an öfter kreuzen.

Diese Begegnung ließ mich meine Umgebung vergessen, bis mein Pressemann mahnte, dass wir zurück ins Hotel mussten. Inzwischen waren aber alle Shuttles dahin. Darüber und über meine Leistung war ich so sauer, dass ich die

Fotostudie, Wengen '98, Hundsschopf. Damals hatte ich noch keinen Nagel im Bein, der mir rausspringen hätte können.

zwei Kilometer zurück ins Hotel zu Fuß ging. So blieb mir Zeit, noch einmal in Ruhe nachzudenken.

Okay, das Gleiten funktionierte nicht mehr so wie vor meinem Unfall. Seit der Operation stehe ich mit meinem rechten Fuß nicht mehr gerade im Skischuh, er knickt nach außen. Dazu kommt die Taubheit wegen der zerstörten Nerven. Beides ist bis heute so geblieben. Je länger die Gleitpassagen, desto mehr machen mir diese Probleme zu schaffen.

Dennoch wollte ich mich nicht geschlagen geben. Ich rief Heini an und jammerte: „Ich bin müde, ausgelaugt – was soll ich tun?“ Mein Trainer, dem immer etwas einfällt, mobilisierte per Telefon alle Glukose-Vorräte, die in der Krankenstation Wengen lagernd waren. Unser Teamarzt mixte die kleinen Ampullen im richtigen Verhältnis in den Infusionsbeutel, und spätabends tropfte die Flüssigkeit in meine Vene. Meine leeren Muskelzellen wurden wieder aufgefüllt.

Am nächsten Tag fühlte ich mich tatsächlich besser. Ich ging es mit einer gewissen Lockerheit an. Es war noch dunkel, als wir mit der Jungfraubahn auf den Berg tuckerten. Ich nahm mir fest vor: „Heute fahr' ich wie bei einem lockeren Training.“ Edi hatte auch einen anderen Ski hergerichtet und schon lief's: Platz sieben in meinem dritten Rennen – ein Traumresultat! Damit hatte ich meine Kritiker endgültig überzeugt. Karl Schranz, vor mir einziger österreichischer Gesamtweltcup-Sieger, musste seine tags zuvor in der *Kronen Zeitung* geäußerte Meinung um 180 Grad revidieren. „Ich habe mich geirrt“, gestand Karl sportlich-fair in seiner Kolumne. „Hermann hat den Anschluss viel schneller gefunden, als man es selbst ihm zutrauen konnte. Bis Kitzbühel hat er nicht viel, aber noch ein paar Tage Zeit, noch besser zu werden – das wird extrem interessant“, orakelte er. Der ORF jubelte über 1,5 Millionen Seher und einen Marktanteil von 83 Prozent. Das war absoluter Wengen-Rekord. „Weltwunder Maier“, las ich im *Blick* und fragte mich: Was schreiben die, wenn ich heuer tatsächlich noch gewinnen sollte?

Kitzbühel im Chaos

Montag, 20. Jänner 2003. Schon in Wengen hatte der Hahnenkamm-Pressechef immer wieder meine Betreuer gelöchert: „Und - wird der Hermann in Kitzbühel starten?“ Für mich stand das eigentlich nie zur Diskussion. Sobald ich mich fit fühlte, wollte ich jede Chance nützen, mich für die Weltmeisterschaften Anfang Februar in St. Moritz zu qualifizieren. Und in Kitzbühel hatte ich die letzte Chance dazu. Das Programm mit Trainingsläufen von Dienstag bis Donnerstag, dem Super-G am Freitag und dem Abfahrts-Klassiker am Samstag war geradezu ideal für meine Situation. Ich wollte mich in den Trainingsläufen langsam ans Limit herantasten und dann zuschlagen.

Hermann Maier und Kitzbühel – eine Liebe, die langsam, aber stetig wuchs. Absage 1998, um Olympia nicht zu gefährden; 1999 Sturz in der Sprint-Abfahrt, weil ich zu viel wollte, nur Achter in der klassischen Abfahrt, out im Kombi-Slalom; 2000 Sieg im Super-G, Abfahrts-Vierter und Dritter in der Kombination; 2001 dann der Triumph in Super-G und Abfahrt innerhalb 24 Stunden – ich hätte mir nicht träumen lassen, das jemals zu überbieten!

Kitzbühel 2003: Irgendwie freute ich mich, wieder aktiver Teil dieser Melange aus Mythos, Tradition, High-Tech-Performance, Fan-Hysterie und Laufsteg der Eitelkeiten zu sein. Ich wusste, was mich erwartete: überfüllte Hotel-Lobbys, VIP-Einladungen und PR-Termine; gesperrte Einfahrten, enge Gassen, Ordner, die strikt ihre Anweisungen befolgen und selbst Gewinnern ohne das passende Schild unter der Windschutzscheibe die Zufahrt zur Siegerehrung verweigern. Da häng' auch ich mir meinen Akkreditierungs-Ausweis um den Hals, was ich mir in jedem anderen Weltcup-Ort ersparen kann – weil die Leute dort mittlerweile mein Gesicht kennen. In Kitz lauern dreimal mehr Reporter als bei jedem anderen Rennen. Wie gut, dass ich mich abseits des Trubels, im fünf Kilometer entfernten Oberndorf, auf das Großereignis vorbereiten durfte. Aber auch das ist Kitzbühel: eine bei jeder Witterung perfekt präparierte Strecke, auf der es richtig zur Sache geht, spektakuläre TV-Bilder, die rund um den Erdball ein Millionenpublikum in ihren Bann ziehen.

Auf der Strecke war ich sowieso in meinem Element. Ein mulmiges Gefühl hatte ich allerdings, wenn ich an die vielen Linksschwünge und vor allem an die lange Schrägfahrt nach der Hausbergkante dachte. Das war der erste Dauer-Belastungstest für das operierte, mit 37 Zentimeter langem Titannagel verstärkte rechte Bein. Im ersten Training passte schon fast alles – bei der Steilhang-Ausfahrt wurde bei mir mit 110,9 km/h sogar die schnellste Geschwindigkeit gemessen. In der Zielschuss-Kompression bekommen wir an der schnellsten Stelle sogar bis zu 150 „Sachen" drauf, doch weil es die FIS so will, steht dort kein Radar.

Ich freute mich schon aufs zweite Training, denn ich wollte „meine" Linie austesten. Leider hatte ich dazu keine Gelegenheit mehr. Denn ab nun ließen Schneefälle und Nebel die Hahnenkammwoche im Wetterchaos versinken. Nachdem das Mittwoch-Training gestrichen worden war und die Prognose für Donnerstag keine Besserung versprach, fuhr ich mit Andy und Edi heim nach Flachau, wo ich im dichten Schneefall Super-G-Zeitläufe absolvierte. Der für Freitag geplante Super-G wurde noch während der Besichtigung abgesagt. Zum Glück setzte Präsident Schröcksnadel nach zähen Verhandlungen mit dem ORF eine Verschiebung auf Montag durch. Sonst wäre ich um meine letzte WM-Qualifikations-Chance in meiner Lieblingsdisziplin umgefallen!

Auch am Samstag versank Kitzbühel im Schnee. Doch die Veranstalter wollten die prestigeträchtigste aller Abfahrten unter allen Umständen durchboxen. Es schneite und schneite, und der Nebel krallte sich im Hahnenkamm fest. Es wurde hin- und herverschoben. Nach fast drei Stunden Warterei konfrontierte man uns mit einem faulen Kompromiss: extrem verkürzte Strecke, Start in der „Alten Schneise", also ohne Mausefalle, ohne Steilhang. Was blieb eigentlich von der so gefürchteten Streif? Man fährt oben weg und –

zack – ist man schon im Ziel. Das war kein richtiges Rennen für mich, und dennoch wurde es wie die klassische Hahnenkamm-Abfahrt gewertet. Es gab die vollen Punkte, das volle Preisgeld. Das erinnerte mich an den 8-Minuten-Prolog bei der Tour de France. Und sofort hieß es: „Die kürzere Strecke kommt dem Maier entgegen, denn der hat ja keine Kondition!"

„Wenn die wüssten", dachte ich. „War ich nicht im Training oben der Schnellste? Hab' ich nicht noch vor ein paar Tagen auf der längsten Abfahrt alle verblüfft?" Aber das nützte mir jetzt wenig. Ich versuchte, positiv zu denken: „Auch wenn mir die Verkürzung nicht taugt, werd' ich unten mein Bestes geben!" Ich legte mich also für 70 Sekunden ins Zeug. Im Ziel angekommen, hatte ich das Gefühl, nichts getan zu haben. Der 6. Platz war dennoch ein hervorragendes Resultat. Ich war drittbester Österreicher und hatte meine letzte Chance im letzten Abfahrtslauf vor der WM genutzt! Und das, obwohl ich durch die Kompression nach der Hausbergkante wieder nicht volles Risiko gegangen war. Das habe ich in Kitzbühel noch nie gewagt – nicht einmal bei meinem Abfahrts-Sieg 2001. Wie in Wengen bei der Minschkante. Es gibt Passagen, an denen du das Schicksal lieber nicht herausfordern solltest. Auf der Schrägfahrt dachte ich an mein verletztes rechtes Bein, bei der Vorbereitung auf den Zielsprung machte ich früher auf. Ich dachte mir zwar: „Bleib unten, bleib unten!" Doch mein Verstand sagte: „Nein, steh auf!"

So kam es, dass ich oben schneller war als Rahlves, der spätere Sieger, und unten bei dieser „Hundertstel-Partie" über eine halbe Sekunde verschenkte.

Sofort nach der Abfahrt wollte ich aus der inzwischen von Fans überschwemmten Ski-Metropole flüchten. Keine zehn Pferde konnten mich als „Ehrengast" ins ORF-Studio mit den besten fünf bringen. Ich wollte nur weg. Aber ich durfte nicht. Ich musste noch zur Abend-Gala ins VIP-Zelt, da ich bereits eine Sponsorzusage gegeben hatte. Dort kam ich erst gegen 22.30 Uhr weg und fuhr mit Andy direkt nach Flachau.

Während sich die Slalom-Fahrer in Kitzbühel im dichten Schneefall durch die Stangen kämpften, musste ich unbedingt noch einmal Super-G trainieren. Bei diesem Wetter eigentlich ein Irrsinn. Immerhin bin ich 22 Monate keinen Super-G gefahren. Mir fehlte noch immer das Gefühl, das hundertprozentige Vertrauen für die Renngeschwindigkeit. Das ist vor allem in diesem Bewerb, in dem du engere Radien fährst und doch fast so schnell wie in der Abfahrt bist, enorm wichtig. Und in Flachau, auf meiner Hausstrecke, bekam ich die Bedingungen, die ich suchte. Und genau die Wetterverhältnisse, die ich einen Tag später im Rennen erleben sollte: Nebel, dichter Schneefall. Ich brauste fast im Blindflug durch die Tore, tastete mich immer wieder an meine Grenzen heran. Weil ich oft im Training mehr gebe als im Rennen, war ich einige Male in Sturzgefahr. Doch genau das gab mir den entscheidenden Schliff!

Um 15 Uhr saß ich wieder im Auto und fuhr mit Andy über die verschneiten Straßen zurück nach Kitzbühel. Am Abend trat ich noch in die Ergometerpedale. Aus Obertauern waren eine Physiotherapeutin und Bettina, „meine" Olympiastützpunkt-Krankenschwester, angereist. Ich wollte nichts dem Zufall überlassen.

Mein größter Sieg

27. Jänner 2003. Kurz nach sechs Uhr klopfte die Krankenschwester an meiner Zimmertür. Ich blickte aus dem Fenster. Aus dem dunklen Nachthimmel fielen dichte Schneeflocken. „Kann es nicht endlich aufhören?", klagte ich, während ich mein rechtes Fußgelenk durchkneten ließ. Früher war ich als Letzter aus den Federn gekrochen, jetzt musste ich noch vor dem Frühstück die schmerzhafte Sprunggelenksmobilisierung über mich ergehen lassen. Nach der Behandlung schlich ich in den Frühstücksraum. Auf dem Tisch rauschte ein Funkgerät. „Bitte, nur keine Absage!", dachte ich. Andy war bereits auf der Piste bei der Jury-Inspektion, er würde uns sofort per Funk informieren. Doch es blieb ruhig.

Wie in den vergangenen Tagen chauffierte mich Knut an Kitzbühel vorbei über Reith zur Fleckalmbahn. Ich schulterte die Einfahr-Ski und fuhr zur Streckenbesichtigung. Trotz des Schlechtwetters war ich gut drauf. Ich hatte dieses Das-wird-dein-Tag-Gefühl.

Trotz der kritischen Wetterlage wollten die Veranstalter das Rennen unbedingt durchboxen. Der Start war auf 10.30 Uhr vorverlegt, die Startintervalle zwischen den Läufern auf 1,15 Minuten reduziert und die TV-Werbepausen nach den Startnummern 15 und 22 gestrichen worden. So ging es Schlag auf Schlag.

Mir kam's vor, als wäre das Rennen erst losgegangen, da stand ich mit Nummer 22 schon am Start. 521 Tage nach dem Motorrad-Unfall. Ein irres Gefühl durchfuhr mich. „Mein erster Super-G, Wahnsinn!" Endlich durfte ich in meiner Disziplin zeigen, was ich drauf hatte. Der Super-G ist wie geschaffen für meine Fähigkeiten. Hier sind fahrerisches Können und Risikobereitschaft gefragt. Es gibt keine Trainingsläufe, in denen du experimentieren und Linien ausprobieren kannst. Nur eine Besichtigung, und dann gilt's! Du prägst dir die Übergänge, die wichtigsten Tor-Kombinationen ein, legst dir die Linie im Kopf zurecht. Es gibt keine langweiligen Gleitstücke, sondern eine technische Passage nach der anderen. Und jede Menge enge Radien bei Höchstgeschwindigkeiten – das war meins! Da hab' ich ja fast jedes Rennen gewonnen. Mein bislang letztes allerdings am 4. März 2001 im norwegischen Kvitfjell.

Ich katapultierte mich aus dem Starthaus. Nicht so explosiv wie vor meinem Unfall, als alles mit einer schlafwandlerischen Sicherheit funktioniert hatte. Jetzt musste ich einmal den Rhythmus finden. Und das war verdammt schwer. Hätte ich versucht, wie früher die Aggressivität auf den Ski zu übertragen, hätte mich das vermutlich eher gebremst. Meine Taktik ging auf und ich kam in Fahrt. Jetzt hatte mich der Kampfgeist richtig gepackt: „So, und jetzt musst du Gas geben!" Aber nicht mit dem Kopf durch die Wand – das geht nämlich auf der Streif erst recht ins Auge. Ich musste kämpfen, versuchte bei jedem Tor Geschwindigkeit zu machen, erwischte die oberen Passagen sehr sauber. Nur einmal übersah ich einen kleinen Schneehügel und es hob mir den rechten Ski weg. Doch ich konnte sofort wieder korrigieren. Und meistens sind diese kleinen Showeinlagen fürs Publikum ein gutes Zeichen. Da weiß man, dass man schnell unterwegs ist. Die Hausberg-Kante nahm ich mit dosiertem Risiko. Ab da war es nur mehr ein Kampf, unheimlich anstrengend, wenig Sicht und furchtbar schnell gesteckt. Im Helm wurde es laut. „Das ist ja eine Abfahrt!", dachte ich, während ich mir im dichten Schneetreiben den Weg durch die nächsten Tore suchte. Da bleiben dir oft nur Bruchteile von Sekunden zum Überlegen. Da mir die Besichtigungszeit wieder zu kurz geworden war, hätte ich mich im unteren Teil fast verfahren. Wie auf der Abfahrt ließ ich dort viel Zeit liegen. Als ich im Zielraum neben meiner Endzeit von 1:20,48 den „Einser" aufleuchten sah, streckte ich in meiner typischen Siegerpose die Zunge raus. In mir schrie alles vor Erleichterung. Ich jubelte, denn ich war mir sicher: „Jetzt müssen sie mich mit zur WM nehmen!" Gewonnen hatte ich das Rennen noch lange nicht. Oben standen noch neun Läufer, die mir gefährlich werden konnten. Ich blickte wie gebannt Richtung Hausbergkante. Da tauchte schon Christoph Gruber auf. Ich zählte die letzten Sekunden mit und atmete auf. 1:20,59 – „Grubi“ war elf Hundertstel langsamer als ich. „Na danke“, dachte ich, „wenn mir der Nächste schon so nahe kommt, bin ich neugierig, ob ich überhaupt unter die Top 3 komm'!“ Doch die weiteren Läufer hatten größere Rückstände. Eberharter machte es noch einmal spannend, doch bei ihm leuchtete „+ 0,15 Sekunden“ und die „3“ auf.

Ich realisierte, was passiert war. „Wahnsinn, ich hab' gewonnen!“ Und das bei diesen widrigen Umständen. Nie und nimmer hätte ich damit gerechnet! Für ein paar Augenblicke vergaß ich die Welt um mich.

2003
iglo
Kronen
Zeitung
LEKI

Tausend Dinge gingen mir durch den Kopf. Der Unfall, die ersten Schritte, die harte Arbeit. Ich empfand grenzenlose Dankbarkeit gegenüber allen, die ihren Anteil daran hatten, dass ich das schaffen durfte. Mir war klar: Ich hatte etwas Einzigartiges geschafft! Mir war nicht nur zum Heulen, ich weinte wirklich! „Mein größter Sieg!“, stammelte ich beim ersten Flash-Interview ins TV-Mikrophon. Da ging nichts drüber. Nicht einmal mein Olympiasieg nach dem Jahrhundertsturz in Nagano 1998. Wie in Trance taumelte ich quer durch den Zielraum, wo ich am anderen Ende der Absperrung unterm Glückssau-Transparent zwischen den treuen Herminator-Fans meine Mutter ausmachte. Auf ihrem breitkrempigen Hut hatte sich eine dicke Schneeschicht gebildet. Wir umarmten uns. In solchen Momenten weiß ich, wohin ich gehöre. Da bedarf es keiner großen Worte. Was hatte diese Frau in den vergangenen 22 Monaten alles durchmachen müssen? Die Sorge um ihren Buben, meine Launen, die gemeinen Verleumdungen. Sie hatte hautnah mitbekommen, wie hart ich in all dieser Zeit gearbeitet hatte, wie ich immer wieder zurückgeworfen worden war. Nie hatte sie an meinem Comeback gezweifelt und daran, dass ich wieder gewinnen würde. Aber dass es so schnell gehen könnte ... Wenn du hart arbeitest, Entbehrungen in Kauf nimmst und nie aufhörst, an dich zu glauben, dann kommt alles irgendwann einmal wieder zurück! Ich erinnerte mich an meine Anfänge, als ich es nicht in die ÖSV-Kader geschafft hatte. Auch damals hatte das Gute gesiegt. Auch damals hatte ich gewusst: „Ich werde es schaffen, egal, was die anderen sagen!“

Langsam begann ich meine Umgebung wieder wahrzunehmen. Einer nach dem anderen kämpfte sich zu mir durch, um mir zu gratulieren: Andy, der bei jedem Wetter und zu jeder Tageszeit bei jedem Schneetraining für mich da gewesen war, Edi, der mehr Zeit mit meinen Skiern als mit seiner Familie verbracht hatte, Schröcksi, der immer an mein Comeback geglaubt und mir immer wieder mit seinem väterlichen Rat geholfen hatte. Toni Giger, der die Tür zum Team offen gehalten hatte, Alpinchef Hans Pum – alle waren an diesem denkwürdigen Vormittag da.

Ich begann mich richtig zu verlieben in Kitzbühel. An diesem Montag war alles anders als sonst. Die VIPs und die Alkoholleichen waren dahin, die echten Fans geblieben. Auf den Tribünen, auf denen sonst die Adabeis posierten, jubelten begeisterte Schulkinder. Ich war plötzlich bei einer richtigen Sportveranstaltung! Und ich war überrascht, wie viele Fans sich an einem normalen Arbeitstag trotz der zahlreichen Verschiebungen die Mühe gemacht hatten, uns die Daumen zu drücken.

Im Zielraum wurde ich von einer TV-Station zur nächsten gereicht. Ich wollte mir auch bewusst für die Zeitungsreporter Zeit nehmen. Viele von ihnen hatten mich vom Beginn meiner Karriere an begleitet, ich spürte, wie auch sie sich mit mir freuten. Im Zielraum wurde ein Siegespodest aufgebaut. Als die Bundeshymne gespielt wurde, bekam ich noch einmal Gänsehaut. Meine Augen wurden wieder wässrig und ich schickte ein kurzes Dankeschön gen Himmel.

Ich musste noch zur internationalen Pressekonferenz ins Medienzentrum. Da die meisten Journalisten ihre Zeitungen mit den emotionalen Zitaten aus dem Zielraum füllten, ließen sie mich nach wenigen Minuten wieder weg. Ich musste ja noch zurück ins Hotel, musste packen und zurück nach Flachau. Dort hatte der Bürgermeister inzwischen in aller Eile einen Abend-Empfang mit Musikkapelle, Fernsehübertragung, Festreden und allem, was dazugehört, vorbereitet. Da musste ich einfach pünktlich erscheinen!

Als ich neben Andy im Auto saß, atmete ich durch. Während der Heimfahrt hatte ich endlich Zeit für mich. Keine Fotos, keine Autogramme. Doch das *17-Uhr-Journal* holte

Mit Tränen in den Augen

Das erste Live-TV-Interview im ORF mit Rainer Pariasek

RAINER PARIASEK: *Hermann Maier, ein Wahnsinn! Ein weiteres Kapitel für die sportliche Unsterblichkeit. Eine abgedroschene Frage, aber ich stelle sie trotzdem: Was geht jetzt in Ihnen vor?*
HERMANN MAIER (mit Tränen in den Augen): Ich weiß gar nicht, was ich sagen soll, ich bin so überrascht! Ich hätt' mir nie gedacht, dass das so schnell funktionieren könnte, und bin überglücklich.

PARIASEK: *Kann es sein, dass da zuvor auch ein paar Tränen in Ihren Augen waren?*
MAIER: Ja, schon. Weil ich war direkt gerührt. Nach meinem Unfall ... einer meiner schönsten Erfolge, wenn nicht der schönste!

PARIASEK: *Würden Sie das wirklich so einreihen – auch mit Ihren Olympiasiegen und WM-Titeln?*
MAIER: Auf alle Fälle. Nach dieser Verletzung, nachdem es so schlimm ausgeschaut hat, das jetzt nach so einer kurzen Zeit. Ich kann mich nur bei jedem bedanken – ein schönes Gefühl!

PARIASEK: *Wie sehr haben Sie eigentlich gehofft, dass dieses Rennen heute stattfindet?*
MAIER: Ich hab' mir gedacht: Sollt' es nicht stattfinden, dann müssen wir uns etwas anderes einfallen lassen. Heuer haben ja erst sehr wenige Super-G stattgefunden. In meinem ganzen Leben hab' ich immer die allerletzten Chancen genützt.

PARIASEK: *Wie war das für Sie während der Fahrt von Stephan Eberharter?*
MAIER: Ich war schon sehr zufrieden, als ich im Ziel war und geführt hab', als der Steff gekommen ist. Ich hab' mitbekommen, dass er oben vorne war. Ich hab' mir gedacht: „Wenn ich Zweiter werde, ist's auch ein Super-Resultat." Ein Sieg ist halt umso schöner!

PARIASEK: *Es ist fast ein Drehbuch für eine Hollywood-Geschichte. Sie haben schon gewusst, Ihre Kurve zeigt nach oben. Aber haben Sie auch gewusst, dass Sie schon gewinnen können?*
MAIER: Ich hab's gehofft. In der Abfahrt hab' ich schon gemerkt, es geht was. Ich bin auf dieser kurzen Strecke sehr konzentriert und gut gefahren. Da hab' ich gemerkt, es könnte was gehen. Ich hab' gehofft, dass der Super-G stattfinden würde. Die Piste war auch echt sehr gut. Die Sicht war nicht die beste, doch ich hab' mich überall gut durchgeschwindelt. Der Ski ist auch sehr gut gegangen – da muss einfach alles zusammenspielen.

PARIASEK: *Vor 13 Tagen erst das Comeback in Adelboden. Wie waren die vergangenen zwei Wochen? Haben Sie das überhaupt realisiert, oder ist es wie im Traum vergangen?*
MAIER: In Adelboden war ich noch ein biss'l unsicher, ich hab' mich noch nicht reinsteigern können, hab' nicht so richtig gewusst: Was mach' ich da eigentlich? Mental hab' ich mich noch wahnsinnig schwer getan. In Wengen wollt' ich im Rennen alles zerreißen, aber das ist nach hinten losgegangen. Dann hab' ich mir gesagt, jetzt fahr' ich einmal lockerer und ein siebenter Platz ist herausgekommen, hier auf der Abfahrt schon der sechste und jetzt auf einmal der Sieg. Ein wahnsinniger Anstieg, und das nach einer so langen Pause.

PARIASEK: *Wer waren die wichtigsten Personen auf dem Weg zurück?*
MAIER: Die möchte ich jetzt gar nicht so erwähnen, sonst vergisst man ein paar, und die sind dann beleidigt. Ich kann mich nur bei jedem bedanken – vor allem bei jenen, die zum mir gehalten haben. Viele waren nicht mehr übrig, die mir noch eine Chance gegeben haben.

PARIASEK: *Sie haben nach der Abfahrt gesagt: „Ein biss'l fährt die Handbremse noch mit." War die heute völlig gelöst?*
MAIER: Ich glaub' schon. Für diese Sichtverhältnisse, da darf ich mich wirklich nicht mehr beklagen. Wenn ich jetzt sag', ich hab' nicht voll angegriffen, dann stimmt's sicher nicht. Ich hab' mein Bestes gegeben, das merkt man am Resultat. Da standen lauter gute Läufer am Start – ich hab' ein biss'l mehr Glück gehabt!

mich auf den Boden der Realität zurück. „Hab' ich das jetzt tatsächlich gehört?", schüttelte ich den Kopf und schaute Andy fragend an. Da war plötzlich jener Arzt, der sich dreieinhalb Monate nach meinem Unfall aus dem Olympiastützpunkt verabschiedet hatte, ins Spiel gebracht worden. Er hätte maßgeblichen Anteil an meinem Comeback-Sieg gehabt, hieß es. „Wahnsinn, wer sich da als der Macher aufdrängen muss", ärgerte ich mich. Neben mir saß einer, der wirklich großen Anteil an diesem Erfolg hatte. Er war in dem Bericht nicht einmal erwähnt worden. Ich rätselte, wie diese Meldung zustande gekommen war. In solchen Momenten fällt es mir schwer, diese schnelllebigen, oberflächlichen Medien ernst zu nehmen. Normalerweise stehe ich über solchen Dingen. Ich versuche sie wegzuschieben und abzuhaken. Leider werden auf diese unseriöse Weise Meinungen in diesem Land gebildet. Außerdem ist es schwer, etwas, das einmal gesagt wurde, zu dementieren. Richtigstellungen fallen nur klein und unscheinbar aus. Wer gibt schon gern einen Fehler zu?

Mit einem Mal hatte mein Leben eine entscheidende Wende genommen. Ich war wieder Leistungssportler, Leistungsträger, Erfolgsgarant! Ich erntete keine mitleidigen Blicke mehr. Auf dem Heimweg konnte ich in die Raststation wieder erhobenen Hauptes hineingehen. Ich war wieder für das da, wofür ich arbeite, wofür ich lebe! Ich durfte meinen Beruf wieder mit vollem Selbstbewusstsein ausüben. Die richtige Einstellung hatte ich schon in Adelboden, doch da hatte es noch nicht funktioniert. Gott sei Dank hatte der Sieg nur 13 Tage auf sich warten lassen!

Als ich heimkam, war ganz Flachau auf der Straße. Autogramme, Interviews, Fotos. Am liebsten hätte ich jedem Einzelnen die Hand geschüttelt. Doch ich musste weiter ins improvisierte Zeit-im-Bild-Außenstudio zur Achterjet-Talstation, wo ich gemeinsam mit Präsident Schröcksnadel live

Faksimiles:
Bild, 28.2.2003
Kronen Zeitung, 28.2.2003
News, 30.1.2003
Kronen Zeitung, 28.2.2003

in die Sendung eingespielt wurde. Als wir gemütlich beim „Reslwirt“ saßen, klingelte plötzlich mein Handy. Am anderen Ende der Leitung war Arnold Schwarzenegger: „Oida, i gratulier' da!“ Nach ein paar bewundernden Sätzen meinte Arnie noch: „Feiert's noch anständig!“ Worauf er sich verlassen konnte!

Mehr als ein Tag Pause war aber nicht drin. Bis zur Abreise nach St. Moritz blieben mir gerade drei Tage. Einer war für den Olympiastützpunkt reserviert, außerdem plante ich noch Zeitläufe.

31. Jänner 2003. Bei der Anreise nach St. Moritz legten wir in Südtirol einen Zwischenstopp zum Riesentorlauf-Training ein. Da bei meinem Management seit dem Kitz-Sieg weit über 100 Interview-Anfragen eingetrudelt waren, hatte der ÖSV eine Pressekonferenz organisiert, an der auch meine Super-G-Kollegen Stephan Eberharter, Christoph Gruber und Hannes Reichelt teilnahmen. Mir war noch eine halbe Stunde Zeit geblieben. Die nützte ich, um mir mein Hotelzimmer gemütlich einzurichten. Darauf lege ich besonderen Wert. Ich trau' mich sogar zu behaupten, dass ich der Ordentlichste in dem Verein bin. Mein Zimmer ist immer top, da hat alles seinen Platz – vom Skischuh über Helm und Brille bis hin zu den Elektrolytgetränken. Da ich es ohnehin meistens sehr eilig habe, hasse ich es, Dinge suchen zu müssen. Ich hatte sogar noch Zeit, mich ein paar Minuten aufs Bett zu legen und durchzuatmen, bis mein Pressemann an der Tür klopfte. „Gehen wir halt zur Pressekonferenz“, meinte ich. „Ein paar Hansln werden schon da sein.“

Wir gingen vorbei an den Reporter-Kabinen und an den Arbeitsplätzen der schreibenden Presse. Ich wunderte mich, wie ruhig alles war. Zwei Tage vor Beginn der Ski-WM schien alles noch wie ausgestorben. Aber da hatte ich mich wieder einmal gewaltig geirrt. Alle Journalisten hatten sich in den großen Pressekonferenz-Saal gequetscht. Ich konnte es nicht fassen: Stimmenwirrwarr, Blitzlichtgewitter, Kameraleute, die um ihre Position rauften. So etwas kannte ich bisher nur aus dem Fernsehen, wenn die US-Präsidenten ihre Rede zur Lage der Nation hielten. Völlig verdattert fragte ich mich: „Was ist denn da los? Was wird denn das für eine WM?“ Als ich mich gefasst hatte, freute ich mich über die Resonanz, die mein Comeback offenbar ausgelöst hatte. Da hieß es doch immer wieder, der Skisport sei am absteigenden Ast. Davon war aber wirklich nichts zu bemerken. Ein paar meiner Mitstreiter waren beleidigt, weil sich alles um den Maier drehte, doch die meisten reagierten positiv. „Wenn das kein Ansporn war für meine jungen Kollegen, die an dieser WM teilnehmen dürfen“, dachte ich, während ich am Podium Platz nahm. Mein Namenskärtchen war im Rummel längst umgestoßen worden. Nachdem sich die Fotografen beruhigt hatten, eröffnete der WM-Pressechef das Frage-Antwort-Spiel, und ich muss zugeben, dass ich das Interesse an meiner Person vier Tage nach dem Kitzbühel-Triumph richtig genoss.

2. Februar 2003. Minus 20 Grad, Sonnenschein – herrliche Bedingungen für einen Super-G! Ich war top-motiviert. Kann ich mein Comeback mit einer WM-Medaille krönen? Im Gegensatz zu meinen Konkurrenten war ich zwar auf diesem Berg mit mehr Übergängen als anderswo kein einziges Mal gefahren, dennoch nahm ich mir vor: „So, jetzt leg' ich noch ein Schäuferl nach!“ Genau so startete ich auch. Oben fuhr ich wirklich perfekt, zog meine kurze Linie durch. Allerdings hatte man uns in die Karten geschaut: Schon in Kitzbühel hatte ich im Gegensatz zu meinen Markenkollegen ein altes, mühevoll herausgetestetes Ski-Modell verwendet. Eines, mit dem ich schon vor meinem Unfall gewonnen hatte, für das neue fehlte mir noch die Kraft. Der alte Ski funktionierte in St. Moritz noch besser. Doch inzwischen war auch Eberharter mit dem Modell der alten Generation unterwegs. Nichtsdestotrotz hielt oben keiner mit mir mit. Dann machte ich den entscheidenden Fehler, indem ich mir dachte: „Jetzt kann ich eigentlich ein biss'l nachlassen." Das rächte sich im kupierten Mittelteil. Ich begann, die Schwünge anzudriften, und achtete nur mehr darauf, den Schwung, den ich noch hatte, ins Ziel mitzunehmen. Aber dann schaffte ich es, mich unten extrem zu verfahren. Normalerweise orientierst du dich an den Spuren der Läufer vor dir. Aber ich wollte meinen Dickschädel durchsetzen und wählte eine völlig neue Linie. An dieser Stelle, an der alle innen fuhren, visierte ich das Außentor an und merkte sofort: „Das hätt' ich nicht tun sollen, die ganze Geschwindigkeit ist weg!" Ich hatte den letzten Schwung verloren und den Sieg endgültig verschenkt. Im Ziel sah ich, dass ich die gleiche Zeit wie Bode Miller hatte – ich klopfte ihm auf die Schulter und sagte: „Bode, wir können uns über Silber oder Bronze freuen – wenn wir überhaupt eine Medaille schaffen. So blöd können die oben gar nicht mehr tun, dass sie das nicht gewinnen." So kam es auch, und ich gratulierte Stephan Eberharter zum Sieg. Ich wusste: Ich hatte meine Chance leichtfertig vergeben, an dieser Niederlage war ich einzig und allein selber schuld – allein im unteren Teil hatte ich 64 Hundertstel auf den Sieger verloren. *Auf den letzten 41 Fahrsekunden riss Eberharter im Super-G dem „Herminator" Gold vom Hals*, schrieb die *Kronen Zeitung* völlig richtig. Im Nachhinein darf ich mich über Silber so kurz nach meinem Comeback überhaupt nicht beklagen. Wer hätte damit gerechnet?

Eigentlich hätte ich schon heimfahren und den Marknagel aus meinem rechten Unterschenkel entfernen lassen können. Doch ich wollte es in der Abfahrt noch einmal probieren. Auch hier war die mangelnde Erfahrung auf dieser Strecke kein Vorteil. Obendrein gab's eine Verkettung un-

20 DIENSTAG, 4. FEBRUAR 2003

Ein Kleber ärgerte Lehmann

SKI-WM St. Moritz

Keine Gnade für den Herminator

Maier muss durch Abfahrts-Quali

Sonntags-Blick 9. Februar 2003

Silvano Beltrametti

Meine Begegnung mit Hermann Maier

Ich habe keine Erklärung für das Phänomen Maier

SPORT

Ösi-Aufstand gegen Monster-Maier

Hermann, dann fahr doch für uns!

Wilder Miller holt Gold vor 2 Norwegern

€ 1,90

POLITIK

NEWS

AKTUELL Das Drama der ‚Columbia'

Das Giganten-Duell

Maier contra Eberharter

Die Wahrheit

Ihr Kampf hinter den Kulissen

Umfrage: Eberharter ist Nr. 1

POLITIK Haider plant neue Partei

NEWS-SERIE Zukunft der Erde: Gefährdete Tiere

Faksimiles:
Blick, 4. 2. 2003
Sonntags Blick, 9. 2. 2003
Bild, 7. 2. 3003
News, 6. 2. 2003

glücklicher Umstände. Im zweiten von drei Trainingsläufen hätte die interne ÖSV-Qualifikation stattfinden sollen. Doch das Training wurde wetterbedingt abgesagt und ich fix nominiert. Neben Klaus Kröll war der frühere Siegläufer Andi Schifferer auf der Strecke geblieben. Schiffi ärgerte sich derart laut, dass er damit eine landesweite Aufstellungsdiskussion anzettelte, von der ich mich, so gut es ging, heraushielt. Da ich mich erstmals in einer derartigen Situation befand, war es mir ein Anliegen, das mit meinem ehemaligen Zimmerkollegen persönlich zu besprechen.

Bei der Rückfahrt vom Abfahrtstraining gab's einen Zwischenfall: Ich musste einem Touristen ausweichen, geriet in ein Loch und bekam einen Schlag. Das war knapp! Aber auch das hielt mein Bein aus. Am nächsten Tag stieg ich in den Schuh und merkte, dass dieser oberhalb der Ferse gebrochen war. Ich rief Gerhard, den Lange-Servicemann, an: „Der Hut brennt!" Gerhard fixierte die beiden Teile vorerst einmal notdürftig mit zwei Schrauben. Danach legten wir gemeinsam einen Nachmittag lang Hand an, um das Ding irgendwie wieder rennfertig zu bekommen. Auch wenn es verrückt klingt: Ich hatte keine adäquaten Ersatzschuhe mit. Wegen meiner Verletzung hatte ich nur ein Spezial-Paar ausgetestet. In der Abfahrt musste ich jedenfalls mit diesem Schuh antreten – nicht die besten Voraussetzungen, um ein Rennen mit extrem weiten Sprüngen in Angriff zu nehmen. Noch dazu musste das selbst zusammengebastelte Schuhwerk meinen verletzten rechten Fuß schützen!

Schließlich wurde ich Achter und verfehlte die Bronze nur um 25 Hundertstel. Leider war ich nicht bereit gewesen, alles zu geben, das letzte Risiko einzugehen. Wenn du physisch noch nicht ganz fit bist, dann bist du psychisch auch nicht voll da. Ein Zusammenspiel, das sich rächen musste. Ich freute mich für Michael Walchhofer, meinen Trainingskumpel aus Obertauern. Irgendwie war ich er-

St. Moritz, 2. Februar 2003: Silberfeier mit Edi Unterberger und Andy Evers

leichtert, dass ich zu keiner Siegerehrung und zu keiner Pressekonferenz musste. Ich genoss es, dass ich nicht herumgereicht wurde wie bei einem Schützenfest. Zum ersten Mal blieb ich im Zielraum sitzen, und es war einfach fein. Mit meinen Trainern, einer Hand voll Fans und ein paar Dosen Bier feierten wir den Abschied von einer kurzen, aber sehr ereignisreichen Saison. Ich war froh, dass es vorbei war. Die extrem weiten Sprünge hatten mir so zugesetzt, dass ich jeden meiner verletzten Knochen spüren konnte. Als ich da mit meinem Bier saß, dachte ich bereits an die nächste Saison: „Schau, wie gut es gegangen ist. Jetzt bekomm' ich den Nagel raus und hab' noch einen ganzen Sommer vor mir. Wer weiß, was in einem Jahr sein wird?"

Aller guten Dinge sind vier

Während der anstrengenden und aufwändigen Comeback-Saison hatte ich alle weiblichen Anrufer abschmettern müssen. Ich hatte viel zu selten Zeit, mich um die an sich angenehme Seite des Lebens zu kümmern. Aber schon bei den Feiern in St. Moritz, als all der sportliche Druck gewichen war, fühlte ich mich frei und unbeschwert. Endlich war Platz für private Gefühle. Das genoss ich zumindest ein paar Wochen. Ich nahm mir Zeit, für ein paar Tage in den Süden zu fliegen, und dabei leistete mir ausnahmsweise nicht Heini Gesellschaft. Schließlich lernte ich ein nettes Mädel kennen, das mir mehr bedeutete. Aber genau hier ist Schluss mit meinen privaten Enthüllungen. Ehrlich gesagt bin ich selbst überrascht, wie viel Persönliches ich in diesem Buch preisgab. Ich denke, meine persönliche Comeback-Story und die spannenden Dinge, die ich im Laufe meiner Karriere erleben durfte, sind interessant genug, um nicht wie andere Autoren diverse Frauengeschichten hervorkramen zu müssen. Ganz zu schweigen von Schmuddelgeschichten mit Penisbrüchen und Boxenludern. Dazu habe ich viel zu schöne Erfahrungen gemacht, das haben sich die betroffenen Frauen wirklich nicht verdient!

15. Februar 2003. Ich ließ mich untersuchen und vereinbarte mit Artur einen Operationstermin. Nachdem das Comeback-Abenteuer inklusive WM funktioniert hatte, war's jetzt endgültig an der Zeit, meinen rechten Unterschenkel von diesem 37 Zentimeter langen Titannagel zu erlösen. Mir war klar, das würde mich jetzt ein paar Wochen Training kosten. Aber wann, wenn nicht jetzt? Es blieb auch danach genug Zeit, um mich auf mein nächstes großes Ziel vorzubereiten. Und das lautete ganz bescheiden: eine komplette Saison durchfahren. Die letzten Tage vor der Operation ließ ich's mit meinen Freunden in Flachau und Obertauern noch einmal so richtig krachen, als mich Andys Anruf ereilte. „Wir bräuchten noch einen Sparringpartner fürs RTL-Training. Hättest nicht Lust?"

Michi Walchhofer, mein Trainingskumpel aus Obertauern und frisch gebackener Abfahrtsweltmeister, durfte beim Weltcup-Finale in Kvitfjell im Riesentorlauf starten. Er wollte nicht ohne Standortbestimmung nach Norwegen fliegen. Also ließ ich mich weich klopfen, noch ein paar Trainingsläufe auf der Weltcupstrecke in Flachau mitzufahren. Bei einem der letzten Tore passierte es: Ich zog den Schwung noch einmal durch, legte mich hinein und rutschte weg. Ich wollte mich mit der linken Hand im Steilen abstützen und ... „rumms". Ich spürte diesen schlimmen Schmerz. „Verdammt", schrie ich, während ich im Schnee lag. „Jetzt hab' ich mir die Schulter ausgekegelt!" Michi und ein Freund halfen mir auf. Walchi fuhr mich ins Krankenhaus. Wir hörten Musik und ich kauerte am Beifahrersitz und spielte den, der keinen Schmerz kennt. Da war ich wieder, in der Aufmesser-Klinik. In jenem Raum, in dem ich 23 Monate davor mit einem zerfetzten Unterschenkel erstversorgt worden war. Vor dem Röntgen musste ich irgendwie aus dem Rennanzug. Und das war so aufwändig, dass alle Krankenschwestern herhalten mussten, um mich aus meinem schmucken Einteiler zu schälen. Dagegen war das Einrichten selbst eine fast angenehme Prozedur. Jedenfalls war die Saison damit endgültig gelaufen.

„Was sagen wir der Presse?", wollte Harald wissen. „Kein Wort!", grantelte ich ihn an. Nach meinem Blitz-Comeback und den sechs Wochen im Rampenlicht hatte ich wirklich keine Lust auf Publicity dieser Art. Es wird sowieso viel zu viel in der Öffentlichkeit gejammert.

Den an diesem Abend geplanten *ZDF Sportstudio*-Auftritt in Mainz ließ ich absagen. Wir baten die deutschen Fernsehleute, den wahren Grund meiner Abwesenheit nicht an die Öffentlichkeit zu geben. Fairerweise hielten sie sich an diese Abmachung. In Österreich hätte so etwas nur schwer funktioniert.

26. Februar 2003. Eineinhalb Jahre nach meiner Notoperation durfte ich das inzwischen neue Unfallkrankenhaus Salzburg wieder als Patient besuchen. Im Vergleich zu meinem ersten Aufenthalt, als vor meinem Fenster Bagger und Betonmischer gescheppert hatten, kam ich mir jetzt wie im Urlaub vor. Ich inspizierte den vor kurzem fertig gestellten Komplex mit den Augen eines Maurers und war beeindruckt. Auf meiner gediegenen Terrasse saß ich in der Nachmittagssonne und dachte: „Das ist ja wie im Hotel hier!"

Auch wenn es „nur" um die Entfernung meines Marknagels ging, war meine Gemütslage nicht wirklich entspannt. Die Woche davor hatte ich drei Ärzte wegen meiner luxierten Schulter konsultiert und der Tenor war: „Lass' dich operieren!" Doch ich weigerte mich. Ich war davon überzeugt, dass das Muskelkorsett stark genug war. Außerdem schreckte mich die Vorstellung, oben und unten zugleich lädiert zu sein.

So blieb's bei der Nagelentfernung, und die war auch nicht ohne. Eineinhalb Stunden schnitt, hämmerte und meißelte Artur herum. Es wurde ein regelrechtes Gemetzel, weil, wie mir Artur später erklärte, der Nagel mit dem Knochen schon fest verwachsen war. Bei diesem Eingriff wurde die Patellasehne, die Kniescheibe und Oberschenkelkopf miteinander verbindet, in der Mitte gespalten. Durch das so entstandene Loch wurde der 37 Zentimeter lange Nagel, der im Schienbein-Knochenmark steckte, herausgezogen. Wieder wachte ich aus der Narkose wie aus einem Drogenrausch auf. Völlig überdreht kramte ich mein Telefon heraus, wählte irgendwelche Nummern und lallte wirres Zeug hinein. Ich kann mich an kein einziges Wort mehr erinnern, nach den Andeutungen meiner Freunde muss es sich dabei um einen ziemlichen Schwachsinn gehandelt haben. Als die Wirkung der Schmerzmittel nachließ, begann mein Knie fürchterlich zu schmerzen. Die Naht war derart gespannt, dass ich das Knie unmöglich abbiegen konnte. An Gehen war nicht zu denken.

„Das ist völlig normal", meinte Artur. „In ein, zwei Wochen gibt sich das!" Als Gips-Ersatz bekam ich eine weiße, superleichte Kunststoffschiene mit Löchern. „Die lässt du jetzt zwei Wochen oben", erklärte Artur bei meiner Entlassung. „Jaja", sagte ich. Kaum war ich daheim, montierte ich das Ding ab. Ich genierte mich zu sehr damit, ich wollte mich endlich wie ein halbwegs gesunder Sportler fühlen. „Gerade eben hab' ich eine Silbermedaille gewonnen", dachte ich. „Da will ich nicht schon wieder mit so einem Klump unterwegs sein. Mir reicht's!" Zu Hause angekommen, kramte ich den 500 Euro teuren Titannagel hervor und zeigte ihn meinem Bruder: „Schau, den hab' ich mir als Trophäe mitgenommen!" Schließlich hatte er mich bei meinem Sieg in Kitzbühel begleitet. Heute ist das gute Stück neben meinen Olympia-Medaillen als Hauptattraktion im Herminator-Fanshop in Flachau zu bewundern.

Ich humpelte mit meinem steifen Knie ungeduldig durch die Gegend. Wenn es darum geht, eine Rennform aufzubauen, dann kann ich warten. Da habe ich einen Plan, den ich über Wochen und Monate durchziehe. Aber bei solchen Dingen kann's mir nicht schnell genug gehen. Wenn Artur „ein bis zwei Wochen" sagt, dann hoffe ich auf vier, fünf Tage. Ich hatte das Gefühl, die Probleme mit dem Knie würden sich ewig in die Länge ziehen. Ich tat alles Erdenkbare, um meinen Heilungsfortschritt zu beschleunigen. Fast täglich erschien ich zur Therapie in Obertauern, zu Hause behandelte ich mein Knie mit dem PAP-IMI-Wundergerät.

Bin ich nicht fesch mit meiner neuen Zahnspange?

11. April 2003. Bei der traditionellen Weltcup-Abschluss-Gala in Salzburg lächelte ich die erstaunten Reporter mit meiner neuen Zahnspange an. Da ich zu dieser Zeit nur wenige PR-Termine wahrnehmen musste, leistete ich mir diesen Luxus, um meine beim Motorradunfall lädierten Schneidezähne zu korrigieren. Die Knieschmerzen waren immer noch da. Sie wurden teilweise so schlimm, dass ich mir noch die eine oder andere Tramal-Tablette gönnte.

Immerhin war ich Anfang Mai so weit, dass ich wie im Jahr davor in Obertauern noch ein paar Winterschluss-Schwünge einlegen konnte. Das durch die größere Bewegungsfreiheit im Fußgelenk erhoffte „Aha-Erlebnis" ließ allerdings noch auf sich warten. Und jedes Mal, wenn ich in die Knie ging, waren die Schmerzen da. Beim Skifahren muss die Patellasehne einem enormen Druck standhalten. Schon die kleinste Irritation verursacht Probleme. Ich ahnte schon zu diesem Zeitpunkt, dass mich diese Beschwerden auch während der folgenden Saison begleiten würden. Dennoch war ich schon hungrig, mit dem Aufbautraining für meine Comeback-Saison loszulegen, und so begann ich im Olympiastützpunkt mit den Ausdauer-Einheiten. Am Vormittag trat ich in die Pedale, am Nachmittag drehte ich Laufrunden am Fußballplatz in Flachau. Auch dabei schmerzte die Sehne. Aber da musste ich durch.

Auch beim Radfahren hatte ich Probleme und trat nie

mit über 200 Watt Widerstand in die Pedale. Dennoch fühlte ich, wie sich meine Ausdauerwerte verbesserten. Doch ich suchte nach Abwechslung.

So baute ich wie im Jahr davor eine Toskana-Radwoche in meinen Saisonaufbau ein. Es lief hervorragend. Als ich heimkam, fühlte ich mich wie ein Radprofi. So meinte ich mehr im Spaß: „Heini, willst mich nicht wieder für die Tour de France anmelden. Wir probieren's so lange, bis sie mich endlich fahren lassen." Ich dachte nicht weiter über meinen Gag nach.

11. Juni 2003. Ich saß in Obertauern am Ergometer, als mir Knut das Handy reichte. Ich blickte meinen Pressemann fragend an: „Was ist jetzt schon wieder?" Normalerweise gibt's keine Störung beim Training. Am anderen Ende der Leitung meldete sich ein mit dem stellvertretenden Tour-Chef befreundeter französischer Journalist: „Wir haben es geschafft: Du startest bei der Tour de France!" Für mich war ein Jugendtraum in Erfüllung gegangen: Ich beim größten Radsportereignis der Welt! Eine Minute vor der Startnummer eins sollte ich den 6,5-km-Prolog der Jubiläums-Tour („100 Jahre") eröffnen.

Mit einem Schlag wurde es hektisch in meinem beschaulichen Trainingsumfeld. Was verlangt der Prolog? Wo bekommen wir eine Zeitfahr-Maschine her? Wo passe ich mein Outfit an? Wer gibt mir Insidertipps? Mit wem kann ich trainieren – und vor allem: Wann kann ich trainieren? Bis zum Tour-Prolog blieben mir gerade mal drei Wochen. In dieser Zeit musste ich für die Salzburger Olympiabewerbung 2010 die Werbetrommeln rühren und ausgerechnet in der Woche vor dem Prolog zum Kongress des Internationalen Olympischen Komitees (IOC) nach Prag reisen. Das alles war nicht gerade förderlich für meine Tour-de-France-Vorbereitung. Und es gab noch ein Problem: Der Tour-Termin überschnitt sich mit dem traditionellen Milka-Schokofest in Bludenz. Dort war ich schon vertraglich für Sackhüpfen, Holzski-Rutschen und ähnliche lustige Aktivitäten verpflichtet. Wie immer half mir Präsident Schröcksnadel aus der Patsche: Er handelte einen Kompromiss heraus: Ich sollte mich über eine Konferenzschaltung aus Paris melden, wo ich außerdem im eigens für mich angefertigten milkalila Renndress antrat.

Vorerst blieb einmal alles top secret. Der Erste, den wir in unseren Plan einweihten, war Schröcksnadels Freund, Ex-Radrennfahrer Wolfgang Steinmayr, den wir kurzerhand zum „Teamchef" unserer Blitz-Aktion erkoren. Der ehemalige Österreich-Radrundfahrt-Sieger hatte nach wenigen Tagen dem italienischen Carrera-Team eine Zeitfahr-Maschine für mich abgeluchst. Wir trafen uns in Kärnten, wo ich das edle Gefährt übernahm: 7,60 Kilogramm leicht, schwarzer Vollkarbon-Rahmen, vorne drei Speichen, hinten ein Scheibenrad, Campagnolo-Bestückung, Übersetzung 55:11. Damit schaffte ich über zehn Meter pro Tritt. Obwohl es schon finster war, drehte ich auf dem Parkplatz ein paar Proberunden. In meinem knappen Terminplan blieben mir zwei ganze Tage zum „echten" Training mit der Rennmaschine. Der damals rekonvaleszente Radprofi Peter Wrolich begleitete mich in den Lungau, wo wir auf einer wenig befahrenen ebenen Straße loslegten. Nach nur wenigen Metern war ich desillusioniert. Das Rad passte mir überhaupt nicht! Kein Wunder, meine Statur ist mit jener der gut 30 Kilo leichteren Radprofis nicht zu vergleichen. In meinem Frust griff ich selbst zur Eisensäge und korrigierte einmal den Zeitfahr-Lenker. Mit dieser Improvisation kam ich zumindest einigermaßen in Position. Doch ich sah keine Chance, meine Kraft wirklich auf die Straße zu bringen.

2. Juli 2003. Salzburg hatte sich für die Olympischen Winterspiele 2010 beworben, und ich war als Botschafter auserkoren. Wie Kanadas Eishockey-Legende Wayne Gretzky

Monster Maier fordert Ullrich und Armstrong

Mitten im Sommer kehrt „Monster" Hermann Maier (30) auf die Piste zurück. Allerdings nicht mit Skiern, sondern auf dem Rennrad...

Es ist der besondere Gag zum 100-jährigen Bestehen der Tour de France. Beim Prolog am 5. Juli (Samstag) geht der Doppel-Olympiasieger aus Österreich drei Minuten vor dem ersten Rad-Profi auf den 6,5 Kilometer langen Prolog-Kurs am Eiffelturm. Fordert Lance Armstrong und Jan Ullrich.

Maier: „Ich bin ein großer Tour-Fan und fahre selbst viele tausend Kilometer Rad im Jahr. Ich bin sehr froh, die Jubiläums-Tour eröffnen zu dürfen." Tour-Direktor Daniel Baal: „Hermann ist im Skisport ein großer Champion. Sein Auftritt ist etwas ganz

Kampf der Giganten

TOUR DE FRANCE

ARMSTRONG GEGEN MAIER. Das größte Radspektakel der Welt beginnt mit einem Knalleffekt: Österreichs Skikaiser fährt mit dem US-Rad-Superstar beim Tour-Prolog um die Wette.

Faksimiles:
Auf der Startrampe zum Prolog der Tour de France
Bild, 28. 6. 2003
News, 3. 7. 2003

für Konkurrent Vancouver. Ich hoffte, dass mein Name der Bewerbung nützen würde. Unser Plus waren das sportliche Argument und eine Präsentation, die auch Emotionen weckte. Meine Rede musste ich auf Englisch halten. Und das stellte ich mir einfacher vor, als es schließlich war. Ich durfte nicht sprechen, wie mir der Schnabel gewachsen war, und so hatte ich bei der Generalprobe ein klassisches Blackout. Nach nur wenigen Sätzen blieb ich stumm wie ein Fisch ... und verschwand schließlich wortlos vom Rednerpult. Betretenes Schweigen machte sich innerhalb unserer Delegation breit, auch die für den Ablauf verantwortliche attraktive Assistentin von IOC-Präsident Jacques Rogge wusste nicht, wie sie auf diese peinliche Situation reagieren sollte. Alle wollten mir verzweifelt helfen, doch ich verschwand nur in meinem Zimmer, um zu üben. Als es dann ernst wurde, hielt ich vor versammelter IOC-Mannschaft und einem Millionenpublikum vor den Fernsehgeräten eine Rede, dass alle die Ohren anlegten. Frei und – im Gegensatz zum Kollegen Gretzky – ohne Spickzettel. Ich bin einfach ein Wettkampftyp!

Genützt hat's leider nichts. Salzburg schied aus, Vancouver bekam vor Südkorea den Zuschlag. Für einen Sportler ist dieses Politikum nur schwer zu durchschauen. So etwas muss ich sofort abhaken. Genauso, wie wenn ich einen schlechten Zeitungsartikel über mich lese. Nur nicht ärgern – das kostet unnötig Energie! Die benötigte ich aber dringend für das anstehende Tour-Projekt. Von Prag flog ich im Privatjet mit „Kaiser" Franz Beckenbauer zurück nach Salzburg und setzte mich noch am selben Abend gemütlich aufs Rad. Am nächsten Tag absolvierte ich mein Abschlusstraining, und dann ging's schon nach Paris.

5. Juli 2003, 15.47 Uhr. Ich stehe auf der gelben Startrampe unterm Eiffelturm. „Komisch, die ist ja viel kleiner als im Fernsehen", denke ich noch. Dann höre ich meinen Namen durch die Lautsprecher dröhnen: „Bienvenue Champion d'Olympique Hermann Maier!" Der Startrichter, ein weißhaariges Männchen, hält mich am Sattel fest und zählt, mit den Fingern deutend, herunter: „Cinque, quartre, trois, deux, un ..." Schon rolle ich hinunter und trete los, als gäb's kein Morgen. Hinter mir fährt ein Betreuerauto mit meinem Namenszug. Ich fühle mich wie ein echter Tour-Profi! Alle haben sie mich gewarnt: Heini, unser Teamchef, die netten Profis vom Gerolsteiner-Team, bei denen ich mich aufwärmen durfte, sogar Chris Carmichael, der Trainer von Lance Armstrong: „Geh's nicht zu schnell an!" Heinis Worte klingen noch in meinen Ohren: „Pass vor allem beim ersten Anstieg auf, sonst übersäuerst du!" So gescheit bin ich auch. Aber der Adrenalinstoß, der mich in diesem Augenblick erfasst, treibt mich gnadenlos an. Ich hämmere in die Pedale, mein Puls ist in wenigen Sekunden auf 180. Nach nicht einmal zwei Minuten beginnt sich mein höllisches Anfangstempo zu rächen. Die Muskeln fangen an zu brennen, ich spüre richtig, wie die Milchsäure in jede Faser meines Körpers schießt. Wenigstens geht's jetzt bergab. Ich habe gut 70 km/h drauf, da beginnt es mich am Kopfsteinpflaster durchzubeuteln. Panik! Diese Erschütterungen! Hält das Pantani-Rad mein Gewicht aus? Mir ist, als platzten die Oberschenkel. Völlig kaputt biege ich in die letzte Rechtskurve ein. Aber die Leute kreischen und treiben mich an: „Allez, Hermann!" Ich gebe noch einmal alles. Brause Richtung Ziel und balle die Faust. Denn eines weiß ich ganz genau: Blamiert habe ich mich sicher nicht! Eine offizielle Zeit lief für mich nicht mit, doch Heini hatte mitgestoppt: Für die 6,5 km benötigte ich 8,45 Minuten – wie sich später herausstellen sollte, 79 Sekunden länger als Prologsieger Bradley McGee; ich war 65 Sekunden langsamer als der spätere Tour-Sieger Lance Armstrong, Gerrit Glomser war ganze 29 Sekunden schneller als ich, der letztplatzierte Radprofi gar nur 13 Sekunden.

Als ich zurück zum Gerolsteiner-Stützpunkt rollte, kam ich am US-Postal-Bus vorbei. Lance Armstrong hatte als Vorjahressieger noch über eine Stunde Zeit, bis er als Letzter auf die Strecke musste. Er hatte sich meinen Lauf am Monitor angesehen und sprang aus dem Bus: „Where is the Herminator?“, meinte Lance und streckte mir die Hand entgegen. „Wie schnell bist du gefahren?“ „8,45, aber ich hätte schneller sein können ...“

Lance starrte auf mein Transplantat

„Das ist ja phantastisch! Wenn du so weiterfährst, dann müssen einige meiner Kollegen bald um ihren Job zittern.“ Dann wollte Lance meinen verletzten Unterschenkel sehen und schüttelte beim Anblick meiner Beule nur den Kopf: „Wahnsinn, dass du damit Rennen gewinnen kannst!“ Dann wurde es für den Texaner ernst, und er begann mit seiner Aufwärm-Routine. Ich beneidete ihn ein bisschen für die Abgeschirmtheit. Als ich mich eine Stunde zuvor eingefahren hatte, waren Fotoreporter, Kameraleute und Journalisten über die Absperrung gedrängt und hatten permanent auf mich eingequatscht. Und das war noch nicht alles gewesen: Die ehemalige Eiskönigin Kati Witt hatte mich als ARD-Reporterin mit ihrem Live-Einstieg so lange hingehalten, dass ich es fast nicht zum Einfahren auf die Aufwärmrunde geschafft hätte.

Klar, ich hätte mir mehr erwartet, weil ich weiß, dass ich mehr kann. Mit etwas mehr Zeit zur Vorbereitung, besser abgestimmtem Material, einem runderen Tritt und vor allem, wenn ich auf die Experten höre, könnte ich meine Zeit sicher um eine halbe Minute unterbieten. Auch so überraschte mich das mediale Echo. Und ich muss ziemlich überzeugend in die Pedale getreten haben. Denn laut einer

Umfrage der österreichischen Sportwoche glaubten 83% der Leser, dass „Skigott Hermann Maier auch als Radprofi auftrumpfen würde".

In Wahrheit ging es nicht um meine Zeit beim Prolog, sondern ums Dabeisein. Ich bin ja vorher nie bei einem Radrennen mitgefahren, geschweige denn je auf so einer filigranen Zeitfahr-Maschine gesessen. Es war ein einzigartiges Erlebnis, vielleicht das schönste abseits des Skisports. Ich war beeindruckt von der Perfektion, mit der diese Riesenveranstaltung ablief. Am nächsten Morgen, als der komplette Tour-Tross an den Stadtrand vor das Stade de France übersiedelt war, schlenderte ich durch das Fahrerlager. Ich bestaunte die Riesen-Wagenburgen, war begeistert über die flexible, mobile Infrastruktur. In diesem rollenden Dorf ist praktisch alles vorhanden, was man braucht, vom Zeitungsstand bis zum Friseur-Laden. Sensationell! „Da könnte sich der internationale Ski-Verband einiges abschau'n", dachte ich und beneidete die Rad fahrenden Kollegen insgeheim.

Vielleicht sollte ich im Sommer öfter Radrennen fahren. Denn diese Art der Belastung war zu diesem Zeitpunkt geradezu ideal. Sie half mir, wieder so etwas wie Renngefühl zu empfinden. Nach der Saison, nach einer ewig langen Pause, verlierst du das schnell. Mein Körper hatte bereits Entzugserscheinungen nach diesem hundertprozentigen Einsatz gehabt. Schließlich hatte ich die Weltcup-Saison fünf Wochen vor meinen Kollegen abgebrochen.

3. August 2003. Im Gegensatz zu den vergangenen Jahren, als wir den halben Sommer im chilenischen Winter verbrachten, ging's diesmal nach Neuseeland, und zwar auf die Südinsel. Nach den hektischen Wochen davor genoss ich die Ruhe und die wenigen Pressetermine. Ich konzentrierte mich ausschließlich auf das, wofür ich hingeflogen war: aufs Skitraining. Ich mag die Idylle und die wunderschöne Landschaft mit den Schafherden. Um richtig auszuspannen, kannst du eigentlich gar nicht mehr verlangen! Endlich hatte ich Zeit, zu mir selbst zu finden. Zu Hause gelingt mir das kaum. Dabei ist genau das so wichtig, wenn es darum geht, Kraft für eine anstrengende Saison zu tanken.

3. September 2003: Zurück in Österreich war jede Woche voll gestopft mit Presse- und PR-Verpflichtungen. Und meist kam alles zusammen. So musste ich für den ÖSV-Partner Iglo zwei Tage in einen Werbe-Dreh beim Stanglwirt in Going investieren. Das Training musste trotzdem weitergehen. Daher setzte ich mich während der Drehpausen im Keller auf ein Zimmerfahrrad. Nicht einmal eine Mittagspause war mir vergönnt. Während wir im Freien auf einer am Set aufgebauten Gartentischgarnitur saßen und ich mir einen Hamburger auf den Teller lud, stand plötzlich ein Dopingkontroll-Team vor mir. Ich brach mein Mittagessen ab und suchte nach einer Toilette. Da keine in der Nähe war, pinkelte ich in einer nahen Garageneinfahrt in den Plastikbecher. Gerade als ich mit diesem Geschäft fertig war, mahnte der Regisseur zur Fortsetzung der Dreharbeiten. Ich war grantig und hungrig. Trotzdem musste ich in die Kamera lächeln. In der Hand hielt ich frisch zubereitete Tiefkühl-Kost, die ich aber nicht kosten durfte!

PR-Verpflichtungen kosten Zeit. Zeit, die mir beim Training abgeht. Um diesen Verlust so gering wie möglich zu halten, versuche ich, so oft wie möglich mit dem Helikopter anzureisen. Meine Sponsoren zeigen dafür viel Verständnis. Den Flug nütze ich dann, um Flugstunden zu sammeln. Allerdings treten dabei immer wieder Komplikationen auf. So plante mein Helmsponsor Raiffeisen eine Saisonvorschau-Pressekonferenz in der Wiener Albertina, wo Albrecht Dürers berühmter „Feldhase“ ausgestellt war. An diesem Tag spielte das Wetter verrückt, und wir mussten einen Riesenumweg über Salzburg nehmen. Immer wieder sah es so aus, als würden wir durch Nebelschwaden gestoppt. Wir wurden durchgerüttelt, bis mein Fluglehrer endgültig das Steuer übernahm. In Großram bei Wien war dann endgültig Endstation. Knut saß auf der Rückbank und drohte mit sofortigem Erbrechen, sollten wir nicht notlanden. Weil der Nebel unmittelbar vor uns stand, legten wir zwei Spiralen ein, und da war's schon vorbei. Mein Begleiter kramte hektisch seinen Rucksack, in dem sich mein für „Licht ins Dunkel" von Lance Armstrong unterschriebener Zeitfahr-Helm befand, hervor, leerte ihn aus und übergab sich. 45 Sekunden später hatten wir eine Notlandung gemacht. Noch nie hatte ich ein derart kreidebleiches Gesicht gesehen! Wir standen in einer Schottergrube und es regnete. Da tauchte ein klappriger Lastwagen auf, der ungefähr mein Baujahr gewesen sein dürfte. Der Fahrer war bereit, uns zur nahen Autobahn-Raststation mitzunehmen. Ich nahm im Führerhaus zwischen Schneeketten und Maurerhandschuhen Platz, und sofort wurden Erinnerungen aus dem früheren Leben am Bau wach. Von der Raststation wurden wir von einem Raiffeisen-Fahrer abgeholt und zur Pressekonferenz chauffiert. Da genau an diesem Tag die Wiener Westeinfahrt wegen eines Autobusunfalls blockiert war, benötigten wir auch für die letzten Kilometer noch gut eine Stunde. Schließlich tauchte ich um 12.22 Uhr, eine Stunde und 52 Minuten nach dem offiziellen Beginn, in der Albertina auf und bewunderte den feschen Hasen. Nicht einmal er nahm uns die Anreise-Pannen ab. Wieder einmal bin ich völlig unschuldig zum Handkuss gekommen!

Ich hatte viel Mühe, zwischen ÖSV-Gala, Fotostudios, Sporthilfe-Golfturnier, Sponsoren-Abenden, dem traditionellen Ski-Medientag in Wien und den wichtigsten Fernseh- und Presseterminen die Konditions- und Kraft-Einheiten unterzubringen.

Für die Presse gab's vor dem Weltcup-Auftakt eigentlich nur ein Thema: das Duell! Maier gegen Eberharter. Keine

Geschichte war den Reportern zu dumm, und wir spielten mit. Am „Tag des Sports" am Wiener Heldenplatz ließen sie uns mit Boxhandschuhen im Boxring posieren, wir nahmen gemeinsam im TV-Studio Platz, und wenn wir nicht im Doppelpack zu haben waren, halfen sie sich mit Fotomontagen. In den Interviews versuchte ich, die Erwartungen niedrig zu halten. Vergangene Saison war ich als Kranker zurückgekommen, im Vergleich dazu sah es deutlich besser aus. Doch ich konnte zu diesem Zeitpunkt wirklich nicht abschätzen, wie mein rekonvaleszentes Bein auf die Dauerbelastung einer Saison reagieren würde. Zwei, drei Rennen an einem Wochenende, davor Trainingsläufe, elendslange Autofahrten, Flüge, Zeitverschiebungen – Strapazen, die schon einem Gesunden zu schaffen machen. Nach den ersten Renn-Anläufen im Jahr davor handelte es sich für mich noch immer um eine „Comeback-Saison", in der ich erst im November, Dezember abschätzen könnte, ob ich körperlich imstande wäre, bis zum Weltcup-Finale durchzuhalten. Ich sehnte den Schnee herbei und war richtig froh, als das Gletschertraining endlich losging.

22. Oktober 2003. Auf der Weltcup-Strecke in Sölden wollte ich mir den letzten Schliff für den Saison-Auftakt am 26. Oktober holen. Ich dominierte die Riesentorlauf-Zeitläufe mit wieder gefundener Aggressivität und zauberte Bestzeit um Bestzeit in den Gletscherschnee. Benni Raich staunte: „Wahnsinn, du fährst ja wie ein Junger!"

„Das passt!", dachte ich und ließ mich von dieser Stimmung richtig aufschaukeln. Ich wollte sogar noch zulegen, da passierte es: Ich fädelte mit der rechten Hand innen bei einem Tor ein, dabei löste sich die Flagge nicht, was im Training öfter vorkommt. Ich blieb hängen, es hob mich aus und schleuderte mich auf die Eisbrocken. Der Arm und die Rippen taten höllisch weh. Ich fuhr runter und scherzte: „Jetzt hab' ich mir die Rippe gebrochen!" Nie hätte ich gedacht, dass ich wirklich ernsthaft etwas abbekommen hatte. Am selben Tag musste ich nach Salzburg zur „Nacht des Sports", wo ich diesmal den offensichtlich für mich ins Leben gerufenen Special Award für das „Comeback des Jahres" bekam.

Die Schmerzen wurden stündlich schlimmer und ich bekam langsam Panik: „Am Sonntag geht's in Sölden los, was tu' ich jetzt?" Kein Mensch wusste von meinen Problemen, deshalb machte ich gute Miene zum schmerzhaften Spiel. Doch als ich mich nach der Hangbefahrung am Tag vor dem Rennen runter zu den Skischuhen bückte und dabei wieder an der Rippe ankam, fuhr der Schmerz wieder ein. Von diesem Augenblick an ging nichts mehr. Ich konnte mich nicht einmal mit beiden Stöcken abstoßen, schwang ab und fuhr zu meinem Trainer: „Andy, ich glaub', ich hab' mir die Rippe gebrochen!" So etwas kommt immer dann, wenn du es überhaupt nicht brauchen kannst! Vorher das Knie, jetzt die Rippe. Am Abend vor dem Riesentorlauf versuchten meine Betreuer alles Menschenmögliche: Infusionen, Spritzen, Tabletten. Fit gespritzt ging ich an den Start. Die Mittel milderten zwar den Schmerz, leistungsfördernd war das aber nicht!

26. Oktober 2003. Dort, wo ich vor knapp 13 Monaten aus Schmerz und Verzweiflung meine Karriere fast beendet hätte, startete ich in meine erste volle Saison seit dem Unfall. Entgegen allen Spekulationen, die durch die Medien geisterten, war mir klar, dass ich zu keinen Wunderdingen imstande gewesen wäre. Bei jeder Gelegenheit betonte ich, dass es sich um eine „Comeback-Saison" handeln würde, und das war mein Ernst. Mein Ziel war es, alle Rennen zu fahren, mich Schritt für Schritt zu verbessern und zumindest ein paarmal zu gewinnen. An den Gesamtweltcup hatte ich beim besten Willen nicht gedacht. Außerdem hatte mir die FIS wieder einmal einen Prügel vor die Ski geworfen: Da ich in der Vorjahrs-Saison einen Riesentorlauf bestritten hatte (den beim Comeback in Adelboden), wurde ich gereiht, als wäre ich die komplette Saison durchgefahren, und so purzelte ich Nummer um Nummer zurück. Das brachte mir die ungünstige Startnummer 26 ein – im Gegensatz zur Abfahrt ist eine hintere Startnummer im Riesentorlauf ein großer Nachteil. Der ÖSV-Protest gegen meine Reihung war von der FIS wieder einmal, wie nicht anders zu erwarten, abgeschmettert worden.

Als ich auf den Rettenbach Ferner kam, hatte es unglaubliche minus 22 Grad. Wer konnte mit einer derartigen Kälte Ende Oktober rechnen? Gitti Auer, unsere Alpinärztin, zapfte den Läufern im Zielraum Blut aus dem Ohr ab. Bei den eisigen Temperaturen froren die Proben in den Plastikröhrchen ein. Kein Wunder, dass wir mit der Material-Abstimmung total danebenlagen. Ich hatte meinen Ski überhaupt nicht unter Kontrolle und dachte nur: „Wenn ich da voll fahre, komme ich nie ins Ziel!" Die Piste war in hervorragendem Zustand und fürchterlich schnell. Aber ich traute mich nie ans Limit zu gehen, bremste in beiden Läufen, fuhr zu enge Radien.

Als ich die Videos von Training und Rennen verglich, fiel mir auf, dass ich im Wettkampf meine typische Schräglage verloren hatte. Am Ende kam Platz 16 heraus. Ich wusste, dass ich mehr konnte, aber ich schaffte es nicht, das umzusetzen. Darüber war ich enttäuscht. Andererseits gab es mir den nötigen Impuls: „Ich muss was tun, um beim nächsten Rennen in Park City besser zu sein." Dazu musste ich erst einmal wissen, was wirklich mit meiner Rippe los war.

Also kehrte ich dem Gletscher so schnell wie möglich den Rücken, packte meine Taschen und ließ mich noch am selben Abend in die Innsbrucker Klinik bringen. ÖSV-Arzt Wulf Glötzer studierte kopfwiegend die Röntgenaufnahmen und diagnostizierte eine so genannte „Fissur", die man am ehesten mit einem Sprung in einem Porzellanteller vergleichen kann. Auch diesmal ließ ich nichts an die Öffentlichkeit durchdringen, weil ich einfach keine Ausreden brauchte. Als ich bei den folgenden Trainingsläufen auf der Reiteralm fehlte, wurden die Journalisten allerdings hellhörig und bekamen Wind von meiner Verletzung. Da blieb mir dann nichts anderes übrig, als kurz Stellung zu nehmen. Wieder einmal ließen die Reporter ihren Interpretationen freien Lauf. Aus der Fissur wurde eine „gebrochene Rippe", und plötzlich war ich sogar in „Lebensgefahr"! Darüber wollte ich nicht einmal lachen, denn dabei schmerzte meine Rippe am meisten.

Mein „Guru"

Immer dann, wenn ich bei einem medizinischen Problem anstehe, wenn mir die Heilung zu langsam geht oder wenn mir vor einem Rennen die Zeit davonläuft, fahre ich nach Bayrischzell in die kleine Ordination von Volker Müller, einem Heilpraktiker. Es scheint, als hätte dieser vielleicht 50-jährige, gut trainierte, Vertrauen erweckende Mann heilende Hände. Intuitiv findet er in kürzester Zeit die Wurzel des Übels. Er hilft mir dann mit alternativen Behandlungsmethoden, das nächste Rennen halbwegs problemfrei absolvieren zu können. Auch diesmal ging's mir nach dem Besuch in dem idyllischen Dörfchen deutlich besser – allerdings machte mir die Rippe noch gut einen Monat lang zu schaffen.

11. November 2003. Samstagabend, kurz vor neun Uhr. Ich bin gerade mit dem Packen für die Reise zu den Nordamerika-Rennen beschäftigt. Skischuhe, Rennanzüge, Funktionsunterwäsche, Laufschuhe, Elektrolytgetränk-Pulver, Trainingskleidung – alles ist übersichtlich ausgebreitet. In diesem Moment läutet es an der Tür. Eine Dame streckt mir ihren Ausweis entgegen. Ich knurre sie an: „Müssen Sie mit Ihrer Dopingkontrolle ausgerechnet an meinem letzten freien Abend vorbeikommen?“ Sie „musste“ – obwohl sie an den Tagen davor oft genug Gelegenheit gehabt hätte, mich beim Training auf der Reiteralm oder im Olympiastützpunkt zu besuchen. Diese Art der Dopingkontrollen schienen bei mir zur Tradition zu werden.

Ich bahnte der Dame einen Weg durch das geordnete Chaos und ließ sie in der Küche warten. Ich wusste, dass dieser ungebetene Besuch länger dauern würde, denn erst wenige Minuten zuvor war ich auf der Toilette gewesen. Der Besuch war alles andere als willkommen. Denn an diesem Abend war ich nicht allein zu Hause. Ich hatte eine Freundin zum Abendessen eingeladen. Auch sie war sauer, ignorierte die Frau mit den Plastikbechern und bot ihr nicht einmal ein Glas Wasser an. Während ich Apfelsaft in mich hineinschüttete, steigerte sich meine Wut noch mehr. Ich regte mich lautstark auf. Obwohl ich nichts angestellt hatte, wurde ich behandelt wie ein Verbrecher. Aber das ist bei Dopingkontrollen nun mal so. In einem Protokoll wird alles festgehalten: Uhrzeit, Zeugen, Medikamente, die man regelmäßig einnehmen muss, oder solche, die man zum Beispiel aufgrund einer Verletzung verschrieben bekommen hat. Obwohl ich ein reines Gewissen habe, kommt beim Ausfüllen dieses Formulars jedes Mal ein mulmiges Gefühl in mir hoch. Es ist wie bei einer routinemäßigen Verkehrskontrolle, bei der du genau weißt, dass alles in Ordnung ist.

13. November 2003. Als ich im Flugzeug Richtung Denver saß, atmete ich tief durch. Oder besser gesagt, so tief ich konnte. Denn meine Rippe schmerzte derart heftig, dass ich mich beklemmt fühlte. Wie bei jedem Transatlantik-Flug hatte mir Heini einen Zeitumstellungsplan mitgegeben. Mit genauen Angaben, wann ich eine Augenbinde aufzusetzen hatte, mit welcher Decke ich mich wie lange zudecken sollte, was wann zu trinken war, wie aktiv ich sein sollte und wann ich endlich die Schlaftablette einwerfen durfte. An Schlaf war bei diesen Schmerzen nicht zu denken. Dennoch fühlte ich mich erleichtert. Erleichtert, dass sich doch alle Termine irgendwie in das enge Zeitkorsett quetschen hatten lassen. Radio-Spots, Foto-Aufnahmen im neuen Skiteam-Outfit und noch schnell ein Raiffeisen-Werbedreh in Wien. Dazwischen Material-Abstimmung, Untersuchungen, Physiotherapie und natürlich Training unter Schmerzen.

All das lag hinter mir. Von nun an ging's in erster Linie ums Skifahren. „Jetzt fängt meine Comeback-Saison richtig an", sagte ich zu Andy. Ich freute mich richtig auf die Vorbereitung in Colorado. Beaver Creek, das Nobel-Ressort mit der Traumlage über dem bekannten WM-Ort Vail, war längst so etwas wie eine zweite Heimat für mich geworden. Jedes Jahr bereiten wir uns dort mehrere Wochen lang auf die Übersee-Rennen vor. Wir wohnen immer im selben Hotel, dem noblen „Hyatt Regency", wo die Zimmerpreise bei 400 Dollar beginnen. Jim Steinbach, der Hoteldirektor, ist ein Riesen-Fan von uns „Austrians". Er versucht uns jeden Wunsch von den Lippen abzulesen und verrechnet uns einen Bruchteil der offiziellen Nächtigungsrate. Obwohl Schauspiel-Größen wie Jane Seymour *(Dr. Quinn – Ärztin aus Leidenschaft)* oder der querschnittgelähmte Christopher Reeve *(Superman)* ebenfalls zu den Stammgästen im Hyatt zählen, gibt man uns das Gefühl, als wären wir die Stars. In der Lobby hängt ein Riesenbanner mit der Aufschrift „Home of the Austrian Ski Team", die Hotelangestellten laufen mit „Ski-Austria"-Buttons herum, und der Fitnessraum wurde, um unseren Ansprüchen gerecht zu werden, extra nachgerüstet.

Wie immer bei einem längeren Aufenthalt stellte ich mein Hotelzimmer nach meinen Vorstellungen um. Ich schuf einen Platz für das Zimmerfahrrad, das einfach immer mitkommt. Neben der riesigen Sauerstoff-Flasche befindet sich ein Luftbefeuchter, der Tag und Nacht diesen weißen Nebel ausstößt. Denn dort oben ist es trockener als in der Wüste Atacama. Neben den Elektrolytgetränk-Dosen steht ein Riesen-Wasserkanister, in einem begehbaren Schrank hängen Riesentorlauf-, Abfahrts- und Slalom-Anzug neben den beiden Allwetter-Garnituren mit Überhose und Anorak. Abfahrts- und Riesentorlauf-Helm liegen griffbereit auf einer eigenen Stellage in Kopfhöhe, daneben Skibrillen und Ersatzgläser. Am Boden, sorgfältig aufgereiht, fünf Paar Rennschuhe inklusive des meinem Fuß angepassten, herausnehmbaren Innenlebens. Auf dem Nachtkästchen steht mein CD-Player mit meinen Lieblings-CDs – für den Fall, dass ich Heimweh bekomme, helfe ich mir mit heimatlichen Klängen.

In Beaver Creek geht alles einfacher als sonst wo. Gleich hinter dem Hotel steigst du in den Lift ein, dazu der trockene Pulverschnee, das Wetter mit mehr Sonnentagen als an jedem anderen Skiort. Ideal, um richtig in Stimmung zu kommen! Trotz meiner Rippen-Probleme kam ich im Training schnell in Fahrt. Zuversichtlich setzte ich mich ins Auto und fuhr mit Andy die atemberaubende Strecke sechs Stunden quer durch die Rockies nach Utah, wo der Weltcup endlich fortgesetzt wurde.

„Wenn's jetzt nicht funktioniert, wann dann?", sagte ich mir, als ich in Park City am Riesentorlauf-Start stand. Aber es war nicht mehr so wie früher. Vor meinem Unfall hatte ich auch die Trainingsläufe nach Belieben dominiert und dann Risiko herausgenommen, um das Ziel noch immer in Bestzeit zu erreichen. Genau das wollte ich jetzt auch. Doch der jugendliche Leichtsinn und die Leichtigkeit von früher sind verloren gegangen. Ich nahm immer wieder zu viel Tempo heraus, brachte im Vergleich zum Training noch immer nicht den nötigen Einsatz und die entsprechende Schräglage auf die Piste. Immerhin gelang mir das im ersten Lauf schon wieder annähernd. Es lief super, mit Startnummer 22 fuhr ich auf Platz vier. „Das gewinn' ich jetzt!", sagte ich mir und nahm mir vor, im zweiten Durchgang voll anzugreifen. Auch wenn es wie eine Ausrede klingen mag: Ausgerechnet bei Benni Raich, der unmittelbar vor mir ins Rennen ging – man glaubt es nicht –, schlug das Wetter um. Wind kam auf, es zog zu und wurde richtig finster und damit langsam. Benni fiel auf Platz 14 zurück, ich wurde immerhin noch Siebenter und wusste: „Jetzt geht's im Riesentorlauf auch wieder!" Damit hatte ich mein Adelboden-Trauma endgültig überwunden. Zurück im Hotel kritzelte ich auf den Block, der auf meinem Nachtkästchen lag, meine Riesentorlauf-Platzierungen seit dem Unfall: 31 – 16 – 7! Eine Aufwärtstendenz, mit der ich zufrieden sein musste. Ich war mir sicher: „In dieser Saison gewinn' ich noch einen Riesentorlauf!" Leider sollte ich damit völlig falsch liegen.

26. November 2003. Lake Louise, Kanada. Willkommen im schönsten Weltcup-Ort der Welt! Wir wohnen im malerischen „Chateau Lake Louise", einem umgebauten Schloss. Dahinter der zugefrorene, in dunkle Nadelwälder eingebettete Bergsee, dann die Gletscherzunge. Eine Augenweide. Im Sommer wirkt diese unglaubliche Umgebung, diese herrlich unverfälschte Natur, vermutlich noch aufregender. Ich rate jedem, der die Möglichkeit dazu hat, einmal dorthin zu reisen. Da kommt der Romantiker in mir durch. Leider ist die einzige Freundin, die ich dabeihabe, lang, rot, stark tailliert, und sie hat zwei scharfe Kanten. Schließlich bin ich hier, um meinen Job zu erledigen, und die Piste ist mein Büro. Zu „arbeiten" gab's genug: Mittwoch bis Freitag Abfahrtstraining, Samstag Abfahrt, Sonntag Super-G.

Natur pur. Das merkt man sogar auf der Weltcup-Piste, die mitten durch den Nationalpark zieht. So krachte zehn

Der Knackpunkt: auf dem Weg zum Sieg bei Super-G in Lake Louise am 30. 11. 2003

Minuten vor dem zweiten Abfahrtstraining ein seltsamer Alarm durch die Funkkanäle: „Ein Bär, ich seh' einen Bären!" Egal, ob unser Sportwissenschaftler noch einen „Bären" vom Vorabend hatte oder warum er sich nicht von seiner Video-Position am Baum traute: Die Mountain Ranger sollten sich jedenfalls tagelang damit beschäftigen. Denn bei minus 20 Grad sollten die Grizzlys eigentlich ihren Winterschlaf halten. Einfach unmöglich, dass die 300 Zuschauer, die sich an den Pistenrand verirrt hatten, sie dabei störten.

Die Kälte machte mir das Leben schwer. Das Material wurde spröde und aggressiv und machte die Abstimmung noch schwieriger. Dadurch, dass ich schon eine halbe Ewigkeit keine Gleitkurven gefahren war, hatte ich auf dieser eintönigen „Autobahn" schon genug Probleme, die sich auch auf meine Zeiten auswirkten.

So durfte ich mich über Platz neun in der Abfahrt mit über einer Sekunde Rückstand nicht wirklich wundern. Dennoch war ich total sauer: „Das hat doch alles keinen Sinn", lamentierte ich. „Wozu tu' ich mir das eigentlich an?" Wenn's nicht läuft, möchte ich das sofort ändern. Liegt's an mir? Am Material? An meinem Training? Ich ließ mich sofort ins acht Kilometer entfernte Chateau führen und zermarterte mir den Kopf: „Was kann ich morgen beim Super-G besser machen?" Während ich unter der Dusche stand, hörte ich im Funkgerät meinen Namen. „Wo ist der Hermann?", krachte es im Kanal. Die Betreuer waren auf der Suche nach mir. Im Hintergrund hörte ich die Fanfaren der „Winner's Presentation" im Zielraum, auf die ich vergessen hatte. Das passte so richtig zu diesem verhauten Tag!

Jeden Abend vor dem Rennen müssen alle Team-Mitglieder vom Masseur bis zum Rennläufer zur internen Mannschaftssitzung. Dort wird alles durchgekaut. Startnummern, Zeitplan, Wetterprognosen, Taktik, Trainer-Positionen, Shuttle-Dienst, Verpflegung, Notfall-Eventualitäten und so weiter. Wenn Peter Schröcksnadel oder Hans Pum dabei sind, dann dauert es immer etwas länger. Der Präsident und der Alpinchef haben stets aufmunternde Worte für uns Rennläufer übrig. Im Gegensatz zu den meisten meiner Kollegen komme ich erst nach diesem Meeting zum Abendessen. Danach richte ich mir alles für den Renntag zurecht, schalte noch kurz den Fernseher ein und versuche einzuschlafen. Doch daran war an diesem Tag nicht zu denken. Der Super-G, meine Disziplin, beschäftigte mich zu sehr.

Es war schon fast Mitternacht, und ich versuchte Ed, der noch im Skistall werkte, am Handy zu erreichen. Doch draußen in der Wildnis gab es keinen Empfang. So setzte ich mich selbst ins Auto und fuhr die fünf Kilometer über die kurvige, schneebedeckte Straße zu Edi Unterbergers Skiservice-Container. Beim Öffnen der Tür kamen mir die

Wachsdämpfe entgegen. Ed stand mit seiner „Kochschürze“ hinter der Werkbank und streichelte mit seinen von den scharfen Kanten zerschnittenen Händen versunken über den Belag eines eingespannten Rennskis. Dahinter standen sorgfältig aufgereiht 55 Paar: die 2,15 Meter langen Abfahrts-Ski und die fünf Zentimeter kürzeren Super-G-Latten. Jedes Paar war sorgfältig mit einem Nummern-Code versehen. Die Rennlatten waren vor Saisonbeginn an 20 Testtagen am Söldener Gletscher aus einigen hundert Paar Skiern herausgefiltert worden. Die möglichen Taillierungs- und Aufbau-Varianten hatten wir schon beim Sommer-Schneetraining in Neuseeland fixiert. Meine Arbeitsgeräte für die zwölf Abfahrten und sieben Super-G dieser Saison. Dazu kommen 20 Paar 1,90 Meter „kurze“ Ski für die sieben Riesentorläufe. Wenn ich wegen der Kombinationspunkte einen oder zwei Slaloms fahren muss, borge ich mir die kurzen Ski für diese ungewohnten Seitensprünge von den Spezialisten aus. Eine wichtige Rolle spielt die von der FIS limitierte Taillierung. Doch die feinen, individuellen Unterschiede gelten als Betriebsgeheimnis, werden allerdings immer wieder von „Werksspionen“ heimlich nachgemessen.

Weltcup-Stand 30. November 2003

1.	Bode Miller (USA)	213
2.	Hermann Maier (AUT)	180
	Michael Walchhofer (AUT)	180
4.	Kalle Palander (FIN)	169
5.	Andreas Schifferer (AUT)	159
6.	Hans Knauß (AUT)	148
7.	Benni Raich (AUT)	142
8.	Frederik Covili (FRA)	130
9.	Eric Guay (CAN)	120
10.	Lasse Kjus (NOR)	107
11.	Stephan Eberharter (AUT)	101

„Was tust du noch da?“, staunte Ed, als er mich sah. Er wusste: Wenn ich mir die Mühe machte, ihn zu so später Stunde aufzusuchen, dann war Feuer am Dach. Wir diskutierten lange über Kurssetzung, Schneebeschaffenheit und das Gelände. Natürlich weiß ich, dass Ed ein echter Profi auf seinem Gebiet ist. Doch ich hatte meine Ski lange genug, und zwar bis zu meinem Einstieg in den Weltcup 1996, selbst präpariert. Mit Edi, gegen den ich in Jugendzeiten noch Rennen gefahren bin, verstehe ich mich blind. Schnell hatten wir uns für eine völlig neue Material-Variante entschieden, und ich machte mich beruhigt auf den Weg ins Hotel.

Nur wenige Stunden später gewann ich den Super-G! Ich glaubte wieder an mich. Plötzlich hatte ich meinen Renn-Rhythmus gefunden. Das war der Knackpunkt. Den Schwung, den ich in Lake Louise gehabt hatte, den nahm ich in die nächsten Rennen mit. Ich sprach zwar immer noch von der „Comeback-Saison“ und davon, dass ich hoffte, sie physisch durchzustehen. Doch zum ersten Mal riskierte ich einen Blick auf den Weltcup-Stand, und damals sah ich Schiffi und Michi Walchhofer, der die Abfahrt in Lake Louise gewonnen hatte und im Super-G hinter mir Zweiter geworden war, als meine stärksten Konkurrenten.

Nach der beschaulichen Woche in den kanadischen Wäldern setzte wieder der Reisestress ein. Packen, Gepäck verstauen, mit dem Auto nach Calgary. Übernachtung im Flughafen-Hotel, Abflug nach Denver. Mietautos ausfassen, und ab auf die Interstate 70 nach Beaver Creek, wo wir wieder im Hyatt unser Basislager errichten. Dort schließt sich der Kreis der Nordamerika-Tournee. Eines musste ich dringend erledigen lassen: Ich hatte mir an einer Torstange ein Eck vom Raiffeisen-Logo auf meinem Helm abgeschlagen. Das war bei messerscharfen Beobachtungen daheim vorm Fernseher sofort aufgefallen, und bei uns trudelte eine bissige Mail ein. John Garnsey, Chef der Vail-Valley-Foundation, kümmerte sich persönlich um den Vorfall. Schon beim ersten Training war alles wieder in Ordnung. Als Vorlage für den Airbrusher hatte er sich im Sportgeschäft nebenan ei-

Faksimiles:
Calgary Herold, 1. 12. 2003
The Denver Post, 4. 12. 2003
The Vail Daily, 7. 12. 2003

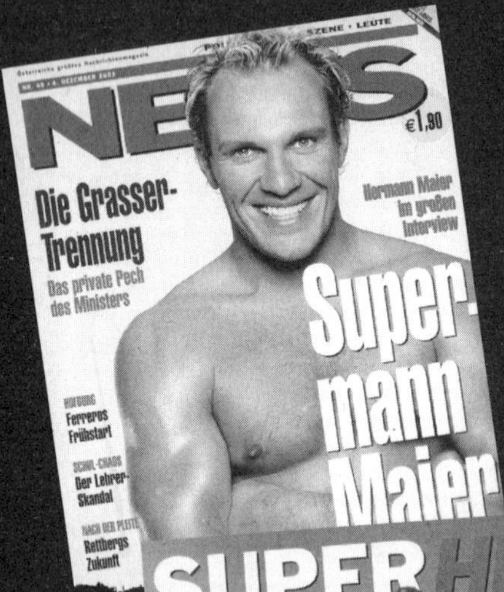

Faksimiles:
News, 4. 12. 2003
News, Nr. 49, 2003
TV-Media, Nr. 50, 2003

nen der vielen gelben Herminator-Helme, die es sogar dort mit Logo zum Kaufen gab, geborgt.

Was für Boris Becker Wimbledon bedeutet, das ist Beaver Creek für mich. Herminators Wohnzimmer, schreiben die Zeitungen immer wieder, und das ist keine Übertreibung. Zehnmal stand ich vor meinem Unfall am Start, siebenmal gewann ich, davon zweimal bei der WM '99. Olympiasieger Bernhard Russi hatte den Birds-of Prey-Kurs für die Weltmeisterschaften 1999 aus dem Berg gestampft. Er hat alles, was eine Abfahrts- und Super-G-Strecke braucht. Nach einem kurzen Gleitstück geht es bis ins Ziel richtig zur Sache. Keine Sekunde Gelegenheit zum Ausrasten. Dazu Sprünge, Steilpassagen, selektive Kurven und die extreme Höhenlage mit Start auf 3483 Metern Seehöhe, die die Rennläufer auch konditionell fordert. Für solche Rennen lebe ich. Der Reiz, ans Limit zu gehen, sich selbst zu fordern, das macht Rennfahren aus. Ein echter Rennläufer muss sich im Grenzbereich bewegen, sonst wird ihm fad im Kopf. Sich dem Wettkampf stellen, das wird zur Sucht. Und ich bin süchtig nach Speed-Strecken wie dieser hier. Außerdem hatte ich die mediale Dauerdiskussion, wonach ich besseren Abfahrern im ÖSV-Team einen Startplatz wegnehmen könnte, endgültig satt. Ich war nach wie vor ein Siegläufer. Ein verdammt heißer sogar!

Zum Glück bekam ich mit zwei Abfahrten und einem Super-G gleich drei Chancen auf meinem Lieblings-Berg: Die erste Downhill ging in die Hose. Falscher Ski! Wieso hatte ich auch den aus dem Training hernehmen müssen? Die Piste war viel weicher als am Vortag, und ich blieb im oberen Gleitstück fast stecken und war nur an 49. Stelle. „Der Maier kann seit seinem Unfall nicht mehr richtig gleiten", hieß es gleich. Und wie immer in solchen Fällen faselten meine Lieblingsexperten etwas von „Wachsproblemen". Dabei liegt es schlicht und einfach an der Abstimmung. Je nach Schneeeigenschaften und Temperatur kommt ein spezielles Modell mit einem bestimmten Kantenwinkel zum Einsatz. Meist nimmt Ed zwei Varianten für das Rennen mit auf den Berg. Das dazupassende Einfahr-Paar lässt er über Nacht in mein Betreuerfahrzeug legen, damit es in der Früh gleich mit mir zum Einfahren mitkommt. Das Schlimmste, was dir als Abfahrer passieren kann, ist, dass der Ski im Flachen nicht zieht. Meist liegt die Ursache nicht am Wachs oder am Belag, sondern an den für den Läufer speziell abgestimmten Kanten und an der Taillierung der Rennski. Doch mehr will ich hier nicht verraten.

Am nächsten Tag strafte ich die Zweifler Lügen. Schnellster oben im Gleitstück, Sieg mit fast einer Sekunde Vorsprung! Auch wenn es mir keiner glauben will: Ich hatte alle Passagen genau gleich wie am Vortag genommen. Gibt's einen deutlicheren Beweis für die Wichtigkeit der Abstimmung?

Als mir John Garnsey die Trophäe mit den Raubvögeln („Birds of Prey") überreichte, hatte ich Tränen in den Augen. Nach fast drei Jahren wieder eine Abfahrt gewonnen – ein Traum! Außerdem war Genugtuung dabei wegen der eigenwilligen Interpretation meines Verletztenstatus und der Kritik an meinem Abfahrts-Fixplatz. Es tat mir Leid, wenn ich sah, dass Top-Leute wie Pepi Strobl oder Peter Rzehak immer wieder zusehen mussten. Andererseits hatte ich ihnen meinen Platz in meiner Abwesenheit nur „hergeborgt". Und für das beschränkte Nationen-Kontingent kann ich nun einmal nichts. Präsident Schröcksnadel hat einmal treffend formuliert: „Auch Real Madrid hat 30 Spitzenkicker im Kader, aber nur elf können spielen!"

7. Dezember 2003. Am letzten Tag der Nordamerika-Tournee, das wage ich jetzt einmal zu behaupten, erlebte ich mehr als andere Rennläufer in einer kompletten Saison. Ich hatte Geburtstag, woran ich in der Früh durch Glückwunschschreiben vor meiner Zimmertür erinnert wurde. Um 17 Uhr sollte ich im Flugzeug Richtung Frankfurt sitzen. Dazwischen spielte es sich ab: Im Super-G muss ich mit Startnummer 28 zusehen, wie sich die Bedingungen von Minute zu Minute verschlechtern. Dennoch Platz zwei hinter dem Norweger Bjarne Solbakken, für den mit Startnummer 9 die Sonne scheint. Im Zielraum tönt „Happy Birthday" für mich aus den Lautsprechern. ÖSV-Zeremonienmeister Roberto Brunner lässt die Sektkorken knallen und zaubert eine Torte nach der anderen hervor. Ich werde von einer TV-Station zur nächsten gereicht. Zu den Tönen des Bowie-Klassikers Heroes wird die Tribüne für die große Siegerehrung aufgebaut. Ich verspür' einen unglaublichen Druck unterm Rennanzug und erleichtere mich heimlich unter einer Tribüne (Wieso gibt's in keinem Zielraum dieser Welt ein Klo???). Ich komme gerade heraus, da hält mir schon wieder jemand diesen blauen Wisch unter die Nase. „Doping Control Form", lese ich. „Das gibt's doch nicht", schimpfe ich. Wieder vorm Abflug, wieder leere Blase – wieso ist während der ruhigen Wochen hier keiner auf die Idee gekommen, mich zu testen? Aber es kommt noch schlimmer: Ich muss auch noch meinen Rennanzug ausziehen. Materialkontrolle der FIS (Luftdurchlässigkeit etc.)! Der Überhammer: Die Dopingkontrolle findet auf Höhe der Mittelstation in „Beano's Cabin" statt. Gleich nach der Preisvergabe geht's im Skidoo hinauf zu dieser noblen Yuppie-Blockhütte, bei der die exklusive Mitgliedschaft angeblich 50 000 Dollar kostet. Dort funktioniert nicht einmal der Bierzapf-Hahn, und wir müssen Orangensaft zu den Spaghetti trinken. Endlich darf ich pinkeln und zurück ins Hotel. Es ist bereits nach 14 Uhr, und die Belegschaft wartet mit der nächsten Torte. Ich bremse kurz für ein Foto ab, hetzte in mein Zimmer, packe in Rekordzeit, stopfe alles ins Auto, wo mein Pressemann bereits mit laufendem Motor wartet und schließlich unter Missachtung sämtlicher US-Verkehrsregeln die 170 Kilometer über den Highway hinunter nach Denver rast. Im Auto klingelt mein Handy im Minutentakt. Freunde gratulieren mir zum Geburtstag und – was mich am meisten freut – zur Weltcup-Führung!

Im Flugzeug Richtung Frankfurt knotzte ich mich in den breiten Business-Class-Fauteuil. So selbstverständlich war das nämlich nicht – obwohl das den besten drei der Weltcup-Gesamtwertung von der FIS bei jedem Flug zugesichert wird. Wegen meiner durch die Dopingkontrolle hervorgerufenen Verspätung war ich erst 45 Minuten vor dem Abflug am Schalter erschienen. Mein Platz war schon weg, aber irgendwie funktionierte es dann doch. Endlich war Zeit, in Ruhe eine Bierdose auf meinen 31er zu öffnen. Ich lehnte mich zurück und reflektierte die vergangene Woche. Dass ich im Gesamtweltcup überlegen in Führung lag, war selbst für mich eine große Überraschung. Denn ich fühlte mich noch nicht annähernd wie vor meinem Unfall. Mein rechter Unterschenkel war noch immer halb taub, die Bewegungsfreiheit im Sprunggelenk war eingeschränkt. Mein Oberschenkel links war immer noch zu dünn, da sich die Nerven von meinem Unfall noch immer nicht komplett erholt hatten. Aber, und das stimmte mich zuversichtlich: Die abgedrückten Nerven bildeten sich noch immer nach – und das, obwohl mir die Ärzte nur „bis maximal zwei Jahre nach meinem Unfall“ Hoffnung auf Besserung gemacht hatten. Auf die immer wieder gestellte

Weltcup-Stand 7. Dezember 2003

1.	Hermann Maier (AUT)	405
2.	Hans Knauß (AUT)	288
3.	Andreas Schifferer (AUT)	275
4.	Bjarne Solbakken (NOR)	273
5.	Michael Walchhofer (AUT)	270
6.	Stephan Eberharter (AUT)	215
7.	Bode Miller (USA)	213
11.	Benjamin Raich (AUT)	166

Frage: „In Prozenten ausgedrückt: Inwieweit sind Sie wieder der Alte?“, gab ich zur Antwort: „70 Prozent“. Doch ich machte mir noch immer Hoffnungen, dass es irgendwann einmal nahezu gut werden würde. Die amerikanischen Reporter, die sich bei jedem Rennen um mich scharten, bestaunten immer meinen Wulst und schienen die Schwere meiner Verletzung sehr wohl realisiert zu haben. Was bei den Aussagen, die sie von einem meiner Teamkollegen erhielten, nicht ganz selbstverständlich war. So las ich auf dem Rückflug in der Denver Post, wie meine Verletzung als eine von vielen im Skisport heruntergespielt und mit einer routinemäßigen Knieverletzung verglichen wurde: „In der Vergangenheit hatten viele Skirennläufer mit schlimmen Knieverletzungen oder ähnlichen Dingen zu kämpfen. Natürlich hatte er ein großartiges Comeback. Aber er hat nur das getan, was viele andere Rennläufer auch getan hätten. Der Kampf um das Comeback hält dich am Leben.“ Zumindest mit dem letzten Satz hatte er Recht. Und dieses neue Leben begann mir gerade wieder sehr viel Freude zu machen. Und eines wird nach dem Unfall immer bleiben: Siege bedeuten mir deutlich mehr als davor, als sie zur Selbstverständlichkeit geworden waren.

Der Weltcup-Kalender ist seit Jahren so festgelegt, dass der Übergang von der nordamerikanischen zur europäischen Rennserie dümmer nicht sein könnte. Vorausgesetzt, man riskiert Verkehrsstrafen und erwischt das Flugzeug nach Frankfurt, kommen wir Montagnachmittag in Salzburg an. Dienstags geht's mit dem Auto nach Val d'Isère oder ich fliege nach Zürich und lasse mich von dort abholen, wo mir noch immer eine fünfeinhalbstündige Autofahrt blüht. Am Donnerstag geht das Abfahrtstraining los. Wer es nicht schafft, in dieser kurzen Zeit halbwegs zu regenerieren, steht völlig übermüdet am Start und jagt mit 130 km/h die Piste runter.

Das blieb mir in meiner Comeback-Saison erspart. Val d'Isère hatte Ende November 2003 zu wenig Schnee. So radelte ich drei Tage lang entspannt in Obertauern auf meinem Ergometer, führte mit meinen Betreuern Schmäh, las Zeitungen und fuhr am Freitag gemütlich nach Alta Badia, wo ein zusätzlicher Riesentorlauf eingeschoben worden war.

14. Dezember 2003. Hungrig stand ich am Start des steilsten Riesentorlauf-Hanges der Welt. Und wieder begnügte ich mich mit einem Sicherheitslauf, lag nach dem ersten Durchgang auf Platz 15. Doch im zweiten ließ ich's krachen! Bestzeit oben – sieben Zehntel schneller als der spätere Sieger Kalle Palander! Doch dann: ein Tor zu direkt angefahren, mit dem Schuh auf den Schnee gekommen, ausgerutscht. Aus, vorbei! Immerhin hatte ich mein Riesentorlauf-Gefühl wieder und ich freute mich auf die zweite Auflage. „Nächste Woche werden's schauen", sagte ich Ed auf der Heimfahrt. Geschaut hab' ich. Denn nach zwei Trainingsläufen, einem Super-G (Platz 3, meinem schlechtesten Super-G-Resultat seit dem Unfall) und einer Abfahrt (Platz 5) in Gröden kamen wir nach Alta Badia zurück, und bei diesem Rennen ging mir die Kraft aus. Ich fühlte mich kraft- und saftlos und war innerlich leer. Als 26. nahm ich gerade fünf Weltcup-Pünktchen mit und freute mich auf Weihnachten.

Mein Heimrennen – ein einziger Albtraum

3. Jänner 2004. Ich weiß, dass einige darauf gehofft haben, dass es bei mir einmal nicht passt. Menschen sind immer gierig nach Sensationen, und ein schlechter Maier, das ist eine Sensation! Und die sollten sie ausgerechnet vor meiner Haustür erleben.

Platz 50! Meine schlechteste Weltcup-Platzierung! Ausgerechnet bei meinem Riesentorlauf, auf meinem Hang! Aber das Drumherum wurde zum Spießrutenlauf. Ich kannte jeden Streckenposten, jeden Liftwart persönlich, und jeder sprach mich an, klopfte mir auf die Schulter, wollte etwas von mir. Ich befand mich in einem ständigen Dilemma. Gehst weiter, ohne etwas zu sagen, und konzentrierst dich auf dein Rennen, dann heißt es sofort: „Jetzt is' er arrogant geworden, der Maier!" Oder du bleibst stehen und bist freundlich. Dann fehlt dir irgendwann einmal der Fokus.

So gut war ich in der Woche vor dem Rennen drauf gewesen. Ich hatte gespürt, wie mein Riesentorlauf-Schwung wieder zu funktionieren begonnen hatte. Doch am Start war alles anders. Ich fuhr vom ersten Tor an verkrampft. Kein Wunder, dass ich plötzlich auf dem Hintern lag. Bei jedem anderen Rennen wäre ich auf der Stelle stehen geblieben! Doch ich dachte an die tausenden Zuschauer, die zu meinem Heimrennen gekommen waren. So fuhr ich weiter; im Ziel musste ich mich ja in jedem Fall sehen lassen. Ich wollte es nicht so machen wie in Park City '98, als ich mich durchs Hintertürl aus dem Staub gemacht hatte. Dann hätten sie gleich wieder alles Mögliche reininterpretiert. Doch diese Geschichten hatte ich endgültig satt. Eines habe ich inzwischen gelernt: Ein wahrer Sieger muss auch erhobenen Hauptes verlieren können. Aber – das können Sie mir glauben – mit

Weltcup-Stand 21. Dezember 2003

1.	Hermann Maier (AUT)	515
2.	Hans Knauß (AUT)	433
3.	Lasse Kjus (NOR)	393
4.	Michael Walchhofer (AUT)	376
5.	Andreas Schifferer (AUT)	349
	Kalle Palander (FIN)	349
7.	Stephan Eberharter (AUT)	342
8.	Bode Miller (USA)	337
9.	Bjarne Solbakken (NOR)	323
10.	Benjamin Raich (AUT)	319

meinem Ehrgeiz fällt mir das alles andere als leicht. Ich hasse es zu verlieren!

Ich schwang im Ziel ab und war die nächsten Stunden ausschließlich für die Medienberichterstatter und meine Fans da. Ich klapperte geduldig alle Interview-Stationen ab: zuerst die ORF-Live-Position gefolgt von den wichtigen ausländischen TV-Stationen. Dann Ö3, den größten heimischen Radiosender, und die leidgeprüften Zeitungsreporter, die bei jedem Rennen am Zaun hängen und auf die Worthappen warten, die nach den Fernseh- und Hörfunk-Interviews übrig bleiben. Da ich es nicht unter die Top 30 geschafft und mich somit nicht für den zweiten Durchgang qualifiziert hatte, blieb diesmal genügend Zeit für kleine Radiosender und Reporter, die sonst selten zum Zug kamen.

Danach gab ich Autogramme, posierte mit einem Fan im Rollstuhl, den ich zwei Jahre davor am Heiligen Abend in der Linzer Behindertenwerkstätte besucht hatte. Ich versuchte, so gut ich konnte, für meine Fans da zu sein, ehe ich mich in meinen eigenen vier Wänden verkroch und versuchte zu analysieren, was passiert war.

Als ich am nächsten Tag beim Frühstück die Zeitungen studierte, merkte ich, wie einige wirklich mit mir fühlten. Aber ich bekam auch unglaublichen Müll serviert. Da stand, dass ich bei meiner Pressekonferenz am Freitag nur ein paar Worthülsen hingeworfen hätte. Dass ich keinem Trubel ausgesetzt gewesen wäre. ‚Okay, es war ein fürchterliches Rennen. Sportlich nehme ich jede Kritik zur Kenntnis. Nur, wenn Fakten verdreht und – was leider öfter passiert – Dinge bewusst falsch dargestellt werden, dann ist das einfach unfair.

Und das können Sie mir ebenfalls glauben: Der Foto-Termin für BMW, bei dem ich mit Benni Raich und Stephan Eberharter posieren musste, war wirklich nicht lustig und alles andere als ein Blitzaufritt! Da heißt es immer wieder, ich sei so unpünktlich. Diesmal war ich überpünktlich und musste auf Eberharter und Raich warten. Bei Benni konnte ich's verstehen – als Sieger hatte er den üblichen Medien-Hürdenlauf zu absolvieren. So ließen sie mich gut eine halbe Stunde im Auto meines Pressebetreuers warten. Ständig kamen Fans und klopften an die Fensterscheibe. Über mein Resultat war ich ohnehin schon stinksauer, doch mit jeder Minute Warterei steigerte sich mein Ärger. Ich erinnerte mich plötzlich an den Weltcup-Auftakt 1997 im französischen Tignes, als ich mit Andi Schifferer in letzter Sekunde zur Startnummern-Auslosung gekommen war und vom ÖSV 10 000 Schilling Strafe aufgebrummt bekommen hatte. Ich fluchte nur: „Ich will mein Geld von damals zurück!" Immer mehr Fans zogen an unserem Auto vorbei. Obwohl ich mich wie immer mit heruntergeklappter Sonnenblende und Sonnenbrille tarnte, entdeckten mich die Leute und begannen mein Auto zu belagern. Ich versuche stets, meinen Fans offen zu begegnen, und mag es nicht, wenn ich abgeschottet werde. Doch diesmal wurde es mir eindeutig zu viel. Die Situation wurde langsam bedrohlich. Inzwischen kamen schon Betrunkene und rüttelten an der Tür. Weil sie wie die Verrückten ans Fenster trommelten, stieg ich aus und versuchte, sie mit Autogrammen zu beruhigen. Schon stand eine angeheiterte Dame neben mir und wollte ein gemeinsames Foto. Sie drückte mir ihre halb leere Wodka-Flasche in die Hand: „Servas, wie geht's dir so? Kannst dich eh noch an mich, an früher erinnern? Ziag amoi an!" Eine andere quetschte mir ihr Handy ans Ohr: „Na, möchtest nicht einmal reden? Mein Dirndl ist dran! Sag irgendwas!" Einer Dritten hätte ich noch auf den Busen unterschreiben sollen. Ein Horror! Endlich kamen auch meine Kollegen daher, das Foto war im Kasten und ich dahin. Das Heimrennen auf der neu getauften „Hermann-Maier-Weltcupstrecke" hatte ich mir jedenfalls anders vorgestellt.

Wenigstens hatte mit Benni Raich ein Kollege aus meiner Trainingsgruppe, der so genannten „WC4", das Rennen gewonnen. Ohne Respekt vor dem Alter hatte er mir sogar die Weltcup-Führung abgejagt. Benni Raich war seit dem Renn-Wochenende in Flachau in bestechender Form, ich hingegen zehrte noch immer von meinen Nordamerika-Erfolgen.

Weltcup-Stand 18. Jänner 2004

1.	Benjamin Raich (AUT)	680
2.	Lasse Kjus (NOR)	595
3.	Hermann Maier (AUT)	555
4.	Bode Miller (USA)	497
5.	Michael Walchhofer (AUT)	468
6.	Kalle Palander (FIN)	464
7.	Stephan Eberharter (AUT)	458

22. Jänner 2004. Der Weltcup versammelte sich zum alljährlichen Ski-Tohuwabohu Kitzbühel. Dort gab's 500 Weltcup-Punkte zu verdienen. Und ich konnte jeden Zähler brauchen. Sonst wäre ich vielleicht gar nicht angereist. Mich quälten böse Rückenschmerzen. Wenige Tage zuvor war ich beim Joggen im Schnee ausgerutscht und hatte mir dabei das Kreuz verrissen. Von Tag zu Tag wurde es schlimmer. So schlimm, dass ich ein abgesagtes Abfahrts-Training nützte, um meinem Wunderheiler in Bayrischzell einen Besuch abzustatten. Volker machte die folgenden vier Rennen an vier Tagen erträglich. Die Ergebnisse passten sich meiner mittelmäßigen Verfassung an: Fünfter in der Ersatz-Abfahrt für Wengen, Zweiter im Super-G, Neunter in der zweiten Abfahrt und Platz 14 in der Kombi. Am meisten ärgerte mich ein Kommentar von Daron Rahlves, der bis dahin immer auf „guter Freund" getan hatte. Ihm war zu Ohren gekommen, ich hätte angeblich über seinen Vorjahressieg auf der verkürzten Streif abfällig gesprochen. Was natürlich ein völliger Unsinn war. Jedenfalls holte Daron den Journalisten gegenüber zu einem Rundumschlag aus: „Hermann Maier respektiert es nicht, wenn andere gewinnen", meinte der Ami. „Er ist ein schlechter Verlierer. Er sucht immer Gründe für seine Niederlage. Außerdem schaut er dir beim Gratulieren nicht in die Augen." Scheinbar ist ihm der Erfolg zu Kopf gestiegen oder er nimmt das, was ihm sein Betreuer am Start immer hineinplärrt („Ski for the money!"), zu ernst. Sportlich gesehen war ich froh, dass ich mich trotz Rückenproblemen bei diesem Monsterprogramm so gut gehalten hatte und auf Tuchfühlung mit meinen Weltcup-Rivalen geblieben war. Was zu diesem Zeitpunkt keiner realisierte: Lasse Kjus, nach Sieg auf der ersten Abfahrt und Platz drei in der Kombi Weltcup-Führender, hatte beim Sprung in die Mausefalle eine Meniskus-Verletzung erlitten.

Weltcup-Stand 25. Jänner 2004

1.	Lasse Kjus (NOR)	824
2.	Benjamin Raich (AUT)	818
3.	Hermann Maier (AUT)	732
4.	Bode Miller (USA)	701
5.	Stephan Eberharter (AUT)	682

28. Jänner 2004. „In Garmisch schlag' ich zurück!", hatte ich mir fest vorgenommen. Und tatsächlich: Auf der Strecke, auf der ich am 23. Februar 1997 mein erstes Weltcup-Rennen gewonnen hatte, fiel die Vorentscheidung im Kampf um den Gesamtweltcup. Lasse Kjus schwang im Training mit schmerzverzerrtem Gesicht ab. Er musste in Oslo unters Messer. Schade, er hätte den Vierkampf um die große Kristallkugel zu einem Fünfkampf gemacht.

Nach zwei fünften Plätzen in der Abfahrt hatte ich im Super-G endlich wieder die Nummer, die mir zustand: Als Erster der Rangliste ging ich als letzter Top-Läufer mit Startnummer 30 ins Rennen. Ich ließ nichts anbrennen und sicherte mir vorzeitig den Super-G-Weltcup, meine 13. Kristallkugel. Benni Raich stürzte schwer und erlitt eine Gehirnerschütterung – glücklicherweise trug er davon abgesehen nur ein paar Schrammen davon. Mit meinem Sieg hatte ich

„And the Award goes to ...

... Hermann Maier!" Während mir Eiskunstlauf-Lady Katharina Witt den 2,5 Kilo schweren, mit Gold überzogenen „Laureus"-Award entgegenstemmt, Fußball-Schönling Luis Figo daneben applaudiert und Tennis-Legende John McEnroe seinen Kommentar dazu abgibt, läuft es mir kalt über den Rücken. Da wird mir so richtig bewusst, was ich in den vergangenen Monaten erreicht habe: Ich bin Welt-Comeback-Sportler des Jahres! Das ist die Auszeichnung, die ich mir zweieinhalb Jahre nach dem Unfall so gewünscht habe. Vor einem Jahr hatte mir Ronaldo die Trophäe vor der Nase weggeschnappt, mit dem Gesamtweltcup-Triumph in meiner Comeback-Saison nützte ich quasi meine letzte Chance.

Comeback-Athlet des Jahres! Ich weiß es zu schätzen, dass sich die 70 Mitglieder der Laureus-Academy – Kaliber von Ed Moses bis Pelé – für mich entschieden haben, dass sie den Schwierigkeitsgrad meiner Verletzung einzustufen wussten. Martina Navratilova, eine geschlagene Konkurrentin meiner Kategorie, nahm das anerkennend zur Kenntnis. Sie meinte, mein Comeback wäre noch größer als das von Lance Armstrong, und das ehrte mich. Einmal hatte ich ja schon eine derartige Auszeichnung erhalten – im Jahr 2000, als ich in der Londoner Royal-Albert-Hall zum Wintersportler des Jahres gekürt worden war. Aber das hier steht noch eine Stufe drüber. Comeback-Athlet – das bedeutet, dass du schon einmal ganz oben gewesen sein musst und es nach einem Rückschlag geschafft hast, dich dorthin zurückzukämpfen.

Ja, es ist ein unglaubliches Gefühl, hier auf der Bühne zu stehen und auf diese berühmten Sportgrößen herunterblicken zu dürfen. Ich schaue auf Boris Becker, der mich kurz zuvor zu seiner TV-Show eingeladen hatte, Emerson Fittipaldi sitzt da, Michael Johnson und mein ehemaliger Ski-Kumpel Alberto Tomba – Stars, die ich früher bewunderte, weil sie so viel erreicht hatten. Die Gala wird in 165 Ländern gesendet, fast 300 Millionen sehen vor den

TV-Geräten zu. Ich will meine Sache perfekt machen und keinen enttäuschen. Jeder, der mir auf dem Weg zurück geholfen hat, hat sich eine Erwähnung verdient: meine Ärzte, meine Betreuer, meine Familie. Ich bin wie in Trance. Mein Kopf und mein Körper harmonieren nicht mehr. Ein komisches Gefühl. Wie vor einer Abfahrts-Premiere. Aber ich liebe Herausforderungen und insbesondere solche, die ich als Schule für das Leben nach dem Sport sehe. Wer weiß, vielleicht werde ich ja einmal sogar für den Oscar nominiert. Da würde Arnie Augen machen …

Lissabon, 10. Mai 2004.
„Comeback-Athlet of the Year"

mich innerhalb von 24 Stunden von Platz vier an die Spitze der Weltcup-Gesamtwertung gesetzt. Das Garmischer Kreuzeck – immer wieder ein Schicksalsberg für die Österreicher. Die schwärzeste Stunde hatte ich 1993 live vorm Fernseher miterlebt. Als ich 1997 selbst das erste Mal an der Stelle, an der Ulli Maier zu Tode gestürzt war, vorbeikam, schossen mir die schrecklichen Erinnerungen an damals durch den Kopf.

5. Februar 2004. „Jetzt halt dich mal an! In München ist das Urteil im Strafprozess gegen deinen Unfall-Gegner verkündet worden!“ Am anderen Ende der Leitung war mein Pressesprecher, und der war völlig außer sich. „Der Mercedes-Fahrer ist schuldig gesprochen worden.“ Ich atmete auf. Aber dann kam es: „Sein Anwalt dreht es aber so, als hättest du eine Teilschuld!“ Dieser Satz traf mich wie ein Keulenschlag. Ich saß gerade im Auto neben Andy, wir waren auf der Anreise zum Riesentorlauf nach Adelboden. Nur ein paar Minuten später hörte ich die Meldung in den Radio-Nachrichten. Ich kochte. Da wurden Tatsachen bewusst falsch dargestellt – und das, obwohl meine Unschuld vom Gericht bestätigt wurde. Ausgerechnet an dem Ort, an dem ich vor einem Jahr mein Comeback gefeiert hatte, holte mich der Unfall wieder ein. Mein Pressemann rief bei den großen heimischen Zeitungen an und versuchte, die Sache den Tatsachen entsprechend darzustellen. Präsident Schröcksnadel formulierte mit Karl-Heinz Klee, meinem Anwalt, eine Stellungnahme, die über den ÖSV-Presseverteiler ausgeschickt wurde. Als ich am Abend im Hotel die österreichischen TV-Nachrichten sah, musste ich mich dennoch ärgern. Kein Wort von unserer Aussendung. Ich setzte mich auf mein Zimmerfahrrad und versuchte, mich zu beruhigen. Schließlich musste ich mich auf einen wichtigen Riesentorlauf einstellen. Nach all den Turbulenzen war ich mit dem Rennen zufrieden – immerhin baute ich mit Platz acht meine Weltcup-Führung aus. Mit dem Heimfahren musste ich dennoch warten: Wie in Garmisch wurde ich abermals zur Dopingkontrolle gelost. Das gleiche Glück, das mein Vater vor Jahren beim Toto-Spielen hatte, als er einen Zwölfer getippt hatte, habe ich scheinbar bei den Dopingkontroll-„Auslosungen". Nur hat's meinem Vater damals Geld gebracht, mich kostet's immer nur Zeit.

14. Februar 2004. St. Anton – mir lag noch immer die verpatzte Weltmeisterschaft 2001 im Magen. Ich brannte auf Revanche. Diesmal stimmten die Voraussetzungen. Für die kraftraubendste aller Strecken holte Ed einen völlig neuen, schwer zu fahrenden „Silberpfeil" aus dem Stall. Ich riskierte es. Im Gegensatz zur WM fuhren wir endlich die komplette Abfahrt von ganz oben. Ich freute mich richtig auf die 30 Extra-Sekunden. Da ich noch genau wusste, wo ich die WM verloren hatte, wollte ich alles besser machen als vor drei Jahren. Ja, ich hatte eine super Einstellung und wollte zeigen, was ich damals verschenkt hatte. Im mittleren Teil mit den langsamen Kurven nahm ich die Geschwindigkeit mit, unten fuhr ich gewaltig. Endlich hatte ich wieder dieses Gefühl: „Bursche, du hast eh die Kraft und die Kondition, dass du ein Rennen bis zum Schluss durchziehen kannst!" Ich bewegte mich jeden Meter im Grenzbereich. Was im Fernsehen nicht zu sehen war: Am Sailerboden, wo die Geschwindigkeitsmessung stand, räumte ich ein Tor nieder und wär' fast rausgeflogen. Eines meiner besten Rennen – seit meinem Unfall bin ich nie so ans Limit gegangen! Im Ziel war ich fertig und glücklich zugleich.

Den Slalom am Tag darauf sah ich mir im Bett an. Mit Schmerzen verfolgte ich, wie Bode Miller gewann und mir im Weltcup gefährlich näher rückte. Ich war wieder einmal angeschlagen. Weil ich Trottel meinen St.-Anton-Sieg zu ausgiebig feiern hatte müssen! In der Disco muss ich bei einer Tanzeinlage zu nahe an die Bar geraten sein, dabei hatte ich mir die Rippe noch einmal angeknackst. Ich ärgerte mich über meine eigene Dummheit. Andererseits: Wann sollte ich feiern, wenn nicht nach so einem Sieg? Ich bin eben in jeder Beziehung extrem!

Weltcup-Stand 15. Februar 2004

1.	Hermann Maier(AUT)	1054
2.	Benjamin Raich (AUT)	985
3.	Bode Miller (USA)	984
4.	Stephan Eberharter (AUT)	961
5.	Lasse Kjus (NOR)	824

Zwei Tage später büßte ich meine Sünden ab. Für einen Teamsponsor mussten wir mit Managern aus ganz Europa bei einer „Jux-Olympiade" in Seefeld mitspielen. Als ich mit dem Bauch auf einem Schlauchboot den Schanzenauslauf in Seefeld hinabrutschte, krümmte ich mich vor Schmerz. Was wirklich los war, wollte ich natürlich keinem erzählen, das war ärgerlich und peinlich zugleich.

28. Februar 2004. Es war noch finster, als mein Handy klingelte. „Du kannst im Bett liegen bleiben", meinte Andy aus Kranjska Gora. „Die Hangbefahrung ist gestrichen!" Für mich bedeutete das, dass ich in aller Ruhe zum letzten Riesentorlauf vor dem Weltcup-Finale anreisen konnte. Von Flachau brauche ich mit dem Auto vielleicht eineinhalb Stunden in den slowenischen Weltcup-Ort.

„Herr Maier?", meinte der Zollbeamte, als wir am Wurzenpass über die Grenze rollen wollten. Ich nickte und dachte: „Der will jetzt sicher ein Autogramm von mir." Doch der Uniformierte blieb ernst: „Wir haben ein Problem!" Ich hatte keinen Reisepass mit. Mit ernster Miene rief der Beamte seinen Vorgesetzten in Ljubljana an. Nichts ging. Mit allem hätte ich gerechnet, aber nicht damit, dass zwei Monate und einen Tag vor dem slowenischen EU-Beitritt ohne Reisedokument kein Grenzübertritt möglich war. Mein Pressemann telefonierte hektisch in der Gegend herum.

Doch weder Cheftrainer Giger, der gerade aus der Mannschaftsführersitzung kam, noch Roberto Brunner, der für solche Fälle stets ein paar Kartons Südtiroler Rotwein bereithielt, noch die FIS-Verantwortlichen konnten etwas für mich tun. Nach einer Stunde mühsamen Verhandelns drehten wir schließlich um und ich überlegte, überhaupt auf das Rennen zu pfeifen. Da machte mir Ed den Vorschlag, im Atomic-Quartier „Südrast“ im Dreiländer-Eck zu übernachten. Den Pass hatte ein Servicemann von meiner Mutter abgeholt, ich nahm das Dokument selbst entgegen und schlief beruhigt ein.

Die „Pass-Affäre“ hatte mich ein wenig von meiner Rippe abgelenkt, doch mehr als Platz zwölf ging sich nicht aus. Bode Miller, der ebenfalls an der Grenze reisepassbedingt eingefädelt hatte, nahm mir mit seinem Sieg zwar die Gesamtführung ab, doch beim Slalom purzelte er ebenso wie Benni raus. Nach dem Abstecher nach Norwegen kam ich als Leader zum Weltcupfinale nach Sestriere.

Jetzt lag es einzig und allein an mir. Ob acht Punkte Rückstand oder hundert, Miller war nicht das Problem. Ich brachte es auf den Punkt: „Wenn ich Abfahrt und Super-G gewinn', bin ich sowieso vorn!“

10. März 2004. Beim Weltcup-Finale in der italienischen Ski-Retorte war alles komisch. Die Abfahrt war nicht schlecht, aber ich wurde nicht wirklich warm mit ihr. Im Gegensatz zu allen anderen Saisonrennen war nur ein Training vorgesehen. Das genügte mir nicht. Ich wusste nicht so richtig, wo ich Zeit holen könnte. Außerdem irritierten mich die Wetterverhältnisse. Der Frühling stand vor der Tür, und wir waren im südlichsten Weltcuport, nur zwei Autostunden von der Cote d'Azur entfernt. Wir waren uns einig: Es wird warm, sulzig und weich! „Ein Traum“, sagte ich zu Ed. „Richt' mir den Ski vom St.-Anton-Sieg her! Mit dem werd' ich sie demolieren!“ Doch in der Früh hatte es minus 25 Grad. Da die Sonne vom Himmel lachte, dachten wir noch immer, die Piste würde aufgehen. Also blieben wir bei unserer Skiwahl. Es wurde das kälteste Rennen der Saison. Dabei hatte ich nach dem Training lange mit Edi und Andy diskutiert – und wir Deppen hatten uns für die schlechteste Variante entschieden! Im Rennen rutschte ich vom ersten Tor weg hilflos durch die Gegend. Als ob ich Cola-Flaschen anstatt Skier angeschnallt hätte! „Was ist denn da los?“ Ich wage zu behaupten, dass mit so einem Ski nicht viele Leute ins Ziel gekommen wären. Auf der Anzeigetafel leuchtete ein Rückstand von über zwei Sekunden auf: „Um Gottes Willen!“, dachte ich. „Ich fall' noch aus den Top 15!“ Das passierte dann tatsächlich. Im Gegensatz zu normalen Rennen erhalten beim Weltcup-Finale nur die Top 15 Punkte. Alles war also umsonst! Eines war mir in diesem Augenblick klar: „Wenn ich den Gesamtweltcup doch noch verlieren sollte, dann hab' ich ihn gerade jetzt verschenkt!“

So stand es vor dem Weltcup-Finale

1.	Hermann Maier (AUT)	1165
2.	Bode Miller (USA)	1098
3.	Stephan Eberharter (AUT)	1083
4.	Benjamin Raich (AUT)	1063
5.	Daron Rahlves (USA)	882

Vor dem Super-G sagte ich zu Edi: „Keine Spompanadeln, wir machen jetzt alles ganz normal!“ Da ich in allen Interviews nach der Abfahrts-Pleite aufs Material geschimpft hatte, stand ich gehörig unter Druck. Sofort würde es heißen: „Der benützt das Material als Ausrede!“

Am Super-G-Start wusste ich: Ein Sieg muss her! Denn in Führung lag Eberharter, der im Gesamtweltcup nur mehr 22 Punkte hinter mir lag. „Wenn ich jetzt nicht anzieh', dann brennt der Hut lichterloh!“, schoss es mir durch den Kopf. Derart unter Druck legte ich den besten Super-G seit meinem Motorrad-Crash hin: direkt, kompromisslos, feh-

■ Åre 2001.
Mein emotionellstes Weltcup-Finale. Im letzten Rennen der Saison fange ich meinen ewigen Rivalen, den Schweizer Michael von Grünigen, mit einem überlegenen Sieg in der Riesentorlauf-Spezialwertung ab und lasse mich in den Schnee fallen.

■ Ich reiße mir den Einteiler unterm Rennanzug vom Leib und schreie meine Freude in die Welt hinaus. Ich bin unschlagbar. Wer oder was bitte soll mich stoppen?

■ Auf dem Weg zu WM-Gold in Vail 1999. Rock'n Roll auf der Raubvogel-Piste von Beaver Creek. Am letzten Zacken am Tor vorbei – die Abfahrt meines Lebens!

■ Riesentorlauf, Alta Badia 1997. Weil ich vor dem zweiten Durchgang meine Startnummer nirgends finden kann, muss das „Hardrock Cafe"-T-Shirt von Atomic-Servicemann Tom Bürgler herhalten. Wir schneiden die Ärmel ab, drehen es um und malen einen 4er drauf. Wie durch ein Wunder werde ich diesmal nicht disqualifiziert!

Mein Jahrhundert-Abflug ging als Jahrhundert-Schnappschuss in die Geschichte ein. Wie es dazu kam, lesen Sie auf Seite 38.

■ Eines meiner Lieblingsbilder vom Wiener Ski-Fotografen Hans Bézard geschossen in St. Anton, auf der kräfteraubendsten Strecke der Welt. Hier sehen Sie, welche Kräfte im Skirennsport frei werden können.

■ Bormio, 10. Februar 2005, 13.50 Uhr: WM-Gold im Riesentorlauf. Ein Happy-End, mit dem fast keiner mehr gerechnet hat.

Der Skiheilige

Der Abfahrer Hermann Maier erschien unbesiegbar. Dann verunglückte er auf dem den Gesamtweltcup gewinnen. Es wäre der Gipfel eines unglaublichen Comebacks

Es gibt Bilder, die kann man nicht nicht anschauen, ohne dass einem übel wird. Das Foto von Hermann Maiers rechtem Unterschenkel, aufgenommen am 24. August 2001 im Unfallkrankenhaus Salzburg, gehört mit Sicherheit dazu. So also sieht eine offene Beinfraktur aus. Ein handtellergroßes Stück Wadenfleisch ist weggerissen, der gebrochene Knochen, an dem gequetschte schwarze Gewebemasse klebt, steht eigentümlich nach links heraus. An ein paar Sehnen und Muskeln hängt lose etwas, das einen Schuh trägt: Hermann Maiers rechter Fuß.

Sommer 2001: Hermann Maier, 28 Jahre alt, ist in der Form seines Lebens. Eine weitere Seriensieg-Saison wartet auf den »Herminator«, der seit vier Jahren den alpinen Skizirkus auf geradezu provozierende Weise dominiert. Ein zwei- oder dreifacher Olympiasieg in Salt Lake City, der vierte Weltcup-Gesamtsieg – all dies scheint nur noch Formsache.

Am Abend jenes 24. August fährt Maier mit seinem Motorrad vom Training im Olympiastützpunkt Obertauern zurück ins heimische Flachau. Er überholt gerade zwei Autos, da schert plötzlich vor ihm ein Mercedes nach links aus, ohne zu blinken. Maier versucht auszuweichen, streift den Kotflügel des Wagens, fliegt 25 Meter durch die Luft, schlägt mehrmals auf und bleibt im Straßengraben liegen. Sein Blick fällt auf den rechten Unterschenkel, der in unnatürlichem Winkel vom Knie wegsteht. Aus mit Skifahren, schießt es ihm durch den Kopf, Amputation! »Mit dem blutigen Klumpen da unten, da ist eigentlich nicht mehr viel möglich.«

Hermann Maier hat gezeigt, dass noch eine Menge möglich ist »mit dem Klumpen da unten«. Im Januar vorigen Jahres, 521 Tage nach seinem Unfall und nach nur drei Wochen Training auf Skiern, gewann er den Super-G auf der Streif in Kitzbühel. *Das stärkste Comeback seit Lazarus' Auferstehung* titelte das österreichische Magazin *News*. Selbst die Schriftstellerin Elfriede Jelinek, des Sa- … htig, sah Hermann Maier … lebenser…

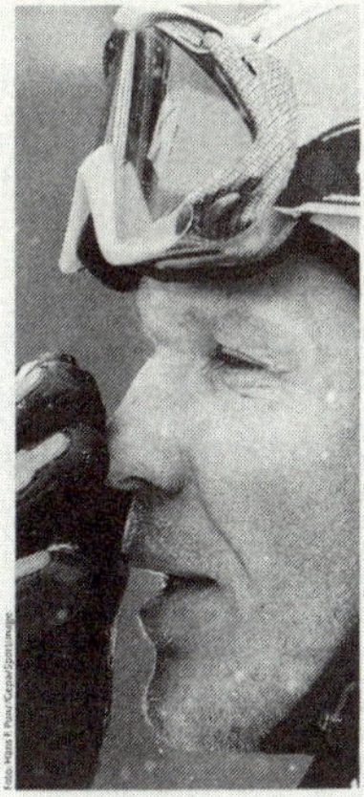

HERMANN MAIER kann heute auch zweite Plätze genießen. Sagt er

ein Rennen als Sieger beendet. Nur viermal, hätte man damals gesagt, als er es auf bis zu 13 Saisonsiege brachte. Gemessen an damals, sagt er selbst, »sind meine Leistungen heuer relativ schlecht.« Im letzten Weltcup vor seinem U… gewann er mehr als die Hälfte sei… …urz vor Saisonende, nicht …

beamt in eine Normalität, die doch nur Illusion ist. Denn für einen lebenden Mythos existiert keine Normalität.

Derzeit ist der Maier-Hype größer als früher, da er unbesiegbar schien. Jetzt will man Privates von ihm wissen, dabei mag er das gar nicht, »weil man sonst irgendwie zu gläsern wird«. In der Rubrik »HM intim« seiner Homepage offenbart er dann auch nur, dass er nach den Überseerennen seine Wäsche bei Muttern vorbeibringt, die auch super kocht. Oder dass er seine neue Flamme »Hundschopf« oder »Mausefalle« nennt.

»Es wird einen anderen Hermann Maier geben«, verkündete der Skifahrer kurz nach seiner Entlassung aus der Klinik. »Ich werde aus dem Schatten des früheren Herminators treten.« Mittlerweile macht Maier den Kult um seine Person wieder brav mit, vom Herminator-Power-Riegel bis zum Strampler oder Kinder-T-Shirt »mit Aufdruck ›Sturz Nagano‹ im 3D-Effekt«. Für all die Schlaffis und Schmerbauchträger wurde *Das Hermann Maier Trainingsprogramm* auf den Buchmarkt gebracht. Die Botschaft: Ein Hauch von Herminator steckt in jedermann. Wer sich an die Maier-Rezeptur hält, dem verspricht das Buch »ein völlig neues Lebensgefühl« und – ganz nebenbei – »mehr Spaß beim Sex«.

Als er nach seinem Unfall in Kitzbühel gewann, hat er geweint

Geblieben ist Hermann Maier eine »gewisse Demut«, die ihn überkommt, wenn er Fotos aus seiner Zeit im Krankenhaus sieht. Vor dem Unglück sei er ja »am Rande zum Größenwahn« gewesen. Nach seinem Co… back-Sieg in Kitzbühel weinte er. W… als 14. oder 26. ins Ziel komm… wichtig. Sagt er. Aber m… Maier, der nie zu ei… zufahren, sonde… Oder will er … selbst d… besieg…

Ei… weni…

Faksimile: *Die Zeit*, 11. 3. 2004

lerlos. Im Ziel schrie ich so laut, dass es jeder hören konnte: „So schaut's aus!"

Nach dem Rennen rumpelten wir in einem Militär-Kettenfahrzeug zur Dopingkontrolle. Neben mir saß Stephan Eberharter und starrte ins Leere. Das war der Augenblick, in dem ich jene Frage, die mir auf der Zunge brannte, stellte: „Na, wie machst es jetzt mit deinem Rücktritt?" Er: „Ja, ich hör' auf, und ich werd's im Sommer gemeinsam mit der Uniqa (Steffs Kopfsponsor, Anm.) bekannt geben."

Blieb uns also noch ein Rennen, das wir in Angriff nahmen: Ein Riesentorlauf, bei dem es im Gesamtweltcup um alles ging. Doch der wurde unter widrigsten und gefährlichen Verhältnissen abgebrochen. Ich flüchtete auf mein Zimmer und bereitete mich auf den vermeintlichen Neustart am nächsten Tag vor. Da fing ein Betreuer die Mitteilung aus dem Funkverkehr auf: „Giant Slalom cancelled!" Abgesagt und nicht verschoben! Als ich das am Telefon hörte, konnte ich es nicht glauben. Ich war Weltcup-Sieger! Zum vierten Mal!

Ich habe die Theorie, dass alles im Leben einmal zurückkommt. 1999 hatte ich den Weltcup gegen Kjus und Aamodt verspielt – nicht zuletzt deswegen, weil die FIS einen Super-G ersatzlos gestrichen hatte.

Benni Raich ist sechs Jahre und drei Monate jünger als ich. Ihm, heißt es immer wieder, gehört die Zukunft. Mir gehört die Gegenwart. Wir werden uns noch einige spannende Duelle im Schnee liefern. Auf die freue ich mich schon. Das spornt mich an. Ich habe erst fünf komplette Weltcup-Saisonen in den Beinen, drei Weltmeisterschaften, und bei Olympia war ich überhaupt nur einmal. Da habe ich noch eine Rechnung offen. Das letzte große Ziel sind die Olympischen Spiele 2006 in Turin. Die Weltmeisterschaften im Jahr davor und danach, die nehme ich gerne mit. Mit 47 Weltcup-Siegen (nach meiner Rechnung 48) fehlen mir nur mehr drei (zwei) auf den Rekord von Alberto Tomba, der in der ewigen Sieg-Statistik auf Platz zwei hinter dem großen Ingemar Stenmark (86) liegt. Ja, und auf Mark Girardellis Gesamtweltcup-Rekord fehlt mir nur mehr eine große Kristallkugel. Das Hinarbeiten auf diese Ziele wird allerdings immer mühsamer. Die Folgen des Unfalls lösen im Training eine Kettenreaktion aus. Seitdem der Marknagel aus dem rechten Unterschenkel operiert wurde, schmerzt die dabei durchgeritzte Partellasehne in regelmäßigen Abständen. Damit wird das Laufen zum Problem. Wenn der runde

RRERA
FIS

Schritt nicht stimmt, meldet sich der Rücken. Anstatt wie früher hemmungslos reinzuhauen, muss ich mein Training immer wieder auf Reha umstellen. Und das trübt die Freude gewaltig. Trotzdem: Den alten Maier, den mit den Seriensiegen und den Riesen-Abständen wird es nie wieder geben. Meine Rezeptoren, die „Sensoren" an den Fußsohlen, die wir Skifahrer als „sechsten Sinn" bezeichnen, funktionieren seit dem Unfall nicht mehr richtig. Das Gefühl dort ist völlig taub. Das wurde mir vor kurzem wieder bewusst, als ich zwei Stunden auf dem Ergometer saß und nicht merkte, dass ich während des gesamten Trainings den Hotel-Zimmerschlüssel in meinem Turnschuh vergessen hatte. Das – da habe ich keine Illusionen – wird nie wie früher werden. Wie viel ich verloren habe, lässt sich schwer in Zahlen ausdrücken – als Faustregel würde ich schätzen, um die 1,5 Sekunden pro Rennen. Mal mehr, dann wieder weniger.

Weltcup 2003/04, Endstand

1.	Hermann Maier (AUT)	1265
2.	Stephan Eberharter (AUT)	1223
3.	Benjamin Raich (AUT)	1139
4.	Bode Miller (USA)	1134
5.	Daron Rahlves (USA)	1004

Die Siege waren für den alten Maier zur Selbstverständlichkeit geworden. Mir war, als könnte ich nichts falsch machen. Sicher, es war eine schöne Zeit, doch ich möchte das nicht gegen die Gegenwart tauschen. All die schlimmen Erfahrungen, die ich nach dem Unfall machen musste, die Schmerzen, die Depressionen, die Hoffnungslosigkeit, die Rückschläge ... all das hat mich zu dem gemacht, was ich jetzt bin.

Die wahren Siege sind die stillen, heißt es in meinem wohl emotionellsten Werbespot. Solche Siege feiere ich auch jetzt noch im normalen Leben Woche für Woche. So schaffe ich es seit geraumer Zeit endlich wieder, in der Dusche auf dem rechten Bein zu balancieren. Jeden Tag nach dem Aufstehen teste ich die Beweglichkeit meines rechten Fußgelenks, von dem beim Skirennsport sehr wichtige Impulse ausgehen. Auch das wird immer besser.

Ja, ich habe auch wieder gelernt, auf der Piste zu siegen und dies nicht als Selbstverständlichkeit zu sehen. Nicht diese Siege waren das Ziel, das mich zu meinem Comeback trieb. Es war der Wille, wieder gehen zu lernen, normal leben zu können, vielleicht sogar wieder Ski zu fahren. Die Siege sind nun die Draufgabe – im Rennen meines Lebens.

Die Zugabe – und noch ein Happy End

August 2004. Ich bin der kampflustige Zwerg Gimli aus dem mit 11 Oscars gekrönten Epos *Herr der Ringe* und stürze mit gezücktem Schwert auf den Fotografen zu. In jener Gegend, in der Star-Regisseur Peter Jackson „Mittelerde“ Leben einhauchte. Die um den halben Erdball nachgereisten Reporter von *News* haben die Requisiten besorgt und mich in diese Zauberwelt entführt.

Für mich eine feine Gelegenheit, dem Skikurs-Trubel während des ersten echten Schneetrainings im neuseeländischen Winter zu entkommen. Ich hocke auf einem Hügel im berühmten „Ribbon“-Weingut auf der Südinsel. Die Schafe grasen vor der malerischen Kulisse des schneebedeckten Mount Aspiring, und mein Blick wandert über den Lake Wanaka. Gedankenversunken lasse ich die vergangenen Monate Revue passieren. Ja, meine Comeback-Saison hätte fast aus der Feder von *Ringe*-Autor J. R. R. Tolkien fließen können. Erst nach und nach wird mir bewusst, wie viel passieren musste, damit mein Ski-Märchen dieses Happy End nehmen konnte. Nein, nie und nimmer hatte ich vor meiner ersten vollen Saison nach dem Unfall mit dem Gesamtsieg spekuliert. Genau genommen waren die fünf Siege und 1265 Punke die schlechteste Bilanz meiner Weltcup-Karriere. Selbst in der Saison, in der ich den Gesamtweltcup gegen Lasse Kjus und Kjetil-Andre Aamodt verlor (1998/99), hatte ich 42 Punkte mehr auf dem Konto. Aber für mich persönlich ist es ein unglaublich wertvoller Sieg. Jeder Punkt, jeder Sieg war nach dem Motorrad-Unfall und den vielen Problemen vor und während der Saison (angeknackste Rippe, Rückenprobleme) hart erkämpft.

Mein großes Comeback-Ziel, noch einmal den Gesamtweltcup zu gewinnen, habe ich also schneller als erhofft erreicht. Und jetzt? Muss ich mir oder jemand anderem noch etwas beweisen? Eigentlich könnte ich auf der Stelle zurücktreten. Warum fährt Lance Armstrong nach so vielen Tour-de-France-Siegen noch immer? Warum riskiert Schumi Saison um Saison Kopf und Kragen? Und hat nicht Andre Agassi längst mehr verdient, als Mike Tyson jemals verprassen könnte?

Vielleicht ist es das, was uns verbindet: das so genannte Sieger-Gen. Ein wahrer Champion ist nie satt, er setzt sich ständig neue Ziele. Zumindest so lange Adrenalin und die Freude am Sport die Schmerzen und die vielen Blessuren vergessen lassen. Das Um und Auf ist, sich im entscheidenden Moment richtig zu motivieren. Das fällt mir zugegebenermaßen von Jahr zu Jahr schwerer. So ließ ich mir nach meinem vierten Gesamtweltcup-Sieg länger als normalerweise Zeit. Ich feierte mit Freunden und genoss Sonnenuntergänge in der Toskana. Als mich Heini Mitte Mai in Portugal anrief, um mir zur „Laureus"-Weltsportler-Auszeichnung zu gratulieren, lenkte er das Gespräch geschickt auf sein Lieblingsthema: „Wann legen wir endlich mit dem Training los?" Meine knappe Antwort: „Ein paar Tage musst mir noch geben, ich schau mir noch die Algarve an." Nach ein paar Hundert Kilometern im Mietauto und einem Tauchgang im Atlantik waren meine Batterien dann soweit aufgeladen, dass ich bereit war, loszustarten. Die ersten Ergometer-Einheiten waren nicht minder mühsam als in den Jahren zuvor. Doch nach nicht einmal drei Monaten war ich bereit für die drei Schneetrainingswochen in Neuseeland.

Ich legte mir also neue Ziele zurecht. Nachdem das Comeback in den Speed-Disziplinen so gut funktioniert hatte, wollte ich auch im Riesentorlauf den Anschluss finden. Das ist schließlich jener technisch und körperlich gleichermaßen anspruchsvolle Bewerb, mit dem ich mich 1996, als schon keiner mehr an mich geglaubt hatte, in den Weltcup gekämpft hatte. Bereits nach Saisonende hatte ich mich mit Andy, meinem Ski-Trainer, und Edi, dem Servicemann, zusammengesetzt. Andy kramte die Riesentorlauf-Analysen der abgelaufenen Saison hervor. Von jedem Rennen hatte er kleine Stapel ausgedruckt. Die breitete er nebeneinander aus, wobei auf dem obersten Blatt jeweils eine Zahl rot eingeringelt war. Da hatte ich es Schwarz auf Weiß: 16 – 7 – out – 26 – 50 – 12. Das sind nicht gerade Platzierungen, mit denen sich ein dreimaliger Riesentorlauf-Gesamtweltcup-Sieger gerne brüstet. „So kann es nicht weitergehen", meinte Andy und eröffnete das Brainstorming. Wir diskutierten nächtelang über Technik und Material, analysierten Videos und suchten nach bisher ungenutzten Möglichkeiten.

Erstmals in meiner Weltcup-Karriere zog ich einen Materialwechsel in Erwägung. Und zwar ausschließlich aus sportlichen Überlegungen. Da könnte mir ein Rennstall noch so viele Millionen bieten – ich werde mich immer für den besten Ski entscheiden. So stand nicht, wie fälschlicherweise kolportiert, ein Skiwechsel, sondern ein Schuhwechsel zur Diskussion. Fast ein Jahrzehnt bin ich mit den italienischen *Lange*-Schuhen bestens gefahren – vor und nach meinem Unfall. Die sinnvollste Alternative schien mir aber nun, auf das gesamte *Atomic*-Paket (Ski-Bindung-Schuh) zu setzen.

Wie soll ich einem Laien die Bedeutung der Schuhe erklären? Es geht um die „Einlenkpunkte", mit denen du den Schwung mit der richtigen Geschwindigkeit treffen musst. Vereinfacht erklärt lassen sich mit dem *Atomic*-Schuh die Kurven enger fahren. Die Milchmädchenrechnung lautet: kürzere Wege + engere Radien = weniger Zeit. Zumindest erwartete ich mir das von der Umstellung.

3. August 2004. Auf dem Flug nach Neuseeland hatte

ich also zusätzlich zu meiner bewährten *Lange*-Ausstattung fünf weitere Paar auf meine Füße und meinen lädierten Unterschenkel angepasste (eingeschäumte) *Atomic*-Schuhe im Übergepäck. Im neuseeländischen Winter angekommen gab es nur eines: testen, testen, testen. Ich wechselte ständig. Zwei Läufe mit *Atomic*-Schuhen, die beiden nächsten mit *Lange*. Der Unterschied war immer wie Tag und Nacht. Jeder Lauf wurde gefilmt und gestoppt. Ich schilderte jedes Mal, was ich fühlte, Andy notierte dazu, was er sah. Am Abend analysierten wir alles bis ins letzte Detail.

Durch die ständige Wechselei kam ich völlig durcheinander. Ich fuhr mit dem *Lange*-Schuh wie mit dem *Atomic* und mit dem *Atomic* wie mit dem *Lange*. Nix passte zusammen. Außerdem waren die Pisten in Neuseeland katastrophal – viel zu weich, und mir rann die Zeit davon. Wir trainierten praktisch nie unter echten Rennbedingungen. Vor allem die für Super-G und Abfahrt so wichtigen lang gezogenen Kurven konnten wir in keiner einzigen Trainingssession richtig üben. Ich schaffte es nie, auf meine Gleitgeschwindigkeit zu kommen. Wo war der runde Schwung, der mich eigentlich auszeichnet? Wo war mein Gefühl? Je welliger es wurde, desto unruhiger ratterten meine Ski. Damit sollte ich später die größten Probleme bekommen. So kam ich in diesem Sommer nur im Riesentorlauf weiter, in den schnellen Disziplinen konnte ich mich im Gegensatz zu früheren Jahren nie richtig absetzen.

Es kam noch dicker. Während des Rückfluges riss ich einen Infekt auf, mit dem ich mehrere Wochen zu kämpfen haben sollte. So beschränkte sich der Spätsommer-Konditionsblock auf regenerative Maßnahmen. Einigen Leuten in meinem Umfeld war das herzlich egal. Weil ich meine Befindlichkeiten nicht an die große Glocke hängte, hatten unsere vifen Werbestrategen auch keine Hemmungen, mich für einen völlig verrückten TV-Spot fix einzuplanen.

3. September 2004. Offensichtlich war ich durch den Schnupfen benommen und nicht ganz Herr meiner Sinne. Anders kann ich mir nicht erklären, dass ich mich dazu überreden ließ, mit meinen Kollegen bei so etwas mitzumachen: Das „lustige" Drehbuch sah vor, dass wir uns nach einem Waldlauf die Kleider vom Leib rissen und in den 15 Grad kalten Gosausee sprangen – splitternackt! Okay, man hatte uns eine Alternative mit hautfarbenen Damen-Stringtangas angeboten, aber gänzlich der Lächerlichkeit preisgeben wollten wir uns dann doch nicht. So müssen Sie sich dieses Bild vorstellen: Da standen vier Vorzeigesportler nackt in der Gegend herum und warteten auf die nächste Einstellung. An uns zogen Wanderer und Kindergartenkinder staunend vorbei. Auf dem „Feldherrenhügel" saßen die Damen und Herren vom Set und starrten auf unsere entblößten Hinterteile. Mit der Zeit fielen immer mehr Hemmungen. Die Krönung: Nach dem Mittagessen, das wir in der Feldküche im Bademantel einnahmen, kam der Regisseur kleinlaut auf uns zu: „Die Einstellung passt nicht ganz. Wär's vielleicht möglich, dass ihr noch einmal springt?" Ich konnte es nicht fassen. Aber zu diesem Zeitpunkt war mir schon alles wurscht – wenigstens haben sie uns keine Sponsor-Logos auf die nackte Haut genäht ...

Jedenfalls war der Nacktbade-Stunt nicht unbedingt das, was ich zu dieser Zeit brauchte. Mit dem Kopf war ich bereits bei der Vorbereitung auf den Weltcup-Auftakt in Sölden. Warum hab' ich Depp nicht auf stur geschaltet und mich daheim im Bett auskuriert? So hatte ich noch einige Zeit mit dem Infekt zu kämpfen, ehe ich – viel zu spät – ins Gletschertraining einstieg. Anstatt mir dort den letzten Schliff für die Rennsaison zu holen, wurschtelte ich weiter. Es war viel zu warm, die weichen Verhältnisse relativierten die Trainingsleistungen. Immerhin hatte ich mich endgültig für die *Atomic*-Variante entschieden – wobei ich mir eine kleine Hintertür offen ließ: Da ich keinen Vertrag unterzeichnet hatte, hatte ich die theoretische Möglichkeit, jedes x-beliebige Fabrikat zu verwenden. Doch je mehr ich den Ernstfall trainierte, desto mehr freundete ich mich mit dem Atomic-Stiefel an. Ich wurde von Lauf zu Lauf schneller und war schließlich davon überzeugt, dass ich den Riesentorlauf-Auftakt Ende Oktober sogar gewinnen könnte.

Aber auf dem 2 690 Meter hoch gelegenen Rettenbachferner über Sölden kam dann alles ganz anders. Die Piste war pickelhart, und wir lagen mit unserer Abstimmung total daneben. Im ersten Durchgang hatte ich 2,34 Sekunden Rückstand auf Bode Miller, meinen neuen *Atomic*-Markenkollegen. Nach einem halbwegs soliden zweiten Lauf reichte es gerade für Platz 15. Ich war ratlos. War meine Entscheidung doch die falsche? War die ganze Schuh-Testerei umsonst? Jedenfalls machte ich meiner Enttäuschung Luft und diktierte den Journalisten aus voller Überzeugung in die Notizblöcke: „Im Riesentorlauf werde ich nie wieder aufs Podest kommen, geschweige denn je wieder ein Rennen gewinnen!" Auf der Heimfahrt sah ich die Sache schon etwas entspannter. Ich realisierte, dass ich den Riesentorlauf einfach nicht mehr mit der Kaltschnäuzigkeit von früher angegangen war. Vor meinem Unfall war ich einfach brutaler gefahren – jetzt musste ich erst in die Saison hineinfinden ...

Im krassen Gegensatz zu meiner Leistung stand der Rummel um meine Person. Das herrliche Wetter hatte über 20 000 Fans auf den Gletscher gelockt, und ich konnte mich keinen Schritt frei bewegen. Nicht einmal in der intimen Zone, in der sich die Rennläufer auf ihren Start vorbereiten, ließ man mich in Ruhe. Da das kleine blaue Toiletten-Häuschen, das auf fast 3 000 Meter Seehöhe für die Läufer und Offiziellen installiert wurde, immer besetzt war, wollte ich mich hinter einer Eisscholle erleichtern. Just in dem Augenblick richtete ein Reporter sein Objektiv auf mich. Ich zuckte völlig aus. Walter, mein neuer Pressebetreuer, schüchterte den Möchtegern-Paparazzo derart ein, dass er sich nie wieder bei einem Weltcup-Rennen blicken ließ!

So gehörten die Schlagzeilen am nächsten Tag Bode Miller. Die Reporter erfanden beliebige Geschichten, um das Image des megacoolen Hippies aus New Hampshire zu pushen. So war zu lesen, dass Bode während des zweiten Durchgangs erst wenige Minuten, bevor er dran war, von seinem Betreuer zum Lift geschickt worden wäre. Die Wahrheit sah so aus: Bode hatte sich wie alle anderen Läufer in Ruhe im Startbereich vorbereitet. Ich kann mich sogar noch erinnern, dass er vor dem Start zu mir kam, um mir alles Gute zu wünschen. Ich (19. nach dem ersten Durchgang) ging als Zwölfter auf die Piste, er als Letzter. Also waren zwischen meinem und seinem Start 18 Läufer dran, dazu kamen zwei TV-Unterbrechungen – Bode Miller war demnach eine halbe Ewigkeit zu früh am Berg gewesen. Und am Morgen, als es geheißen hatte, er wäre in letzter Sekunde zur Besichtigung gekommen, war er eine halbe Stunde vor mir beim Lift aufgekreuzt. Von „Hysterie" um den US-Boy war ebenfalls keine Rede gewesen. Bode machte gerade jene Erfahrungen, die mir zu Beginn meiner Karriere zu schaffen machten: Die Medien verpassen einem ein Image, aus dem man kaum wieder heraus kommt. Den „Herminator" habe ja auch nicht ich erfunden.

Für mich gehören die Tage um den Weltcup-Auftakt traditionell zu den hektischsten. Jeder will was von mir. Da ein Interview, dort ein kurzer Sponsor-Termin, Material-Abstimmungen, Einkleidung. In der „Nacht des Sports" wurde Schwimmer Markus Rogan zum „Sportler des Jahres gekürt". Nicht die Tatsache, dass Österreichs Sportjournalisten zwei Olympia-Silbermedaillen höher einstuften als einen Gesamt-Weltcupsieg, der international immerhin mit einer „Comeback Athlete of the Year"-Trophäe honoriert worden war, störte mich. Es waren ihre Argumente. „Der Maier hat eh schon so oft gewonnen", lautete der Tenor einer Radio-Umfrage unter Reportern. „Wenn sie meinen", dachte ich und gratulierte Rogan artig. Dann kam ein Termin, auf den ich mich ausnahmsweise freute: die Präsentation meiner Autobiographie, deren Taschenbuch-Ausgabe Sie jetzt in Händen halten. Auf dem Mönchsberg, hoch über den Dächern von Salzburg, feierten wir bis lange nach Mitternacht. Jedenfalls war ich ziemlich gerädert, als ich nächsten Tag in den Privatjet Richtung Barcelona kletterte.

Vor dem Abflug zu den Übersee-Rennen quetschte mein Kopfsponsor noch einen Dreh-Termin in der Sonne Spaniens hinein. Diesmal gefiel mir die Rolle, in die ich schlüpfen musste, außerdem war's mit ein paar Einstellungen getan: Die Fred-Astaire-Einlage war ganz nach meinem Geschmack, die paar Stepp-Schritte hatte ich schnell drauf. Im Gegensatz zur verkrampften Flitzer-Nummer am Gosausee ging mir diesmal alles leicht von der Hand beziehungsweise vom Fuß. Außerdem sind wir inzwischen ein eingespieltes Team, die Crew von *Sabotage Filmproductions* und ich. Solche Dinge werden professionell angegangen, und ich habe gelernt, das Angenehme mit dem Nützlichen zu verbinden. So war der Trip nach Barcelona eine willkommene Gelegenheit, nach der Sölden-Pleite auf andere Gedanken zu kommen – fast ein Kurzurlaub, bei dem ich die letzten warmen Sonnenstrahlen für längere Zeit genießen durfte.

Irgendwie sehnte ich meine Abreise zu den Nordamerika-Rennen herbei. Im Flugzeug nach Denver hatte ich genug Zeit, mit Andy die Lage zu besprechen. Der Gesamt-Weltcup, so viel stand für mich fest, war schon nach dem ersten Rennen futsch. Wer schon zu Beginn Punkte liegen lässt, weil er mit dem Testen noch nicht fertig ist, darf sich keine falschen Hoffnungen machen. Blieb ein großes Ziel

Meinen Geburtstag feiere ich wie immer zwischen zwei Kontinenten.

für die Saison 2004/05: die Weltmeisterschaften in Bormio. Vor mir lag eine Probier-und-Studier-Saison, also jede Menge Arbeit. Ich hatte ja noch immer nicht das richtige Set-up für die schnellen Disziplinen gefunden. Nach dem verpatzten Sommer-Schneetraining war mir das Gefühl für die langen Gleitkurven abhanden gekommen. Als ich realisierte, dass mir für das Testen die Zeit davon gelaufen war, begann ich, alles auf den Riesentorlauf zu setzen. Zugegeben: Erstmals in meiner Karriere musste ich auf Glück hoffen. Dementsprechend ruppig lief es dann auch in Nordamerika. Auf meiner Lieblingsstrecke in Beaver Creek hatte ich in Abfahrt und Super-G in den lang gezogenen Kurven weiterhin Riesenprobleme mit dem Schuh und war verzweifelt: Egal, was ich probierte, es ging einfach nichts weiter. In letzter Sekunde habe ich mich dann doch noch mit meinem Lieblings-Weltcuport versöhnt. Im Riesentorlauf ließ ich nur Lasse Kjus vor mir – mit dem Norweger hatte ich mich bei der WM 99 an gleicher Stelle auf Biegen und Brechen duelliert. Damals wäre ich mit einem zweiten Platz auf der Strecke, die von den Journalisten immer wieder als „Maiers Wohnzimmer" bezeichnet wird, todunglücklich gewesen. Diesmal hatte ich Glückstränen in den Augen. Am Podest realisierte ich, dass ich meine pessimistische Aussage von Sölden bereits widerlegt hatte!

Der Weltcup schien schon in Nordamerika entschieden: Bode Miller hatte nach fünf Rennen vier Siege und 480 von 500 möglichen Punkten auf dem Konto. Er hatte das, was die Amis als „Momentum" bezeichnen – einen „Lauf". Du steigerst dich in ein psychisches Hoch, bei dem alles stimmt, alles leicht fällt. Ich kenne das aus Zeiten vor meinem Unfall, als ich zeitweise unbesiegbar war. Millers Siegesserie sollte in Europa weitergehen. Mit dem Nachtslalom von Sestriere hatte er innerhalb von 16 Tagen in allen Disziplinen gewonnen, was in so kurzer Zeit noch keiner geschafft hatte. Respekt! Allerdings sollte es gegen Ende der Saison noch überraschend eng für den Paradiesvogel aus New Hampshire werden.

Auf Campingurlaub mit Bode

6. Dezember 2004. Mit gemischten Gefühlen, 274 Weltcup-Punkten und Heinis penibel ausgetüfteltem, per E-Mail übermittelten Zeitumstellungsplan (z. B. „2 Stunden wach bleiben, viel trinken, Augenbinde, 4 Stunden warm zugedeckt schlafen" usw.) im Gepäck flog ich zurück nach Europa. Gern hätte ich meinen 32. Geburtstag gefeiert, doch daran war nicht im Traum zu denken. Nach vier Wochen in Nordamerika ließ uns die FIS vor der mühsamen Reise nach Val d'Isère immerhin eine Nacht, um daheim „Hallo" zu sagen und gewaschene Wäsche auszufassen. Dann stellte sich Petrus mit einem Geburtstagsgeschenk ein – er ließ es in den französischen Alpen regnen, das erste Abfahrtstraining wurde weggespült. Mir blieb ein zusätzlicher Tag, um den Jet-Lag zu überlisten. Die nächsten drei Monate würden ohnehin anstrengend genug. Der Tournee-Plan: Val d'Isère – Gröden – Alta Badia – Flachau – Bormio – Chamonix usw. Alles nach Schema F: Montag oder Dienstag Anreise. Einchecken. Zimmer umstellen, einräumen. Mannschaftssitzung. Pressetermine. Streckenbesichtigung. Ein, zwei oder drei Abfahrtstrainings. Abfahrt, Dopingprobe. Super-G, Dopingprobe. Riesentorlauf, Dopingprobe. Für die Allrounder kam noch ein Slalom am Sonntag dazu. Gleich nach der letzten Siegerehrung im jeweiligen Ort startete das Rennen nach dem Rennen: Einpacken, und schnell es geht ab zum nächsten Zwischenstopp daheim; im schlimmsten Fall zieht der gesamte Weltcup-Tross direkt zur nächsten Station. Es heißt nicht umsonst „Ski-Zirkus".

Einer nimmt das Zirkusleben besonders wörtlich: Bode Miller – er zieht einen Campingbus dem Hotelleben vor. Das ist nicht jedermanns Sache, doch Bode fühlt sich scheinbar sauwohl dabei. Ich find' es lässig, dass er es durchzieht, die Erfolge geben ihm recht. Beim ÖSV, wo keiner aus der Reihe tanzt, könnte er sich das nicht leisten. Für mich wäre dieses Leben in der Abgeschiedenheit nichts. Auch wenn ich mich oft stundenlang in mein Zimmer zurück ziehe, fühle mich doch nur dann richtig wohl, wenn ich mit meinen Freunden Spaß haben kann, wenn beim gemeinsamen Essen mit den Kollegen der Schmäh rennt; außerdem ist im Wohnmobil kaum Platz für meinen Ergometer. Lediglich vor dem Start und zwischen zwei Riesentorlauf-

Durchgängen beneide ich meinen amerikanischen Kollegen für seine exklusive Rückzugsmöglichkeit. Bode, bekennender Hippie und in einer Hütte ohne Fließwasser aufgewachsen, ist dieses Leben in der Abgeschiedenheit von Kindheit an gewohnt. Gut, er hatte stets seine Freundin dabei und einen Kumpel, der Chauffeur und Koch in einem spielte. Aber zu dritt derart lange Zeit auf so engem Raum aufeinander zu kleben ist auch nicht jedermanns Sache. Überall hängt verschwitzte Kleidung herum, Skischuhe, Handschuhe, Helme, Brillen und diverse Ausrüstungsgegenstände. Aber offenbar kommt dieses Vagabundendasein bei den Amis in Mode. Inzwischen macht Daron Rahlves seinem Teamkollegen mit einem eigenen Riesen-Gefährt Konkurrenz. Mit einem von einem Tiroler Unternehmen umgebauten Reisebus, mit einem Luxus, wie man ihn sonst nur im Formel-1-Fahrerlager findet. Offensichtlich geht's bei meinen Ami-Kollegen auch nur darum, wer den „größeren" hat …

Der Doping-Schock

17. Dezember 2004. Schon während der Abfahrtstrainingstage in Gröden lag etwas in der Luft. Irgendwie fühlten wir uns alle unwohl. Bis auf Michi Walchhofer, der im Super-G vor mir gewann. Auf der Fahrt von der Siegerehrung ins Hotel sprach Walter aus, was du eigentlich nicht einmal vermuten willst: „Es gibt einen Dopingfall in unserer Mannschaft!" Wer, konnte mein Pressemann nicht sagen. „Bei der Mannschaftssitzung in ein paar Minuten werden wir alles erfahren." Zum Team-Meeting im Österreicher-Hotel *Wolkenstein* erschien Toni Giger mit Sorgenfalten auf seiner hohen Stirn. Ich kann mich noch an jedes Wort seiner Rede erinnern: „Zur Zeit läuft im Pressezentrum eine Pressekonferenz", setzte unser Cheftrainer an. „Es geht um den Dopinfall eines Österreichers." Toni klärte uns über die Möglichkeiten auf, wie es zu einer positiven Dopingprobe kommen konnte.

Wenn du so etwas erfährst, sausen tausend Gedanken durch deinen Kopf. Wie kann so etwas passieren? Welche Konsequenzen hat der Kollege zu erwarten? Was bedeutet das für die anderen im Team? Und: Ist jeder Irrtum ausgeschlossen? Endlich ließ Toni die Katze aus dem Sack: „Es betrifft Hans Knauß." Die traurigen Fakten: Die A-Probe des vor drei Wochen nach der Abfahrt im kanadischen Lake Louise bei Hans vorgenommenen Dopingtests war positiv getestet worden.

Auf genau so etwas dürften einige ausländische „Freunde" nur gewartet haben. Die *Deutsche Presse-Agentur* ließ die Nachricht über den „größten Dopingfall im alpinen Rennsport" (Originalzitat *dpa*) über die Fernschreiber rattern. Immer wieder klang Schadenfreude durch. Ich erinnere nur an den „Fall Baxter" – dem Schotten war nach dem Olympia-Slalom 2002 wegen eines offensichtlich irrtümlich verwendeten Nasensprays die Bronzemedaille förmlich vom Hals gerissen worden. Monate später wurde sie dem ursprünglich Viertplatzierten Benni Raich umgehängt. Und unsere Siegesserie schmeckt der Konkurrenz sowieso nicht.

Wie konnte einem Routinier wie Hans Knauß ein derartiger Fauxpas passieren? Hans versicherte uns glaubhaft, dass der Auslöser nur ein verunreinigtes Nahrungsergänzungsmittel gewesen sein konnte. Natürlich ist das eine Unachtsamkeit, die einem Profisportler nicht passieren sollte. Aber sofort schoss es mir und vermutlich auch meinen Kollegen durch den Kopf: Habe ich jedes Vitamin- und Spurenelement-Pulver, das ich in den vergangenen Wochen in meine Sportgetränke gemischt habe, im Vorhinein auf seine Unbedenklichkeit testen lassen? Welche Medikamente habe ich im Herbst gegen meine Verkühlung genommen?

Habe ich unterwegs nur aus verschlossenen Flaschen getrunken? Ist bei meinen letzten Dopingkontrollen auch wirklich alles mit rechten Dingen zugegangen?

Wollen Sie meine Meinung zum Dopingkontrollsystem wissen? Selbstverständlich bin ich für flächendeckende Tests. Ich bin davon überzeugt, dass wir allein mit konsequentem Training Top-Leistungen bringen können. Nicht umsonst verbringe ich sechs von sieben Tage die Woche im Olympiastützpunkt oder im Sommer am Rad im Freien. Die Antidoping-Richtlinien werden immer strenger, und jeder Athlet muss sich möglicher Konsequenzen bewusst sein. Wenn ich auf der Autobahn bei 148 km/h geblitzt werde, muss ich Strafe zahlen – auch wenn ich glaubhaft versichern kann, dass an diesem Tag kein Verkehr war und ich auch bei Tempo 160 niemanden gefährdet hätte. Genauso muss ich mich als Sportler bei jedem Schnupfen mit meinen medizinischen Betreuern in Verbindung setzen: „Darf ich die xy-Tropfen nehmen oder nicht?“ Allerdings bin ich dagegen, dass Sportler wie Verbrecher behandelt werden. Es ist schlimm, wenn ich im Restaurant am Nebentisch mithören muss, wie die Leute von der Straße über Sportler diskutieren und mutmaßen: „Der nimmt was, und der nimmt was ...“. Das Überwachungssystem ist ohnehin grenzwertig. Als weltweiter Vorzeigeathlet einer Sportart werde ich behandelt wie ein Gefangener auf Freigang. Ich muss im Vorhinein ein Formular ausfüllen, in das ich meinen geplanten Aufenthaltsort für jeden Tag penibel eintrage. Und wenn ich nach einem netten Fest beschließe, bei Freunden zu übernachten und erst einen Tag später heimfahre, muss ich das melden.

Da ich ein reines Gewissen habe, kann ich auf Nummer sicher gehen, indem ich alles, was ich zu mir nehme, im Vorhinein kontrollieren lasse. Manchmal fehlt dazu allerdings schlicht und einfach die Zeit. Ich muss beim Einkaufen aufpassen und bei allem, was ich unterwegs und im Mannschaftshotel zu mir nehme. Seit dem Knauß-Vorfall bleiben alle Getränke im ÖSV-Team immer unter Beobachtung.

Déjà-vu auf der Streif

18. Jänner 2005. Kitzbühel. Das programmierte Chaos, das letzte Rennwochenende vor der WM in Bormio und zugleich das wichtigste. Ich reiste ohne Saison-Sieg im Gepäck an. Dieses Gefühl kannte ich eigentlich nur von meinem legendären Comeback 2003, an das ich in diesen Tagen noch oft erinnert werden sollte. Es ging viel versprechend los – mit den besten Abfahrtstrainingsläufen, die ich je auf der Streif hingelegt habe. Je besser ich in Fahrt kam, desto schlechter wurde das Wetter, bis die Abfahrt schließlich abgesagt wurde. Schade um diese Chance! Wie zwei Jahre zuvor wurde der Super-G auf Montag verlegt. Die letzte Standortbestimmung vor der WM wurde zu einem einzigen Déjà-vu für mich.

Ich beschloss, alles genauso zu machen wie 2003, und entfloh noch Samstag Nachmittag dem Hahnenkamm-Trubel. Am Slalom-Sonntag trainierten wir auf der Turracher Höhe, dann ging's zurück nach Kitzbühel. Als ich Montag Früh aus dem Fenster blickte und Schneeflocken aus dem Nachthimmel fielen, dachte ich: „Da passt ja wirklich alles!" Die Massen waren weg, der Trubel vorbei, und ich freute mich auf ein angenehmes, entspanntes Skirennen. Im dichten Schneefall fuhr ich vor allem im Mittelteil wie auf Schienen. Als ich die „1" im Ziel aufleuchten und meine Eltern jubeln sah, durchfuhr mich ein Adrenalinstoß! 17 Rennen und zehn Monate hatte ich auf diesen Augenblick gewartet, und ich genoss ihn in vollen Zügen. Fünf Super-G-Starts in Kitzbühel, vier Siege und ein zweiter Platz – diese Serie muss mir erst mal einer nachmachen!

27. Jänner 2005. Voll Selbstvertrauen flog ich im Helikopter zu den Weltmeisterschaften nach Bormio. Schließlich war ich dort vor meinem Unfall den besten Super-G meines Lebens gefahren und hatte als Gesamt-Weltcupsieger 1999/2000 mit exakt 2000 Punkten einen bis heute gültigen Punkte-Weltrekord aufgestellt. Ich freute mich richtig auf die Rennen auf der anspruchsvollen Pista Stelvio und auf das italienische Flair in diesem wunderschönen Ort.

Leider kam alles anders. Die Stimmung war zum Vergessen – im Gegensatz zum Weltcup-Finale im Frühjahr 2000 verirrten sich nur wenige Zuschauer auf die Tribünen. Kein Wunder bei den horrenden Eintrittspreisen, die die Veranstalter allerdings schon nach dem Super-G revidierten. Auch im historischen Ortszentrum war tote Hose. Offensichtlich hatten sie mit der WM sogar die Urlauber vertrieben. Ein schweres Eigentor. Zu allem Überfluss wird die WM aus kommerziellen Gründen seit Jahren künstlich in die Länge gezogen. Ich würde die Medaillenjagd auf 10 Tage verkürzen. Dann ginge es vom ersten bis zum letzten Tag Schlag auf Schlag. So haben alle Beteiligten über zwei Wochen Zeit zum Herumsinnieren. Die Journalisten sind unterbeschäftigt und beginnen, unnötige Geschichten an den Haaren herbei zu ziehen. Und sogar die hartgesottensten Fans sind froh, wenn das Ganze endlich vorbei ist.

Von dieser Stimmung ließ ich mich mitreißen, und das war keinesfalls leistungsfördernd. Wenn du einmal in diesem Fahrwasser bist, kommt schnell Pech hinzu. Im Super-G fuhr ich „schön", aber viel zu brav, und verfehlte als Vierter knapp die Bronzemedaille. Als „Mr. Super-G", der bei jedem Großereignis eine Medaille in dieser Disziplin gewonnen hat, wirst du mit eigenen Maßstäben gemessen. „Oje, jetzt geht auch die WM in die Hose!", war das erste, das mir durch den Kopf schoss. Ich begann, mich abzukapseln. Am nächsten Tag, als sich meine Teamkollegen im Hotel *Mira-*

monte zum täglichen Medien-Termin mit den heimischen Journalisten versammelten, radelte ich mir zwei Stockwerke höher in meinem Zimmer den Frust von der Seele. Ich hatte einfach keine Lust, mein Regenerationstraining abzubrechen, nur um mir ein paar Fragen stellen zu lassen, deren Antworten man mir offensichtlich ohnehin in den Mund legen wollte. Stattdessen schlüpfte ich in die Beobachterrolle. Aus dieser Perspektive sah ich diese Geister-WM plötzlich mit ganz anderen Augen. Es war richtig interessant zu sehen, wie bestimmte Leute reagieren, wenn du scheinbar am Boden liegst. Eine gute Schule fürs Leben! Ich wusste auch schon genau, was als nächstes auf mich zukommen würde: Die beliebte Abfahrtsqualifikations-Diskussion, die traditionell bei jeder Großveranstaltung tagelang die heimischen Schlagzeilen beherrscht.

Ein Radioreporter ging die Sache besonders schlau an und wollte wissen, welche Entscheidung ich als Fußballtrainer treffen würde. Im Gegensatz zum Skisport gibt es im Fußball keine Trainingszeitläufe, und ein guter Coach weiß, wer am „Tag X" am stärksten ist. In diese Richtung antwortete ich schmunzelnd. Was ich nicht wusste: Aus dem langen Interview wurde ein einziger Satz aus dem Zusammenhang gerissen und immer wieder im österreichischen Radio wiederholt. Als ich am nächsten Tag zum Frühstück kam, lag bereits ein Zeitungsfax aus Österreich am Tisch – mit folgender Schlagzeile über zwei Seiten, einem zusammengestückelten Zitat: „Die Trainer haben schon entschieden – für mich!" Jetzt hatten sie ihre Story, und der Wirbel war perfekt. Es gab Krisensitzungen mit ÖSV-Betreuern und Radioreportern, Richtigstellungen und erst recht Diskussionen über den Aufstellungspoker. Der frühere deutsche Slalom-Fahrer Christian Neureuther goss zusätzlich Öl ins Feuer, indem er seine Meinung in einer deutschen Zeitung verbreitete, die Österreichs *Kronen Zeitung* sofort übernahm und verstärkte: „Maiers Zeit ist vorbei“, stand da in großen Lettern, und ich ärgerte mich noch mehr. Warum schenkt man jedem selbst ernannten Experten derart viel Aufmerksamkeit?

„Der Neureuther soll beim Fußball bleiben“, schnaubte ich, von den Reportern mit den provokanten Aussagen konfrontiert, in meiner ersten Wut. Ein sehr sachlicher TV-Journalist meinte: „Sie wissen genauso gut wie ich, dass er Skirennläufer war.“ Mag sein – das war zu einer Zeit, als ich vielleicht zwei, drei Jahre alt war. Und später, so erzählte man mir, durfte der Ehemann der deutschen Olympiasiegerin Rosi Mittermaier in der legendären TV-Ratesendung *Dalli Dalli* Jury spielen. Damals hatte Herr Neureuther jedenfalls wesentlich weniger anrichten können als diesmal in seiner Zeitungskolumne.

Christian Neureuther hat sich später bei mir entschuldigt. Trotzdem: Ich war damals ganz schön grantig.

Kein Wunder, dass ich in diesem Trubel fast zu spät zu meinem Trainingsstart gekommen wäre. Kaum hatte ich die Schuhschnallen geschlossen, wurde ich schon auf die Strecke geschickt. Dann passierte etwas, das typisch für eine derartige Situation ist: Ich war nicht ganz bei der Sache, und das kann in meinem Beruf fatale Auswirkungen haben. Ich fuhr halbherzig auf den St.-Peter-Sprung zu und hob ab wie eine Rakete. Für einen Bruchteil einer Sekunde schoss mir mein legendärer Nagano-Abflug durch den Kopf. Dann schlug ich auf. Ich schlitterte über die Piste, als ich plötzlich einen brennenden Schmerz im linken Schienbein spürte. Offensichtlich hatte mich die Stahlkante meines durch die Luft wirbelnden Skis getroffen. Als ich endlich liegen blieb, ging ich die wesentlichen Teile meines Körpers durch und atmete einmal auf. Die Rissquetschwunde am Unterschenkel schien mir halb so schlimm – die sollte Artur später mit sechs Stichen nähen. Auf diese eine Narbe mehr kam's wirklich nicht mehr an ...

Was jetzt? Eigentlich hatte ich keine Lust mehr, die Abfahrt unter diesen Vorzeichen zu bestreiten. In meinem Frust rief ich meinen Präsidenten Peter Schröcksnadel am Handy an und grantelte: „Ich pfeif' auf die Abfahrt – soll doch ein anderer statt mir fahren!" Wie immer in solchen heiklen Situationen fand Peter die richtigen Worte, um mich zu beruhigen. Natürlich fuhr ich tags darauf – und wurde Siebzehnter. Ich war so weit weg von einer Medaille, dass ich mir jede Diskussion ersparte. Es gab nur eines für mich: abhaken und nach vorne blicken.

„Vorne", das war der Riesentorlauf am drittletzten Tag dieser bis dahin so trostlosen Lagerkoller-WM. Beim Training nervte ich Andy mit meinem dauernden Jammern: „Da passt überhaupt nix", klagte ich. „Das hat heuer schon viel besser funktioniert." Und so weiter. Mein Trainer schaute mich an wie ein Vater seinen trotzigen Buben und meinte: „So schlecht wie du tust ist das auch nicht. Eigentlich sehe keine Fehler – wenn du das im Rennen bringst, bist vorn dabei!" Zusätzlich meldete sich Heini aus Obertauern und redete auf mich ein wie auf ein krankes Pferd: „Setz dich aufs Rad und versuch zu regenerieren!" Jetzt reichte es mir endgültig: „Vom Radlfahr'n hab' ich die Schnauze endgültig voll", fauchte ich Heini an. „Ich muss raus, abschalten, schau'n, dass ich auf andere Gedanken komm'!"

„Vielleicht ist das wirklich die beste Idee", gab mir mein Betreuer recht. Dann borgte ich mir einen BMW-Roller aus und fuhr einfach los. Da abseits der Pisten kaum Schnee lag, konnte ich durchs Gelände fahren. Mitten in der Natur ließ ich das Gefährt stehen und ging spazieren. Das half. Plötzlich schaffte ich es wieder, Wettkampfspannung aufzubauen, ja ich konnte es gar nicht erwarten, in meiner neuen Lieblingsdisziplin noch einmal anzugreifen. Von Tag zu Tag wurde ich hungriger. Dann bekam ich völlig unverhofft noch einen zusätzlichen Spannungsaufbau-Tag: Das italienische Staatsfernsehen RAI streikte, und zum ersten Mal wurde ein WM-Rennen aus so einem Grund um einen Tag verschoben. Während die anderen im Kreis gingen, genoss ich die Verlängerung in der Lombardei.

Der tatsächliche Riesentorlauf-Tag hatte etwas Mystisches: Ich war total ruhig und gleichzeitig hatte ich dieses Super-Gefühl der Unbesiegbarkeit. Ich wusste, ich würde etwas Besonderes schaffen. So war es dann auch. Vor dem zweiten Durchgang lag ich hinter Daron Rahlves auf Platz zwei und nahm mir vor, voll anzugreifen. Als ich bereits im Starthaus stand, stürzte der Kanadier Roy und das Rennen wurde unterbrochen. Solche uneingeplanten Extra-Minuten können dich völlig aus der Konzentration bringen. Doch ich wartete geduldig, bis es weiter ging. Dann hörte ich: „Noch eine Minute", konzentrierte mich auf meinen Lauf und stürzte mich aus dem Starthaus. Hinter mir stand Rahlves' amerikanischer Betreuer und schoss ein Foto nach dem anderen von mir. Wollte er mich aus der Fassung bringen, oder ist er nur ein Riesenfan von mir – ich weiß es nicht. Jedenfalls gelang mir ein nahezu perfekter Lauf. Ich wusste: Ich hatte mein Bestes gegeben – mehr konnte ich nicht für den Sieg tun!

Als Rahlves abschwang und die „3" neben seinem Namen aufleuchtete, riss ich meine Gold-Ski in die Höhe und sank mit Tränen in den Augen in den Schnee. Tausend Gedanken schossen mir durch den Kopf. Erinnerungen an meine bisherigen Gold-Rennen und an die harte Zeit danach. Dann dachte ich an jenen Mann, der den Ski, auf dem ich seit nunmehr zehn Jahre gewinne, entwickelt hatte: Alois Rohrmoser – der Atomic-Gründer war wenige Tage zuvor verstorben. Ihm widmete ich diesen Sieg, den ich in der ersten Euphorie als „den wichtigsten von allen" bezeichnet hatte. Keine meiner bisherigen fünf Goldmedaillen musste ich mir so hart erarbeiten!

Eines meiner wichtigsten Rennen: meine Fahrt zum Riesentorlauf-Sieg bei der WM in Bormio

Im richtigen Augenblick hatte wieder alles funktioniert – besser hätte es nicht laufen können. Nach all den Zweifeln der letzten Wochen hatte ich mich diesmal selbst überrascht. Und ich war stolz auf meine mentale Stärke. Michi Walchhofer und Benni Raich, meine Trainingskollegen aus der Evers-Gruppe, hatten schon vier Medaillen eingefahren – damit war ich gehörig unter Druck gestanden. Dazu kamen die vielen medialen Seitenhiebe, die ich versuchte, so weit es ging zu ignorieren. Auch wenn es seltsam klingen mag: Diese eine Goldmedaille mit dieser Dramaturgie war mir weitaus lieber als drei Goldene, bei denen alles glatt gelaufen wäre. Der Riesentorlauf war mir mehr wert, als es auf den ersten Blick erscheinen mag. Nicht nur, dass mir WM-Gold in diesem Bewerb noch gefehlt hatte – das ist auch jene Disziplin, mit der ich begonnen hatte, mit der ich mich in den Weltcup gekämpft hatte. Ich hatte das Glück, dass ich auch nach meinem Motorradunfall noch außergewöhnliche Leistungen erbringen durfte. Doch ausgerechnet im Riesentorlauf hatte es ja den Anschein, dass es nicht mehr zum Sieg reichen würde. Gibt es was Schöneres als so ein Happy End?

Im Gegensatz zur WM 2001 in St. Anton, wo ich als Topfavorit hingekommen und systematisch eingebrochen war, habe ich mich in Bormio perfekt aus dem Sumpf gezogen. Von ganz unten aufzustehen und wieder ganz nach oben zu steigen, das ist meine Spezialität. Ähnlich mein Leitmotiv: Nie sollst du jemanden abschreiben, nie jemanden unterschätzen, weil nichts unmöglich ist! Grinsend hielt mir Walter die *Kronen Zeitung* mit meinem Interview, das ich zwei Tage vor dem Riesentorlauf gegeben hatte, entgegen. „Ich bin der große Verlierer dieser WM", hatte ich da gesagt. Mit dem Zusatz „bis jetzt!" Für Walter, den Medienprofi, war klar, dass mich einige im Fall einer Niederlage allein wegen dieser zwei Worte zerrissen hätten.

Nach einer langen, langen Feier sank ich zufrieden ins Bett und dankte Gott, dass ich mein großes Saisonziel doch noch hatte erreichen dürfen. Eine Goldene, die mir wohl keiner mehr zugetraut hatte.

Plötzlich funktionierte alles

Mit der einen Fete hatte es sich aber auch schon ausgefeiert. Unmittelbar nach der WM ging die Jagd nach Weltcup-Punkten weiter, wenngleich ich die Sache jetzt entspannt angehen konnte. In Kranjska Gora bestätigte ich meine WM-Leistung mit Platz zwei im Riesentorlauf und beschloss, mich ab nun auf die schnellen Disziplinen zu konzentrieren. Es ging darum, den Blick Richtung Olympia 2006 zu richten. Inzwischen hatte ich meine fixen Vorstellungen, wie es funktionieren könnte. So griff ich ein letztes Mal in die Trickkiste und testete ein älteres *Atomic*-Schuhmodell. Ich stand im Stiefel und wusste sofort: „Das isses!" Was ein paar Millimeter ausmachen können ... Wie oft schon hatte ich diesen Schuh dabei gehabt und mich nicht getraut, ihn einzusetzen?

Im norwegischen Kvitfjell war es dann so weit. Auf der Olympia-Abfahrt von 1994 mit ihren langen Gleitkurven, auf der sich kleinste Fehler mit riesigen Zeitrückständen rächen, funktionierte der Schuh perfekt. Ich feierte meinen ersten Abfahrtssieg in dieser turbulenten Saison. Tat das gut! Als Draufgabe gewann ich tags darauf auch noch den Super-G – und wie: Mein Vorsprung (83 Hundertstel) erinnerte mich an meine besten Zeiten. Mit diesem, meinem 50. Weltcup-Triumph, hatte ich endlich den großen Alberto Tomba in der ewigen Siegerliste eingeholt und somit auch noch dieses Saisonziel erreicht!

Beim Weltcup-Finale in der Schweiz war mein dritter Gesamtrang hinter Bode Miller und Benni Raich einzementiert. Ich gratulierte Bode Miller dafür, dass er seinen riesigen Start-Vorsprung noch ins Ziel gerettet hatte, und Benni, meinem Trainingskollegen, zu seinem tollen Finish. Ärgern musste ich mich allerdings, dass ich die Super-G-Kugel, die ich mir eigentlich nur abholen hätte müssen, Miller überließ. Ausgerechnet im letzten Super-G dieser Saison hatte Bode auf die oberste Podeststufe zurückgefunden – nach 23 sieglosen Rennen!

Die Frage nach dem Warum

Nach jeder Saison gebe ich ein, zwei große Interviews. Und jedes Mal muss ich dieselbe, scheinbar unvermeidbare Frage beantworten: "Sie haben in Ihrer Karriere alles erreicht – warum tun Sie sich das noch an? Was müssen Sie noch beweisen?" Warum ich mir das antue? Ganz einfach: aus Freude am Sport, am Gewinnen und daran, dass ich das tun darf, was mir am meisten Spaß macht. Noch brauche ich diesen "Kick" – wer weiß, wie lange das noch so sein wird. Jede Saison ist ein einziges spannendes Abenteuer. Welchen Grund hätte ich, etwas, das mich so glücklich macht, vorzeitig zu beenden? Natürlich bin ich mir dessen bewusst, dass ich mich nur eine begrenzte Zeit auf diesem Level bewegen kann. Doch die will ich maximal auskosten.

Man lernt ständig Neues, macht wertvolle Erfahrungen – vor allem, wenn man sich an der Spitze bewegt. Ich bin überzeugt davon, dass es nicht viele Fahrer gibt, die so viel Wertvolles mitnehmen durften. So gesehen wird mich meine spannende Karriere ein Leben lang prägen – ich bin sogar froh, dass nicht alles reibungslos funktioniert hat. Aus Fehlern lernt man bekanntlich. Vermutlich hätte ich viele Erfahrungen schon viel früher gemacht, wenn nicht der Motorrad-Unfall dazwischen gekommen wäre. Die Frage ist, ob ich dann noch immer fahren würde. Dennoch bin ich froh, dass ich den Maurerrucksack daheim in der Garage für immer abstellen und meinen Traum leben durfte. Ich bin mein eigener Chef, und das ist wunderschön.

Wie lange darf ich noch träumen, wie lange will ich das noch? Natürlich wird alles mühsamer. Verletzungen brauchen länger zum Auskurieren. Das Training kostet mir immer mehr Überwindung. Allerdings geht mit der Routine, die ich inzwischen gesammelt habe, doch einiges leichter. Man lernt, mit seinen Kräften Haus zu halten. Man schaltet immer wieder zurück und konzentriert sich auf die wirklich großen Dinge. Meine Leistungskurve sieht immer mehr wie ein EKG aus. Rauf-runter-rauf-runter-rauf ... Ich kann die Rennen, die mich wirklich interessieren, fokussieren, und das genieße ich. Jenseits der 30 weiß man es oft mehr zu schätzen, dass man noch imstande ist, Top-Leistungen zu bringen. Und eines können Sie mir glauben: Für den Kopf ist es verdammt gut, wenn man sich am Limit bewegt.

So lange ich fahre, werde ich Trends setzen. Weil der Skisport, was das Material betrifft, wie ein Teamsport funktioniert, profitieren auch die anderen von meinen Experimenten und Erfahrungen. So nützte, um nur ein Beispiel unter vielen zu nennen, Daron Rahlves sofort nach meinem Doppelsieg in Kvitfjell mein gelungenes Schuh-Experiment. Aber damit muss ich leben. Natürlich hätte ich mehr Vorteile, wenn ich mein selbst entwickeltes Material still und heimlich verwenden könnte. So aber denken sich meine Kollegen: „Aha, wenn das beim Maier funktioniert, dann sollten wir es auch probieren!" Komischerweise bin's immer ich, der ersten Schritt setzten muss. In der Formel-1 wäre so etwas undenkbar. Da genießt Michael Schumacher uneingeschränkte Exklusivität.

Wo will ich hin?

Wie lange werde ich die Trends noch setzen? Ehrlich: Ich weiß es nicht. Ich will mich nicht festlegen. Da meine wichtigsten Verträge bis 2007 laufen, können Sie davon ausgehen, dass ich nach den Olympischen Spielen 2006 in Turin noch eine Saison anhänge. Und dann?

Die Frage ist, wohin der Skisport geht. Wenn ich mir ganz nüchtern die DVDs vergangener Jahre ansehe, glaube ich, einen gewissen Abwärtstrend zu erkennen. Fragen Sie mich nicht, wieso das so ist, aber mir kommt vor, in anderen Sportarten verhält es sich ähnlich. Michael Schumacher, hieß es, fuhr die Formel-1 in eine Sackgasse. Und was ist jetzt? Wen lockt ein Weltmeister namens Alonso hinterm Ofen hervor? Und was passiert im Radsport nach Lance Armstrong? Und wo ist der Basketballer, der Michael Jordan je das Wasser reichen wird? Und wo sind die Joe Montanas, die Dan Marinos und die John Elways im Football? Irgendwie habe ich das Gefühl, dass dem Sport langsam aber sicher die charismatischen Typen ausgehen. Im Fußball stimmt zumindest das Produkt Champions League. Davon könnte sich auch der Internationale Ski-Verband etwas abschauen.

Und was kommt danach?

Ich trainiere einfach gern – das hängt nicht nur mit Skisport zusammen, es geht mir um die körperliche Fitness, das Wohlbefinden, um Lebensgefühl. Wer eine Stiege hinaufsteigen kann, ohne nach wenigen Tritten außer Atem zu geraten, hat einfach mehr vom Leben. Jeden Morgen, wenn ich aufwache, verspüre ich einen mir angeborenen Drang, mich zu bewegen und mich weiter zu entwickeln. Das wird vermutlich immer so bleiben. Schließlich bin seit meiner Kindheit gewohnt, ständig gefordert zu werden und dafür etwas tun zu müssen. Ja, und ich habe mich auch an den Erfolg gewöhnt. All das hat seinen Reiz. Aber irgendwann einmal wird auch der verloren gehen, und dann ist Schluss. Dann kann ich die Füße hochlagern. Das mag zwar schön und angenehm sein. Doch wer mich kennt, der weiß, dass ich auch dann neue Herausforderungen suchen werde, wenn ich es eigentlich nicht mehr notwendig hätte. Ich darf auf keinen Fall stehen bleiben und abstumpfen, denn das wäre nicht ich.

Dann aber geht es nicht mehr um Zehntelsekunden, um Koordination und Kondition. Ich freue mich schon auf die Zeit, in der ich anders trainieren darf. Mit dem Rad leichtfüßig einen Berg rauf fahren, längere Strecken laufen, das geht jetzt nicht. Noch schleppe ich wahnsinnig viele Muskelmasse mit mir herum, weil ich nur damit im modernen Skirennsport konkurrenzfähig bleiben kann. Später werde ich schauen, wie ich mich körperlich weiterentwickeln kann; aber dann werde ich Sport einfach als Ausgleich betreiben.

Olympia 2006

Es wird mir immer in den Mund gelegt, dass mein letztes großes Ziel Abfahrts-Gold sei. Jedes Mal, wenn ich das irgendwo lese, muss ich schmunzeln. Das stimmt nämlich nicht, es handelt sich lediglich um so eine typische Medienmär. Olympische Spiele sind natürlich ein großes Ziel. Ich bin einer der wenigen erfolgreichen Sportler, die erst zum zweiten Mal – wenn ich überhaupt dabei bin – teilnehmen können. Einmal ist schon verdammt wenig. Zum Glück hab' ich damals in Nagano gleich zwei Goldene geholt; andere große Sportler sind so einem Erfolgserlebnis ewig nachgelaufen. Gold nehme ich – egal in welcher Disziplin, und wenn's im Slalom ist.

Die Olympischen Spiele 2006 in Turin sind mein letztes ganz großes Ziel. Die Herren-Bewerbe finden im 2000 Meter hoch gelegenen Sestriere statt, und ich habe Super-Erinnerungen an diese Skistation. Dort fuhr ich 2003 einen der besten Super-Gs meiner Karriere – und das nach meinem Unfall! Ich war zum ersten Mal dort und gewann auch noch die große Kristallkugel, in einem Finale, wie es dramatischer nicht hätte abgehen können. Und ich wette schon jetzt, dass es auch bei Olympia nicht reibungslos abgehen wird. Mit Grauen sehe ich die heißen Aufstellungsdiskussionen vor mir und Quartier-Probleme, die in „Bella Italia“ ebenso unvermeidbar scheinen. Ich könnte ja im Wohnmobil anreisen.

Zu viel den Kopf darüber zerbrechen will ich mir jetzt aber noch nicht. Olympia hin, Olympische Spiele her: Wie der Name schon sagt, handelt es sich um ein Spiel – und als solches werde ich den Sport immer betrachten!

Das Hermann-Maier-Trainingsprogramm

So trainiert Hermann Maier ... und so kann auch ich davon profitieren

Von Herminator-Fitmacher Heinrich Bergmüller

Als mich Hermann im Jänner 1997 zum ersten Mal um Rat fragte, trug er die linke Hand in Gips. Er hatte gerade den Sprung ins Weltcup-Team geschafft, war allerdings nach dem Abfahrtssturz in Chamonix zu einer Wettkampfpause verurteilt. Die wollte er sinnvollerweise zum Trainieren nützen. Als Skifahrer wusste er genau, was er wollte. Doch was sein Aufbautraining betraf, wirkte er verunsichert. Er besuchte mich in meinem Büro und sah mich Hilfe suchend an: „Was soll ich heute trainieren?" Ich warf einen Blick auf sein Programm und schüttelte nur den Kopf: Alles war auf Kraft ausgerichtet. Dabei ist das nur ein Teil im Trainingspuzzle.

Als langjähriger Konditionstrainer des ÖSV-Herrenteams hatte ich ein revolutionäres Programm in der Schublade. Doch mir fehlte der Athlet, der bereit war, das mit aller Konsequenz umzusetzen. Jetzt stand er vor mir. Ich sagte zu Hermann: „Vergiss dein Krafttraining vorerst einmal!" Mit seiner Verletzung konnte er keine Rennen fahren. Aus meiner Erfahrung wusste ich: Mit richtig dosiertem Ausdauertraining kann man auch in ein paar Wochen Wunder bewirken. Dazu kommt, dass Hermann außergewöhnlich gut auf gezielte Trainingsreize anspricht. Ich hatte schon in der Vergangenheit öfter mit Hermann zu tun. Er war mir schon als Zwölfjähriger im Landes-Schülerkader aufgefallen. Und zwar als überragendes Talent mit genialen Schnellkraft-Anlagen und hoher Trainingsmotivation.

Mit 24 Jahren schien Hermann Maier für einige Ski-Trainer und diverse Fachtrottel zu alt. Für mich und den damaligen Olympiastützpunkt-Mediziner Bernd Pansold aber war sein Zug längst noch nicht abgefahren. Im Gegenteil: Ich freute mich auf das, was jetzt kommen würde. Ich setzte Hermann also auf das Rad-Ergometer und war verblüfft von seinem mäßigen Ausdauer-Niveau. „Da liegt ganz schön viel Arbeit vor uns", sagte ich, während ich mit Hermann die ersten Werte besprach. „Aber du wirst sehen: Nach drei, vier Wochen schaut alles anders aus!" Also begannen wir mit gesteuertem Training. Dabei wird jede Trainingsserie per Stich ins Ohr überwacht. Der abgezapfte Blutstropfen wird sofort im Laktat-Analysegerät gemessen. So bekomme ich das Laktat (chemisch gesehen das Salz in der Milchsäure), das exakt Auskunft über den Anstrengungsgrad gibt. Dieser Wert liegt bei sehr vielen Athleten, die unsystematisch und nur nach Gefühl trainieren, meist zu hoch.

Genau das ist der springende Punkt: Früher befand sich auch Hermann, wie er heute zugibt, permanent im Übertraining. Er war häufig verkühlt, fühlte sich krank und abgespannt. Anstatt sich zu verbessern, machte er seine Muskulatur durch zu hartes Training kaputt. „Was mich nicht umbringt, macht mich nur härter!", lautete sein falsches Motto. Meine Prinzipien hingegen heißen „Weniger ist oft mehr" und „In den Pausen liegt die Kraft"! Hermann sprach auf das neue Training außergewöhnlich schnell an. Im Februar 1997, nur sechs Wochen nach dem Beginn unserer Zusammenarbeit, feierte er in Garmisch seinen ersten Weltcup-Sieg! Die wohl spannendste Karriere im alpinen Skisport hatte damit eine entscheidende Wende genommen!

Aber auch Sie können mit moderatem Ausdauertraining zum Sieger werden. Das gilt nicht nur im Sport. Wer meine einfachen Tipps konsequent befolgt, wird sehen, wie sich die Lebensqualität in nur wenigen Wochen verbessert.

So, jetzt lassen Sie sich Schritt für Schritt in eine neue Trainingsdimension führen. Alles lässt sich ganz einfach anwenden – Sie müssen lediglich bereit sein, meine Vorgaben umzusetzen. Wie bei Hermann Maier heißt das Zauberwort „Konsequenz".

Vergessen Sie durchgestylte Fitness-Videos. Legen Sie sich ein Zimmerfahrrad zu und starten Sie los. Wenn Sie damit eine erste Basis gelegt haben, können Sie mit dem Laufen beginnen. Mein Trainings-Konzept steht auf drei Säulen:

1. Ausdauer 2. Kraft 3. Koordination

Ausdauertraining

Die Grundlagen-Ausdauer stellt hierbei die tragende Säule dar. Das wiederum erklärt, weshalb der Herminator täglich mehrere Stunden auf dem Rad-Ergometer verbringt. Durch konsequentes Ausdauertraining (zum großen Teil im moderaten Fettstoffwechsel-Bereich) werden die Grundlagen entscheidend verbessert und Regulationsmechanismen wie Verdauung oder Schlaf optimiert. Dass Sie damit neben Ihrer Ausdauerleistung das körperliche Wohlbefinden steigern, versteht sich von selbst. Doch auch im alpinen Skisport spielt die Ausdauer-Komponente eine entscheidende Rolle, die viel zu lange unterschätzt worden ist. Skifahren ist, wie immer wieder missverständlich dargestellt, kein reiner Kraftsport. Es kommt auf die richtige Mischung von Ausdauer (Kraftausdauer), Schnellkraft und Koordination an.

Durch konsequentes Ausdauertraining werden Sie rundum ein neuer Mensch.

- Ihre sportlichen Leistungen werden sich verbessern: Egal, ob Sie Ski fahren, Tennis spielen, radeln, laufen oder nordic walken.
- Sie erholen sich schneller, da sich Sauerstoff-Transport und -Verwertung entscheidend verbessern.
- Sie verbrennen Fett, weil Sie mehr Fettsäuren mobilisieren. Dabei sinken nicht nur negative Blutfettwerte, auch die Lieblingsjeans passen wieder.
- Sie werden athletischer – und das ganz ohne Hanteln.
- Sie bekommen Ausstrahlung und Charisma. Dadurch, dass sich der Körper von innen reinigt, bekommen Sie eine schönere Haut.
- Sie bauen Stress ab. Ihr Gehirn wird ja besser mit Sauerstoff

versorgt. Durch verbesserte Konzentration und Merkfähigkeit steigt Ihre psychische Belastbarkeit.

- Sie bekämpfen die „freien Radikale" in Ihrem Körper und beugen so Zellschäden vor. Dadurch verlängern Sie Ihr Leben auf natürliche Weise – eine billige „Anti-Aging"-Kur!
- Regulationsmechanismen werden entscheidend angekurbelt: Sie schlafen besser, die Verdauung funktioniert, der Hormon-Stoffwechsel wird in Schwung gebracht.
- Sie halten durch. Das gilt auch beim Sex!
- Sie bleiben gesund. Mit konsequentem Ausdauertraining im moderaten Bereich stärken Sie Ihr Immunsystem.
- Ihr Körper schüttet Glückshormone (Endorphine) aus. Das macht Sie zufriedener. Oder wieder unzufrieden – nämlich dann, wenn Sie nicht zum Trainieren kommen!

So, jetzt verrate ich Ihnen, wie Sie die Sache richtig angehen. Am Beginn muss ein sportmedizinischer Gesundheits-Check inklusive EKG und Labor-Test stehen.

Der nächste Schritt ist ein Laktat-Stufentest. Dabei müssen Sie auf dem Laufband oder am Ergometer laufen/radeln, wobei Geschwindigkeit bzw. Widerstand konstant gesteigert werden. Am Ende jeder Stufe (nach jeweils drei bzw. vier Minuten) werden Laktat (Stich ins Ohr) und Herzfrequenz registriert. Das Laktat ist der Parameter für Ihre tatsächliche muskuläre Beanspruchung. Vereinfacht gesagt: Je niedriger das Laktat im Blut, desto geringer die muskuläre Beanspruchung.

Aus dem Ergebnis des Stufentests ermitteln wir Ihre optimalen Trainingszonen, die beim „Hermann-Maier-Trainingsprogramm" folgendermaßen eingeteilt werden:

- Kompensierung = Laktat 0 bis 2 (unterhalb der „aeroben Schwelle", die bei Laktat 2 liegt). Bei der aeroben Schwelle wird die Leistung aus dem ökonomischen Fettstoffwechsel erbracht.
- Stabilisierung = Laktat 2 bis 4 (bei 4 liegt die „anaerobe

Schwelle"). Bei der anaeroben Schwelle wird die Leistung aus dem ökonomischen Fettstoffwechsel unter Einbeziehung von vorrätigen Kohlehydraten aus der Muskulatur erbracht.

- Entwicklung = Laktat 4 bis 6. Dieser Bereich ist vorwiegend Spitzensportlern vorbehalten. Wer sich zu viel in dieser „roten Zone" bewegt, schädigt seine Grundlagen sowie das Immunsystem und zerstört durch dieses falsche Training mehr, als er bewirkt.

Beim Stufentest erfahren Sie den der jeweiligen Trainingszone zugeordneten Pulsbereich. Die vom ÖSV-Olympiastützpunkt Obertauern betreuten Hobbysportler und Reha-Patienten erhalten auf Basis der Leistungsdiagnostik ihren persönlichen Trainingsplan. Hier ein paar generelle Richtlinien für das Ausdauertraining:

- Rund 80 bis 90 % Ihres Trainings sollten sich im moderaten Kompensierungs-Bereich (KB), also unterhalb der aeroben Schwelle (Laktat 2 mmol), abspielen. Angenehmer Nebeneffekt: Sie verbrennen dabei ideal Fett. Auch Hermann Maier radelt einen Großteil seiner Trainingszeit bei niedrigem Puls.

Muster-Beispiel für ein KB-Training am Ergometer:
20 Minuten bei Puls 100 und 60 bis 70 Umdrehungen/Minute
5 Minuten Pause
20 Minuten (Puls 105)
5 Minuten Pause
20 Minuten (Puls 110)
5 Minuten Pause

- Ein- bis zweimal in der Woche können Sie Stabilisierungs-Bereich (SB)-Einheiten (SB) in Ihr Training einbauen. Diese sollten aber nicht mehr als 5 bis 15 % des Gesamttrainings ausmachen.

Muster-Beispiel für KB/SB-Training am Ergometer:
20 Minuten Einradeln KB (Puls 110)
7 Minuten SB (Puls 140)
5 Minuten Pause
8 Minuten SB (Puls 140)
5 Minuten Pause
10 Minuten SB (Puls 145)
5 Minuten Pause
20 Minuten Ausradeln KB (Puls 90)
Achtung: Bei Pulsangaben handelt es sich lediglich um Richtwerte – sie sind bei jedem Athleten individuell (nach Laktat-Einstellung)!

- Das Training im Entwicklungs-Bereich (EB) ist gut Trainierten vorbehalten. Mäßig trainierte Hobbysportler zerstören durch zu intensive Einheiten nur ihre Grundlagen. Selbst Hermann Maier bewegt sich nur selten in dieser „roten" Zone.

Beispiel für ein Leistungssport-Training auf dem Ergometer (88-90 Umdrehungen/Minute) mit KB, SB und EB-Elementen (nur für gut Trainierte!):
30 Minuten Einfahren KB (Puls 120)
5 Minuten Pause
10 Minuten SB (Puls 160)
6 Minuten EB (Puls 175)
5 Minuten Pause
6 Minuten EB (Puls 175)
5 Minuten Pause
25 Minuten Ausradeln KB (Puls 105).

Hier noch ein paar Basis-Tipps für Ihr Ausdauer-Training:

- Idealerweise legen Sie Ihr Training so an, dass Sie auf mindestens vier Einheiten pro Woche kommen.
- Nach acht Wochen können Sie den Trainingsumfang steigern.
- Legen Sie bei ersten Anzeichen von Übertraining (Symptome:

höherer Ruhepuls, Schlafstörungen, Appetitlosigkeit) unbedingt Ruhetage ein!

- Stellen Sie Ihr Ergometer vor den Fernseher und holen Sie sich ein paar motivierende Videos oder nützen Sie die Zeit wie der Herminator zum Lesen!

Krafttraining

Ein weit verbreiteter Irrtum ist, dass der Herminator jeden Tag stundenlang in der Kraftkammer Gewichte stemmt. Wie er sonst zu seinem kräftigen Körper kam? Ganz einfach: Die „Rohkraft" hat er sich in seiner Zeit als Maurer am Bau erarbeitet. Später hat er, wie er selber zugibt, sicher zu intensiv mit Gewichten trainiert. Seit er nach meinem Trainingskonzept arbeitet – und das passiert immerhin schon seit gut sieben Jahren –, trainiert er nach einem perfekt durchdachten und mit ihm abgesprochenen Kräftigungsprogramm. Ohne beliebte Klassiker wie „Bankdrücken" oder „Bizeps-Curl". Gewichte werden nur gezielt eingesetzt und per Laktat gesteuert. Einen Schwerpunkt bildet ein speziell ausgetüfteltes Kraft-Koordinationsprogramm (z. B. Kniebeugen mit Hantelstangen in Hochhalte-Position).

Hobbysportlern empfehle ich Rumpfkräftigung mit Medizinbällen, großen Gymnastikbällen, Thera-Bändern und ähnlichen Hilfsmitteln. Mit speziellen Übungen werden Bauch-, Rücken- und Schultermuskulatur gekräftigt und stabilisiert. Erkundigen Sie sich bei unserem Team oder bei einem erfahrenen Physiotherapeuten!

Hier ein paar Übungen:

- Statisch-isometrische (Positionshalte-)Übungen wie Liegestütz-Position, wobei abwechselnd rechtes und linkes Bein angehoben werden.
- Dynamische Übungen (Bewegungsübungen) und
- Reaktive Übungen (Ungleichgewichtsübungen) z. B. mit Medizinball.

Außerdem lassen sich Liegestütze (2 bis 3 Serien à 7 bis 10 Wiederholungen) und Klimmzüge (2 bis 3 Serien à 2 bis 6 Wiederholungen) ins Training einbauen, wobei Sie eine vier- bis fünfminütige Serienpause beachten sollten.

Koordinationstraining

Dabei wird das muskuläre Zusammenspiel geschult. Ob Sie nun Skirenn- oder Hobbyläufer sind, Langläufer oder Skitouren-Geher, Radfahrer oder Jogger mit Marathon-Ambitionen: Es geht darum, dass Sie Ihre PS optimal auf den Boden bringen. Manche haben z. B. Probleme damit, auf einem Bein zu stehen. Aufgrund mangelnder Stabilisierungsfähigkeit der Muskulatur können dann beim Laufen Kniebeschwerden auftreten. Mit regelmäßigem Koordinationstraining lässt sich dieses Verletzungsrisiko deutlich verringern.

Wieder empfehle ich Hobbysportlern die gleichen Übungen, die wir auch bei unseren Weltklasse-Athleten einsetzen.

Lauf-ABC:

Skipping (Knie werden bei hoher Frequenz angehoben)
Laufen aus dem Sprunggelenk
Anfersen
Hopserlauf
Sprungläufe
Laufübungen mit Stöcken oder leichten Gewichten auf einer 20 bis 30 Meter langen, ebenen Strecke, wobei jede Übung etwa zweimal durchgeführt wird.

Gleichgewichtsübungen, bei denen die Fußsohlen „aufgeweckt" werden. Dort befinden sich wichtige Gleichgewichtssensoren, die vor allem im Skisport sehr gefragt sind. Dazu eignen sich ein- oder beidbeinige Standübungen auf verschiedenen Oberflächen. Wenn Sie dabei die Augen schließen oder z. B. mit lauter Musik den Gehörsinn ausschalten, schulen Sie zudem das Vestibulärsystem (Gleichgewichtssinn im Ohr). Sehr effektiv sind Übungen auf labilen Unterlagen (z. B. Kippbrett, Kreisel, Medizinball). Die Utensilien dazu erhalten Sie im besseren Sportfachhandel.

Wenn Sie diese einfachen Vorgaben befolgen und zusätzlich regelmäßig einen leistungsdiagnostischen Test absolvieren, werden Sie sich mit Sicherheit deutlich besser fühlen. Für mich ist es immer wieder faszinierend zu beobachten, wie der Herminator mit wenigen Ski-Trainingstagen in Topform kommt! Erinnern Sie sich nur an das Comeback nach dem Unfall: Erst um Weihnachten herum hat Hermann mit dem Schneetraining begonnen, im Jänner beeindruckte er Teamkollegen und Trainer bei Zeitläufen auf der Reiteralm, und am 14. Jänner 2003 kehrte er beim Riesentorlauf von Adelboden in den Weltcup-Zirkus zurück. Den unglaublichen Triumph beim Super-G in Kitzbühel am 27. Jänner bezeichnet er als den schönsten seines Lebens. Glauben Sie mir, ohne entsprechende körperliche Basis wäre diese Sensation nicht möglich gewesen!

*) Heinrich Bergmüller, geboren 1952, eroberte als Aktiver zahlreiche nationale Titel im Bob und im Zehnkampf. Bei den Olympischen Spielen 1980 in Lake Placid verpasste er im Viererbob als Vierter nur knapp die Bronzemedaille. Später war er als Konditionstrainer des ÖSV-Herren-Nationalteams an den Erfolgen von Leo Stock, Patrick Ortlieb & Co. beteiligt. 1994 gründete er den Olympiastützpunkt Obertauern, wo er neben zahlreichen Spitzen- und Hobby-Athleten seit Jänner 1997 Hermann Maier betreut. Er entwickelte das „Hermann-Maier-Trainingsprogramm“, das er 2003 in Buchform veröffentlichte.

HMTP HERMANN MAIER TRAININGSPROGRAMM

www.olympiastuetzpunkt.at
www.bergmueller.at

Die Herminator-Erfolgsformel

10 Wege, die Sie zum Sieger machen

1. Setze dir immer ein Ziel! Formuliere es so, dass du den Fokus nie verlierst. Nach meinem Motorrad-Unfall lautete mein großes Ziel „Ski-Comeback“. Allerdings benötigte ich auf dem Weg dorthin viele Etappen-Ziele wie „selbstständig Gehen“, „Laufen“, „Schmerzmittel absetzen“ etc. Ordne diesen Zielen alles unter!

2. Lege dir einen Plan zurecht und ziehe ihn durch! Mit Willen, Ehrgeiz und konsequenter harter Arbeit lässt sich jedes realistische Vorhaben langfristig umsetzen. In Phasen, in denen nur mehr wenige an mich glaubten, gaben mir die Comeback-Pläne, die ich immer im Hinterkopf hatte, inneren Halt.

3. In der Ruhe liegt die Kraft. Der viel strapazierte Spruch „Weniger ist oft mehr!“ hat etwas für sich. Viel zu oft wird in harten Trainingsphasen auf die notwendige Regeneration vergessen. Ich nehme mir maximal viel Zeit dafür und lehne mich zurück, wenn mir danach ist. Ich versuche mich auch durch Termindruck nicht stressen zu lassen. Im Zweifel setze ich die Prioritäten so, dass der Sport den Vorrang hat. Ruhe kann mir nie zu viel werden. Im Gegenteil: Wenn andere mit Lagerkoller-Symptomen kämpfen, lade ich meine Batterien auf.

4. Gehe deinen eigenen Weg! Als Kind hatte ich Vorbilder, nach denen ich mich richtete. In meinen Anfängen als Skirennläufer orientierte ich mich an dem leider verunglückten Doppel-Weltmeister Rudi Nierlich. Seither ziehe ich meine Linie konsequent durch. Als ich in der Saison 1997/98 ein Radergometer von einem Weltcuport zum nächsten schleppte, wurde ich belächelt. Auch dabei ließ ich mich nicht beirren. Es gibt viele Wege, die nach oben führen. Du musst deinen nur finden und dahinter stehen. Die nötige Portion Egoismus kann dabei nicht schaden.

5. Behalte deine Ecken und Kanten! Lass dich nie in ein Schema pressen, in das du nicht passt. Damit kommst du nur kurzfristig weiter. Bei allem Team-Denken schaffe ich mir stets meine eigene Infrastruktur, lebe nach meinem Rhythmus und versuche das durchzuziehen, was mein Körper braucht. Mein früherer Weltucp-Trainer Werner Margreiter behauptet, dass ich mein Streben nach Unabhängigkeit bis zum Exzess betreibe.

6. Vertraue deinen Stärken! Baue nie auf die Schwächen anderer! Das ist unsportlich; damit gewinnst du vielleicht das eine oder andere Mal, wirst aber nie zu einem echten Sieger werden. Versuche deine Schwächen zu Stärken werden zu lassen!

7. Trau dich! Mut war für mich von klein auf ein Schlüssel zum Erfolg. Ich balancierte auf dem Brückengeländer über der Enns, stürzte mich in waghalsige Abenteuer. Noch heute reize ich jedes Limit aus. Egal, ob es darum geht, mit einem kaputten Bein möglichst früh die ersten Schritte zu gehen, wieder mit dem Motorrad zu fahren oder in heiklen Situationen auf der Piste meine Ängste zu überwinden.

8. Werde zum Pionier! Ob im Training, im Wettkampf oder im normalen Leben: Nur wer bereit ist, neues Terrain zu betreten, wird weiter kommen als andere.

9. Sei ehrlich – auch zu dir selbst! Wer Fehler macht, muss sie sich auch eingestehen können. Im Training weißt du oft selbst, dass es nicht gut genug war oder dass du zu früh aufgegeben hast. Zieh die Konsequenzen daraus!

10. Alles im Leben kommt zurück. Dieser Satz half mir auch in schwierigsten Zeiten immer wieder über die Runden.

Mein persönliches Renn-Tagebuch

SAISON 1994/1995

ÖM	24.03.1995	Ellmau	AUT	SG	40.
ÖM	25.03.1995	Spital am Semmering	AUT	RTL	18.
ÖM	26.03.1995	Semmering	AUT	S	DNF1
FIS Race	28.03.1995	Château-d'Oex	SUI	RTL	7.
FIS Race	29.03.1995	Chateau-d'Oex	SUI	RTL	6.
FIS Race	09.04.1995	Altenmarkt	AUT	A	24.
ÖM	10.04.1995	Altenmarkt	AUT	A	9.
FIS Race	11.04.1995	Altenmarkt	AUT	A	6.
FIS Race	09.12.1995	Neustift	AUT	RTL	3.

ÖM	Österreichische Meisterschaften	**S**	Slalom
EC	Europacup	**K**	Kombination
R001	Hermann Maiers Weltcup-Rennen Nr. 1	**DNF**	Did not finish (Rennen nicht beendet)
OS	Olympische Spiele	**DNS**	Did not start (nicht gestartet)
WM	Weltmeisterschaften	**DSQ**	Disqualified (disqualifiziert)
A	Abfahrt	**DNQ2**	Did not qualify for 2nd run (nicht für den 2. Lauf qualifiziert)
SG	Super-G		
RTL	Riesentorlauf		

1. Salzgeber (AUT) 1:39,00, 2. Rzehak (AUT) +0,05, 3. Wirth (AUT) +0,22 (40. Maier +4,96)
Ich gehe mit der letzten Startnummer ins Rennen, Wärmeeinbruch. Hilfe, die Piste schwimmt mir davon!

1. Reiter (AUT) 2:25,99, 2. Wirth (AUT) +0,94, 3. Mader (AUT) +2,47 (18. Maier +6,92)
Quetsche mich in meinen alten, gedehnten Anita-Wachter-Anzug und kämpfe mich mit Nr. 130 durch die Löcher.

1. Reiter (AUT) 1:29,42, 2. Albrecht (AUT) +0,54, 3. Voglreiter (AUT) +0,76 (Maier DNF1)
Ich fliege raus, werde aber in den Salzburger „Lumpensammler"-Kader (Landes-Kader B) aufgenommen.

1. Locher (SUI) 2:38,64, 2. Buechel (LIE) +0,44, 3. Kernen (SUI) +2,26 (7. Maier +3,20)
Mein erster erfolgreicher Auslandseinsatz: Ich schlief mit dem Ski im Doppelbett; nix gefrühstückt, Besichtigungszeit überschritten; dennoch beeindrucke ich das Schweizer Nationalteam.

1. Eggenburger (SUI) 2:46,02, 2. Plaschy (SUI) +0,52, 3. Kernen (SUI) +0,89 (6. Maier +1,55)
Ich komme mit 12 FIS-Punkten zurück: Sprung aus dem Nichts unter die Top 100 der RTL-Rangliste geschafft!

1. Schifferer (AUT) 1:24,18, 2. Fritz Strobl (AUT) +0,10, 3. Dreschl (AUT) +0,31 (24. Maier +3,38)
Bei Atomic suchen sie ein paar 2,14-m-Latten für mich heraus – die hab ich nur aus dem TV gekannt.

1. Aubonnet (FRA) 1:20,01, 2. Vogt (LIE) +0,04, 3. Huber (GER) +0,06 (19. Maier +1,39)
Weil ich am Vortag zu langsam war, gehe ich ins Sportgeschäft und kaufe mir ein Wet-Jet-Wachs. Es wirkt!

1. Huber (GER) 1:20,41, 2. Aubonnet (FRA) +0,11, 3. Lichtenegger (AUT) +0,15 (6. Maier +0,57)
Ich komme in Fahrt – wenn sie am nächsten Tag noch eine Abfahrt hätten, wäre ich am Stockerl!

1. Millet (FRA) 1:48,90, 2. Königsrainer (ITA) +0,27, 3. Maier (AUT) +0,40
Mein erstes Rennen als Ex-Maurer im von Snowboarderin Maria Pichler geschnorrten Spyder-Anzug. Ich paniere das gesamte ÖSV-Europacup-Team.

SAISON 1995/1996

FIS Race	10.12.1995	Neustift	AUT	SG	9.
FIS Race	14.12.1995	Predazzo Alpe di Pampeago	ITA	RTL	7.
FIS Race	15.12.1995	Predazzo Alpe di Pampeago	ITA	RTL	4.
FIS Race	20.12.1995	Altenmarkt	AUT	A	3.
FIS Race	26.12.1995	Abtenau	AUT	RTL	DNF2
EC	08.01.1996	Les Arcs	FRA	RTL	2.
EC	09.01.1996	Les Arcs	FRA	RTL	1.
EC	11.01.1996	Serre Chevalier	FRA	RTL	1.
EC	15.01.1996	Les Orres	FRA	A	13.
EC	16.01.1996	Les Orres	FRA	A	6.
EC	17.01.1996	Les Orres	FRA	SG	16.
EC	18.01.1996	Les Orres	FRA	SG	14.
EC	21.01.1996	Altenmarkt	AUT	A	14.
EC	22.01.1996	Altenmarkt	AUT	A	17.

1. Bjornsson (ISL) 1:24,55, 2. Piccard (FRA) +0,07, 3. Schönfelder (AUT) +0,19 (9. Maier +1,24)
Hohe Startnummer, Riesenlöcher – ich weiß, das wird meine Disziplin.

1. Holzer (ITA) 2:21,14, 2. Bormolini (ITA) +0,59, 3. Königsrainer (ITA) +0,60 (7. Maier +0,91)
Ich bin verblüfft von der wahnsinnig schnellen Riesentorlauf-Setzung; fahre zu rund.

1. Schönfelder (AUT) 2:22,84, 2. Bormolini (ITA) +0,52, 3. Belfrond (ITA) +0,98 (4. Maier +1,22)
Wahnsinn, wie brutal es in Italien beim Riesentorlauf zur Sache geht!

1. Galli (ITA) 1:19,26, 2. Holzknecht (AUT) +0,10, 3. Maier (AUT) +0,16
Meine vierte Abfahrt, und ich stehe am Stockerl!

1. Mlekuz (SLO) 2:18,70, 2. Schilchegger (AUT) +1,25, 3. Ertl (GER) +1,34 (Maier DNF2)
Mein heimlicher Durchbruch. Obwohl ich im zweiten Durchgang rausflieg, weiß ich: Bald gewinne ich!

1. Locher (SUI) 1:58,27, 2. Maier (AUT) +0,88, 3. Curra (AUT) +1,19
Ich verlege das Einfahren verbotenerweise auf den Rennhang. Was aber wegen meines alten Ski-Kostüms nicht weiter auffällt!

1. Maier (AUT) 1:57,18, 2. Locher (SUI) +0,13, 3. Buraas (NOR) +1,19
Mein erster Sieg im Europacup – und das gegen Locher, der zwei Tage zuvor im Weltcup in Flachau Vierter war!

1. Maier (AUT) 2:29,39, 2. Albrecht (AUT) +0,11, 3. Königsrainer (ITA) +0,24
Von Platz acht im 1. Lauf zum Sieg.

1. Holzknecht (AUT) 1:11,67, 2. Filischkin (RUS) +0,47, 3. Eberharter (AUT) +0,57 (13. Maier +1,14)
Meine erste Abfahrt auf einer Gleiterstrecke. Mir fehlt die Erfahrung, ich kämpfe mit der Ski-Abstimmung.

1. Fritz Strobl (AUT) 1:12,11, 2. Filischkin (RUS) +0,14, 3. Eberharter (AUT) +0,16 (6. Maier +0,43)
Es geht bergauf: Zeitrückstand auf ein erträgliches Maß reduziert!

1. Kröll (AUT) 1:12,50, 2. Wirth (AUT) +0,26, 3. Albrecht (AUT) +0,39 (16. Maier +1,53)
Verwachselt – nichts geht mehr!

1. Kröll (AUT) 1:12,12, 2. Fritz Strobl (AUT) +0,29, 3. Millet (FRA) +0,47 (14. Maier +1,58)
Die Konkurrenz bestaunt mich wegen meines provisorisch zusammengeschraubten Skischuhs.

1. Rupp (SUI) 1:18,93, 2. Bloomfield (USA) +0,50, 3. Fritz Strobl (AUT) +0,57 (14. Maier +1,05)

1. Rupp (SUI) 1:18,34, 2. Oldfield (CAN) +0,13, 3. Deissenböck (GER) +0,69 (17. Maier +1,46)

EC	23.01.1996	Altenmarkt	AUT	SG	1.
EC	24.01.1996	Altenmarkt	AUT	SG	1.
EC	27.01.1996	Veysonnaz	SUI	A	19.
EC	27.01.1996	Veysonnaz	SUI	A	5.
EC	06.02.1996	Altaussee	AUT	S	DNF2
EC	09.02.1996	Sella Nevea	ITA	RTL	1.
WC001	10.02.1996	Hinterstoder	AUT	RTL	26.
EC	12.02.1996	Kranjska Gora	SLO	RTL	24.
EC	14.02.1996	St. Johann	AUT	RTL	9.
EC	15.02.1996	St. Johann	AUT	RTL	4.
WC002	07.03.1996	Kvitfjell/Hafjell	NOR	SG	11.
WC003	09.03.1996	Kvitfjell/Hafjell	NOR	RTL	DSQ2

SAISON 1996/1997

WC004	27.10.1996	Sölden	AUT	RTL	DNF1
WC005	25.11.1996	Park City UT	USA	RTL	6.
WC006	30.11.1996	Breckenridge CO	USA	RTL	22.

1. Maier (AUT) 1:22,24, 2. Fritz Strobl (AUT) +1,05, 3. Seetto (ITA) +1,67
Mein erster Super-G-Sieg – und das mit Maier-Abstand!
1. Maier (AUT) 1:23,93, 2. Eberharter (AUT) +1,38, 3. Koblar (SLO) +1,52
Mit jedem Sieg steigt mein Selbstvertrauen.
1. Herrmann (SUI) 1:20,05, 2. Holzknecht (AUT) +0,09, 3. Rauffer (GER) +0,16 (19. Maier +1,31)
1. Holzknecht (AUT) 1:19,55, 2. Seletto (ITA) +0,31, 3. Rosener (USA) +0,40 (5. Maier +0,50)
1. Sykora (AUT) 1:51,40, 2. Furuseth (NOR) +0,63, 3. Simond (FRA) +0,96 (Maier DNF2)
1. Maier (AUT) 1:38,90, 2. Zucchelli (ITA) +0,70, 3. Schönfelder (AUT) +0,82
Fast jeden zweiten Tag ein Rennen, bin kaputt; Kreuzschmerzen, ich muss aber im Auto zum WC-Debüt.
1. von Grünigen (SUI) 2:40,61, 2. Kälin (SUI) +0,35, 3. Reiter (AUT) +0,94 (26. Maier +4,48)
Riesenfehler oben; 31. im 1. Lauf, doch nach einer Disqualifikation bin ich im 2. dabei!
1. Königsrainer (ITA) 1:53,17, 2. Holzer (ITA) +0,11, 3. Nana (ITA) +0,18 (24. Maier +3,06)
1. Buechel (LIE) 1:37,22, 2. Staub (SUI) +0,21, 3. Nana (ITA) +0,29 (9. Maier +0,51)
1. Schilchegger (AUT) 1:46,97, 2. Kleinlercher (AUT) +0,16, 3. Torpe (NOR) +0,35 (4. Maier +0,54)
Ich stehe als EC-Gesamtsieger fest und habe als RTL-Sieger einen Fixplatz im WC.
1. Aamodt (NOR) 1:33,15, 2. Alphand (FRA) +0,06, 3. Kjus (NOR) +0,30 (11. Maier +1,64)
Weltcup-Finale; Debüt in meiner Lieblingsdisziplin
1. Kälin (SUI) 2:12,44, 2. Stiansen (NOR) +0,40, 3. Saioni (FRA) +0,74 (Maier DSQ2)
Bei der Feier teilt mir ÖSV-Herren-Chef Margreiter mit, dass ich im ÖSV-Kader bin. Meinen Startplatz hatte ich mir ohnehin mit meinem RTL-Europacup-Gesamtsieg gesichert.

1. Locher (SUI) 2:03,20, 2. Von Grünigen (SUI) +0,31, 3. Aamodt (NOR) +1,00 (Maier DNF1)
Der Weltcup-Skikurs beginnt – mein „Klassenlehrer" ist Toni Giger (Trainer RTL/Super-G-Gruppe).
1. Josef Strobl (AUT) 2:31,42, 2. Knauß (AUT) +0,42, 3. Von Grünigen (SUI) +0,48 (6. Maier +1,18)
Mein Verhältnis zu den Trainern ist schwierig; es fällt mir schwer, mich in Strukturen pressen zu lassen.
1. Nyberg (SWE) 2:11,83, 2. Kälin (Sui) +0,16, 3. Knauß (AUT) +0,20 (22. Maier +2, 76)
Ich bin müde und fühle mich während der langen Zeit in der Höhenlage von Colorado immer kranker.

WC007	22.12.1996	Alta Badia	ITA	RTL	16.
WC008	05.01.1997	Kranjska Gora	SLO	RTL	14.
WC009	11.01.1997	Chamonix	FRA	A	DNF
EC	04.02.1997	La Thuile	ITA	A	5.
EC	05.02.1997	La Thuile	ITA	A	3.
EC	06.02.1997	La Thuile	ITA	SG	DNF
EC	07.02.1997	La Thuile	ITA	SG	2.
EC	11.02.1997	Sella Nevea	ITA	RTL	DNS2
WC010	21.02.1997	Garmisch-Partenkirchen	GER	SG	2.
WC011	23.02.1997	Garmisch-Partenkirchen	GER	SG	1.
WC012	02.03.1997	Kvitfjell	NOR	SG	4.
WC013	08.03.1997	Shigakogen	JPN	RTL	12.

1. Von Grünigen (SUI) 2:32,66, 2. Locher (SUI) +0,77, 3. Nana (ITA) +1,49 (16. Maier +3,50)
Nach zwei Wochen Krankenstand beiße ich auf dem steilsten Riesentorlauf-Hang die Zähne zusammen.
1. Von Grünigen (SUI) 2:13,42, 2. Voglreiter (AUT) +1,64, 3. Aamodt (NOR) +2,36 (14. Maier +3,01)
So wenig Schnee, dass man neben der Piste nicht einmal einfahren kann. Wenigstens bin ich wieder fit!
1. Ghedina (ITA) 2:01,56, 2. Skaardal (NOR) +0,01, 3. Franz (AUT) +0,11 (Maier DNF1)
Meine erste Weltcup-Abfahrt; übermotiviert nach starken Trainingsleistungen. Sturz, Hand gebrochen. Zwangspause. Ab sofort weht im Training ein neuer Wind – Heini Bergmüller wird mein Kondi-Trainer!
1. R. Assinger (AUT) 1:47,45, 2. Greber (AUT) +0,27, 3. Eberharter (AUT) +0,50 (5. Maier +1,11)
Bereits dreieinhalb Wochen nach dem Sturz lege ich mit einer Schiene an der linken Hand wieder los!
1. Assinger (AUT) 1:22,71, 2. Greber (AUT) +1,00, 3. Maier (AUT) +1,01
Ein Super-Rennen; die Trainer sind begeistert, ich bin's weniger von mir.
1. Salzgeber (AUT) 1:14,74, 2. Seletto (ITA) +0,23, 3. Piccard (FRA) +0,42 (Maier DNF)
Schock! Überschlag auf dem Weg zum Sieg. Mein Glück: die geschiente, operierte Hand bleibt heil.
1. Seletto (ITA) 1:14,29, 2. Maier (AUT) +0,11, 3. Fournier (FRA) +0,81
„Fall nicht auf die Hand", schießt es mir immer wieder durch den Kopf. So bin ich mit Platz 2 zufrieden.
1. Schilchegger (AUT) 1:43,66, 2. Belfrond (ITA) +0,15, 3. Covili (FRA) +0,23 (Maier DNS2)
Fieber; reise nach dem 1. DG ab!
1. Alphand (FRA) 1:15,32, 2. Maier (AUT) +0,55, 3. Perathoner (ITA) +0,58
Ich fordere meinen Startplatz ein und darf statt Werner Franz, der sich ebenfalls die Hand gebrochen hatte, ran. Die berühmte rosa Fansau ist erstmals dabei und hat gleich Grund zum Feiern.
1. Maier (AUT) 1:21,64, 2. Ghedina (ITA) +0,52, 3. Skaardal (NOR) +0,61
Meine ÖSV-Kollegen sind platt von der verpatzten WM, ich bin motiviert, feiere meinen ersten Sieg und ärgere mich: Bei der WM hätte ich sicher eine Medaille gewonnen!
1. Josef Strobl (AUT) 1:24,95, 2. Schifferer (AUT) +0,68, 3. Kjus (NOR) +0,92 (4. Maier +1,07)
Hoch motiviert vom Garmisch-Sieg – ich habe das Gefühl, im Super-G kann ich nicht viel falsch machen.
1. Von Grünigen (SUI) 2:41,68, 2. Schifferer (AUT) +0,36, 3. Accola (SUI) +0,61 (12. Maier +1,38)
Olympia-Generalprobe; könnte besser sein.

WC014	13.03.1997	Vail Co	USA	SG	19.
WC015	15.03.1997	Vail Co	USA	RTL	5.

SAISON 1997/1998

WC016	24.10.1997	Tignes	FRA	Parallel	3.
WC017	26.10.1997	Tignes	FRA	RTL	3.
WC018	20.11.1997	Park City	USA	RTL	1.
WC019	04.12.1997	Beaver Creek	USA	A	9.
WC020	05.12.1997	Beaver Creek	USA	A	2.
WC021	06.12.1997	Beaver Creek	USA	SG	1.
WC022	14.12.1997	Val d'Isère	FRA	RTL	DSQ2
WC023	21.12.1997	Alta Badia	ITA	RTL	3.
WC024	29.12.1997	Bormio	ITA	A	1.

1. Schifferer (AUT) 1:33,76, 2. Josef Strobl (AUT) +0,04, 3. Ghedina (ITA) +0,12 (19. Maier +1,54)
Vom starken Gegenwind gestoppt; zum Glück das letzte Speed-Rennen auf der alten Strecke in Vail.
1. Von Grünigen (SUI) 2:18,58, 2. Salzgeber (AUT) +0,99, 3. Schifferer (AUT) +1,39 (5. Maier +2,20)
Mein bislang bester RTL; bei der anschließenden Weltcup-Party laufe ich mit Cowboyhut zur Hochform auf.

1. Josef Strobl (AUT), 2. Aamodt (NOR), 3. Maier (AUT)
Parallel-RTL; wegen spezieller Radien verwende ich Damen-Ski – Taktik geht auf! Nach Siegen über Jagge, Ghedina und Kjus verliere ich im Semifinale gegen Pepi Strobl und kämpfe im kleinen Finale Sigi Voglreiter nieder.
1. Von Grünigen (SUI) 2:24,29, 2. Locher (SUI) +0,57, 3. Maier (AUT) +0,97
Weil ich knapp zur Startnummern-Auslosung komme, muss ich 10.000 Schilling zahlen. Frechheit!
1. Maier (AUT) 2:43,99, 2. Aamodt (NOR) +1,80, 3. Grandi (CAN) +2,32
Carving-Revolution – auch ich lege mit den taillierten Latten los; schlechte Sicht; erster Saisonsieg (Maier-Abstände beginnen!) und erstmals Führung im Weltcup.
1. Ghedina (ITA) 1:41,16, 2. Cretier (FRA) +0,22, 3. Kjus (NOR) +0,24 (9. Maier +0,92)
Toni Giger setzt meinen Fix-Platz in der Abfahrt durch. Debüt auf der „Birds-of-Prey"-Strecke; obwohl nur Neunter, weiß ich: Das wird meine Lieblingsabfahrt!
1. Schifferer (AUT) 1:41,17, 2. Maier (AUT) +0,17, 3. Eberharter (AUT) +0,28
Jetzt sind wir endgültig das schnellste Zimmer im Weltcup; mit den Erfolgen rennt auch der Schmäh.
1. Maier (AUT) 1:16,20, 2. Eberharter (AUT) +0,36, 3. Knauß (AUT) +0,38
Ein K.o.-Lauf; von den Top 30 fliegen 17 raus, und ich liege über 100 Punkte vor Aamodt. Die perfekte WM-Generalprobe.
1. Von Grünigen (SUI) 2:29,48, 2. Eberharter (AUT) +0,93, 3. Knauß (AUT) +1,09 (Maier DSQ2)
In meiner Privatstatistik ein Sieg! Ich werde mit Bestzeit disqualifiziert, weil ich einen Ski vor der „roten Linie" abschnalle. Ein „Dinosaurier-Paragraph", angeblich wegen zu langer Ski-Werbezeit im TV eingeführt.
1. Mayer (AUT) 2:20,97, 2. Von Grünigen (SUI) +0,43, 3. Maier (AUT) +0,66
Vor dem zweiten Durchgang finde ich meine Startnummer nicht; Atomic-Servicemann Tom Bürgler borgt mir sein Hardrock-Cafe-T-Shirt, das ich umdrehe, dann eine „4" draufmale und aufs Stockerl flattere.
1. Maier (AUT) 2:01,59, 2. Schifferer (AUT) +0,03, 3. Franz (AUT) +0,20
Eine Strecke ohne Verschnaufpause. Liebe auf den ersten Blick! Auf dem Weg zum Starthaus seh' ich die Tafel mit den bisherigen Siegern und denke: „Da will ich rauf!", und gewinne meine erste WC-Abfahrt.

WC025	30.12.1997	Bormio	ITA	A	4.
WC026	03.01.1998	Kranjska Gora	SLO	RTL	2.
WC027	06.01.1998	Saalbach-Hinterglemm	AUT	RTL	1.
WC028	10.01.1998	Schladming	AUT	SG	1.
WC029	11.01.1998	Schladming	AUT	SG	1.
WC030	13.01.1998	Adelboden	SUI	RTL	1.
WC031	16.01.1998	Wengen	SUI	A	1.
WC032	17.01.1998	Wengen	SUI	A	3.
WC033	18.01.1998	Veysonnaz	SUI	S	10.
WC034	18.01.1998	Veysonnaz	SUI	K	1.
WC035	31.01.1998	Garmisch-Partenkirchen	GER	A	3.
WC036	01.02.1998	Garmisch-Partenkirchen	GER	SG	1.
OS	10.02.1998	Nagano	JPN	Kombi-S	8.
OS	13.02.1998	Nagano	JPN	A	DNF

1. Schifferer (AUT) 2:01,44, 2. Franz (AUT) +0,18, 3. Kjus (NOR) +0,66 (4. Maier +0,75)
Leider nehm' ich den Ski vom Vortag; tausche rechten und linken, und dabei verbrennen die Beläge.

1. Mayer (AUT) 2:12,70, 2. Maier (AUT) +0,52, 3. Von Grünigen (SUI) +1,10
Nebel; fahre eine derartige Schräglage, dass ich mit der Hüfte an einer Geländekante anstoße – geiles Gefühl!

1. Maier (AUT) 2:37,96, 2. Tomba (ITA) +2,44, 3. Salzgeber (AUT) +2,69
Am Start tobt ein Orkan. Ich will kurz warten: „Jetzt fahr' ich nicht!" Der Startrichter: „Dann bist disqualifiziert!" Ich:„Gut, dann fahr' ich halt!" Von einer Böe erfasst sitz' ich am Hintern. Trotzdem Rekordvorsprung!

1. Maier (AUT) 1:14,95, 2. Eberharter (AUT) +1,15, 3. Cattaneo (ITA) +1,41
Ich laufe zu Höchstform auf. Um dem Rummel zu entfliehen wohne ich daheim in Flachau.

1. Maier (AUT) 1:14,84, 2. Schifferer (AUT) +1,19, 3. Eberharter (AUT) +1,30
Für Ghedina bin ich inzwischen der „Kannibale" – ob Monster oder Kannibale, auch schon wurscht.

1. Maier (AUT) 2:20,08, 2. Von Grünigen (SUI) +1,24, 3. Accola (SUI) +1,25
Länderkampfstimmung; auch am schwierigsten RTL-Hang habe ich keinen Gegner. Trotz Stockbruch!

1. Maier (AUT) 1:44,89, 2. Burtin (FRA) +0,68, 3. Schifferer (AUT) +0,72
In der Wengeralp-Bahn tippen sich alle an den Kopf, weil ich ein Ergometer mitschleppe. 5. Sieg in Serie – nur einer fehlt mir zum Klammer-Rekord! Habe schon mehr WC-Punkte als Titelverteidiger Alphand am Schluss!

1. Schifferer (AUT) 2:28,32, 2. Cretier (FRA) +0,97, 3. Maier (AUT) +1,33
Schiffi hat sich am Vortag rasiert, ich nicht!

1. Stangassinger (AUT) 1:38,12, 2. Bjornsson (ISL) +0,79, 3. Kimura (JPN) +0,80 (10. Maier +2,00)
Sensationeller Zehnter in meinem einzigen Weltcup-Slalom und zweitbester Österreicher!

1. Maier (AUT) 3:25,01, 2. Kernen (SUI) +2,66, 3. Accola (SUI) +3,73
Mit dem Kombi-Sieg habe ich in nur drei Tagen 286 Weltcup-Punkte eingefahren!

1. Schifferer (AUT) 1:54,82, 2. Burtin (FRAU) +0,56, 3. Maier (AUT) +0,75
Da ich am Ende war, ließ ich, um Olympia zu retten, Kitzbühel aus und komme mit vollen Batterien zurück.

1. Maier (AUT) 1:19,79, 2. Knauß (AUT) +0,91, 3. Kjus (NOR) +1.09
Saisonsieg Nr. 10, die Medien haben einen neuen Namen für mich: Ab jetzt bin ich der „Herminator"!

1. Reiter (AUT) 1:31,85, 2. Kjus (NOR) +1,81, 3. Bachleda (POL) +2,64 (8. Maier +4,05)
Kombi-Slalom; viele Fehler im dichten Schneefall, dennoch spekulier' ich noch mit einer Medaille.

1. Cretier (FRA) 1:50,11, 2. Kjus (NOR) +0,40, 3. Trinkl (AUT) +0,52 (Maier DNF)
Mein Jahrhundert-Abflug!

OS	13.02.1998	Nagano	JPN	Kombi-A	DNS
OS	16.02.1998	Nagano	JPN	SG	1.
OS	19.02.1998	Nagano	JPN	RTL	1.
WC037	28.02.1998	Yongpyong	KOR	RTL	3.
WC038	14.03.1998	Crans-Montana	SUI	RTL	3.

SAISON 1998/1999

WC039	25.10.1998	Sölden	AUT	RTL	1.
WC040	20.11.1998	Park City, UT	USA	RTL	DNF2
WC041	27.11.1998	Aspen, CO	USA	SG	2.
WC042	12.12.1998	Val d'Isère	FRA	A	36.
WC043	13.12.1998	Val d'Isère	FRA	SG	1.
WC044	18.12.1998	Gröden	ITA	A	3.
WC045	19.12.1998	Gröden	ITA	A	4.
WC046	20.12.1998	Alta Badia	ITA	RTL	4.
WC047	21.12.1998	Innsbruck	AUT	SG	1.

1. Mader (AUT) 1:34,83, 2. Kjus (NOR) +0,16, 3. Mayer (AUT) +0,23 (Maier DNS)
Ich war froh, dass ich noch gehen konnte; an einen Start in der Kombi-Abfahrt war nicht zu denken.
1. Maier (AUT) 1:34,82, 2. Knauß (AUT) und Cuche (SUI) +0, 61
Am Ziel meiner Träume!
1. Maier (AUT) 2:38,51, 2. Eberharter (AUT) +0,85, 3. Von Grünigen (SUI) +1,18
Die Draufgabe.
1. Von Grünigen (SUI) 2:22,35, 2. Mayer (AUT) +0,40, 3. Maier (AUT) +0,66
Gerädert vom nacholympischen Guam-Urlaub. Mit meinen Rückenschmerzen komme ich mir wie ein Crash-Test-Dummie vor.
1. Eberharter (AUT) 2:22,97, 2. Knauß (AUT) +0,23, 3. Maier (AUT) +0,92
Es geht nur mehr um die „kleine" RTL-Kugel – mit Platz 3 setze ich mich gegen meinen ewigen Rivalen Michael von Grünigen durch!

1. Maier (AUT) 2:10.74, 2. Eberharter (AUT) +1,60, 3. Schilchegger (AUT) +2,34
Erstmals hab' ich das Giebelkreuz am Helm; Stress im Vorfeld, da wir direkt von der „Nacht des Sports" nach Innsbruck flogen. Trotzdem distanziere ich alle unten; Rekord-Vorsprung auf diesem kurzen Kurs!
1. Eberharter (AUT) 2:14,75, 2. Mayer (AUT) +0,52, 3. Buechel (LIE) +0,93 (Maier DNF2)
Ich will meinen Halbzeit-Vorsprung ausbauen; im aggressiven Kunstschnee riskiere ich zu viel und flieg raus!
1. Eberharter (AUT) 1:11,81, 2. Maier (AUT) +0,52, 3. Mayer (AUT) +0,64
Komme aufs blanke Eis, erwische einen Stein – der Kantengrip ist weg, und ich rette mich ins Ziel.
1. Kjus (NOR) 1:43,20, 2. Cattaneo (ITA) +0,28, 3. Seletto (ITA) +0,44 (36. Maier +2,41)
Nebel; ich fahre „schneeblind" knapp an einem Sturz vorbei; muss lachen, weil sich die heimischen Reporter wegen der „Österreicher-Schlappe" so reinsteigern.
1. Maier (AUT) 1:18,73, 2. Eberharter (AUT) +1,18, 3. Kjus (NOR) +1,37
Ich rücke alles wieder zurecht und lese später: „Der Herminator schlug fürchterlich zurück!"
1. Kjus (NOR) 2:02,18, 2. Franz (AUT) +0,91, 3. Maier (AUT) +1,10
Das erste Mal über die Kamelbuckel – ein Kindheitstraum geht in Erfüllung.
1. Ghedina (ITA) 2:04,17, 2. Kjus (NOR) +0,14, 3. Franz (AUT) +0,28 (4. Maier +0,48)
Ich verhau' die Kamelbuckel. Eine Gleitstrecke, was mir überhaupt nicht taugt. Werde ich hier jemals gewinnen?
1. Von Grünigen (SUI) 2:41,01, 2. Holzer (ITA) +0,76, 3. Schifferer (AUT) +1,25 (4. Maier +1,83)
Diesmal mit richtiger Startnummer. Bravo!
1. Maier (AUT) 1:23,52, 2. Mayer (AUT) +0,76, 3. Fritz Strobl (AUT) +0,77
Historischer ÖSV-Neunfach-Sieg! Die schmale Strecke erinnert mich an meine Jugendrennen; am blanken Eis – ich fühle mich richtig wohl.

WC048	29.12.1998	Bormio	ITA	A	1.
WC049	05.01.1999	Kranjska Gora	SLO	RTL	20.
WC050	09.01.1999	Schladming	AUT	SG	1.
WC051	10.01.1999	Flachau	AUT	RTL	3.
WC052	12.01.1999	Adelboden	SUI	RTL	1.
WC053	16.01.1999	Wengen	SUI	A	4.
WC054	17.01.1999	Wengen	SUI	S	DNQ2
WC055	17.01.1999	Wengen	SUI	K	3.
WC056	22.01.1999	Kitzbühel	AUT	A	DNF2
WC057	23.01.1999	Kitzbühel	AUT	A	8.
WC058	24.01.1999	Kitzbühel	AUT	S	DNF1
WM	02.02.1999	Vail/Beaver Creek	USA	SG	1.
WM	06.02.1999	Vail/Beaver Creek	USA	A	1.
WM	12.02.1999	Vail/Beaver Creek	USA	RTL	DNF2

1. Maier (AUT) 1:54,51, 2. Fritz Strobl (AUT) +0,70, 3. Eberharter (AUT) +1,28
Großartiger Sieg auf einer meiner Lieblingsabfahrten; irre anstrengend, doch mir fällt zurzeit alles leicht.
1. Holzer (ITA) 2:14,91, 2. Mayer (AUT) +0,24, 3. Knauß (AUT) +0,31
(20. Maier +2,87)
Vielleicht hab' ich Bormio und Silvester zu heftig gefeiert – eine einzige Katastrophe!
1. Maier (AUT) 1:16,54, 2. Salzgeber (AUT) +0,58, 3. Knauß (AUT) +0,77
Ich beginne zu denken, alles wird zum Zwang; ich merke, dass mir die Siege nicht mehr so leicht fallen.
1. Raich (AUT) 2:27,02, 2. Von Grünigen (SUI) +0,05, 3. Maier (AUT) +0,41
Ich kämpf' um den Rhythmus, den ich in Kranjska Gora verloren hab'.
Die schnellste Zeit unten beruhigt mich.
1. Maier (AUT) 2:12,66, 2. Aamodt (NOR) +0,28, 3. Raich (AUT) +0,82
Ein Arbeitssieg!
1. Kjus (NOR) 2:25,10, 2. Trinkl (AUT) +0,56, 3. Knauß (AUT) +0,57
(4. Maier +0, 65)
Arge Rückenschmerzen; Materialschlacht; Ich beiße mich aber durch.
1. Raich (AUT) 1:41,10, 2. Von Grünigen (SUI) +0,10, 3. Kjus (NOR) +0,54
(45. Maier 1. Lauf +3,66 DNQ2, nur mehr für die Kombinationswertung im 2. Lauf gestartet)
Mein erstes Rennen mit den „Kinderskiern" – die langen Slalom-Latten waren mir wesentlich lieber!
1. Kjus (NOR) 4:07,04, 2. Aamodt (NOR) +2,83, 3. Maier (AUT) +7,09
60 Weltcup-Punkte – Plansoll erfüllt!
1. Kjus (NOR) 2:14,03, 2. Aamodt (NOR) +0,18, 3. Franz (AUT) +0,46
(Maier DNF2)
Debüt auf der Streif. Sprint-Abfahrt in 2 Durchgängen; Trainer Margreiter warnt mich, doch ich will meine Gewaltlinie im 2. Lauf durchziehen. Die endet mit einem ähnlichen Abflug wie vor einem Jahr in Nagano!
1. Knauß (AUT) 1:54,18, 2. Rzehak (AUT) +0,15, 3. Franz (AUT) +0,17
(8. Maier +0,98)
Endlich eine Hahnenkamm-Abfahrt von ganz oben, endlich im Ziel!
1. Kosir (SLO) 1:36,40, 2. Plaschy (SUI) +0,04, 3. Rocca (ITA) +0,07
(Maier DNF1)
Eingefädelt, Tränen in den Augen, Weltcup-Führung an Lasse Kjus verloren!
1. Maier (AUT) und Kjus (NOR) 1:14,53, 3. Knauß (AUT) +0,01
Meine erste WM – eine Punktlandung! Gold in der Nervenschlacht ex aequo mit Kjus; armer Hansi!
1. Maier (AUT) 1:40,60, 2. Kjus (NOR) +0,31, 3. Aamodt (NOR) +0,57
WM-Gold Nr. 2 – nicht meine beste Abfahrt, aber mit Sicherheit meine mutigste!
1. Kjus (NOR) 2:19,31, 2. Buechel (LIE) +0,05, 3. Locher (SUI) +1,48
(Maier DNF2)
Nach der Abfahrts-Feier bin ich unbeweglich wie ein Bierfass. Dazu irritiert mich der Kälteeinbruch in Vail.

WC059	27.02.1999	Ofterschwang	GER	RTL	4.
WC060	05.03.1999	Kvitfjell	NOR	A	16.
WC061	06.03.1999	Kvitfjell	NOR	A	11.
WC062	7.03.1999	Kvitfjell	NOR	SG	1.
WC063	10.03.1999	Sierra Nevada	SPA	A	9.
WC064	11.03.1999	Sierra Nevada	SPA	SG	7.
WC065	13.03.1999	Sierra Nevada	SPA	S	16.
WC066	14.03.1999	Sierra Nevada	SPA	RTL	DNF1

SAISON 1999/2000

WC067	31.10.1999	Tignes	FRA	RTL	1.
WC068	24.11.1999	Vail/Beaver Creek	USA	RTL	1.
WC069	27.11.1999	Vail/Beaver Creek	USA	A	1.
WC070	28.11.1999	Vail/Beaver Creek	USA	SG	1.
WC071	04.12.1999	Lake Louise	CAN	A	2.

1. Eberharter (AUT) 2:17,79, 2. Knauß (AUT) +0,27, 3. Von Grünigen (SUI) +0,28 (4. Maier +0,34)
Immerhin übernehme ich nach einem Fast-Sturz im 2. Durchgang wieder die Weltcup-Führung.
1. Schifferer (AUT) 1:46,36, 2. Eberharter (AUT) +0,10, 3. Aamodt (NOR) +0,32 (16. Maier +2,07)
Meine erste Abfahrt in Kvitfjell hatte ich mir anders vorgestellt.
1. Schifferer (AUT) 1:46,78, 2. Kjus (NOR) +0,18, 3. Eberharter (AUT) +0,77 (11. Maier +1,65)
Meine zweite ebenfalls.
1. Maier (AUT) 1:30,70, 2. Eberharter (AUT) +0,47, 3. Schifferer (AUT) +0,59
Im Super-G bin ich wieder in meinem Element und wahre meine Chance auf den Gesamt-Weltcup.
1. Kjus (NOR) 1:49,73, 2. Fleischer (USA) +0,16, 3. Groenvold (NOR) + 0,27 (9. Maier +0, 78)
Vor uns dürfen die Damen ran, dann weicht die Strecke auf und wir schweren Jungs müssen im Gatsch ran.
1. Mayer (AUT) 1:28,71, 2. Schifferer (AUT) +0,35, 3. Josef Strobl (AUT) +0,82 (7. Maier +1,24)
Vom Wind verblasen.
1. Stangassinger (AUT) 1:50.44, 2. Aamodt (NOR) +0,23, 3. Casanova (SUI) +0,75 (16. Maier +5,98)
Ich kämpfe um jeden Weltcup-Zähler, doch beim Finale gibt's nur für die Top 15 Punkte …
1. Von Grünigen (SUI) 2:04,33, 2. Locher (SUI) +0,07, 3. Schilchegger (AUT) +0,11 (Maier DNF1)
Rückenschmerzen, Zusammenbruch; Weltcup verloren. Immerhin mit 2 WM-Titeln Saisonziel erreicht.

1. Maier (AUT) 2:22,33, 2. Von Grünigen (SUI) +0,75, 3. Eberharter (AUT) +1,90
Ein perfekter Saison-Auftakt!
1. Maier (AUT) 2:32,48, 2. Von Grünigen (SUI) +0,28, 3. Schifferer (AUT) +1,15
Um dem „Höhenkoller" zu entkommen, flüchte ich ein paar Tage ins 1000 m tiefer gelegene Boulder.
1. Maier (AUT) 1:43,77, 2. Eberharter (AUT) +0,91, 3. Ghedina (ITA) +1,12
Mit vollen Hosen ist gut stinken!
1. Maier (AUT) 1:16,51, 2. Eberharter (AUT) +0,94, 3. Kjus (NOR) +1,13
Gleicher Sieger, gleicher Zweiter, (fast) gleicher Abstand … Vierter Erfolg im vierten Saisonrennen!
1. Trinkl (AUT) 1:46,98, 2. Maier (AUT) +0,03, 3. Eberharter (AUT) +0,76
Lauter Pannen: „Umweg" in den Tiefschnee, Helm am Tor so angeschlagen, dass Raiffeisen-Logo absplittert.

WC072	05.12.1999	Lake Louise	CAN	SG	1.
WC073	17.12.1999	Gröden	ITA	A	6.
WC074	18.12.1999	Gröden	ITA	A	3.
WC075	19.12.1999	Alta Badia	ITA	RTL	2.
WC076	22.12.1999	Saalbach-Hinterglemm	AUT	RTL	2.
WC077	08.01.2000	Chamonix Mont-Blanc	FRA	A	1.
WC078	09.01.2000	Chamonix Mont-Blanc	FRA	S	DNQ2
WC079	09.01.2000	Chamonix Mont Blanc	FRA	K	2.
WC080	15.01.2000	Wengen	SUI	A	2.
WC081	21.01.2000	Kitzbühel	AUT	SG	1.
WC082	22.01.2000	Kitzbühel	AUT	A	4.
WC083	23.01.2000	Kitzbühel	AUT	S	DNQ2
WC084	23.01.2000	Kitzbühel	AUT	K	3.
WC085	29.01.2000	Garmisch-Partenkirchen	GER	A	1.

1. Maier (AUT) 1:30,21, 2. Nyberg (SWE) +0,95, 3. Josef Strobl (AUT) +1,13
Perfekter Abschluss der Nordamerika-Rennen!

1. Ghedina (ITA) 2:02,99, 2. Josef Strobl (AUT) +1,35, 3. Podivinsky (CAN) + 1,38 (6. Maier +1,45)
Endlich einmal super über die Kamelbuckel, dafür beim Zielsprung aufgestiegen wie ein Ballon.

1. Schifferer (AUT) 2:04,78, 2. Ghedina (ITA) +0,11, 3. Maier (AUT) +0,22
Konzentriere mich diesmal voll auf den Zielsprung, reiß aber auf den Kamelbuckeln auf. Doch diese Strecke verzeiht keinen Fehler.

1. Chenal (FRA) 2:39,68, 2. Maier (AUT) +0,08, 3. Salzgeber (AUT)+0,27
Nach den Abfahrts-Strapazen mit den Trainingsläufen und zwei Rennen müde und mit Platz 2 zufrieden.

1. Mayer (AUT) 2:25,83, 2. Maier (AUT) +0,30, 3. Raich (AUT) +0,32
Nach den Strapazen der vergangenen Wochen brauch' ich die kurze Weihnachtspause wie einen Bissen Brot.

1. Maier (AUT) 2:00,51, 2. Eberharter (AUT) +0,05, 3. Trinkl (AUT) +0,17
Drei Jahre nach meinem Sturz mein zweiter Auftritt in Chamonix; einer meiner größten Siege. Ich weiß: Ich kann auch auf Gleitstrecken zuschlagen!

1. Weiss (ITA) 2:01,27, 2. Aamodt (NOR) +0,44, 3. Vrhovnik (SLO) +0,48 (40. Maier 1. Lauf +3,66)
Kämpfe mich über den Eishang und muss zufrieden sein.

1. Aamodt (NOR) 4:04,00, 2. Maier (AUT) +4,41. 3. Accola (SUI) +5,59
Mit Platz zwei in der Kombi liege ich über dem Plansoll!

1. Josef Strobl (AUT) 2:29,17, 2. Maier (AUT) +0,16, 3. Podivinsky (CAN) +1,39
Oben perfekt gefahren; unten so lala, jubel ich schon, als mich Pepi Strobl, der Lauser, noch abfängt.

1. Maier (AUT) 1:19,07, 2. Franz (AUT) +0,62, 3. Cuche (SUI) +0,63
Mein erster Sieg in Kitzbühel! Im Super-G muss das immer drin sein.

1. Fritz Strobl (AUT) 1:46,54, 2. Josef Strobl (AUT) und Ghedina (ITA) +0,65, (4. Maier +0,95)
Neuschnee-Lotterie; bin maßlos enttäuscht und verärgere die Atomic-Leute, weil ich meinen Ski im Ziel wegschleudere. Trotzdem feiere ich den Super-G-Sieg nach und komme im Abfahrts-Anzug …

1. Matt (AUT) 1:42,79, 2. Vrhovnik (SLO) +0,98, 3. Raich (AUT) +1,23 (37. Maier 1. Lauf + 2,31)
… zum Einfahren. Und war im Rennen unglaublich locker. Bei Speed-Rennen bevorzuge ich allerdings Schlaf. Alles andere wäre zu gefährlich und verantwortungslos!

1. Aamodt (NOR) 3:31,98, 2. Nyberg (SWE) +3,71, 3. Maier (AUT) +4,32
60 Weltcup-Punkte – Plansoll erfüllt!

1. Maier (AUT) 1:55,77, 2. Ghedina (ITA) +0,32, 3. Trinkl (AUT) +1,28
Drei Jahre nach meinem ersten Weltcup-Sieg schlage ich in Garmisch auch in der Abfahrt zu und halte Rivalen Ghedina im Kampf um den Abfahrts-Weltcup auf Distanz.

WC086	05.02.2000	Todtnau	GER	RTL	1.
WC087	12.02.2000	St. Anton	AUT	SG	DNF
WC088	13.02.2000	St. Anton	AUT	SG	3.
WC089	03.03.2000	Kvitfjell	NOR	A	3.
WC090	04.03.2000	Kvitfjell	NOR	A	4.
WC091	05.03.2000	Kvitfjell	NOR	SG	2.
WC092	08.03.2000	Kranjska Gora	SLO	RTL	DNF1
WC093	11.03.2000	Hinterstoder	AUT	RTL	3.
WC094	15.03.2000	Bormio	ITA	A	2.
WC095	16.03.2000	Bormio	ITA	SG	1.
WC096	18.03.2000	Bormio	ITA	RTL	DNF2
ÖM	23.03.2000	St. Lambrecht	AUT	SG	19.

SAISON 2000/2001

WC097	29.10.2000	Sölden	AUT	RTL	1.

1. Maier (AUT) 2:13,75, 2. Nyberg (SWE) +0,86, 3. Von Grünigen (SUI) +1,02
Nach einem verpatzten ersten Lauf ziehe ich mich selbst aus dem Sumpf. Ein Super-Sieg!

1. Josef Strobl (AUT) 1:23,41, 2. Cuche (SUI) +0,13, 3. Eberharter (AUT) +0,14 (Maier DNF1)
Nach nur 12 Sekunden komme ich beim Tor Nr. 6 mit dem Schuh auf den Schnee. WM-Generalprobe verpatzt.

1. Franz (AUT) und Fritz Strobl (AUT) 1:20,72, 3. Maier (AUT) +0,26
Vergönne Werner seinen ersten Sieg,; ich fahre wie ein Hosenscheißer; will einfach nur ins Ziel, um sichere Weltcup-Punkte zu retten.

1. Rahlves (USA) 1:28,69, 2. Cuche (SUI) +0,09, 3. Maier (AUT) +0,26
Nach total verpatztem Training experimentiert und immerhin noch Dritter im norwegischen Eisschrank.

1. Rahlves (USA) 1:28,88, 2. Ghedina (ITA) +0,18, 3. Rauffer (GER) +0,37 (4. Maier +0,45)
Halte im Kampf um die Abfahrts-Kugel Schaden gegen Ghedina in Grenzen und habe mich mit dieser Abfahrt versöhnt.

1. Ghedina (ITA) 1:28,56, 2. Maier (AUT) +0,38, 3. Schifferer (AUT) +0,96
Auch ich kann die erste österr. Super-G-Niederlage seit meinem 1. Sieg am 21. Februar 1997 nicht verhindern.

1. Mayer (AUT) 2:11,17, 2. Chenal (FRA) +0,64, 3. Buechel (LIE) +0,99 (Maier DNF1)
Nach perfekter Fahrt flieg' ich kurz vorm Ziel auf dem Weg zum Sieg raus.

1. Mayer (AUT) 2:46,17, 2. Buechel (LIE) +0,91, 3. Maier (AUT) +1,29
Den Weltcup hab' ich fix! Unter den Fans fällt mir die blonde Gudrun auf.

1. Trinkl (AUT) 1:58,31, 2. Maier (AUT) +0,40, 3. Greber (AUT) +0,79
Mein erster Abfahrts-Weltcup-Gesamtsieg!

1. Maier (AUT) 1:40,08, 2. Fritz Strobl (AUT) +1,91, 3. Franz (AUT) und Schifferer (AUT) +1,98
Der beste Super-G meiner Karriere – Rekordvorsprung! Mit 2000 Punkten stelle ich eine Weltcup-Bestmarke auf.

1. Raich (AUT) 2:25,64, 2. Mayer (AUT) +0,17, 3. Schilchegger (AUT) +0,24 (Maier DNF2)
Nach Halbzeitführung gehe ich nochmals volles Risiko; out im 2. Lauf; dennoch gewinne ich neben Abfahrts-und Super-G auch noch die RTL-Kugel; bei der Siegesfeier geht leider eine Kristallkugel zu Bruch!

1. Schifferer (AUT) 1:12,45, 2. Gruber (AUT) +0,78, 3. Sparovec (SLO) +1,15 (19. Maier +2,65)
Eine ganze Schulklasse steht in meiner Linie, ich fahre auf Umwegen ins Ziel.

1. Maier (AUT) 2:16,89, 2. Eberharter (AUT) +1,01, 3. Nyberg (SWE) +1,04
In der Nacht davor wenig geschlafen, da am Parkplatz vorm Hotel so ein Wirbel war. Zum Glück dauert die Nacht durch Umstellung auf die Winterzeit eine Stunde länger. Doch die Umstellung auf Winterzeit hilft mir da; trotz schweren Fehlers unten überlegener Sieg.

WC098	17.11.2000	Park City, UT	USA	RTL	3.
WC099	25.11.2000	Lake Louise, AB	CAN	A	15.
WC100	26.11.2000	Lake Louise, AB	CAN	SG	1.
WC101	02.12.2000	Vail/Beaver Creek	USA	A	1.
WC102	03.12.2000	Vail/Beaver Creek	USA	SG	6.
WC103	09.12.2000	Val d'Isère	FRA	A	1.
WC104	10.12.2000	Val d'Isère	FRA	RTL	1.
WC105	16.12.2000	Val d'Isère	FRA	A	16.
WC106	17.12.2000	Val d'Isère	FRA	RTL	DSQ1
WC107	21.12.2000	Bormio	ITA	RTL	10.
WC108	06.01.2001	Les Arcs	FRA	RTL	7.
WC109	09.01.2001	Adelboden	SUI	RTL	1.
WC110	19.01.2001	Kitzbühel	AUT	SG	1.

1. Von Grünigen (SUI) 2:32,92, 2. Kjus (NOR) +0,55, 3. Maier (AUT) +0,58
Geschockt vom Gletscherbahn-Unglück in Kaprun; nach Telefonat erleichtert: Gott sei Dank ist mein Bruder, der an diesem Tag dort trainiert, nicht im Unfall-Zug. Ich fahre ein emotionsloses Rennen.

1. Eberharter (AUT) 1:40,79, 2. Beltrametti (SUI) +0,24, 3. Kjus (NOR) +0,42 (15. Maier +1,22)
Nach Bestzeit im Training entscheide ich mich für den falschen Ski.

1. Maier (AUT) 1:29,53, 2. Kjus (NOR) +0,32, 3. Schifferer (AUT) +0,42
Der Super-G-Sieg ist Balsam auf meiner Seele!

1. Maier (AUT) 1:40.66, 2. Kjus (NOR) +0,49, 3. Eberharter (AUT) +0,81
Auf meiner Lieblingsstrecke gewinne ich immer gerne!

1. Nyberg (SWE) 1:21,18, 2. Gruber (AUT) +0,03, 3. Sivertsen (NOR) +0,47 (6. Maier +0,94)
Mit dem Kopf bin ich schon im Flugzeug nach Europa – ich muss ja rechtzeitig zu meiner Geburtstagsfeier!

1. Maier (AUT) 1:45,04, 2. Eberharter (AUT) +0,31, 3. Fritz Strobl (AUT) +0,55
Großartig! Mein bestes Rennen auf dieser klassischen Abfahrt!

1. Maier (AUT) 2:30,63, 2. Schilchegger (AUT) +1,36, 3. Schifferer (AUT) +1,37
Wieder ein perfektes Rennen – ich fahre mit beiden Skiern über die rote Linie und küsse den idiotischen Strich.

1. Fattori (ITA) 1:52,25, 2. Ghedina (ITA) +0,32, 3. Fischnaller (ITA) +0,41 (16. Maier +1,64)
Kalt; der Ski bremst so stark, dass du am Gleitstück kleben bleibst und bei 30 km/h Zeitung lesen kannst; es war so langsam, dass Schiffi während der Fahrt mit dem Trainer am Pistenrand sprach.

1. Von Grünigen (SUI) 2:31,33, 2. Schilchegger (AUT) +0,59, 3. Miller (USA) +0,65 (Maier DSQ1)
Obwohl keine offizielle Zeit läuft, besichtigte ich angeblich zu lange, werde disqualifiziert. Offensichtlich gewinne ich zu viel, das ist der einzige Weg mich zu stoppen. Schumi kann sich glücklich schätzen!

1. Gruber (AUT) 2:12,33, 2. Schlopy (USA) +0,19, 3. Nyberg (SWE) +0,43 (10. Maier +1,03)
Bin nicht richtig bei der Sache; weil ich in Val d'Isère nach der Disqualifikation über den Kurs gefahren bin, hat die FIS bis kurz vor dem Rennen mit einer Sperre gedroht.

1. Von Grünigen (SUI) 2:43,67, 2. Raich (AUT) +1,62, 3. Buechel (LIE) +2,13 (7. Maier +2,58)
Rückkehr an die Stätte meines triumphalen Europacup-Debüts.

1. Maier (AUT) 2:15,53, 2. Von Grünigen (SUI) +0,53, 3. Nyberg (SWE) , +0,72
Der dritte Erfolg in Serie im RTL-Klassiker auf dem schwierigsten Riesentorlauf-Hang.

1. Maier (AUT) 1:21,72, 2. Josef Strobl (AUT) +0,95, 3. Franz (AUT) +1,17
Nicht mal der Abstecher nach London („World Sports Award" als Wintersportler des Jahres) kann meiner tollen Form etwas anhaben. Kann ich mir einen besseren Auftakt des Hahnenkamm-Wochenendes wünschen?

WC111	20.01.2001	Kitzbühel	AUT	A	1.
WC112	27.01.2001	Garmisch-Partenkirchen	GER	A	DNF
WC113	28.01.2001	Garmisch-Partenkirchen	GER	SG	2.
WM	30.01.2001	St. Anton/Arlberg	AUT	SG	3.
WM	07.02.2001	St. Anton/Arlberg	AUT	A	2.
WM	08.02.2001	St. Anton/Arlberg	AUT	RTL	4.
WC114	15.02.2001	Shigakogen	JPN	RTL	1.
WC115	02.03.2001	Kvitfjell	NOR	A	1.
WC116	03.03.2001	Kvitfjell	NOR	A	5.
WC117	04.03.2001	Kvitfjell	NOR	SG	1.
WC118	08.03.2001	Are	SWE	A	1.
WC119	10.03.2001	Are	SWE	RTL	1.

24. 08. 2001 – DER UNFALL!!!

1. Maier (AUT) 1:56,84, 2. Trinkl (AUT) +0,27, 3. Eberharter (AUT) und Rahlves (USA) +0,62
Jetzt bin ich endgültig mit der Streif versöhnt!
1. Fritz Strobl (AUT) 2:00,93, 2. Rzehak (AUT) +0,29, 3. Cavegn (SUI) +0,38 (Maier DNF)
Sturz! An einer der gefährlichsten Stellen im gesamten Weltcup reißt's mir den Bindungsbakken vom Ski.
1. Gruber (AUT) 1:18,27, 2. Maier (AUT) +0,01, 3. Cuche (SUI) +0,56
Trotz Sicherheitslauf nur eine Hundertstel am Sieg vorbei! Trotzdem fahre ich mit gemischten Gefühlen zur WM.
1. Rahlves (USA) 1:21,46, 2. Eberharter (AUT) +0,08, 3. Maier (AUT) +0,23
Stress; von einem Termin zum nächsten; Kopfschmerzen. Bei der Heim-WM ist der Wurm drin!
1. Trinkl (AUT) 1:38,74, 2. Maier (AUT) +0, 20, 3. Eckert (GER) +0,52
Funk-Chaos; Neuschnee; Start von unten macht aus kräfteraubender „Karl Schranz" Durchschnittsstrecke.
1. Von Grünigen (SUI) 2:23,80, 2. Aamodt (NOR) +0,35, 3. Covili (FRA) +0,38 (4. Maier +0,39)
Eine Hundertstel an Bronze vorbei – insgesamt fehlen mir 82 Hundertstel auf drei Goldmedaillen. Abhaken!
1. Maier (AUT) 2:43,49, 2. Buechel (LIE) +1,74, 3. Raich (AUT) +1,83
Ich ignoriere die Zeitumstellung, siege bei meinem Blitzbesuch an meiner Olympia-Triumphstätte wieder mit Herminator-Vorsprung. Jetzt ist die Welt wieder in Ordnung!
1. Maier (AUT) 1:45,90, 2. Eckert (GER) +0,15, 3. Kjus (NOR) +0,19
Nach unnötigem Abstecher in die USA (Olympia-Test versinkt im Schee) Sieg nach Experimenten im Training – Andy Evers testet in einer Frühschicht meinen Siegerski heraus.
1. Eberharter (AUT) 1:45,17, 2. Eckert (GER) +0,09, 3. Fritz Strobl (AUT) +0,25 (5. Maier +0,44)
Beim letzten Sprung ein Aufwind, von dem Skispringer träumen – Abfahrts-Weltcup wird noch mal spannend.
1. Maier (AUT) 1:28,58, 2. Trinkl (AUT) +0,06, 3. Eberharter (AUT) +0,84
Minus 31 Grad – ich schütze mich mit einer Maske.
1. Maier (AUT) 1:24,20, 2. Eberharter (AUT) +0,35, 3. Sivertsen (NOR) +0,42
Nach vorletztem Platz im Training fahre ich eines meiner besten Abfahrts-Rennen.
1. Maier (AUT) 2:31,23, 2. Schlopy (USA) +1,14, 3. Raich (AUT) +1,28
Fünfter Sieg im sechsten Rennen nach der WM. Noch Fragen? Michael von Grünigen bringen wir mit einem Alibi-Umbau meiner Skischuhe vor dem Start aus der Fassung. Ich hab neben Abfahrts- und Super-G- auch die „kleine" RTL-Kugel, stoß' einen Begeisterungsschrei aus und reiße mir den Rennoverall vom Leib.

SAISON 2002/2003

WC120	14.01.2003	Adelboden	SUI	RTL	DNQ2
WC121	17.01.2003	Wengen	SUI	A	22.
WC122	18.01.2003	Wengen	SUI	A	7.
WC123	25.01.2003	Kitzbühel	AUT	A	6.
WC124	27.01.2003	Kitzbühel	AUT	SG	1.
WM	02.02.2003	St. Moritz	SUI	SG	2.
WM	08.02.2003	St. Moritz	SUI	A	8.

SAISON 2003/2004

WC125	26.10.2003	Sölden	AUT	RTL	16.
WC126	22.11.2003	Park City, UT	USA	RTL	7.
WC127	29.11.2003	Lake Louise, AB	CAN	A	9.
WC128	30.11.2003	Lake Louise, AB	CAN	SG	1.
WC129	05.12.2003	Vail/Beaver Creek	USA	A	5.
WC130	06.12.2003	Vail/Beaver Creek	USA	A	1.

1. Knauß (AUT) 2:29,68, 2. Von Grünigen (SUI) +0,09, 3. Aamodt (NOR) +0,25 (Maier DNQ2)
Mein Comeback. Mein Vorhaben („Wenn alles passt, gewinn' ich") geht leider nicht ganz auf …
1. Eberharter (AUT) 2:27,78, 2. Rahlves (USA) +1,11, 3. Kernen (SUI) +1,38 (22. Maier +3,15)
Die erste Abfahrt! Hält das Bein bei den Sprüngen?
1. Kernen (SUI) 2:28,69, 2. Walchhofer (AUT) +0,23, 3. Eberharter (AUT) +0,45 (7. Maier +1,91)
Der Knackpunkt – ich spür: Es beginnt wieder zu funktionieren!
1. Rahvles (USA) 1:09.63, 2. Cuche (SUI) +0,05, 3. Aamodt (NOR) +0,08 (6. Maier +0,46)
Auf der kurzen Sprint-Abfahrt muss ich zufrieden sein.
1. Maier (AUT) 1:20,48, 2. Gruber (AUT) +0,11, 3. Eberharter (AUT) +0,15
Mein schönster Sieg!
1. Eberharter (AUT) 1:38,80, 2. Maier (AUT) und Miller (USA) +0,77
Nach bester Zwischenzeit verfahre ich mich im unteren Teil.
1. Walchhofer (AUT) 1:43,54, 2. Aamodt (NOR) +0,51, 3. Kernen (SUI), +0,97 (8. Maier +1,22)
Nur 25 Hundertstel fehlen zu Bronze; beende die Saison mit einer kleinen Privatfeier im Ziel.

1. Miller (USA) 2:09.58, 2. Covili (FRA) +1,12, 3. Chenal (FRA) +1,18 (16. Maier +3,09)
Rippe im Training angeknackst. Deshalb kein Wunder: Zum ersten Mal in Sölden leuchtet kein „Einser" bei mir auf.
1. Miller (USA) 2:20,84, 2. Schifferer (AUT) +0,86, 3. Knauß (AUT) +1,00 (7. Maier +1,38)
Die Rippe macht immer noch Probleme. Dennoch: Endlich geht's auch im RTL bergauf!
1. Walchhofer (AUT) 1:51,16, 2. Guay (CAN) +0,69, 3. Deneriaz (FRA) +0,74 (9. Maier +1,21)
Ein komisches Rennen – Ski-Abstimmungsprobleme auf der Gleiterstrecke.
1. Maier (AUT) 1:36,69, 2. Walchhofer (AUT) +0,26, 3. Eberharter (AUT) +0,55
Mit meinem Sieg stelle ich sogar den Bären-Alarm in den Schatten.
1. Rahlves (USA) 1:39,59, 2. Eberharter (AUT) und Solbakken (NOR) +0,69 (5. Maier +0,79)
Nach starkem Training Skiwahl verhaut und dennoch nur eine Zehntel an Platz zwei vorbei.
1. Maier (AUT) 1:39,76, 2. Knauß (AUT) +0,95, 3. Schifferer (AUT) +1,19
Mit dem richtigen Material zeige ich, wer Herr in meinem Wohnzimmer ist!

WC131	07.12.2003	Vail/Beaver Creek	USA	SG	2.
WC132	14.12.2003	Alta Badia	ITA	RTL	50. DNF
WC133	19.12.2003	Gröden	ITA	SG	3.
WC134	20.12.2003	Gröden	ITA	A	5.
WC135	21.12.2003	Alta Badia	ITA	RTL	26.
WC136	03.01.2004	Flachau	AUT	RTL	DNQ1
WC137	10.01.2004	Chamonix	FRA	A	13.
WC138	11.01.2004	Chamonix	FRA	S	DNQ2
WC139	11.01.2004	Chamonix	FRA	K	13.
WC140	22.01.2004	Kitzbühel	AUT	A	4.
WC141	23.01.2004	Kitzbühel	AUT	SG	2.
WC142	24.01.2004	Kitzbühel	AUT	A	9.
WC143	25.01.2004	Kitzbühel	AUT	S	DNQ2
WC144	25.01.2004	Kitzbühel	AUT	K	14.

1. Solbakken (NOR) 1:13,05, 2. Maier (AUT) +0,39, 3. Knauß (AUT) +0,45
Mit Startnummer 28 geht auf dieser Piste nix mehr; muss dennoch zufrieden sein und feiere 31. Geburtstag am Podest.

1. Palander (FIN) 2:30,57, 2. Simoncelli (ITA) +0,92, 3. Covili (FRA) +1,08 (Maier DNF2)
Im zweiten Lauf oben mit Zwischenbestzeit out – mein stärkster RTL dieser Saison bleibt leider unbelohnt.

1. Kjus (NOR) 1:36,94, 2. Eberharter (AUT) +0,10, 3. Maier (AUT) +0,48
Erster SG in Gröden – allerdings mein schlechtester seit Comeback. Die Top 3 sind insgesamt 100 Jahre alt!

1. Deneriaz (FRA) 1:52,99, 2. Walchhofer (AUT) +0,89, 3. Knauß (AUT) +0,92 (5. Maier +1,19)
So lange Obergleiter Deneriaz fährt, gewinne ich auf dieser Strecke nie!

1. Simoncelli (ITA) 2:33,90, 2. Palander (FIN) +1,03, 3. Miller (USA) +1,21 (26. Maier +4,64)
Saft- und kraftlos! Ich fahre nur mehr spazieren. Trotzdem: Weihnachten als Weltcup-Führender!

1. Raich (AUT) 2:22,54, 2. Blardone (ITA) +0,70, 3. Solbakken (NOR) +0,82 (Maier DNQ1)
Mein Lieblings-Heimrennen – ausgerechnet da geht alles daneben!

1. Eberharter (AUT) 1:59,08, 2. Kjus (NOR) +0,31, 3. Walchhofer (AUT) +0,75 (13. Maier +1,33)
Kämpfe mit einem Wettertief und muss mir langsam Sorgen um den Gesamt-Weltcup machen.

1. Rocca (ITA) 1:29,09, 2. Bourgeat (FRA) +0,08, 3. Miller (USA) +0,43 (55. Maier 1. Lauf +6,23)
Die Slalom-Auftritte werden immer mühsamer.

1. Miller (USA)3:30,91, 2. Raich (AUT) +0,03, 3. Kjus (NOR) +0,06 (13. Maier +9,41)
Auf diese Kombi muss ich nicht wirklich stolz sein.

1. Kjus (NOR) 1:58,78, 2. Eberharter (AUT) +0,01, 3. Rahlves (USA) +0,20 (4. Maier +0,48)
Rückenschmerzen, Kitzbühel-Trubel – so gesehen gar nicht schlecht.

1. Rahlves (USA) 1:23,08, 2. Maier (AUT) +0,03, 3. Walchhofer (AUT) +0,39
Ein Jahr nach meinem Comeback-Sieg hält sich meine Freude über Platz zwei in Grenzen …

1. Eberharter (AUT) 1:55,48, 2. Rahlves (USA) +1,21, 3. Hoffmann (SUI) +1,30 (9. Maier +2,19)
Neidlose Anerkennung einer perfekten Fahrt des Siegers!

1. Palander (FIN) 1:30,63, 2. Grandi (CAN) +0,08, 3. Schönfelder (AUT) +1,06 (67. Maier 1. Lauf +5,37)
Ein erbärmlicher Slalom – leider fall' ich mit meiner Gockel-Mütze am Hahnenkamm zusätzlich auf!

1. Miller (USA) 3:31,43, 2. Raich (AUT) +1,01, 3. Kjus (NOR) +3,24 (14. Maier +8,08)
Meine schlechteste Kombination.

WC145	30.01.2004	Garmisch-Partenkirchen	GER	A	5.
WC146	31.01.2004	Garmisch-Partenkirchen	GER	A	5.
WC147	01.02.2004	Garmisch-Partenkirchen	GER	SG	1.
WC148	07.02.2004	Adelboden	SUI	RTL	8.
WC149	14.02.2004	Sankt Anton	AUT	A	1.
WC150	28.02.2004	Kranjska Gora	SLO	RTL	12.
WC151	06.03.2004	Kvitfjell	NOR	A	9.
WC152	07.03.2004	Kvitfjell	NOR	SG	3.
WC153	10.03.2004	Sestrieres	ITA	A	18.
WC154	11.03.2004	Sestrieres	ITA	SG	1.

SAISON 2004/2005

WC155	24.10.2004	Sölden	AUT	RTL	15.
WC156	27.11.2004	Lake Louise	CAN	A	5.

1. Cuche (SUI) 1:59,49, 2. Rahlves (USA) +0,08, 3. Eberharter (AUT) +0,21 (5. Maier +0,83)
Idyllisches Quartier am Badersee. Nach dem Kitz-Stress komme ich mir wie auf einem Erholungsurlaub vor.

1. Eberharter (AUT) 1:58,70, 2. Fritz Strobl (AUT) +0,09, 3. Fattori (ITA) +0,45 (5. Maier +0,79)
Ex aequo mit Trinkl und Gruber Fünfter; abgesehen von Platz 13 in Chamonix bei allen Speed-Rennen Top 10!

1. Maier (AUT) 1:18,09, 2. Dalcin (FRA) +0,07, 3. Grünenfelder (SUI) +0,37
Wichtiger Sieg, auf dem Weg zur nervigen Dopingkontrolle bremse ich alle aus und darf als Erster heim.

1. Palander (FIN) 2:32,15, 2. Blardone (ITA) +0,74, 3. Gruber (AUT) u. Schilchegger (AUT) +1,12 (8. Maier +1,55)
Während der Anreise hänge ich wegen einer irreführenden Meldung im Zusammenhang mit meinem Motorrad-Unfall nonstop am Telefon; gutes Rennen auf meinem Lieblingshang. Meine Fußabdrücke werden einzementiert.

1. Maier (AUT) 1:56,09, 2. Eberharter (AUT) +0,32, 3. Grugger (AUT) +0,37
Endlich darf ich von ganz oben loslegen und zeigen, was auf dieser kräfteraubendsten aller Abfahrten möglich ist.

1. Miller (USA) 2:13,01, 2. Schieppati (ITA) +0,25, 3. Ploner (ITA) +0,60 (12. Maier +1,60)
Anreisetheater, immerhin lassen sie mich ohne Reisepass ins Ziel.

1. Eberharter (AUT) 1:43,41, 2. Fritz Strobl (AUT) +0,04, 3. Deneriaz (FRA) +0,36 (9. Maier +0,86)
25 Grad wärmer als bei meinem letzten Start in der „Kühltruhe"

1. Rahlves (USA) 1:34,00, 2. Solbakken (NOR) +0,15, 3. Maier (AUT) +0,17
Knapp am Sieg vorbei – hoffentlich kosten mich die verlorenen 40 Punkte nicht den Gesamt-Weltcup.

1. Rahlves (USA) 1:51,88, 2. Fritz Strobl (AUT) +0,10, 3. Eberharter (AUT) +0,13 (18. Maier +2,08)
So eine Katastrophenabstimmung, mit diesem Ski wäre kein anderer ins Ziel gekommen.

1. Maier (AUT) 1:18,73, 2. Eberharter (AUT) +0,63, 3. Gruber (AUT) +0,75
Danke Edi, die Revanche ist gelungen! Mit perfekter Abstimmung! Nach meinem vierten Gesamtweltcup-Sieg feiere ich eine Woche durch. Womöglich sogar länger …

1. Miller (USA) 2.16,44, 2. Blardone (ITA) +1,17, 3. Palander (FIN) +1,48 (15. Maier + 2,20)
Premiere für Walter, meinen neuen Pressemann – ich muss ihn die Serpentinen rauf auf den Gletscher antreiben, sonst komme ich zu spät! Total verhauter 1. Lauf! Enttäuschung!

1. Miller (USA) 1:42,75, 2. Deneriaz (FRA) +0,97, 3. Walchhofer (AUT) +1,17 (5. Maier + 1:34)
Für Lake Louise und erste Saison-Abfahrt gar nicht so schlecht.

WC157	28.11.2004	Lake Louise	CAN	SG	2.
WC158	2.12.2004	Beaver Creek	USA	SG	8.
WC159	3.12.2004	Beaver Creek	USA	A	9.
WC160	4.12.2004	Beaver Creek	USA	RTL	2.
WC161	11.12.2004	Val d'Isère	FRA	A	26.
WC162	12.12.2004	Val d'Isère	FRA	RTL	3.
WC163	17.12.2004	Gröden	ITA	SG	2.
WC164	18.12.2004	Gröden	ITA	A	37.
WC165	19.12.2004	Alta Badia	ITA	RTL	3.
WC166	21.12.2004	Flachau	AUT	RTL	28.

1. Miller (USA) 1:28,18, 2. Maier (AUT) +0,14, 3. Walchhofer (AUT) +0,55
Fahre nach der Besichtigung ins Hotel zurück und trenne mich erst viel zu spät vom Fernseher. Unterbrechung rettet mich – komme gerade noch rechzeitig zum Start und verpasse den Sieg um 14 Hundertstel. Meine erste Super-G-Niederlage auf dieser Strecke.

1. Goergl (AUT) 1:13,40, 2. Miller (USA) +0,24, 3. Scheiber (AUT) +0,32 (8. Maier +0,74)
In meinem „Wohnzimmer" geht alles schief; die Furchen machen es mit Nr. 30 unmöglich zu gewinnen. Am liebsten hätt' ich unterm Rennen abgeschwungen! Mario, der „Zauberlehrling" aus unserer Gruppe, nützt seine günstige Nummer 3, schafft's aufs Stockerl.

1. Miller (USA) 1:39,76, 2. Rahlves (USA) +0,16, 3. Walchhofer (AUT) +0,39 (9. Maier +1,09)
Riesen-Materialprobleme in den lang gezogenen Kurven; verliere das Rennen dort, wo ich sonst gewinne, und habe keine Lust, mit irgendeinem Reporter zu reden.

1. Kjus (NOR) 2:29,82, 2. Maier (AUT) +0,45, 3. Raich (AUT) +0,64
Versöhnung mit meinem Lieblings-Weltcup-Ressort; sehe noch Reserven und freue mich für Lasse, den alten Elch!

1. Franz (AUT) 1:57,51, 2. Buechel (LIE) +0,27, 3. Walchhofer (AUT) +0,55 (26. Maier +2,03)
Ich Depp wechsle nach Trainingsbestzeit den Schuh und bekomm' die Rechnung präsentiert.

1. Miller (USA) 2:20,66, 2. Kjus (NOR) +0,28, 3. Maier (AUT) +0,33
Meine erste Halbzeit-Führung seit dem Motorrad-Unfall, und erstmals kann ich eine solche Führung nicht ins Ziel retten – völlig unnötig, da viel zu weit in der Gegend herumgefahren.

1. Walchhofer (AUT) 1:31,17, 2. Maier (AUT) +0,12, 3. Raich (AUT) +0,30
Viele kleine Fehler, doch die Materialabstimmung funktioniert immer besser. Schock: Nach dem Rennen wird das Ergebnis der positiven Dopingprobe von Hans Knauß (vor drei Wochen in Lake Louise) bekannt.

1. Rauffer (D) 1:50,59, 2. Gruenfelder (SUI) +0,05, 3. Grugger (AUT) +0,13 (37. Maier +2,23)
Windlotterie, über die wenigstens die Deutschen jubeln können. Es bläst so stark, dass ich fast nicht richtig über den dritten Kamelbuckel komm'!

1. Grandi (CAN) 2:34,23, 2. Raich (AUT) +0,57, 3. Maier (AUT +0,91
Toller, risikofreudiger zweiter Lauf – Super-Abschluss einer anstrengenden Woche; als Belohnung darf ich das Rote Trikot des RTL-Gesamtführenden überstreifen – erstmals seit meinem Gesamtsieg im März 2001.

1. Grandi (CAN) 2:15,90, 2. Cuche (SUI) +0,15, 3. Miller (USA) +1,10 (28. Maier +9,59)
Mein Betreuer „parkt" sein Auto in einer Schneewand; ich muss mit dem Lift zur Besichtigung – mitten durch die Fans, die mir schon vor der Haustür auflauern. Im 2. Lauf Ski überkreuzt!

WC167	29.12.2004	Bormio	ITA	A	11.
WC168	8.1.2005	Chamonix	FRA	A	8.
WC169	11.1.2005	Adelboden	SUI	RTL	18.
WC170	14.1.2005	Wengen	SUI	Super-Kombi	9.
WC171	15.1.2005	Wengen	SUI	A	4.
WC172	24.1.2005	Kitzbühel	AUT	SG	1.
WM	29.1.2005	Bormio	ITA	SG	4.
WM	5.2.2005	Bormio	ITA	A	17.
WM	10.2.2005	Bormio	ITA	RTL	1.
WC173	18.2.2005	Garmisch-Partenkirchen	D	A	2.
WC174	19.2.2005	Garmisch-Partenkirchen	D	A	7.
WC175	20.2.2005	Garmisch-Partenkirchen	D	SG	8.
WC176	26.2.2005	Kranjska Gora	SLO	RTL	2.

1. Grugger (AUT) 1:55, 77, 2. Walchhofer (AUT) +0,24, 3. Strobl (AUT) +0,66 (11. Maier +1,65)
Nix passt zusammen, noch dazu bläst mir der Wind entgegen – einfach schlecht!

1. Grugger (AUT) 1:56,93, 2. Ghedina (ITA) +0,11, 3. Walchhofer (AUT) +0,14 (8. Maier +0,51)
Bin bis zur letzten Zwischenzeit vorn dabei und weiß jetzt, dass auch in der Abfahrt alles möglich ist!

1. Blardone (ITA) 2:19, 84, 2. Miller (USA) +0,18, 3. Palander (FIN) +0,39 (18. Maier +1,99)
Der letzte Riesentorlauf vor der WM – kurz vorm Ziel bleibe ich mit der Hand hängen und vergebe so eine bessere Platzierung.

1. Raich (AUT) 2:28,37 (SL 1., A 11.) , 2. Kjus (NOR) +0,32 (SL 6., A 3.), 3. Defago (SUI) + 1,40 (SL 5., A 12.) (9. Maier +3:28; SL 15./A 4.)
Die neue Super-Kombi: Slalom in einem Durchgang und kurze Abfahrt an einem Tag; witzige G'schicht ...

1. Walchhofer (AUT) 2.27,05, 2. Gruber (AUT) +0,09, 3. Miller (USA) +0,15 (4. Maier +0,62)
Mit den langen Latten läuft's immer besser!

1. Maier (AUT) 1:22,39, 2. Rahlves (USA) +0,02, 3. Strobl (AUT) +0,54
Ein einziges Déjà-vu zu meinem legendären Comeback-Sieg vor zwei Jahren.

1. Miller (USA) 1:27,55, 2. Walchhofer (AUT) +0,14, 3.Raich (AUT) +0,78 (4. Maier +0,85)
Keine Fehler, gefahren wie ein braver Schwiegersohn; leider gibt's keinen Schönheitspreis.

1. Miller (USA) 1:56,22, 2. Rahlves (USA) +0,44, 3. Walchhofer (AUT) +0,77 (17. Maier +1,73)
Ein Wunder, dass ich am Start bin – nach Quali-Diskussion, Sturz und Spital überredet mich „Schröcksi" zum Mitfahren. Bei so einem Rückstand musst nicht mal grübeln.

1. Maier (AUT) 2:50,41, 2. Raich (AUT) +0,25, 3. Rahlves (USA) +0,60
Gehe als „Verlierer der WM" ins Rennen, bleibe cool und mache alles richtig!

1. Walchhofer (AUT) 1:57,79, 2. Maier (AUT) +0,99, 3. Miller (USA) +1,13
Mein bestes Abfahrts-Saisonresultat zählt wie ein Sieg für mich.

1. Walchhofer (AUT) 1:56,50, 2. Scheiber (SUI) +0,09, 3. Strobl (AUT) +0,45 (7. Maier +1,04)
Mit dem Resultat darf ich zufrieden sein; nach WM-Gold kann ich das Drumherum wieder genießen.

1. Gruber (AUT) 1:15,15, 2. Defago (SUI) +0,01, 3. Bourque (CAN) +0,04 (8. Maier +0,36)
Mit Nr. 30 geht auf dieser Strecke nix mehr!

1. Raich (AUT) 1:24,73, 2. Maier (AUT) +0,45, 3. Pallander (FIN) +0,79
WM-Gold bestätigt. Ich mache Fehler und stehe trotzdem am Stockerl – fast wieder wie früher!

WC177	5.3.2005	Kvitfjell	NOR	A	1.
WC178	6.3.2005	Kvitfjell	NOR	SG	1.
WC179	10.3.2005	Lenzerheide	SUI	A	4.
WC180	11.3.2005	Lenzerheide	SUI	SG	9.
WC181	12.3.2005	Lenzerheide	SUI	RTL	4.

1. Maier (AUT) 1:46,10, 2. Scheiber (AUT) +0,13, 3. Hoffmann (SUI) +0,31
„Mein“ 50er. Balsam auf meine verletzte Abfahrtsseele! Endlich weiß ich, welchen Schuh ich für die schnellen Rennen brauch'!

1. Maier (AUT) 1:32,95, 2. Defago (SUI) +0,83, 3. Rahlves (USA) +0,85
Ich habe mein Setup gefunden, und die Statistiker ihren offiziellen 50er! Gefeiert wird bei Ole-Christian Furuseth in dessen Super-Hütte!

1. Kjus (NOR) 1:24,09, 2. Miller (USA) +0,14, 3. Strobl (AUT) +0,18
(4. Maier +0,68)
Die Abfahrts-Gesamtwertung schließe ich als Dritter ab – und das nach dem mühsamen Saison-Beginn!

1. Miller (USA) 1:10,24, Rahlves (USA) +0,00, 3. Goergl (AUT) +0,05
(9. Maier +0,39)
Im Hundertstel-Poker muss ich Bode Miller die kleine Kristallkugel lassen. War das notwendig?

1. Goergl (AUT) 2:10,51, 2. Miller (USA) +0,68, 3. Raich (AUT) +0,80
(4. Maier +0,84)
Ich gebe noch einmal alles, verbessere mich vom 7. auf den 4. Rang – mein persönliches Highlight beim Finale ist aber die Super-Weltcup-Fete mit Lagerfeuer auf der Wanner Bar.

Glossar von A bis Z

Abstimmung
Zusammenspiel von Ski, Bindungsplatte und Skischuh. Viel wichtiger als das immer wieder in den Medien zitierte „Wachseln".

Europacup
Die europäische Version des Continental Cups und quasi die zweite Liga des Skisports, über die man sich in den einzelnen Disziplinenwertungen (Abfahrt, Super-G, Riesentorlauf, Slalom) einen Fixplatz im Weltcup für die darauf folgende Saison sichern kann.

FIS
Federation Internationale de Ski, der internationale Ski-Verband. Homepage: www.fis-ski.com

FIS-Punkte
Werden bei jedem FIS-, Continental-Cup- und Weltcup-Rennen (und sogar bei Olympischen Kombinationsslaloms) vergeben, sind aber so kompliziert zu berechnen, dass das nur am Computer oder Taschenrechner funktioniert. Wer eines von beiden Geräten bei der Hand hat und sich ganz genau informieren will, schaut am besten unter diesem Link ins Internet: http://www.fis-ski.com/reglementeundpublikationen/alpinerskilauf/alpinefispunkte.html

Maurerforelle
Eine Knackwurst. Ein unverzichtbarer kulinarischer Genuss bei jeder zünftigen Maurer-Jause.

ÖSV
Der Österreichische Ski-Verband. Präsident ist Prof. Peter Schröcksnadel, den alpinen Rennsport leitet Hans Pum. Homepage: www.oesv.at

ÖSV-Olympiastützpunkt
Meine Trainingsstätte in Obertauern. Sportdirektor ist Heinrich Bergmüller. Homepage: www.olympiastuetzpunkt.at

Startnummern-Auslosung
Die Top 15 in Riesentorlauf und Slalom ziehen ihre jeweilige Startnummer für das Rennen am nächsten Tag in zwei Gruppen (Weltranglisten-Nr. 1–7, 8–15). Abfahrt: Die Top 30 des Startaufstellungstrainings starten in gestürzter Reihenfolge. Super-G: Die Top 30 der Weltrangliste starten in gestürzter Reihenfolge – der Beste hat Startnummer 30.

Weltcup
Die oberste Liga des Skisports. Der französische Journalist Serge Lang gilt als der Erfinder des Weltcups, den er selbst über zwei Jahrzehnte führte. Im Sommer 1966 wurde während der WM in Portillo, Chile, die Idee von der FIS aufgegriffen. Das erste Weltcuprennen fand im Jänner 1967 in Berchtesgaden statt.

Weltcup-Gruppen
Zur Leistungsoptimierung trainieren die Weltcup-Läufer in 4 Gruppen, Herren-Rennsportleiter ist Anton Giger:
WC1 = Abfahrt; Trainer: Walter Hubmann
WC2 = Slalom; Trainer: Gert Ehn
WC3 = RTL/Super-G; Trainer: Jürgen Kriechbaum
WC4 = „Allrounder"-Gruppe (meine Gruppe); Trainer: Andreas Evers.

Weltcup-Punkteverteilung

1. Rang	100 Punkte	16. Rang	15 Punkte
2. Rang	80 Punkte	17. Rang	14 Punkte
3. Rang	60 Punkte	18. Rang	13 Punkte
4. Rang	50 Punkte	19. Rang	12 Punkte
5. Rang	45 Punkte	20. Rang	11 Punkte
6. Rang	40 Punkte	21. Rang	10 Punkte
7. Rang	36 Punkte	22. Rang	9 Punkte
8. Rang	32 Punkte	23. Rang	8 Punkte
9. Rang	29 Punkte	24. Rang	7 Punkte
10. Rang	26 Punkte	25. Rang	6 Punkte
11. Rang	24 Punkte	26. Rang	5 Punkte
12. Rang	22 Punkte	27. Rang	4 Punkte
13. Rang	20 Punkte	28. Rang	3 Punkte
14. Rang	18 Punkte	29. Rang	2 Punkte
15. Rang	16 Punkte	30. Rang	1 Punkt

Weltmeisterschaften
Dieses zweitwichtigste Großereignis findet jeweils an ungeraden Jahren statt (2007 in Aare, 2009 in Val d'Isère).

Zeitüberschreitung
Vor jedem Rennen wird die Strecke von den Läufern besichtigt, wer das Zeitlimit überschreitet, wird laut Reglement disqualifiziert – zumindest in Val d'Isère ist das so.

Gesamtweltcup der Herren

von 1967 bis 2004 mit Punktewertung*

1967
1. Jean-Claude Killy (FRA) 225
2. Heini Messner (AUT) 114
3. Guy Perillat (FRA) 108

1968
1. Jean-Claude Killy (FRA) 200
2. Dumeng Giovanoli (SUI) 119
3. Heini Huber (AUT) 112

1969
1. Karl Schranz (AUT) 182
2. Jean-Noël Augert (FRA) 123
3. Reinhard Tritscher (AUT) 108

1970
1. Karl Schranz (AUT) 148
2. Patrick Russel (FRA) 145
3. Gustavo Thöni (ITA) 140

1971
1. Gustavo Thöni (ITA) 155
2. Henri Duvillard (FRA) 135
3. Patrick Russel (FRA) 125

...

7. David Zwilling (AUT) 86

1972
1. Gustavo Thöni (ITA) 154
2. Henri Duvillard (FRA) 142
3. Edmund Bruggmann (SUI) 140

...

8. Karl Schranz (AUT) 83

1973
1. Gustavo Thöni (ITA) 166
2. David Zwilling (AUT) 151
3. Roland Collombin (SUI) 131

1974
1. Piero Gros (ITA) 181
2. Gustavo Thöni (ITA) 165
3. Hans Hinterseer (AUT) 162

1975
1. Gustavo Thöni (ITA) 250
2. Ingemar Stenmark (SWE) 245
3. Franz Klammer (AUT) 240

1976
1. Ingemar Stenmark (SWE) 249
2. Piero Gros (ITA) 205
3. Gustavo Thöni (ITA) 190
4. Franz Klammer (AUT) 181

1977
1. Ingemar Stenmark (SWE) 339
2. Klaus Heidegger (AUT) 250
3. Franz Klammer (AUT) 203

1978
1. Ingemar Stenmark (SWE) 150
2. Phil Mahre (USA) 116
3. Andreas Wenzel (LIE) 100
4. Klaus Heidegger (AUT) 95

1979
1. Peter Lüscher (SUI) 186
2. Leonhard Stock (AUT) 163
3. Phil Mahre (USA) 155

1980
1. Andreas Wenzel (LIE) 204
2. Ingemar Stenmark (SWE) 200
3. Phil Mahre (USA) 132

...

5. Anton Steiner (AUT) 130

1981
1. Phil Mahre (USA) 266
2. Ingemar Stenmark (SWE) 260
3. Alexander Zhirov (SOV) 185
...
8. Harti Weirather (AUT) 115

1982
1. Phil Mahre (USA) 309
2. Ingemar Stenmark (SWE) 211
3. Steve Mahre (USA) 183
...
10. Harti Weirather (AUT) 97

1983
1. Phil Mare (USA) 285
2. Ingemar Stenmark (SWE) 218
3. Andreas Wenzel (LIE) 177
...
9. Franz Gruber (AUT) 112

1984
1. Pirmin Zurbriggen (SUI) 256
2. Ingemar Stenmark (SWE) 230
3. Marc Girardelli (LUX) 222
...
5. Anton Steiner (AUT) 148

1985
1. Marc Girardelli (LUX) 262
2. Pirmin Zurbriggen (SUI) 244
3. Andreas Wenzel (LIE) 172
...
8. Helmut Höflehner (AUT) 116

1986
1. Marc Girardelli (LUX) 294
2. Pirmin Zurbriggen (SUI) 284
3. Markus Wasmeier (GER) 214
...
6. Leonhard Stock (AUT) 174

1987
1. Pirmin Zurbriggen (SUI) 339
2. Marc Girardelli (LUX) 190
3. Markus Wasmeier (GER) 174
...
7. Leonhard Stock (AUT) 97

1988
1. Pirmin Zurbriggen (SUI) 310
2. Alberto Tomba (ITA) 281
3. Hubert Strolz (AUT) 190

1989
1. Marc Girardelli (LUX) 407
2. Pirmin Zurbriggen (SUI) 309
3. Alberto Tomba (ITA) 189
...
6. Rudi Nierlich (AUT) 144

1990
1. Pirmin Zurbriggen (SUI) 357
2. Ole-Kristian Furuseth (NOR) 234
3. Günther Mader (AUT) 213

1991
1. Marc Girardelli (LUX) 242
2. Alberto Tomba (ITA) 222
3. Rudi Nierlich (AUT) 201

1992
1. Paul Accola (SUI) 1699
2. Alberto Tomba (ITA) 1362
3. Marc Girardelli (LUX) 996
...
6. Günther Mader (AUT) 797

1993
1. Marc Girardelli (LUX) 1379
2. Kjetil-Andre Aamodt (NOR) 1347
3. Franz Heinzer (SUI) 828
4. Günther Mader (AUT) 826

1994
1. Kjetil-Andre Aamodt (NOR) 1392
2. Marc Girardelli (LUX) 1007
3. Alberto Tomba (ITA) 822
4. Günther Mader (AUT) 820

1995
1. Alberto Tomba (ITA) 1150
2. Günther Mader (AUT) 775
3. Jure Kosir (SLO) 760

1996
1. Lasse Kjus (NOR) 1216
2. Günther Mader (AUT) 991
3. Michael von Grünigen (SUI) 880
...
106. Hermann Maier (AUT) 29

1997
1. Luc Alphand (FRA) 1130
2. Kjetil-Andre Aamodt (NOR) 1096
3. Josef Strobl (AUT) 1021
...
21. Hermann Maier (AUT) 379

1998
1. Hermann Maier (AUT) 1685
2. Andreas Schifferer (AUT) 1114
3. Stephan Eberharter (AUT) 1030

1999
1. Lasse Kjus (NOR) 1465
2. Kjetil-Andre Aamodt (NOR) 1442
3. Hermann Maier (AUT) 1307

2000
1. Hermann Maier (AUT) 2000
2. Kjetil-Andre Aamodt (NOR) 1440
3. Josef Strobl (AUT) 994

2001
1. Hermann Maier (AUT) 1618
2. Stephan Eberharter (AUT) 875
3. Lasse Kjus (NOR) 866

2002
1. Stephan Eberharter (AUT) 1702
2. Kjetil-Andre Aamodt (NOR) 1096
3. Didier Cuche (SUI) 1064

2003
1. Stephan Eberharter (AUT) 1333
2. Bode Miller (USA) 1100
3. Kjetil-Andre Aamodt (NOR) 940

2004
1. Hermann Maier (AUT) 1265
2. Stephan Eberharter (AUT) 1223
3. Benjamin Raich (AUT) 1139

2005
1. Bode Miller (USA) 1648
2. Benjamin Raich (AUT) 1454
3. Hermann Maier (AUT) 1295

** Da die Zählweise in der Saison 1991/92 umgestellt wurde, vervierfachte sich die zu erreichende Punkteanzahl: Vorher gab es für die Plätze eins, zwei, drei usw. nur 25, 20, 15 Punkte.*

Die größten Sieger im Weltcup:

1. Ingemar Stenmark (SWE), 86 Siege (46 RTL, 40 Slalom)
2. Hermann Maier (AUT), 50* Siege (14 Abfahrt, 22 Super-G, 13 RTL, 1 Kombination)
   Alberto Tomba (ITA), 50 Siege (15 RTL, 35 Slalom)
4. Marc Girardelli (LUX), 46 Siege (3 Abfahrt, 9 Super-G, 7 RTL, 16 Slalom, 11 Kombination)
5. Pirmin Zurbriggen (SUI), 40 Siege (10 Abfahrt, 10 Super-G, 7 RTL, 2 Slalom, 11 Kombination)

*) 51 nach meiner persönlichen Rechnung

Steckbrief

„Herminator“ Hermann Maier

Geboren: 7. 12. 1972
in Altenmarkt
Sternzeichen: Schütze
Fanpost:
Hermann-Maier-Straße 1
A-5542 Flachau
Größe: 181 cm
Gewicht: 94 kg
Hobbys: Haifisch-Tauchen, Helikopter-Fliegen,
Motorrad, Jet-Ski
Lieblingsspeise:
Kaiserschmarren
mit Zwetschkenröster
Lieblingsgetränk:
Apfelsaft g'spritzt
Ski, Bindung, Schuhe: Atomic
Stöcke: Leki
Helm, Brille: Carrera
Handschuhe: Reusch
Funktions-Underwear: Löffler
Rennanzug: Spyder
Socken: Falke
Außenbekleidung: Spyder,
Anzi Besson
Freizeit: Adidas
Heart Rate Chronograph: Suunto
Verpflegung:
Herminator Power Riegel
Socken: Falke
Helm/Kappen-Sponsor:
Raiffeisen. Meine Bank
Auto: BMW
Erfolge:
Olympische Spiele 1998 in Nagano: Gold Super-G, Gold RTL
Weltmeisterschaften 1999 in Vail: Gold Abfahrt, Gold Super-G
Weltmeisterschaften 2001 in St. Anton: Silber Abfahrt, Bronze Super-G
Weltmeisterschaften 2003 in St. Moritz: Silber Super-G
Weltmeisterschaften 2005 in Bormio: Gold RTL
14 Kristallkugeln:
Saison 1997/98: Gesamt, Super-G, RTL
Saison 1998/99: Super-G
Saison 1999/2000: Gesamt, Abfahrt, Super-G, RTL
Saison 2000/2001: Gesamt, Abfahrt, Super-G, RTL
Saison 2003/2004: Gesamt, Super-G

50 (51*) gewonnene Weltcup-Rennen
(Stand März 2004)
22 Super-G
14 Abfahrten
13 (14*) RTL
1 Kombination (Wengen/Veysonnaz)

*) inklusive RTL-Sieg am 14. Dezember 1997, bei dem ich wegen Abschnallens vor der „roten Linie“ disqualifiziert wurde.

Bildnachweis

AP: *Farbteil III/1 (Mitte)*
Hans Bézard: *Farbteil IV/4*
Olaf Brockmann: *12*
Chicco Cotelli f. Hermann Maier: *274*
Fancy GmbH: *Farbteil III/1 (o.), Farbteil IV/2 (o.), 146, 149*
Alois Furtner: *Farbteil II/4 (o.)*
Ricardo Herrgott: *130*
Jock Maislinger: *Farbteil II/3 (o.), 125*
ÖSV/DVD „Hermann Maier – Mein Weg zurück“: *34, 36 (u.), 121, 142, 223*
Knut Okresek: *28, Farbteil I/2, Farbteil III/4 (2), 176, 193*
ORF/Günther Pichlkostner: *241*
Privat: *16, Farbteil II/1, 2, 4, Farbteil III/2 (Mitte), 71, 83*
Raiffeisen: *Farbteil IV/2 (u.)*
Salzburger Ski-Verband: *Farbteil II/3 (u.)*
Erich Spieß für Iglo: *Farbteil III/4 (re. u.)*
Kalle Törnström: *78*
Artur Trost: *Farbteil I/1, 34 (re. o. u. Mitte), 36 (o.)*
Carl Yarbrough: *Farbteil IV/3 (re. u.), 39*
Roman Zach-Kiesling: *Farbteil III/2 (u.)*

Alle übrigen Bilder stammen von GEPA.

Der Klassiker aller Strategiebücher

»Der altjapanische Samuraifechter und Philosoph Musashi ist für manchen knallharten Finanzmann zum Guru geworden, zu einer Kultfigur für Manager. Seine Nachfahren kämpfen heute auf allen Weltmärkten. Sie machen den Handel zur Fortsetzung des Krieges mit anderen Mitteln.«
Die Zeit

Das Buch der fünf Ringe
Die klassische Anleitung für strategisches Handeln
ISBN-13: 978-3-548-36750-7
ISBN-10: 3-548-36750-X

ULLSTEIN

US184

Das Beste von Pease & Pease in Wort und Bild

Die treffendsten Wahrheiten aus dem überwältigenden Bestseller *Warum Männer nicht zuhören und Frauen schlecht einparken* – garniert mit köstlichen Original-Cartoons von Peter Gaymann.

Männer zappen und Frauen wollen immer reden
Mit Illustrationen
von Peter Gaymann
ISBN-13: 978-3-548-36753-8
ISBN-10: 3-548-36753-4

ULLSTEIN

Mit Genuß essen, dabei gesund und schlank werden

Der medizinische Durchbruch auf dem Gebiet der wirklich auch bleibenden Gewichtsreduktion ist gelungen. Nachteil herkömmlicher Diäten war es, nicht die persönlichen Unterschiedlichkeiten der Anwender zu berücksichtigen. Individuelle Nahrungsmittelunverträglichkeiten sind jedoch verantwortlich für die Störung des Stoffwechsels und Übergewicht. Mit Hilfe einer neuen Methode, dem IgG-Immuntest, können diese nun festgestellt werden. Indem Ihre persönlichen Dickmacher entlarvt werden, können Sie durch Weglassen und den Aufbau einer eigenen Genuß-Diät aus für Sie verträglichen Bausteinen Ihr Idealgewicht ganz einfach erreichen – und dauerhaft erhalten!

Die Genuß-Diät
Nahrungsmittelunverträglichkeiten erkennen, gesund und schlank werden
Mit Special zu Genfood
ISBN-13: 978-3-548-36744-6
ISBN-10: 3-548-36744-5

ULLSTEIN

US165

Weltmeister aller Klassen

Er war Deutschlands erster Superstar des Sports. Dabei war unser bislang einziger Schwergewichtsweltmeister immer mehr als »nur« ein erfolgreicher Boxer. In seinen Erinnerungen führt uns Max Schmeling sowohl in die glitzernde Welt der zwanziger Jahre als auch in die Zeit des Dritten Reichs, des Zweiten Weltkriegs und der Nachkriegszeit. Mehr als eine Autobiographie – ein kulturgeschichtliches Panorama der ersten Hälfte des 20. Jahrhunderts.
Mit Max Schmelings letztem großem Interview.

Erinnerungen

ISBN-13: 978-3-548-36762-0
ISBN-10: 3-548-36762-3

ULLSTEIN

US182